四川旅游资源概况

主　编　张辉辉　贾　荣

副主编　孙　璐　王　斐

西南财经大学出版社
Southwestern University of Finance & Economics Press

中国·成都

图书在版编目(CIP)数据

四川旅游资源概况 / 张辉辉，贾荣主编；孙璐，王斐副主编.—成都：西南财经大学出版社，2022.11(2025.7 重印)
ISBN 978-7-5504-5432-3

Ⅰ.①四… Ⅱ.①张…②贾…③孙…④王… Ⅲ.①旅游资源—概况—四川 Ⅳ.①F592.771

中国版本图书馆 CIP 数据核字(2022)第 125831 号

四川旅游资源概况
SICHUAN LÜYOU ZIYUAN GAIKUANG
主　编　张辉辉　贾　荣
副主编　孙　璐　王　斐

策划编辑：李邓超
责任编辑：乔　雷
责任校对：张　博
封面设计：张姗姗
责任印制：朱曼丽

出版发行	西南财经大学出版社(四川省成都市光华村街 55 号)
网　　址	http://cbs.swufe.edu.cn
电子邮件	bookcj@swufe.edu.cn
邮政编码	610074
电　　话	028-87353785
照　　排	四川胜翔数码印务设计有限公司
印　　刷	郫县犀浦印刷厂
成品尺寸	185 mm×260 mm
印　　张	15.375
字　　数	361 千字
版　　次	2022 年 11 月第 1 版
印　　次	2025 年 7 月第 2 次印刷
印　　数	2001— 2500 册
书　　号	ISBN 978-7-5504-5432-3
定　　价	49.80 元

▶▶前言

根据我国应用型本科教育的特点和要求，结合省级一流专业、省级应用型示范专业——旅游管理专业的建设目标，编者从培养高素质、应用型、复合型的专业人才的角度出发，以知行合一为原则，充分体现教育改革的最新成果，并在吸收了国内旅游资源类教材最新理论和实践成果的基础上，联合四川旅游学院、乐山师范学院等省内高校共同编写了本教材。

四川地域广阔，拥有丰富的自然旅游资源和独具特色的人文旅游资源。近年来，随着文化旅游产业的不断发展，四川正在从旅游大省向旅游强省迈进。2019—2021年，四川完成了全方位、系统化的文化资源和旅游资源“双普查”。作为开办了旅游管理专业的地方高校，我校亟须出版一本能够全面呈现地方旅游资源的教材，为培养全面掌握四川丰富的自然和人文旅游资源的旅游从业人员提供必要的基础条件。同时，本教材也是推进建设省级一流专业、省级应用示范专业——旅游管理专业的重要成果和重要基础。基于此，我们编写并出版了本教材。

本教材突出应用型本科教育特点，紧密结合专业人才培养目标，以旅游实用知识及其综合运用为核心，将知行合一的理念贯穿始终，从内容选材、案例甄选、实践培训等方面突出职业教育的特点，在知识的实用性、综合性上坚持理论联系实际的原则，把对学生的应用能力培养融于教材之中，并贯穿始终。

本教材采用资源导向、任务驱动的编写体系，每个章节分为六个部分：学习目标、导入案例、章节任务、章节小结、实践项目、复习思考。本教材通过学习目标呈现明确任务，采用导入案例引发学生思考，依托章节任务实现教学目标，运用实践项目实现知识运用，从而培养学生的应用能力和实践能力。

本教材共分十一章，主要从自然旅游资源和人文旅游资源两方面来全面详细地介绍四川旅游资源的概况、成因，各类旅游资源的分布情况和保护开发等。第一章为四川旅游资源概述，第二章为四川的自然环境，第三章为四川的人文环境，第四章为四川地文景观类旅游资源，第五章为四川水域景观类旅游资源，第六章为四川生物景观类旅游资源，第七章为四川天象与气候景观类旅游资源，第八章为四川建筑与设施类旅游资源，第九章为四川历史遗迹类旅游资源，第十章为四川旅游购品类旅游资源，第十一章为四川人文活动类旅游资源。

本教材由张辉辉拟订和撰写写作提纲，各章的写作分工如下：第一章由孟玲玉负责，第二章和第三章由张辉辉负责，第四章由李汶桐负责，第五章由孙璐负责，第六章由唐小凌负责，第七章由王毓梅负责，第八章由孙晓艳负责，第九章由王斐负责，第十章由周燕负责，第十一章由贾荣负责。初稿完成后，张辉辉进行了修改、总纂和定稿。编者对以上各位的付出表示深深的感谢。

最后，该教材的顺利出版离不开成都银杏酒店管理学院领导的大力支持和秘涛老师的居中协调，在此深表谢意。

由于编者水平有限及资料有限，不妥之处在所难免，恳请同行和广大读者朋友们不吝赐教，以便今后修订完善。

编者

2021 年 11 月

►►目录

第一章

四川旅游资源概述

■**学习目标**

1. 熟悉四川旅游资源的总体分布。
2. 从五大片区的角度，了解四川旅游资源的地域分布。
3. 从地质地貌、气候条件、文化等角度，掌握四川旅游资源的特色。

[导入案例]

325万处！四川文旅资源家底查清了

四川省文化和旅游资源普查自2019年1月启动，省市县三级联动，共投入财政资金1.5亿元，组建了4.8万人的专业队伍，历经“顶层谋划—组织实施—成果编制—成果转化”四个阶段，克服疫情、洪灾等影响，历时两年，全面完成四川省21个市（州）183县（市、区）的文旅资源“双普查”任务，形成了“五维合一”普查成果（标准维度：《四川省文化和旅游资源普查标准体系》、工作维度：《四川省文化和旅游资源普查工作手册》、文本成果维度：《四川省文化和旅游资源普查报告》、成果运用维度：《四川省旅游资源保护与利用指南》、资源大数据维度：四川省文化和旅游资源云平台）。

2021年1月，“五维合一”普查成果在成都顺利通过省级评审，分别查清四川省文化资源300余万处、旅游资源约25万处。其中，旅游资源八大类共245 612处，包括历史遗迹、建筑与设施、地文景观、水域景观、生物景观、旅游购品、人文活动、天象与气候景观。新发现、新认定旅游资源6.5万余处，评定五级旅游资源1 864处、四级旅游资源5 250处。

本次普查全面梳理掌握了四川省文化旅游资源家底，充分发掘了巴蜀大地的悠久历史、秀丽风光、多彩民俗、丰富资源，为科学编制四川省“十四五”文旅融合发展规划、全域旅游规划等重大规划，推动文旅产业提档升级，加快建设文化强省、旅游强省提供了强大支撑，为全国文化和旅游资源普查工作提供了四川经验。

（资料来源：http://wlt.sc.gov.cn/s）

案例思考

1. 你的家乡有鲜为人知的旅游资源吗？

2. 通过上网查询“四川省文化和旅游资源云”，找一找自己的家乡是否有新发现、新认定的旅游资源？如果有，具体有哪些？

第一节　四川旅游资源的总体分布

四川省位于中国西南部，地处长江上游，素有“天府之国”的美誉。四川省面积48.6万平方千米，南北宽约921千米，东西长约1 075千米，约占全国陆地国土面积的5.05%，居全国第五位；常住人口8 367.5万（第七次全国人口普查数据），居全国第五位。四川省省会成都市，是国家中心城市，中西部地区的第一大城市。

四川省辖21个市（州）、183个县（市、区）。四川省历史文化悠久，以三星堆遗址、金沙遗址为代表的古蜀文明璀璨而神秘，有国家历史文化名城8个，全国重点文物保护单位262处，蜀锦、四川皮影戏等被列入联合国教科文组织非物质文化遗产名录，为中国道教发源地之一，全世界最早的纸币“交子”诞生地，三国文化、红色文化、民族文化灿烂多姿。四川自然资源丰富，有世界级旅游资源和品牌26个，九寨沟、黄龙、四川大熊猫栖息地是世界自然遗产，青城山-都江堰是世界文化遗产，峨眉山-乐山大佛是世界文化与自然遗产，有国家5A级旅游景区15个，国家级风景名胜区15处，有国家重点保护野生动物145种，森林蓄积量18.97亿立方米，是长江、黄河上游生态屏障。

平原、高原、丘陵、湿地、山地、草原、雪山、冰川，所有能想象到的美丽，在四川几乎都能找到。大九寨、大峨眉、大熊猫、大香格里拉、大贡嘎、大竹海、大灌区、大蜀道、大遗址、茶马古道等文旅精品享誉海内外；中华文明的神秘星辰三星堆，沉睡三千年、一醒惊天下；川茶、川酒、川菜、川剧，让人品味天府之国的麻辣、快乐与醇厚。

一、旅游资源的数量结构分析

依据《四川省旅游资源分类、调查与评价（试行）》标准，四川旅游资源涵盖了地文景观、水域景观、生物景观、天象与气候景观、建筑与设施、历史遗迹、旅游购品（文创产品）、人文活动八大主类。目前，全省共查明旅游资源数量为245 612处，其中新发现、新认定旅游资源点65 146处，占总量的26.51%。

四川省旅游资源分类统计见图1-1。

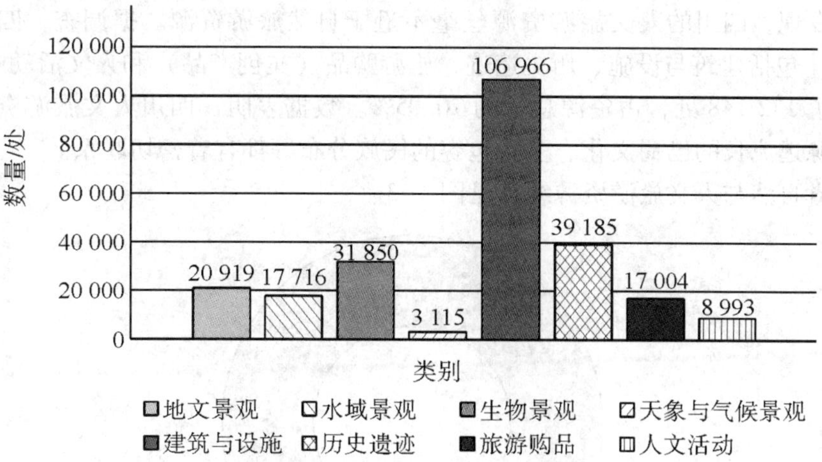

图 1-1　四川省旅游资源分类统计

四川自然旅游资源包括地文景观、水域景观、生物景观和天象与气候景观 4 个主类，共计 73 600 处。四川省文化和旅游资源普查表明，生物景观的数量在自然旅游资源数量榜中位居第一，共 31 850 处，占全省旅游资源总量的 12. 96%。

四川省自然旅游资源示例见图 1-2。

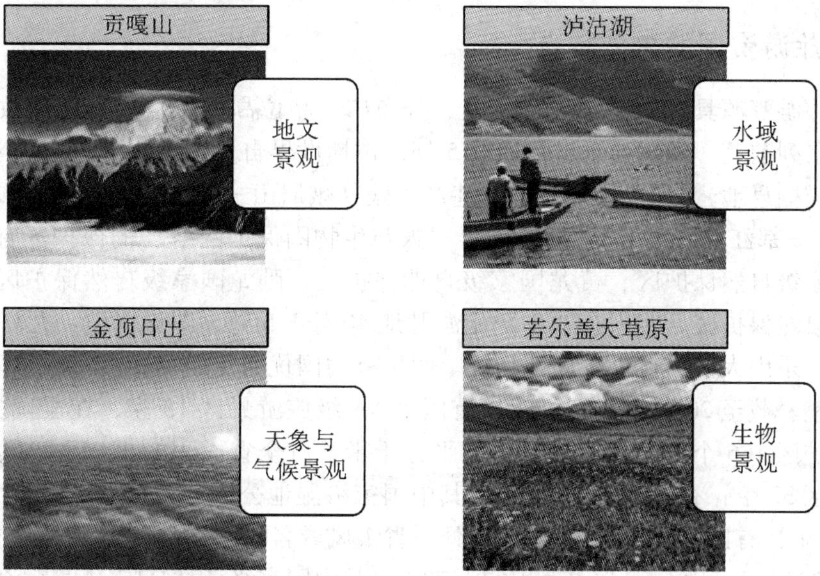

图 1-2　四川省自然旅游资源示例

（图片来源：四川省文化和旅游厅网站）

四川生物景观旅游资源分布于 3 个亚类、11 个基本类型。从 3 个亚类资源数量来看，典型物种亚类数量最多，占生物景观类总量的 71. 18%；其次为植被景观，占生物景观类总量的 25. 16%。从 11 个基本类型资源数量来看，古树名木数量最多，占生物景观类总量的 49. 12%；其次为珍稀动物和林地两个基本类型，占生物景观类总量的比例分别为 14. 32%和 13. 58%。

调查发现，四川的人文旅游资源丝毫不逊于自然旅游资源。据调查，四川的人文旅游资源［包括建筑与设施、历史遗迹、旅游购品（文创产品）和人文活动4个主类］数量达到了172 148处，占资源总量的70.05%。数据表明，四川人文旅游资源更为丰富，这与源远流长的巴蜀文化、多元包容的民族分布等都有着密切联系。

四川省自然与人文旅游资源统计见图1-3。

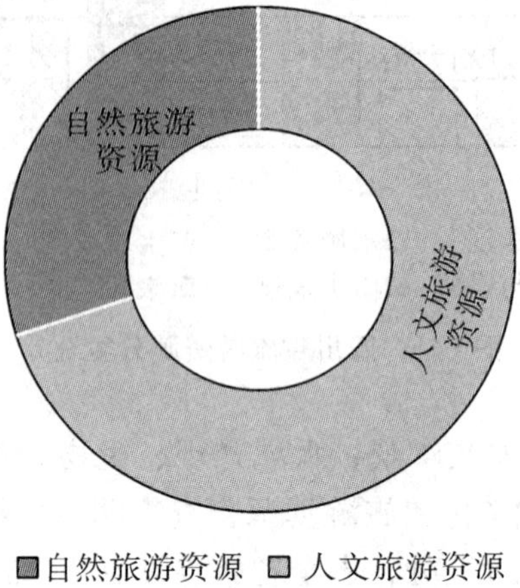

图1-3　四川省自然与人文旅游资源统计

二、旅游资源的总体特点

四川旅游资源具有数量多、类型全、分布广、品位高的特点，其资源数量和品位均在全国名列前茅。四川拥有世界遗产5处，包括世界自然遗产3处（九寨沟、黄龙、四川大熊猫栖息地），世界文化与自然遗产1处（峨眉山-乐山大佛），世界文化遗产1处（青城山-都江堰）。四川被列入世界“人与生物圈保护网络”的保护区有4处，即九寨沟国家级自然保护区、黄龙国家级自然保护区、卧龙国家级自然保护区、四川亚丁国家级自然保护区。四川有“中国旅游胜地40佳”5处，即峨眉山、九寨沟-黄龙、蜀南竹海、乐山大佛、自贡恐龙博物馆。四川有中国优秀旅游城市21座、国家历史文化名城8座。截至2019年年底，四川有国家5A级旅游景区13家，在全国排名第四；有自然保护区166个，面积共计8.3万平方千米，占全省面积的17.1%，其中国家级自然保护区32个；有湿地公园64个，其中国家级湿地公园（含试点）29个、省级湿地公园35个；有国家级风景名胜区15处、省级风景名胜区79处；有森林公园137处，总面积232.48万公顷，占全省面积的4.78%，其中国家级森林公园44处，森林公园总数位列全国前十；发现地质遗迹220余处，包括世界级地质公园3处、国家级地质公园19处。截至2019年年底，四川有博物馆256个、全国重点文物保护单位262处、省级文物保护单位1 136处；有国家级非物质文化遗产名录139项、省级非物质文化遗产名录611项，被列入中国传统村落名录的村落333个。

第二节　四川旅游资源的地域分布

一、资源数量分析

从全省21个市（州）旅游资源的空间分布来看，位居旅游资源总量榜前六位的分别是甘孜藏族自治州（以下简称甘孜州）、成都市、凉山彝族自治州（以下简称凉山州）、绵阳市、阿坝藏族羌族自治州（以下简称阿坝州）、乐山市。这六个市（州）的旅游资源数量最为突出，其总量占全省旅游资源总量的近60%，其中甘孜州排名第一，资源总量超过3万处；成都市排名第二，资源总量接近3万处；遂宁市、攀枝花市、资阳市旅游资源数量则不足5 000处。

四川省21市（州）旅游资源分布情况见表1-1。

表1-1　四川省21市（州）旅游资源分布情况

序号	市（州）	辖区面积/平方千米	所辖县（市、区）数量/个	旅游资源总量/处
1	成都市	14 335	20	29 908
2	自贡市	4 381	6	5 649
3	攀枝花市	7 414	6	3 838
4	泸州市	12 232	7	7 854
5	德阳市	5 910	6	5 776
6	绵阳市	20 248	9	16 811
7	广元市	16 319	7	9 186
8	遂宁市	5 322	5	4 890
9	内江市	5 385	5	5 322
10	乐山市	12 720	11	13 692
11	南充市	12 514	9	10 646
12	宜宾市	13 283	10	11 144
13	广安市	6 339	6	7 969
14	达州市	16 588	7	9 642
15	巴中市	12 325	5	8 277
16	雅安市	15 046	8	12 027
17	眉山市	7 134	6	6 767
18	资阳市	5 747	3	3 507
19	阿坝州	84 242	13	15 641
20	甘孜州	152 629	18	36 112
21	凉山州	60 423	17	20 820

从旅游资源在各市（州）、县（市、区）的数量分布来看，各行政单位的面积、地理区位、地质地貌、文化底蕴、社会经济发展情况、旅游开发程度以及资源富集程

度等都是造成旅游资源数量分布存在地区差异的原因。如甘孜州面积大、地貌多样、自然资源丰富、文化底蕴深厚、民族文化丰富多彩，其旅游资源数量出众，且自然旅游资源占据一定的优势；而成都市下辖县（市、区）普遍区位条件优越、经济发展较好、基础设施完善、交通网络发达、古迹丰富、名胜繁多、旅游资源开发程度高，旅游资源数量排名全省前列，人文资源数量也较多。

二、五大片区旅游资源分布情况

根据资源条件、地理区位和发展潜力，在充分发挥各地区特色与优势、保护和引导好各地区发展积极性的前提下，将全省大致划分为成都平原片区、川东北片区、川南片区、攀西片区、川西北片区五大片区，五大片区自然旅游资源丰富，文化旅游资源独具一格，既各具特色，又相互补充。全省五大片区划分情况见表1-2。

表1-2　全省五大片区划分情况

资源片区	市（州）
成都平原片区	成都市、德阳市、绵阳市、乐山市、眉山市、资阳市、遂宁市、雅安市
川东北片区	南充市、广安市、达州市、广元市、巴中市
川南片区	自贡市、泸州市、内江市、宜宾市
攀西片区	攀枝花市、凉山州
川西北片区	阿坝州、甘孜州

（一）成都平原片区

成都平原片区位于四川省中部，以成都市为中心，包括成都市、德阳市、绵阳市、乐山市、眉山市、资阳市、遂宁市和雅安市8市。区内旅游资源数量丰富，类型齐全，且呈现出多元化的结构特征，既有密集的世界遗产资源、丰富的历史文化资源、重要的道教佛教文化资源、奇特的自然景观资源，又有特色突出的休闲文化资源、乡村度假资源和快速发展的研学资源。

成都平原片区旅游资源丰富，包括以龙门山山地景观资源等为代表的自然景观资源，以熊猫文化、古蜀文化、三国文化、水利文化、三苏文化、道教文化、佛教文化、农耕文化（川西林盘）等为代表的特色文化资源，以川剧、川菜、川茶等为代表的丰富多彩的天府休闲文化资源。成都平原片区共查明旅游资源93 648处，占全省旅游资源总量的38.11%，其中新发现、新认定旅游资源18 793处，占成都平原片区旅游资源总量的20.07%。

成都平原片区特色优势旅游资源见表1-3。

表1-3　成都平原片区特色优势旅游资源

特色文化	代表性旅游资源
熊猫文化	成都大熊猫繁育研究基地、都江堰熊猫谷、平武大熊猫栖息地、唐家河自然保护区、世界第一只大熊猫科学发现地、中国大熊猫保护研究中心都江堰基地、蜂桶寨自然博物馆、邓池沟天主教堂、大熊猫文化宣传教育中心、宝兴大熊猫栖息地、洪雅大熊猫栖息地、小相岭大熊猫野外放归基地、石棉大熊猫栖息地、大熊猫文化宣传教育中心等

表1-3(续)

特色文化	代表性旅游资源
三苏文化	东坡文化、三苏祠、苏轼、中国泡菜城、蟆颐山蟆颐观、彭祖长寿文化、彭祖山、江口古镇、江口明末古战场遗址、东坡岛、中国泡菜博物馆、东坡泡菜文化、东坡泡菜制作技艺、东坡泡菜、东坡肘子制作技艺、东坡肘子、寿书会、苏东坡酒传统酿造技艺、苏东坡酒、彭祖、"三月三"朝山会、长寿养生文化节等
古蜀文化	宝墩遗址、三星堆国家考古遗址、三星堆博物馆、三星堆遗址、玉璋、铜纵目面具、铜大立人像、金杖、商周太阳神鸟金饰、三星堆青铜馆、三星堆综合馆、三星堆古城古国古蜀文化陈列、成都金沙太阳节演艺活动、金沙遗址博物馆等
佛教文化、道教文化	青城山、峨眉山、大慈寺、报国寺、灵岩寺、普照寺、报恩寺、宝光寺、伏虎寺、万年寺、千佛寺、夹江千佛岩、乐山大佛、圣水寺、上清宫、建福宫、青羊宫、文殊院、昭觉寺、石经寺、龙藏寺、慈云寺、安岳石刻、川王宫、都江堰真武宫、西武当太极宫、青城山圆明宫、什邡南华宫等
茶马古道文化	临邛古城、雅安茶厂、藏茶世界、蒙顶山、牛碾坪万亩茶园、汉源清溪茶马古道遗址、天全茶马古道遗址、九襄古镇、平乐茶马古道、蒲江茶马古道遗址、茶马古道新添段、茶马古道石棉段等

（二）川东北片区

川东北片区位于四川省东北部，川、陕、甘三省交界处，包括南充市、广安市、达州市、广元市和巴中市 5 市共 34 个县（市、区），是"伟人将帅故里"和"川陕苏区"的中心区域，丰富的红色文化、三国文化与秦巴山地、川东平行岭谷等交相辉映，形成片区旅游的一大亮点。川东北片区共查明旅游资源 45 720 处，占全省旅游资源总量的 18.60%，其中新发现、新认定旅游资源 14 939 处，占川东北片区旅游资源总量的 32.67%。

川东北片区旅游资源类型多样，特色鲜明，是巴文化和蜀文化交汇融合之地，自然与人文资源相得益彰，既有以光雾山-诺水河喀斯特地貌景观、宣汉百里峡、大巴山褶皱、华蓥山平行岭谷景观等为代表的秦巴自然生态旅游资源，又有以剑门关、翠云廊、陈寿旧居、阆中古城为代表的蜀道三国文化旅游资源，还有以川陕苏区红军遗址、朱德同志故居纪念馆、邓小平故里等为代表的红色文化旅游资源。

川东北片区特色优势旅游资源见表 1-4。

表 1-4　川东北片区特色优势旅游资源

特色文化	代表性旅游资源
蜀道三国文化	剑门关、昭化古城、明月峡、桓侯庙、阆中桓侯祠、万卷楼、王平墓、陈寿旧居、阴平古道广元段、明月峡古栈道、翠云廊等
巴人文化	罗家坝遗址、城坝遗址、恩阳古镇、《巴山背二歌》、翻山铰子、神龙山巴人石头城、巴山大剧院、薅草锣鼓等
川籍将帅故里、故居红色旅游	朱德同志故居纪念馆、邓小平故里、邓小平故居陈列馆、邓小平缅怀馆、罗瑞卿故居、张爱萍将军故居、红四方面军总指挥部旧址纪念馆、通江红军石刻标语群、蜀道通江段、唱歌石林、川陕革命根据地红军烈士陵园、空山战役纪念园、红四方面军总医院旧址群、南江县红军石刻群、巴中将帅碑林、太公红军山、华蓥山游击队遗址等

表1-4(续)

特色文化	代表性旅游资源
南北过渡带喀斯特地貌	燕子岭峰丛、十八月潭、光雾山、米仓山、贾郭山峰丛、香炉山、大坝冰雪地、神门洞峰丛、中峰洞、龙湖洞、诺水洞天、空山战役纪念园、临江丽峡、空山森林、空山天盆、樱桃河谷、万字格石林、太极天坑、焦家河峡谷、龙架烟云、韩溪河峡谷、两河口、珍珠沟峡谷、婚纱瀑布、万笏朝圣、七仙女峰丛、桃园后河岩群（扬子陆核）剖面、大兰沟峡谷、小兰沟峡谷、小光雾山、龙神店峰丛、回龙洞、夏家沟峰丛、神门洞、吴家湾峰丛、水龙洞、中峰洞嫦娥奔月、中峰洞巴人会盟、中峰洞天地吉祥、楼房洞、龙湖洞棕榈树、龙湖洞水帘瀑布、狮子洞、龙湖洞龙宫仙境、太极锁黄龙、鲁班寺、金童山、玉皇坝、国画屏、空山云海、空山雪景、凤凰洞、七星飞瀑、空山彩林、待皇树、天元峰、天鹅戏水、临江丽峡百潭群、临江丽峡凌云瀑、临江丽峡一线天、临江丽峡万年灵芝群等
剑门砾岩地貌	剑门关绝壁、剑阁五指山、剑门关石笋峰、金子沟姐妹峰、剑阁十三峰、剑门关元阳巨石、剑门七十二峰、长江沟地层剖面等
川东平行岭谷地貌	川东平行岭谷、邻水泥汉坪、天意谷、御临河小三峡、华蓥山石林、华蓥山褶皱山系、华蓥山绝壁、仙鹤洞、华蓥山八阵迷踪、地缝峡、翡翠峡、铜板沟等

（三）川南片区

川南片区位于四川省东南部，川、渝、滇、黔四省交界处，包括自贡市、泸州市、内江市、宜宾市 4 市，共计 28 个县（市、区），是中国沿海地区与长江流域组成的“T”字形生产力布局的底部。川南片区旅游资源丰富，宜宾以蜀南竹海、石海洞乡、五粮液而享誉世界；自贡以千年盐都、恐龙之乡、国际灯会蜚声国际；泸州以酒城药乡、南北水果大观园而声名远扬；内江则以名人故里而备受敬仰。总体来看，川南片区各类自然景观和人文景观交相辉映，层次组合完美，既广泛分布，又相对集中，地域组合优越。川南片区共查明旅游资源 29 969 处，占全省旅游资源总量的 12.20%，其中新发现、新认定旅游资源 7 842 处，占川南片区旅游资源总量的 26.17%。

川南区域内旅游资源种类丰富，集中程度高，形成了以蜀南竹海、福宝国家森林公园、川南岩溶地貌、丹霞地貌、恐龙遗迹等为代表的自然旅游资源；以五粮液、泸州老窖、古蔺郎酒等名酒为代表的名酒文化旅游资源，以及以李庄古镇、福宝古镇等为代表的古镇旅游资源及民族民俗文化旅游资源。

川南片区特色优势旅游资源见表 1-5。

表 1-5　川南片区特色优势旅游资源

特色文化	代表性资源
酒文化	郎酒庄园、中国白酒金三角酒业园区、郎酒系列酒、中国国际酒业博览会、龙洄酒庄、茶酒小镇、泸州老窖系列酒、中国竹酒博物馆、花田酒地、五粮液、五粮液酒传统酿造技艺、南溪区白酒生态园、仙潭酒厂、仙潭酒品、郎酒储酒洞、定记窖池群及酿酒作坊、梨花村瓢梨酒、泸州醉八仙酒传统酿制技艺、沈子国酒庄、中国沈酒系列酒、龙洄酒庄中国白酒文化博览馆、中国沈酒庄、合江小曲酒传统酿造技艺、中国美酒音乐欢乐季、玉蝉酒、麒麟温酒器、龙泉井、泸州老窖封藏大典、美酒河大峡谷、美酒河摩崖石刻、泸州老窖博物馆、纯阳洞等

表1-5(续)

特色文化	代表性资源
盐文化	自贡盐业历史博物馆、燊海井、吉成井、艾叶古镇、旭水河古盐道、东源井古盐场、公井古城、仙市古镇、赵化古镇、桓侯宫、狮市古镇、彙柴口古盐道、老盐场1957、盐都植物园、仙市镇华南宫、仙市古街道、陈家祠家风馆、艾叶码头、金流井、东源井天车、玉川公祠、王家大院等
恐龙文化	青龙山恐龙化石群、自贡恐龙博物馆、国际恐龙灯光节、大山铺恐龙化石群、方特恐龙王国等
竹资源	蜀南竹海、纳溪丹霞竹海、长宁西部竹石林、仁和白竹海、江安竹簧工艺、兴文僰王山、全竹宴、白节竹韵竹工艺品、中国竹酒博物馆、大旺国际竹种园、法王寺楠竹林、玉兰竹海等
川南岩溶地貌	箭竹大黑洞、万佛洞、古郎洞、青岗坡沟谷景观、鸡鸣三省大峡谷、小岩湾天坑、兴文天泉洞、西部洞群、后山镇天台山、叙永县龙泉洞、马嘶阿喀洞天坑、二十八宿拜紫薇、古郎洞钙华池、郎酒储酒洞、老鹰岩大峡谷、马嘶乡天生桥、三鱼洞、黄荆湾村溶洞、叙永县营山镇太康溶洞群、太安石林、石海迷踪（石林）、永寿僰人巨石阵、护家石林、鱼化水洞坪峡谷、马嘶乡天生桥、罗泉溶洞、宜宾红岩山、龙头村竹石林、龙背岭石林、底洞喀斯特地貌、石板溪大溶洞、蜀南地宫、姜家河溶洞群等
川南丹霞地貌	黄荆老林、画稿溪、叙永县丹山、叙永县丹山梯田、丹霞地貌、古蔺普照山、纳溪丹霞竹海、天仙硐、合江丹霞地貌、笔架山、老君山（宜宾）、胜天红岩山（高县北红岩山）、叙永县丹山岩壁、龙爪河大峡谷、长滩、笋子山、官山、天仙硐丹霞石壁、车辋丹霞天台山、合江佛宝丹霞地貌、水尾镇官斗村丹霞岩、七洞沟丹霞、环崖丹霞（宜宾）等

（四）攀西片区

攀西片区位于四川省南部，地处青藏高原、云贵高原与四川盆地过渡地带的高山峡谷地区，包括攀枝花市和凉山州2个市（州）。攀西片区是中国西南民族风情观光走廊的重要部分，香格里拉文化圈的关键区域，东南亚旅游通道的门户。攀西片区自然山水景观主要分布于凉山州，有明显的高原特征，拥有雪山、峡谷、溶洞、石林、温泉、湖泊等独特的原生态自然景观。攀枝花地区具有突出的避寒气候条件，被誉为"阳光城"，西昌被誉为"小春城"，独特的气候条件成为攀西阳光度假旅游的有效载体，填补了四川冬季旅游的空缺，为四川开辟特色旅游和精品旅游提供了有效载体。攀西片区共查明旅游资源24 658处，占旅游资源总量的10.03%，其中新发现、新认定旅游资源7 306处，占攀西片区旅游资源总量的29.63%。

攀西片区阳光度假气候资源、康养资源优势明显，汇集了泸沽湖、泸山-邛海、螺髻山、彝海、西昌卫星发射基地等众多高品位旅游资源，形成了以泸沽湖、邛海、米易太阳谷、西昌国际康养地等为代表的康养旅游资源；以毕摩文化、彝族服饰、火把节、彝族漆器等为代表的彝文化；以三线建设博物馆、三线建设人文事迹等为代表的三线建设文化；以彝海结盟遗址、皎平渡遗址、会理会议遗址等为代表的红军长征文化。

攀西片区特色优势旅游资源见表1-6。

表 1-6 攀西片区特色优势旅游资源

特色文化	代表性旅游资源
彝文化	毕摩文化、彝族服饰、彝族火把节、“库斯”彝族年、彝族漆器、峨边甘嫫阿妞文化、彝族毕摩绘画、拖木彝族文化村寨、彝族高腔、白沙村彝族村寨、彝族服饰文化节、彝族毕摩音乐、传统彝医药、达体舞、朵乐荷、阿都丧葬文化、剪羊毛节、彝族赛马习俗、支格阿龙、彝族克智、彝族尼木措毕祭祀等
三线建设资源	攀枝花中国三线建设博物馆、503 地下战备电厂三线遗迹、攀枝花三线建设事迹、大田会议会址、西昌三线建设遗迹等
长征红色文化	彝海结盟遗址、红军长征纪念馆、皎平渡遗址、会理会议遗址等
康养资源	西昌国际阳光康养地、核桃村康养小镇、米易太阳谷康养度假地、马头山森林康养地、盐源康养度假地、德昌坡森林康养休闲区、野租泉民俗生态康养地、纳龙河康养地、美姑县城康养基地

（五）川西北片区

川西北片区位于四川省西部，是四川盆地与青藏高原的接合部位，属青藏高原东南缘和横断山脉的一部分，范围涵盖了阿坝州和甘孜州。该区汇聚了四川壮美的自然景观、独特的地域文化和灿烂的民族风情。这里是全国第二、四川最大的林区，也是大熊猫的原生态栖息地、世界自然遗产群，贡嘎山、四姑娘山、亚丁雪山等山脉，长江源头、黄河源头草原湿地等众多高品位旅游资源集中荟萃之地，还是红军长征途经的重要地区。川西北片区共查明旅游资源 51 753 处，占旅游资源总量的 21.06%，其中新发现、新认定旅游资源 16 266 处，占川西北片区旅游资源总量的 31.42%。

川西北片区幅员辽阔，高山、峡谷、湖泊、草原纵横相间，九寨沟、黄龙、四姑娘山、海螺沟、贡嘎山、稻城亚丁、美人谷、丹巴藏寨古碉、德格印经院等大批旅游资源价值突出，形成了以雪山、冰川、湖泊、峡谷、温泉、瀑布等为代表的自然生态型景观；以藏族文化、彝族文化、羌族文化等为代表的民族文化；以格萨尔文化、茶马古道文化等为代表的地域文化。

川西北片区特色优势旅游资源见表 1-7。

表 1-7 川西北片区特色优势旅游资源

特色文化	代表性旅游资源
格萨尔文化	格萨尔千幅唐卡、格萨尔文化博物馆、格萨尔石刻、格萨尔王城、德格格萨尔说唱、格萨尔兵器部落、格萨尔王故里、阿须格萨尔经堂、格萨尔藏戏等
羌文化	桃坪羌寨、羌族博物馆、中国古羌城、熊猫羌年、羌戈大战、羌绣、羌族碉楼营造技艺、羌笛演奏及制作技艺、羌族服饰、羌族多声部民歌等
高寒岩溶（地表钙华）地貌	九寨沟、黄龙、神仙池、牟尼沟、卡龙沟、亚龙沟钙华滩、康定泉华滩、奇峡沟钙华、宋玉泉华滩、万层滩、柏林村燕子洞、格日溶洞、下坝溶洞、正斗草场溶洞群、卡斯地狱谷钙华、贡波乡大溶洞、瓦卡镇阿洛贡溶洞等
冰川地貌	仙乃日冰川、夏诺多吉冰川、央迈勇冰川、达古冰川、四姑娘山冰川、莲宝叶则冰川、燕子沟冰川、别斯满冰川、猎塔湖鲸背岩群、海子山古冰漂地貌、海子山古冰帽、沙鲁里冰川、达古一号冰川、达古二号冰川、达古三号冰川、龙谷冰川、雪隆包冰川、麻贡嘎冰川等

表1-7(续)

特色文化	代表性旅游资源
长征文化	马尔康红军长征纪念馆、红军长征纪念碑碑园、红军长征中共中央芦花会议会址、红军会师联欢会场、红军飞夺泸定桥纪念馆、乡城红军纪念馆、泸定桥、巴西会议遗址、两河口会议遗址、沙窝会议会址、雅克夏山红军烈士墓、磨西红军长征陈列馆、红军飞夺泸定桥纪念碑、得荣红军桥、红军飞夺泸定桥战前动员会旧址等

第三节　四川旅游资源的特点

一、复杂多元的地质地貌

四川位于中国西南腹地，西为横断山脉，东临重庆，北接秦岭巴山。四川自古就是连接中国西南、西北的天然纽带，著名的南北丝绸之路在这里交会；地处中华民族的两大母亲河长江、黄河上游，是长江流域经济带的重要组成部分和长江流域主要的生态屏障。

四川是中国地质最复杂，地貌最多元，景观最独特的省份之一。全省总体地势呈西高东低的特点，地貌类型多样。四川西部为素有“世界屋脊”之称的青藏高原，平均海拔 3 500 米。群山环峙，雪峰簇拥，金沙江、雅砻江、岷江、大渡河纵贯其间，长江的源头及主要支流在这里孕育了古老而神秘的文明。攀西裂谷纵贯南北 400 千米，裂谷中山地起伏、湖泊镶嵌。四川东部为群山环抱的四川盆地，地势自西北向东南倾斜。四川盆地西部是沃野千里的成都平原，地表平坦，岷江、沱江、青衣江等汇聚其间，孕育了独特的天府文化。四川盆地四周山地环绕，北缘有米仓山、大巴山，是著名的秦巴山地南翼部分，山势雄伟，山坡陡峭，沟谷深切；西缘有龙门山、邛崃山、峨眉山，相对高差可达 1 000 米，属我国第一阶梯。盆周山地地区孕育了独特的自然景观。东西部之间，两大地貌单位的接合部位，龙门山、邛崃山脉、岷山山势陡峻，河流深切，无数美景隐匿其中。秀丽的自然风光、悠久的巴蜀文化，奇特的民族风情交相辉映，共同造就了四川得天独厚、丰富多彩的文化资源和旅游资源。

四川的名山宝岭，既有举世闻名的天下名山，如雄秀西南的峨眉山，幽绝天下的青城山以及西岭雪山、天台山、瓦屋山、螺髻山、泸山、华蓥山等，这些名山风姿各异，融建筑、雕刻、书法、绘画、园林艺术于一体；又有气势磅礴的川西北高山，如“蜀山之王”贡嘎山、四姑娘山、雪宝顶、亚丁雪山、二郎山、雀儿山等形成群山莽莽、雪峰林立、气象万千的壮观山景。

四川的水景千姿百态，不乏中外皆知的大江大河，如被中外科学家誉为“宇宙中庄严幻影”的黄河九曲第一湾，支流众多、源远流长的长江，滩多湾急的金沙江，峡谷急流的岷江，还有水能资源丰富的大渡河、雅砻江、嘉陵江、沱江等。四川水质清澈、幽静秀美的各种湖泊，可以说是不胜枚举。

四川的地下热水资源非常丰富，是中国泉水最密集的地区之一，全省发现温泉 354 处，其中最为著名的有海螺沟冰川温泉、花水湾温泉、古尔沟神峰温泉、康定二道桥温泉、木格措药池沸泉、周公山温泉、峨眉山温泉、罗浮山温泉、黑竹沟温泉等。更有无数风姿各异的瀑布点缀其中，令人流连忘返。

川西横断山脉一带，金沙江、雅砻江、大渡河在崇山峻岭间汹涌奔流，高山陡峭，河谷深切，是世界上大峡谷最密集的地区，如中国西部第一大峡谷——雁门沟西羌大峡谷、大渡河峡谷地质公园、攀西大裂谷、泸定海螺沟、稻城亚丁卡斯峡谷、四姑娘山双桥沟、仙地盆景——卡龙沟、沱江小三峡、平羌小三峡等。还有九寨沟、黄龙、石海洞乡、大渡河美女峰石林、安县龙泉神女宫、绵阳北川猿王洞、筠连岩溶、空山天盆等多姿多彩的岩溶奇观。四川有世界上连片面积最大的丹霞地貌区，也有如诗如画的草原风光，如塔公草原、红原草原、若尔盖草原，若尔盖草原上的热尔大坝是中国最平坦辽阔的湿地草滩。

二、复杂多样的气候特征

四川是中国气候带最多的省区，气候的地域差异显著。类型复杂多样的地貌单元，使东西两部分气候迥然不同。东部盆地属湿润温暖的东南季风气候，冬暖、春早、夏热、秋凉，多云雾；川西北部分地区呈长冬无夏的高原气候，以气候垂直分带著称，尤其是川西高山峡谷地区，在亚热带的基带上依次出现暖温带、温带、寒温带、永冻带等山地立体气候，故有“一山有四季，十里不同天”之说。川西南为冬干夏湿的西南季风气候，冬暖夏凉、日照充足、降水集中，旱季雨季分明。复杂多样的气候形成了四川变幻莫测的自然气象景观。

四川可谓是“南国的冰雪世界”，西岭雪山被誉为“东方的阿尔卑斯”，可以进行丰富多彩的冰雪运动项目；海螺沟国家冰川森林公园漫天飞舞的雪花，热气腾腾的温泉，还有终年苍翠的森林和贡嘎雪峰的雄姿让人流连忘返；都江堰龙池国家森林公园莽莽苍苍的林海雪原，精巧奇妙的雪雕组成了纤尘不染的冰雪世界；瓦屋山兰溪瀑布凝结为巨大的冰瀑，蔚蓝剔透；峨眉山、九寨沟、黄龙等风景名胜区的冬季瑰丽多姿。在四川西部，还有许多高耸入云的巍峨雪山——二郎山、格聂神山、雀儿山、雪宝顶、四姑娘山、贡嘎山及亚丁雪山等，这些雪山终年白雪皑皑。

三、多姿多彩的生态景观

全世界85%的大熊猫栖息在四川西北部的崇山峻岭之中，四川因此被称为大熊猫的故乡。成都大熊猫繁育研究基地、卧龙大熊猫自然保护区、雅安宝兴县蜂桶寨、碧峰峡大熊猫研究中心、唐家河自然保护区、王朗大熊猫自然保护区、马边大风顶自然保护区、峨眉山、瓦屋山、四姑娘山、九寨沟、黑竹沟都是大熊猫的生态家园。

四川西部的大草原、高山湖泊是观赏野花的好地方。7—8月的若尔盖草原、塔公草原的花湖风光如画，在茵茵草地上，种类繁多的野花竞相绽放，绚丽多彩。九寨沟、伍须海、神仙池、甘海子、木格措等景区，从夏到秋，周围百花盛开，争奇斗艳。

四川是我国生产白果最多和古银杏树最多的省区，四川银杏栽培历史悠久。银杏为成都的市树，青城山的“天师银杏”、都江堰离堆公园的“张松银杏”久有盛名。相传天师洞有棵老银杏树为张天师手植，故称“天师银杏”。观赏古银杏的胜地有青城山、都江堰、蒙顶山、蓥华山、峨眉山、瓦屋山、西岭雪山等地。龙泉山石经寺依山而立，寺内有古银杏两株，系唐贞观年间所植，至今枝繁叶茂，果实累累。诺水河空山天盆景区内的空山，盛产银杏，许多古银杏，树干中空，可容八人围坐聊天，但仍生机盎然，树冠覆盖面积竟达 1 333 平方米。

四川有世界上最长最大的原始桫椤林，从槽渔滩、瓦屋山、峨眉山、五通桥、高县、蜀南竹海福宝、荣县金华，一直延伸到贵州赤水。其中，屏山县龙华镇老君山有被誉为活化石的桫椤树 3 万余株；高县胜天镇东部红岩山风景区的森林内，有大片生长成林的桫椤树，多达 4 万余株；乐山五通桥西坝镇桫椤谷长 6.5 千米，生长着 5 万多株桫椤树。密密匝匝的桫椤树林一眼望不见头，十分壮观；荣县金华桫椤谷，有 2 万余株桫椤树，成片的桫椤生长在幽谷之中，呈带状分布，植株一般高 2~3 米，最高的达 6~7 米。木沙椤树树形美观，叶如凤尾，有的独自成株，有的两三株并在一起生长，枝繁叶茂，遮天蔽日，形成壮美的景观。

瓦屋山有世界上连片面积最大的珙桐林带；汶川有世界上连片面积最大的珙桐林带；黑竹沟森林公园内，海拔 1 600~2 800 米处生长着罕见的成片珙桐；峨眉山每到春季，珙桐花盛开时，花枝摇曳，如白鸽随风飞舞，故珙桐又有“中国鸽子树”之称；大风顶自然保护区内，珙桐成片生长达几千公顷以上，举世罕见。此外，屏山县龙华镇老君山、龙池森林公园、什邡市蓥华山、天台山、古蔺县黄荆老林等景区都有珍稀树种珙桐。

攀枝花的苏铁自然保护区，每年 3—6 月，只见苏铁林成千上万个黄色的花蕾争奇斗艳，单株如佛手捧珠，成林似彩毯铺地。万绿丛中黄花点点，形成一种奇异景观。攀枝花市每年都要举办以苏铁命名的苏铁观赏暨物资交易会。

阿坝州理县米亚罗红叶风景区内，群山连绵，江河纵横，林海浩瀚，空气清新，四季风光宜人，其中尤以瑰丽的金秋红叶、神奇的少数民族风情驰名中外。米亚罗风景区总面积达 3 688 平方千米，比北京香山红叶风景区大 180 余倍，是我国目前发现并开放的面积最大、景色最为壮观的红叶风景区之一。每当秋风乍起，景区内杂谷脑河谷两岸密林中的枫树、槭树、桦树、鹅掌松、落叶松等渐次经霜，树叶被染成绮丽的鲜红色和金黄色，只见万山红遍，层林尽染，3 000 平方千米的红叶，如春花怒放，红涛泛波，成为一大奇观。

四、璀璨悠久的历史文化

传统文化穿越千年，润泽滋养着天府之国。人杰地灵的巴蜀大地孕育了三过家门而不入的大禹、修筑都江堰泽被天府的李冰、西汉天文学家落下闳、“文化巨星”苏轼……

（一）古巴蜀文明

大自然的鬼斧神工造就了神奇的四川山水，独特的地理区位孕育了独特的巴蜀文化。

三星堆古遗址，距今已有 3 000~5 000 年的历史，是迄今在西南地区发现的范围最大、延续时间最长、文化内涵最丰富的古城、古国、古蜀文化遗址，现有保存最完整的东、西、南城墙和月亮湾内城墙。三星堆古遗址被称为 20 世纪人类最伟大的考古发现之一，昭示了长江流域与黄河流域一样，同属中华文明的母体，被誉为“长江文明之源”。三星堆文化呈现出非常鲜明的独特性。按照三星堆出土文物的特色，三星堆文化可分为两组文化因素。第一组是三星堆文化独有的文化因素，包括大型青铜立人像、眼球异常凸出的“凸眼青铜神像”（又称“铜人面具”）、眼形器、眼泡、爬龙柱形器、铜制的神殿和神坛模型、神树、金面罩青铜头像、大量的象牙等。这些器物数量众多，也是三星堆文化中占主体且在其他文化中看不到的①。其中，以纵目面具为代表的青铜面具群，是三星堆文物中最有特色且最具精神文化内涵的文物之一，它们是中国时代最早和出土规模最大的面具群体。另外，三星堆文物中最具神韵的通天神树是古蜀人智慧和精神的象征，反映了古蜀人天人合一、人神互通的观念，以及日神崇拜及三界、天下之中的时空观。第二组文化因素是在中原和其他地区可以看到的，包括玉璋、玉戈、玉琮、玉璧、铜尊等，数量比例较少。

成都平原发现的史前古城群包括宝墩文化遗址、三道堰文化遗址，证实了成都平原是长江上游地区古代文明的源头之一，对于巴蜀文明史具有极其重要的意义。

罗家坝遗址是国务院批准的第五批全国重点文物保护单位。罗家坝遗址和成都金沙遗址、成都商业街古蜀大型船棺独木棺葬遗址一道，被称为“继三星堆遗址之后古巴蜀文化的三颗璀璨明珠”。2001 年 2 月在成都市区发现的金沙遗址，分布范围约 5 平方千米，是公元前 12 世纪至公元前 7 世纪（距今约 2 600～3 200 年）长江上游古代文明中心——古蜀王国的都邑。金沙遗址已发现的重要遗迹有大型建筑基址、祭祀区、一般居住址、大型墓地等，出土了大量的金器、铜器、玉器、石器、象牙器、漆器等珍贵文物，还有数以万计的陶片、数以吨计的象牙以及数以千计的野猪獠牙和鹿角，堪称世界范围内出土金器、玉器最丰富，象牙最密集的遗址。目前可以确认，金沙遗址主体文化遗存的时代大约相当于商代晚期至西周时期，极有可能是三星堆文明衰落后在成都平原兴起的又一个政治、经济、文化中心，是古蜀国在商代晚期至西周时期的都邑所在，也是中国先秦时期最重要的遗址之一。金沙遗址的发现，极大地拓展了古蜀文化的内涵与外延，对蜀文化起源、发展、衰亡的研究有着重大意义，特别是为破解三星堆文明突然消亡之谜找到了有力证据。金沙遗址复活了一段失落的历史，再现了古代蜀国的辉煌，并与成都平原的史前城址群、三星堆遗址、战国船棺墓葬共同构建了古蜀文明发展演进的四个阶段，共同证明了成都平原是长江上游文明起源的中心，是华夏文明重要的有机组成部分，为中华古代文明起源“多元一体”学说的确立提供了重要佐证。

（二）三国文化

四川是当年诸葛亮辅佐刘备立国称帝的“天府之土”，三国文化遗迹最具特色、最为令人神往。虽然三国历史在中华五千多年文明的历史长河中，只是短暂的一瞬，但是那刀光剑影、群雄割据的时代，以及叱咤风云、个性突出的英雄，无不彰显着中华民族的忠义、智慧、勇武精神。三国文化中最为著名的历史遗迹有：成都武侯祠、绵阳富乐山、子云亭、罗江庞统祠墓、广元明月峡古栈道、昭化古城、剑门关、剑门蜀道翠云廊、徐庶隐身处、阆中古城、阆中汉桓侯祠、阆中碑林、南充万卷楼等。

成都武侯祠是纪念刘备、诸葛亮等蜀汉英雄人物的庙宇。它肇始于蜀汉章武元年

① 王震中. 三星堆：夏商时期的古蜀文明［N］. 中国社会科学报，2021-08-12（10）.

（公元221年）刘备惠陵修建时，在修建惠陵的同时也修建了汉昭烈庙。约公元500年前后的南北朝时期，武侯祠从成都“少城”迁建惠陵、汉昭烈庙旁，此格局持续到明代。明洪武二十三年（公元1390年），明蜀王朱椿到武侯祠朝拜，以“君臣宜为一体”为由，将惠陵、汉昭烈庙、武侯祠合为一体，由于诸葛亮在老百姓心目中的影响超过刘备，民间习惯称为“武侯祠”。明末，武侯祠毁于战火，清康熙十年（公元1671年），在旧址上恢复重建武侯祠，形成现在所见格局。作为全国唯一的君臣合祀祠庙和最负盛名的诸葛亮、刘备及蜀汉英雄纪念地及全世界影响最大的三国遗迹博物馆，武侯祠享有“三国圣地”之美誉，年平均接待游客约1 000万人次。

阆中是三国文化旅游线的重要组成部分。三国时蜀汉大将张飞任巴西太守，驻阆中达7年之久（公元214—221年），在这里他率精卒万人，打败了曹操的上将张郃带领的三万人的进攻，取得了“保境安民”的胜利。刘备伐吴前夕，他被部下范强、张达所杀，身葬于阆中，后人为其建的“桓侯祠”，今为国家级文物保护单位。此外，三国蜀汉名仕周群、谯周、程畿，镇北将军黄权，镇南大将军马忠等都是阆中人。

（三）宗教文化

1. 道教文化

青城山是我国著名的道教圣地，为道教十大洞天之第五洞天。从东汉中期张道陵结茅传道以来，道教在青城山已经历了1 800年的悠久历史，至今仍是道教活动的重要场所和研究道教文化的圣地。青城山有三十六峰八大洞、七十二小洞、一百零八景。著名的道教宫观有建福宫、天然图画、天师洞、祖师殿、朝阳洞、上清宫等。山上丰茂的植被覆盖了千峰万壑，林海苍翠，花草遍野，青藤倒挂，怪石嶙峋，幽兰芬芳，幽趣盎然。素有“青城天下幽”之誉，是游览避暑胜地。

鹤鸣山为道教名山，位于大邑县鹤鸣乡。史载东汉时，张道陵客于蜀，学道鹤鸣山，创五斗米道，鹤鸣山由此成为道教圣地。明代著名道士张三丰曾居此山。山上原有历代所建的多处宫观，历经劫难，大多不存。今残存有三官庙、解元亭、迎仙阁等，古迹有太清宫遗址、陆游《宿鹤鸣山》诗碑、清代单孔迎仙桥等。

此外，著名的道教宫观还有文昌帝君的发祥地——梓潼大庙山，“巍巍胜境类蓬莱”的三台县云台观，坐落在宜宾市城西翠屏山腰的哪吒行宫和真武山古庙群，相传轩辕黄帝遇见九皇仙人的峨眉山九老洞——“九老仙府”以及射洪金华山金华观、江油云岩观、金光观、松潘黄龙观、都江堰二王庙等。

2. 佛教文化

峨眉山位于神秘的北纬30°附近，雄踞在四川省西南部，自古就有“普贤者，佛之长子，峨眉者，山之领袖”之称。峨眉山自然遗产极其丰富，素有天然“植物王国”“动物乐园”“地质博物馆”之美誉。峨眉山是中国佛教圣地，被誉为“佛国天堂”，是普贤菩萨的道场。

峨眉山是人类文化的宝库，文化遗产极其丰富。《杂花经·佛授记》称：“震旦国中，峨眉者，山之领袖”。唐代大诗人李白则有“蜀国多仙山，峨眉邈难匹”的千古绝唱。峨眉山更有“一山独秀众山羞”“高凌五岳”的美称。

古人云：“天下山水之观在蜀，蜀之胜曰嘉州，州之胜曰凌云。”乐山大佛景区位于四川盆地西南部，距省会成都约150千米。岷江、青衣江、大渡河三江在此交汇。

景区依山傍水，风光旖旎，文化和自然景观和谐统一，构成一幅多彩的山水画卷。这里有世界最大的摩崖石刻弥勒坐像——乐山大佛、自然和人文奇观——“巨型睡佛”、青衣别岛——乌尤寺、佛教雕刻艺术荟萃——东方佛都、宋元古战场——三龟九顶城、中国最早的佛像之一——结跏趺坐佛。

著名寺庙有康定市的金刚寺、塔公寺，德格县的八邦寺、德格印经院、更庆寺、竹庆寺、登青寺，甘孜县的大金寺、甘孜寺，道孚的雀灵寺，炉霍县的寿灵寺，白玉县的呷拖寺，石渠县的色须寺，理塘县的长青春科尔寺，若尔盖县的格尔底寺，金川县的广法寺，阿坝县的格尔登寺，木里县的木里大寺等。

（四）科技文化

都江堰建于公元前256年，是战国时期秦国蜀郡太守李冰及其子二郎率众修建的一座大型水利工程，是全世界迄今为止，年代最久、唯一留存、以无坝引水为特征的宏大水利工程。2 200多年后，都江堰仍在发挥巨大效益，李冰治水，功在当代，利在千秋，不愧为文明世界的伟大杰作，造福人民的伟大水利工程。成都平原能够如此富饶，被人们称为“天府”乐土，从根本上说，是李冰创建都江堰的结果。所以《史记》说：“都江堰建成，使成都平原‘水旱从人，不知饥馑，时无荒年，天下谓之天府也。”都江堰源远流长，惠泽后人，其奥秘除了巧夺天工的工程布局外，更主要的是遵循了“乘势利导、因时制宜”的治水指导思想，“岁必一修”的管理制度，“遇难弯截角、逢正抽心”的治河原则，以及“深淘滩、低作堰”的引水、防沙、泄洪之管理经验和治堰准则。都江堰工程在两千多年的运行过程中，充分发挥了工程潜能，人们在长期实践中积累了独具特色的宝贵经验。

巴蜀地区是我国古代重要的井盐产区，川东大宁盐泉的历史可以追溯到夏商时期，川西盐井的开掘始于战国时代的秦国。《史记》载李冰“识齐水脉，穿广都盐井”，为我国有文献记载人工开掘最早的盐井。汉代四川产盐扩大到十余州县，出现了大面积掘盐井的现象，并在临邛地区开掘出了人类历史上第一口天然气井——临邛火井。现保存完好的还有享誉世界的大英县卓筒井，位于遂宁市大英县城西卓筒井镇，起源于北宋庆历年间（公元1041~1048年）的大英县卓筒井钻探取盐技术，比西方早800年，使地下深处的卤水第一次得到科学的开采。在开采卤水的过程中，人类发现了埋藏在地下的油气资源。巴蜀地区的凿井工艺技术虽然具有近一千年的历史，但其古老的工艺流程仍保存得相当完整。中国发明卓筒井技术甚至被《中国钻探技术史》《中国科学技术史》《中国井盐科技史》三书誉为“中国古代第五大发明”和“世界石油钻井之父”。卓筒井是世界钻探深井的始祖和活化石，是世界上唯一现存的掘井历史文化遗产。

古代巴蜀地区曾是天文人才荟萃之地，历代人才辈出，涌现出周朝的苌弘，西汉的落下闳、扬雄、胡安、任文孙，东汉的冯允、杨春卿、杨统、杨厚，三国时期的谯周、范长生，唐代的梁令瓒、胡秀林、袁天纲，五代时的赵温圭、赵延义，宋代的张思训、黄裳、张大楫，元代的周公敢，明代的周洪谟、余正己，清代的江蕙等灿若群星的天文学者。阆中市锦屏山东侧黄花山的观星楼与落下闳像，就是为纪念我国西汉著名天文历算学家落下闳而建。落下闳曾在家乡阆中城北蟠龙山建立了我国最早的观象台，创制了世界上第一台浑天仪，奠定了世界最早的浑天（天球）说基础，发明了我国历史上第一部有明确文字记载的历法——《太初历》。

（五）音乐舞蹈艺术

川剧可以说是地方戏苑的一朵奇葩，是极具鲜明地方特色的一种传统戏曲。早在唐代，就有“蜀戏冠天下”之称。清代在本地车灯戏基础上，吸收融汇苏、赣、皖、鄂、陕、甘各地声腔形成含有高腔、胡琴、昆腔、灯戏、弹戏五种声腔的用四川话演唱的川剧。高腔曲牌丰富，唱腔优美动人是川剧的主要演唱形式。川剧的表演方式，唱、念、做、打齐全。川剧具有鲜明的地方特色，语言生动活泼，幽默风趣；多种形式的声乐、器乐帮腔烘托；“变脸”“喷火”“水袖”独树一帜，尤其是“变脸”为川剧最精彩的绝活。除了川剧之外，四川还有灯戏、藏戏、龙灯舞、花灯歌舞、狮子舞、车车灯、彩莲船、莲霄、秧歌、彝族歌舞、藏族歌舞、羌笛等独具地域文化特色的民间表演艺术。

（六）民族文化

横断山脉是我国历史上民族频繁迁徙的“民族走廊”地带，古代民族在此留下了大量的历史遗存和文化积淀，其中最具特色的有康巴文化、毕摩文化、东巴文化以及东女国文化等。

1. 康巴文化

甘孜州是康巴文化的发祥地，生活在这片土地上的各族人民在漫长的历史发展过程中，经历了长期的文化交流融合，创造了独具特色的康巴文化。多元性是康巴文化最重要的特点。康巴文化是以康巴地区的多民族文化系统。康巴地区的服饰文化更是丰富多彩，康北农区服饰、康南农区服饰、牧区服饰、木雅服饰、嘉绒服饰都各具特色。素有“藏族文化宝库”之称的德格印经院、享有“宇宙歌曲”之誉的《康定情歌》以及被称为“东方伊利亚特”的《格萨尔史诗》，便是“康巴文化”最亮丽、最耀眼的光点，最深刻、贴切的注脚。粗犷、奔放、绮丽的自然景观与灿烂的“康巴文化”编织成多姿多彩的人文景观。

2. 毕摩文化

毕摩是彝语音译。“毕”是念经诵咒的意思，“摩”是对有知识的长者的尊称。毕摩不仅是专门掌管文书、主持宗教仪式者，而且常常还是“教师”“军师”“医师”和“法官”，同时，他们是创造文字，撰写、收藏彝文经典，通晓彝族历史、天文、地理的知识分子，是彝族文化的传承者。毕摩文化是彝族文化的重要组成部分，它涉及政治、经济、文化、教育、哲学、医学、道德、伦理、科技、风俗、礼仪等方面。数以万计的彝文古籍，内容涉及范围广、学术价值高，是探索民族史、地方史、彝族文化渊源和其他科学研究不可多得的资料，是中华文化遗产中的重要组成部分。

3. 东巴文化

“东巴”是纳西语，意为“智者”，通常是指巫师和祭司。东巴文化与东巴教密不可分。东巴教是唐初纳西族在原有巫教的基础上，吸收了藏族“苯”教文化而形成的。东巴们多才多艺，集写、画、唱、舞等才艺于一身，因而他们成为纳西族古老东巴文化的创造者和传承者。有上千年历史的东巴文化，是中华民族文化的奇珍异宝之一。东巴文是世界上罕见的活着的象形文字，用它书写的2万多册东巴经，包括了自然科学、社会科学各方面的内容，是纳西族传世的百科全书。东巴文化中的东巴文学，包括诗歌、谚语和神话传说等，语言精炼、优美，抑扬顿挫，朗朗上口。东巴画种类较多，或线条粗犷、造型古拙，或色彩艳丽、笔法细巧，其中长达10多米的布卷彩画《神路图》，更是少见的绘画艺术珍品。东巴舞是纳西族的古典乐舞。东巴经中有一部令人惊叹的舞蹈教程《蹉姆》，是世上最早的用古文字记载的舞蹈教谱。

4. 东女国文化

东女国是公元6~7世纪出现的部落群体及地方政权，是藏族历史上重要的文明古国。据专家考证，东女国东与茂州（今四川茂汶一带）交界，东南与雅州（今四川雅安一带）交界，包括了今四川阿坝州茂汶以西，甘孜州的巴塘、理塘（白狼夷故地）以北及整个西藏昌都市，范围广大。东女国文化最突出的特点之一就是以女性为中心和女性崇拜的社会制度，东女国王位继承采取了女王终身制与家族垄断制相结合的方式，男子无权参与。

（七）红色文化

四川的红色文化旅游资源独具特色，既有许多红军长征遗址，又有川东将帅故居与川陕革命根据地遗址。红军长征在四川，经过的时间长，活动的范围广，曾翻越过长征中最艰难的雪山，跨越过最艰苦的草地，举行过重要的会议，进行过激烈的战斗，留下了彝海结盟、安顺场、泸定桥、夹金山、红原草原、红军长征纪念碑、太平渡、二郎渡、华蓥山游击队根据地等重要革命遗址。雄伟壮观的红军长征纪念碑在四川省松潘县元宝山顶，红军长征通过的亚克夏山，走过的水草地，著名的包座战斗以及长征史上重要的毛尔盖会议、巴西会议会址，都距此不远。川陕红色革命根据地是在第二次国内革命战争时期，仅次于中央苏区的革命根据地。四川的通江、南江、巴中是当时革命活动的中心，留下了许多有纪念意义的史料和遗址。巴中的“川陕革命根据地博物馆”就是当年红四方面军总指挥部和总政治部的旧址。朱德同志故居纪念馆、邓小平故居、陈毅故居、罗瑞卿故居、郭沫若故居、李硕勋故居、阳翰笙故居，如同一个个激昂动人的音符，构成了四川红色文化旅游的乐章。四川省爱国主义教育基地（部分）见表1-8。

表1-8　四川省爱国主义教育基地（部分）

市（州）	爱国主义教育基地
广安市	邓小平故居
巴中市	川陕革命根据地红军烈士陵园、刘伯坚烈士纪念馆、平昌县英烈纪念园、恩阳区恩阳古镇、通江县毛浴古镇
乐山市	郭沫若故居、丁佑君烈士纪念馆、丁佑君故居、“308”三线军工暨永利川厂旧址、乐山金口河铁道兵博物馆
资阳市	陈毅故居
广元市	旺苍中国红军城、木门会议会址、青川地震遗迹国家地质公园
雅安市	安顺场中国工农红军强渡大渡河遗址，雅安市中央红军、红四方面军翻越夹金山遗址
成都市	成都市中共成都历史展览馆
邛崃市	邛崃红军长征纪念馆

表1-8(续)

市（州）	爱国主义教育基地
南充市	朱德同志故居纪念馆
泸州市	中国工农红军四渡赤水太平渡陈列馆、中央红军“鸡鸣三省”会议旧址、泸州起义纪念地
宜宾市	李硕勋纪念馆、李硕勋故居、赵一曼纪念馆、赵一曼故居
绵阳市	中国两弹城、中共绵阳历史展览馆、江油市王右木纪念园
眉山市	东坡区烈士陵园
达州市	万源保卫战战史陈列馆
自贡市	吴玉章故居
遂宁市	旷继勋故居
凉山州	彝海结盟遗址
阿坝州	“5·12”汶川特大地震纪念馆（北川）
攀枝花市	中国三线建设博物馆

（八）饮食文化

川菜是四川地区菜肴的总称，具有一套独特而成熟的烹饪艺术。蜀人重滋味，好风雅。左思的《蜀都赋》、曹操的《四时食制》都有浓墨重彩的记录。李白善烹“太白鸭”；杜甫有诗，“青青竹笋迎船去，白日江鱼入馔来”；苏东坡创东坡肉、东坡羹，作《老饕赋》……历来川菜就是饮食和文化的完美结合。川菜历经千年，有 4 000 多个品种，常用于宴席、菜馆的有 1 000 余种，名贵菜肴 300 余种。川菜的特点：原料丰富，用料广泛，选料认真；切配精细，烹制讲究，味别多样；一菜一格，菜式繁多，百菜百味。

四川火锅历史悠久，三国时期或隋炀帝时代的“铜鼎”，东汉出土文物中的“斗”，可谓火锅的前身。关于四川火锅的最早记载见于左思的《三都赋》，距今已有 1 700多年。悠久的火锅历史造就了妙趣横生的火锅文化，火锅又称为“热盆景”“盆中鲜”“烫中乐”。四川人喜吃火锅，各地均有火锅城或火锅街，颇有“日暮汉宫吃毛肚，家家扶得醉人归”的盛况。四川火锅从锅台、餐具到卤汤、原料、样式以及店面、环境等都在不断创新。有以郫县豆瓣、潼川豆豉为基料的麻辣火锅，称为“红景”或“红汤”；以骨头汤做料水的海味火锅，称“白景”或“白汤”；还有一边红、一边白的“鸳鸯锅”，以及各种滋补类的火锅。

[章节小结]

本章结合全省文化和旅游资源普查成果，对四川省旅游资源的总体分布、地域分布和资源特色进行了详细介绍。首先，重点分析了四川省旅游资源的结构特征、资源总体特点；其次，将四川省旅游资源划分为成都平原片区、川东北片区、川南片区、攀西片区、川西北片区五大片区，介绍了片区内的特色旅游资源；最后，从地质地貌、气候条件、文化等多角度分析四川省旅游资源的特色。

[实践项目] 带你玩转四川

四川山川秀丽、旅游资源丰富。为促进文化强省、旅游强省和世界重要旅游目的地建设，四川亟须开拓一系列的精品旅游线路。四川通过细分消费者市场群体，针对不同区域、不同年龄、不同需求的消费者群体，推出“N”条主题类、定制型的多日游、特色游精品线路。

一、实践目的

1. 加强对四川省旅游资源分布情况的认识，整合高品质的旅游资源，形成具有代表性的旅游线路。

2. 增强学生的动手动脑能力，使学生学会收集与处理信息、学会合作与讨论、学会制作 PPT。

3. 让学生更加热爱祖国的大好河川。

二、实验内容

1. 以小组为单位，选择某一消费者市场群体，选定某一主题（民俗旅游、红色旅游、生态康养、乡村旅游、美食、研学旅行等主题），设计一条四川省内的主题精品旅游线路。

2. 请设计制作该条旅游线路的宣传 PPT，要求图文并茂、行程信息清楚详细、能够吸引目标群体。

三、实验成果

1. 形成四川省多主题的精品旅游线路合集。

[复习思考]

1. 新发现、新认定的旅游资源对四川旅游的发展有什么作用？

2. 四川旅游资源的总体特点有哪些？

3. 我们可以从哪些方面大力推广四川旅游资源？

第二章 四川的自然环境

■学习目标

1. 了解四川的地质背景。
2. 了解四川的地形地貌。
3. 了解四川的地质构造、水系、湖泊、温泉、气候、生物等自然环境。

[导入案例]

四川自然环境有多好？除了大熊猫，还有哪些美景值得我们去探寻

巴蜀圣地，处处皆美景。

这里不仅是国宝大熊猫的故乡，

也是驴友们的天堂。

圣洁的雪山、多彩的九寨、千万年的冰川……

四川所在的中国西南山地是国际环保组织“保护国际（Conservation International）”公布的世界35个生物多样性热点之一。西南山地，占1/10国土面积，从平原到雪山有500~7 000米海拔跨度，这里生长着国内1/3的植物和1/2的鸟兽。

神奇的九寨沟

九寨沟，因沟内有九个藏族寨子而得名，位于四川省阿坝州九寨沟县漳扎镇。“九寨归来不看水”，是对九寨沟景色真实的诠释。泉、瀑、河、滩齐聚九寨沟，108个海子就是108个五彩斑斓的瑶池玉盆。

绝美的黄龙

黄龙名胜风景区位于四川省阿坝州松潘县境内，景区以彩池、雪山、峡谷、森林著称于世，这里山势如龙，又称“藏龙山”。梯田般层层错落向上的彩池映出奇幻的色

彩，五光十色，精美绝伦。

罕见的螺髻山

螺髻山位于四川省凉山州首府西昌市城南30千米处，是我国山地罕见的保持完整的第四纪古冰川天然博物馆。螺髻山千峰叠翠，胜境遍布。

婀娜的四姑娘山

四姑娘山位于四川省阿坝州小金县与汶川县交界处，由四座长年被冰雪覆盖的山峰组成。其中幺妹峰身材苗条、体态婀娜，常说的“四姑娘”就是指这座最高、最美的雪峰。

最后的香格里拉：稻城亚丁

稻城-亚丁风景区位于四川甘孜州南部，地处青藏高原东部，因其独特而原始的自然环境、美丽风景被誉为“最后的香格里拉”，景点分为稻城和亚丁两部分，有雪山、冰川、峡谷、森林、草甸、湖泊等景观。

雄伟的剑门关

剑门关位于四川省广元市剑阁县，集三国文化、蜀道文化、关隘文化、红色文化于一体，融雄、险、奇、幽于一身。

秀丽的峨眉山

峨眉山位于四川盆地西南部，是我国的四大佛教名山之一。峨眉山以“雄、秀、神、奇、灵”和深厚的佛教文化蜚声中外。

（资料来源：https://www.sohu.com/a/415880615_120065322）

案例思考

1. 四川为什么会有如此多样的自然景观？
2. 上述旅游景区的形成受哪些因素的影响？

第一节　四川地理区位概述

一、四川的地理位置

四川省地处长江上游，位于中国内陆西部腹地，介于东经97°21′~108°33′和北纬26°03′~34°19′之间。四川省南北宽约921千米，东西长约1 075千米，面积48.6万平方千米，约占中国国土面积的5.05%，位居全国第五位，仅次于新疆、西藏、青海、内蒙古。四川省与七个省（市、自治区）相邻，东邻重庆，西连西藏，南接云南、贵州，北靠青海、陕西和甘肃。全省辖18个地级市、3个自治州（合计21个地级行政区划单位），55个市辖区、19个县级市、105个县、4个自治县（合计183个县级行政区划单位），省会设在国家中心城市成都。四川省行政区划见表2-1。

表2-1 四川省行政区划

市（州）	市辖区、县级市、县	次级行政区划数					面积/平方千米
		总数/个	市辖区/个	县级市/个	县/个	自治县/个	
成都市	锦江区、青羊区、金牛区、武侯区、成华区、龙泉驿区、青白江区、新都区、温江区、双流区、郫都区、都江堰市、彭州市、邛崃市、崇州市、简阳市、金堂县、大邑县、蒲江县、新津区	20	12	5	3		14 335.0
自贡市	自流井区、贡井区、大安区、沿滩区、荣县、富顺县	6	4		2		4 380.6
攀枝花市	东区、西区、仁和区、米易县、盐边县	5	3		2		7 401.4
泸州市	江阳区、龙马潭区、纳溪区、泸县、合江县、叙永县、古蔺县	7	3		4		12 236.2
德阳市	旌阳区、罗江区、广汉市、什邡市、绵竹市、中江县	6	2	3	1		5 909.8
绵阳市	涪城区、游仙区、安州区、江油市、梓潼县、平武县、北川羌族自治县、三台县、盐亭县	9	3	1	4	1	20 248.4
广元市	利州区、昭化区、朝天区、剑阁县、旺苍县、青川县、苍溪县	7	3		4		16 311.1
遂宁市	船山区、安居区、射洪市、蓬溪县、大英县	5	2	1	2		5 323.2
内江市	市中区、东兴区、隆昌市、资中县、威远县	5	2	1	2		5 384.7
乐山市	市中区、五通桥区、沙湾区、金口河区、峨眉山市、犍为县、井研县、夹江县、沐川县、峨边彝族自治县、马边彝族自治县	11	4	1	4	2	12 723.0
南充市	顺庆区、高坪区、嘉陵区、阆中市、南部县、西充县、营山县、仪陇县、蓬安县	9	3	1	5		12 477.2
眉山市	东坡区、彭山区、仁寿县、洪雅县、丹棱县、青神县	6	2		4		7 139.5
宜宾市	翠屏区、南溪区、叙州区、江安县、长宁县、高县、筠连县、珙县、兴文县、屏山县	10	3		7		13 266.2
广安市	广安区、前锋区、华蓥市、岳池县、武胜县、邻水县	6	2	1	3		6 340.5

表2-1(续)

市（州）	市辖区、县级市、县	次级行政区划数					面积/平方千米
		总数/个	市辖区/个	县级市/个	县/个	自治县/个	
达州市	通川区、达川区、万源市、宣汉县、开江县、大竹县、渠县	7	2	1	4		16 582.0
雅安市	雨城区、名山区、荥经县、汉源县、石棉县、天全县、芦山县、宝兴县	8	2		6		15 046.2
巴中市	巴州区、恩阳区、平昌县、通江县、南江县	5	2		3		12 293.3
资阳市	雁江区、安岳县、乐至县	3	1		2		5 744.0
阿坝州	马尔康市、汶川县、理县、茂县、松潘县、九寨沟县、金川县、小金县、黑水县、壤塘县、阿坝县、若尔盖县、红原县	13		1	12		83 016.3
甘孜州	康定市、泸定县、丹巴县、九龙县、雅江县、道孚县、炉霍县、甘孜县、新龙县、德格县、白玉县、石渠县、色达县、理塘县、巴塘县、乡城县、稻城县、得荣县	18		1	17		149 599.3
凉山州	西昌市、木里藏族自治县、盐源县、德昌县、会理县、会东县、宁南县、普格县、布拖县、金阳县、昭觉县、喜德县、冕宁县、越西县、甘洛县、美姑县、雷波县	17		1	15	1	60 294.4
全省		183	54	18	107	4	486 052.3

二、四川的自然地理概述

四川省地跨我国大陆的第一、第二阶梯，地貌、气候、水文和生物等自然地理条件复杂多样。

（一）复杂的地貌形态

四川省地跨青藏高原、横断山脉、云贵高原、秦巴山地、四川盆地几大地貌单元，是中国多山的省份之一，地势西高东低，由西北向东南倾斜。

全省既有高原和山地，也有平原和丘陵。西部的高原和山地约占全省面积的81.8%，海拔多在4 000米以上，根据地貌形态可将该区域分为川西北高原和川西南山地。川西北高原是青藏高原的延伸部分，地势高而辽阔，平均海拔高达3 500~4 500米，为全省地势最高的区域；川西南山地为横断山脉的中断，地势悬殊较大。

东部地区为盆地和丘陵，海拔多在1 000米左右。其中四川盆地为我国第四大盆地，面积16.5万平方千米，为我国最大的外流盆地，地貌形态完整。盆地周围群山环抱，东有巫山山脉，西有龙门山、大雪山、邛崃山、大相岭等，北有大巴山、米仓山，南有大凉山、大娄山，海拔多在1 500~2 000米。盆地底部因表层覆盖着中生代侏罗系和白垩系红色砂页岩，呈现出紫红色，因而有“红色盆地”或“紫色盆地”之称。其原因为盆周山地和高原的细沙及泥土被流水冲蚀到盆地，含铁、磷、钾等物质的泥土经过氧化而变成紫红色。盆地底部龙泉山以西、龙门山—邛崃山以东为沃野千里的“天府之国”——成都平原，面积约 1.88 万平方千米，为我国西南地区最大的平原。成都平原河网密布，土壤肥沃，闻名世界的都江堰水利工程灌溉着这片土地，是我国重要的商品粮油生产基地；龙泉山以东、华蓥山以西为盆地丘陵，为全省的粮食和经济作物的主要产区。

（二）重要的生态区位

四川省陆地生态系统（包括森林、湿地、草原、荒漠、农田等）作为中华民族两大母亲河——长江和黄河上游的重要水源涵养地和补给区，被誉为“重要的绿色生态屏障”，既是“中国半壁江山的水塔”“生物多样性的宝库”“未来气候区变化的晴雨表”和“典型的生态和环境脆弱带”，也是长江流域产业带发展的保障。四川省独特的生态区位特点决定了其在中国生态安全格局中的重要地位。

（三）多样的气候特点

根据纬度位置，四川省地处全球副热带高压带，气候属于干热少雨的干旱和半干旱气候，但由于受纬度和地貌的共同影响，气候的纬度地带性和垂直地带性以及东西差异均十分明显。既有南亚热带、中亚热带、北亚热带，也有暖温带、温带、寒温带和亚寒带；既有湿润、半湿润气候区域，也有干旱、半干旱气候区域；既有日照时数达 1 000 小时左右、年辐射量仅为 334.4 千焦/平方厘米的地区，也有日照时数达 2 600 小时左右、年辐射量仅为 1 500 千焦/平方厘米的地区。

四川盆地周围的群山阻挡了冬季从北方吹来的冷空气和寒潮，使盆地气候冬季较温暖。四川盆地属于中亚热带湿润季风气候，全年温暖湿润，年平均气温为 16℃~18℃，气温日均差较小，冬暖夏热，无霜期长达 230~340 天，云量多，年日照时间短，雨量充沛，年降水量达 1 000~1 200 毫米。川西北高原地势高、纬度高、气温低、霜期长、云量少、日照充足，属于高寒气候区。由于川西北地区海拔高差大，气候垂直变化明显，从河谷到山脊依次分布着亚热带、暖温带、中温带、寒温带、亚寒带、寒带和永冻带。川西南山地属于亚热带半湿润气候，全年气温较高，年较差小，日较差大，干湿季分明，河谷地受焚风影响形成干热河谷气候。

（四）丰富的能源资源

四川省是我国的资源大省，土地资源位居全国前列，水资源、森林资源、矿产资源、生物资源、能源资源和旅游资源均处于全国前列。

四川省河流纵横，大小河流 1 419 条，号称“千河之省”。这些河流，除了流经阿坝州的白河和黑河属于黄河水系外，其他的河流均属于长江水系。省内主要的长江干流、支流有金沙江、雅砻江、岷江、青衣江、沱江、嘉陵江等。除了河流之外，四川还有大小湖泊上千个，冰川 200 多条和部分沼泽。全省水能资源丰富，占全国水能资源的 22%，仅次于西藏，可开发的水资源总量位居全国第一。除去水能资源外，四川省还拥有丰富的天然气资源。

四川省地质构造复杂，成矿条件优越，矿产资源丰富，种类比较齐全。能源矿产、金属矿产和非金属矿产均有分布，已发现的各种金属、非金属矿产有 130 余种，占全国矿产总数的 70%。其中，钒、钛、硫、铁等 7 种矿产位居全国首位。尤其是钒、钛的储量具有世界意义，钒矿占到了世界总储量的 82%，钛矿占到了世界总储量的 30%

以上；天然气、芒硝等 11 种矿产储量位居全国第二。

（五）丰富的生物资源

四川省复杂的地形和多样的气候，孕育了丰富的生物资源。四川省保存有许多珍稀、古老的动植物种类，是中国乃至世界珍贵的生物基因库。四川野生植物资源种类繁多，有高等植物 1 万余种，约占全国总数的三分之一，仅次于云南，居全国第二位。其中，松、杉、柏类植物 87 种，居全国之首。四川省被列入国家珍稀濒危保护植物的有 84 种，占全国总数的 21.6%。四川省有各类野生经济植物 5 500 余种：药用植物 4 600余种，全省所产中药材占全国药材总产量的三分之一，是全国最大的中药材基地；芳香及芳香类植物 300 余种，是全国最大的芳香油产地；野生果类植物 100 余种，其中以猕猴桃资源最为丰富，居全国之首，并在国际上享有盛誉。四川省的菌类资源也十分丰富，有野生菌类资源 1 291 种，占全国的 95%。

四川省的动物资源十分丰富，全省有脊椎动物近 1 300 种，约占全国总数的 45%以上，兽类和鸟类约占全国总数的 53%。国家重点保护野生动物 145 种，占全国的 39.6%，居全国之冠。第四次全国大熊猫调查数据显示，四川省野生大熊猫种群数量 1 387 只，占全国野生大熊猫总数的 74.4%，其种群数量居全国第一位。四川省雉类资源也极为丰富，有雉科鸟类 20 种，占全国雉科总数的 40%，素有雉类的乐园之称，其中有许多珍稀濒危雉类，如国家一类保护动物雉鹑、四川山鹧鸪和绿尾虹雉等。

第二节　四川地质变迁过程

人类生存的地球已经存在了 46 亿年之久。斗转星移，宇宙演变，天翻地覆，地球已经经历了沧海桑田的巨大变迁，诸如大陆的分离合并，海洋的诞生消亡，岩石的形成变化，高山的隆起与峡谷的纵深，地壳的活动与岩浆的喷发，等等。地球的环境、气候，也经历了深刻的变化，时而为海，时而为陆；时而炎热，时而寒冷。潺潺溪流，滔滔江河，轻轻微风，滚滚风沙，塑造着地球表面的千姿百态。而地表景观的形成与演变，又与岩石、地层、地质构造、地壳运动等因素密切相关。因此，自然旅游资源是构成旅游资源的第一环境，是天然赋予的宝库。

“地球大板块相互碰撞、挤压之中，亚洲站住了，欧洲破碎了……”。四川就处于亚欧板块、印度洋板块、太平洋板块之间，在三大板块相互碰撞、挤压之下，经过一次次的地壳运动而形成。古蜀，一半在地，一半在水。四川盆地属扬子地台四川台坳，古生代时相对隆起，缺乏泥盆系和石炭系，印支运动期间转换为大型凹陷，晚燕山运动，特别是喜马拉雅运动后发生褶皱隆起。盆地格局受北东—南西向以及北西向两条构造线的控制，构成了菱形盆地。距今 1.4 亿年以前，四川盆地还是内陆湖盆，距今 0.66 亿年时，四川盆地边缘山地迅速隆升，长江上、中游水系开始沟通，盆地内湖水东泄，从而奠定了现今的地貌形态。四川经过海湾—内海—“巴蜀湖”—“成都湖”—四川盆地等沧海桑田的巨大变化，才最终形成了今天的地貌形态。

四川区域地质发展历史，时间上表现出明显的阶段性，空间上呈现出明显的东西差异。全省的地质发展史可以划分为三个阶段，由老到新依次是：太古代—晚元古代早期扬子地台基底形成阶段、震旦纪—三叠纪槽台分野阶段和侏罗纪—第四纪陆内改造阶段。

一、第一阶段（太古代—晚元古代）：海湾时代

太古代—晚元古代早期是我国地槽普遍发育阶段，也是四川早期地槽发展阶段。这一阶段形成的扬子地台基底，其组成具有明显的双层结构特点，故将其进一步分为太古代—早元古代原地槽期、中元古代—晚元古代早期褶皱基底形成期和中条-晋宁运动陆核形成期。

（一）太古代—早元古代期：原地槽发展期

太古代—早元古代是四川地壳原地槽发展时期，代表岩石主要出露在康定—西昌—攀枝花一带，多由中深变质岩、混合岩和深熔岩浆（变质）杂岩组成。距今17亿年前的中条运动是四川最早的一次构造运动，中条运动以及相伴的深熔岩浆作用和变质作用，使原地槽内的各种组分重新组合结晶固结，最终形成了扬子地台的结晶基底（古陆核）。扬子台地结晶基底在四川主要分布在攀枝花—康定—龙门山—米仓山—华蓥山—安宁河谷地区，可称攀西—中古陆核。这一结晶基底的形成，制约了四川扬子地台及周边以后的地史发展和演化方向。

（二）中元古代—晚元古代早期：褶皱基底形成期

中元古代—晚元古代早期是四川地壳构造褶皱基底形成时期。进入中元古代后，攀枝花—西昌—康定及川中大部分地区曾一度上升为陆地，经历了短暂的剥蚀和夷平期。之后，刚性地壳发生裂陷，地壳演化出现明显差异：攀西—川中古陆核两侧形成了两个性质不同的地槽，一个是东侧的陆内冒地槽，另外一个是西侧的大陆边缘优地槽。陆内冒地槽分布在华蓥山—宜宾—峨边—安宁河一线以东；西侧边缘优地槽为盐边—龙门山—米仓山，围绕扬子地台基地西部和北部边缘分布。

（三）中条—晋宁运动时期：陆核形成期

距今8.5亿年前的晋宁运动是四川最重要的地质事件，在此期间，结束了早期的地槽发展，形成了统一的扬子准地台基底。上述的东西两个地槽带，在中元古代晚期—晚元古代初期，由于晋宁运动及区域动力变质作用，岩层全部变形、变质，形成了褶皱和以板岩、千枚岩为代表的变质岩，构成了扬子地台的褶皱基底，进而使褶皱基底和结晶基底融合，形成了统一的具有双层结构的扬子地台基地（陆核）。至此，四川东部地区经中条运动、晋宁运动两大构造运动，地壳由活动变为稳定。

二、第二阶段（震旦纪—三叠纪）：海盆—湖盆时代

震旦纪—三叠纪时期是四川东部扬子准台地和西部松潘—甘孜褶皱系分野阶段，该阶段的地质年代为距今约2.1亿~8.5亿年。晋宁运动后，四川东部进入稳定的地台发展阶段，而西部仍处于大陆边缘地槽发展阶段。两个地区同时代的沉积作用、岩浆作用和变质作用均有明显差异。这一漫长的地质时期可进一步分为早震旦纪的澄江时代、晚震旦纪—志留纪的加里东期、泥盆纪—早二叠纪的华力西期和晚二叠纪—三叠纪的印支期。

（一）早震旦纪的澄江时代：岩浆与冰川时代

早震旦纪早期，地台西部边缘沿安宁河、龙门山、城口等断裂带相继出现强烈的岩浆活动，并在汉源、泸定、石棉、甘洛和冕宁一带形成火山岩系。上述地区早震旦

纪沉积多为大陆环境下的火山熔岩和火山碎屑岩，火山活动代多限于地台边缘，与断裂构造有关。早震旦纪晚期，由于受全球气候变冷的影响，全区处于大陆冰川包围之中，各地沉积特征很不一致。早震旦纪，四川东部扬子地台处于骤然变冷时期，早期火山活动强烈，晚期大陆冰川盛行。早震旦纪末的澄江运动，使四川大面积上升，在结束沉积历史的同时发生了钾质花岗岩侵位，这一时期适遇全球性气候变化，故有较多冰碛物出现。

（二）晚震旦纪—志留纪的加里东期：四川东西分野期

晚震旦纪，四川东部和西部的地史发展分野明显。寒武纪—志留纪，东部地台区主要是陆表海和多滨浅海环境，沉积了以稳定型内源碳酸盐和单陆屑为主的建造，且火山活动时有发生。该时期全球性气候由冷变暖，冰川消融，生物进化加快，成为生物演化的一个转折期。从寒武纪开始，以小壳类动物为代表的多门类动物群迅速繁殖，标志着地史发展中生命的新飞跃。早奥陶纪，以康定—西昌—攀枝花与都江堰—宝兴为陆障，把四川一分为二；东部扬子陆表海与西部陆缘海。早志留纪至中志留纪，川中隆起逐步形成。至晚志留纪，川中和康滇、龙门山、米仓山、大巴山等古隆起已连成一片。从5亿多年前的寒武纪开始，延续到3.7亿多年前的志留纪，四川区域不断下陷，被古特提斯洋占据，成了海洋盆地。

寒武纪至志留纪的四川盆地见图2-1。四川盆地下地块图见图2-2。

图2-1　寒武纪至志留纪的四川盆地

图2-2　四川盆地下地块图

（三）泥盆纪—早二叠纪的华力西期：四川地质稳定期

泥盆纪—早二叠纪时期是四川地史发展中一个相对稳定的时期，但东部地台区和西部地槽区仍有差异。东部基本上是一片隆起，沉积了稳定型建造；西部陆缘海域继承志留纪轮廓，既有次稳定型建造，又有稳定型建造，且有间歇性海底火山活动。大约在 3.5 亿年前，志留纪时发生加里东运动，除了西部的龙门山地槽继续下陷外，其余地区上升为陆地。2.7 亿年前的石炭纪末，四川地区发生了范围更大的第二次海浸，四川盆地再次被海洋占据。早二叠纪，东部仍为陆表浅海，西部地形分异明显，出现金沙江裂陷带。早二叠纪末，西部地槽区普遍受华力西运动的影响，发生聚合作用，使早二叠纪以前地层遭受热流动力变质，并褶皱变形。这是西部地槽区的一次重要固结期。二叠纪时海陆交替，形成重庆附近的南酮、松藻、天府等煤矿。距今约 2.5 亿年前的二叠纪末，盆地西部岩浆喷出，峨眉小金顶及清音阁一带的玄武岩就在这时生成。

大约 3.5 亿年前的龙门山地槽带见图 2-3。大约 2.7 亿年前的石炭纪时期的第二次海侵见图 2-4。峨眉山玄武岩形成于大约 2.5 亿年前的二叠纪末期见图 2-5。

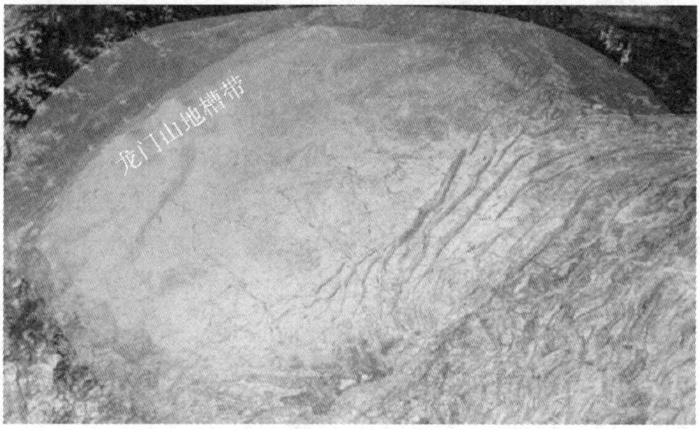

图 2-3　大约 3.5 亿年前的龙门山地槽带

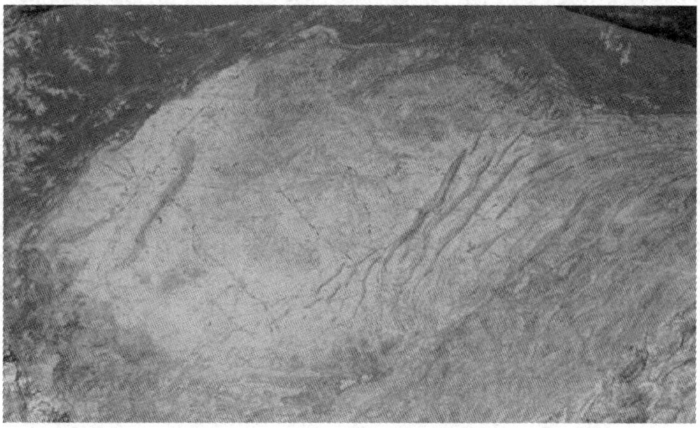

图 2-4　大约 2.7 亿年前的石炭纪时期的第二次海侵

图 2-5　峨眉山玄武岩形成于大约 2.5 亿年前的二叠纪末期

（四）晚二叠纪—三叠纪的印支期：四川海相沉积结束

晚二叠纪—三叠纪的印支运动对四川地史发展和演化有十分重要的影响，它从根本上促进了西部地槽区和东部地台区的强烈分野。晚二叠纪多海陆交替环境，沉积物主要为复陆屑和单陆屑建造。距今 1.9 亿年的三叠纪时期，印支运动使盆地东部边缘逐渐隆起成山，被海水淹没的地区逐渐上升成陆，由海盆转为湖盆。沉积区中心不断向西迁移，变为浅海环境；西部地槽区，晚二叠纪以来裂谷作用频频发生，由背斜发展起来的裂谷带，成为晚二叠纪—三叠纪岩浆活动和沉积作用最活跃的场所。距今约 1.9 亿年三叠纪末的印支运动和区域动力变质作用，使西部地槽全部褶皱返回，结束地槽发展历史。印支运动塑造了四川现代地貌的雏形，结束了四川海相沉积的历史。在中生代漫长的 1 亿多年里，四川盆地气候温暖湿润，到处生长蕨类、苏铁和裸子植物，是一个成煤期，永荣煤矿即在三叠纪和侏罗纪时形成。东起长寿、垫江，西到江油、邛崃，北抵大巴山麓，南到贵州赤水的这一大片区域，还是天然气富集区。这一时期爬行动物恐龙称霸一时。

在绵阳市安州区一带发现的规制六射海绵礁，是目前世界上发现的最大海绵礁。它是四川“华西古蜀海湾”—“巴蜀湖”—“蜀湖”—四川盆地的地质构架演变的见证。在距今约 2 亿 3 千万年前的晚三叠纪卡尼期，这种古生物礁群生长于“华西古蜀海湾”的川西北海湾深 100~200 米的海水区中，属于当时地中海东海岸的海湾。后来古地中海逐渐向西退缩至欧洲，这种海绵动物也随海陆的变迁西移，历经数千年横跨欧亚的大迁徙和大演变，最终在欧洲定居下来。而安州区的六射海绵礁是欧洲同类海绵礁的始祖，也揭开了安州区硅质海绵向欧洲各国迁移和演化的谜底，填补了海绵动物地史演化的空白，解开了古地中海变迁与欧洲侏罗纪海绵起源之谜。

“巴蜀湖”盆地初态图见图 2-6，印支运动对“巴蜀湖”的影响见图 2-7。

图 2-6 "巴蜀湖"盆地初态图

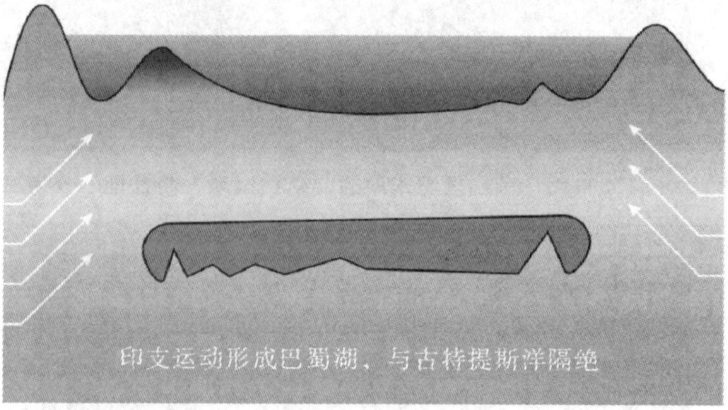

印支运动在中国扬子板块西缘地区、西北缘的三江地区、巴颜喀拉地区、松潘地区、秦岭地区表现得最为强烈，形成了规模巨大的印支褶皱带

图 2-7 印支运动对"巴蜀湖"的影响

三、第三阶段（侏罗纪—第四纪）：陆盆时代

侏罗纪—第四纪属陆内改造阶段，侏罗纪以来，受印支构造期太平洋板块向西俯冲、喜马拉雅构造域强烈隆起，以及第四纪以来全球性冷暖气候交替等多重因素作用，四川进入陆内改造阶段。该阶段四川西部地势上升，几乎成为一片剥蚀区，东部结束海侵历史，形成大型盆地，四川现代地貌也在本阶段基本形成。

（一）侏罗纪—白垩纪时期：陆盆形成期

侏罗纪—白垩纪时期，四川西部受印支运动影响普遍上升，几乎是一片剥蚀区，仅在局部接受早侏罗纪沉积，后构造期岩浆侵入活跃，形成岩基状花岗岩。7 000 万年前的白垩纪末期，四川地区又发生了一次强烈的地壳运动——"燕山运动"，盆地四周山地继续隆起，同时产生不少大断层，如西部的龙门山大断层和东部的华蓥山大断层，把盆地分为三部分。"巴蜀湖"再度收缩为"蜀湖"，面积仅有 2 万平方千米。封闭的盆地地形及急剧缩小的水面，使气候逐渐变得干热，沉积物由海相、海陆交替相变为陆相，大量风化、侵蚀、剥蚀的物质在盆地堆积了数千米厚，形成红色和紫红色的砂、泥、页岩，最后大约收缩成现在成都平原这块盆地底部，东部地区结束长期海侵的历史，成为大陆内陆盆地，其沉降带多在龙门山前山的边缘地带，岩浆活动仅在边缘有微弱表现。裸子植物不断衰退，恐龙神秘地灭绝了。内陆湖泊在干燥条件下，经强烈蒸发，浓度增大，盐分不断积累，形成盐湖，后经泥沙掩埋而保存于地层之中，经过漫长的地质作用形成岩层，自贡一带是著名的井盐产地。

7 000 万年前白垩纪末期的“燕山运动”将盆地一分为三见图 2-8。“巴蜀湖”缩小为“蜀湖”见图 2-9。“蜀湖”水下渗见图 2-10。自贡井盐区见图 2-11。

图 2-8　7 000 万年前白垩纪末期的“燕山运动”将盆地一分为三

巴蜀湖缩小为蜀湖

图 2-9　“巴蜀湖”缩小为“蜀湖”

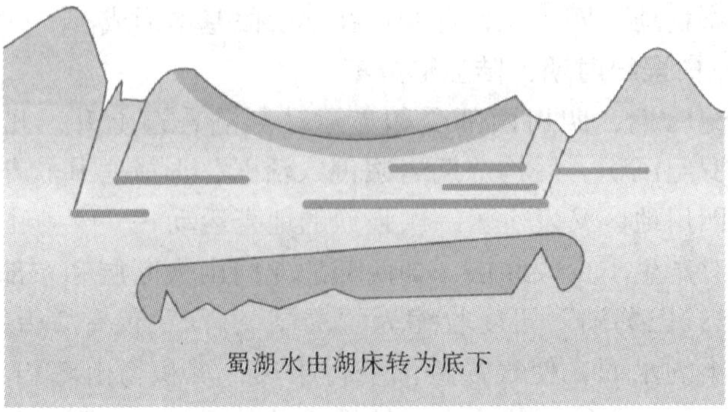

图 2-10　“蜀湖”水下渗

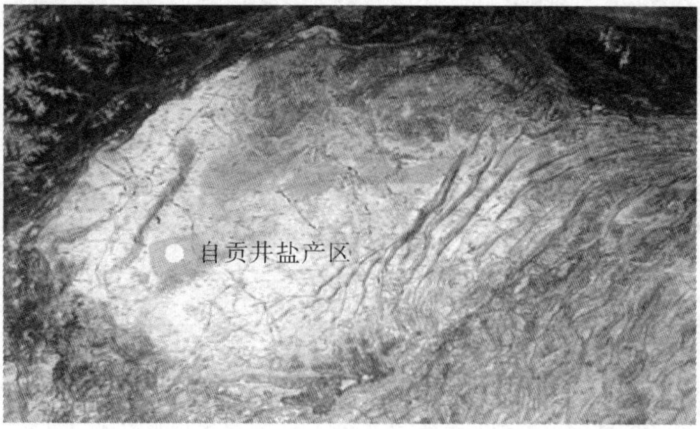

图 2-11　自贡井盐区

（二）喜马拉雅期：四川盆地形成期

喜马拉雅期为四川构造运动发展的重要时期，四川最近的一次重要构造变动期大体发生在早、晚第三纪之交。2 000 多万年前的晚第三纪以来，喜马拉雅运动使得四川西部耸起，“蜀湖”顺势抬高而再收缩，只剩下“湖心”，直至 300 万年前的第四纪，经“新构造运动”——喜马拉雅运动的余波，巫山两侧水系溯源侵蚀，共同切穿巫山，形成举世闻名的长江三峡，盆地之水纳入长江水系。因此，形成了“端盆倒水”的现象，“蜀湖”才消失，四川盆地由内流盆地变为外流盆地，由封闭的内流区变为外流区，由以堆积为主转为以侵蚀为主，完成了海盆—湖盆—陆盆的沧桑巨变。第四纪是冰川广布的时代，盆地西北山地发育了大量冰川。冰川消融后，大量沉积物被岷江、沱江等携带，堆积在西部凹陷区即原来的“蜀湖”，最终成都平原才“出湖海见天光”。也就是说，随着喜马拉雅的崛起，四川历经“沧海变桑田”，出海挺立于天地之间，现代地貌和构造意义上的四川盆地真正形成，西部高原也逐渐隆起。

端盆倒水原理见图 2-12。冰川侵蚀沉积形成成都平原见图 2-13。

图 2-12　端盆倒水原理

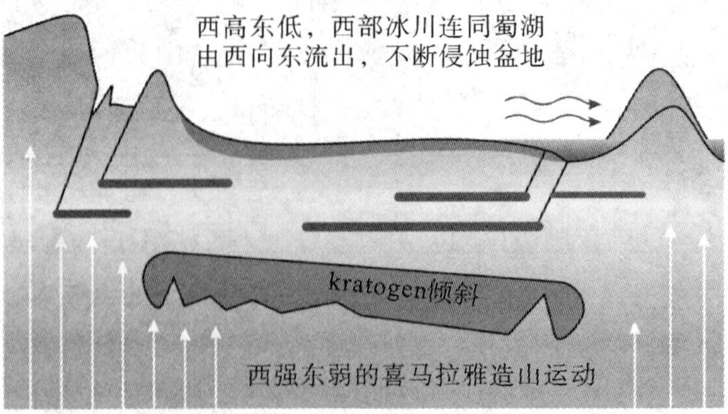

图 2-13　冰川侵蚀沉积形成成都平原

（本节图片出处：https：//www. zhihu. com/question/271961045）

从气候、沉降、生物和地理环境诸方面来看，四川晚第三纪和第四纪地质有明显的继承性和过渡性，而与早第三纪地质有显著差异。第三纪后，西部地区持续间歇上升；东部盆地中心经常变迁，在冷暖气候交替环境中，沉积物横向变化很大。喜马拉雅运动在四川还表现在旧有断裂较为活跃，温泉密布，地震频繁发生。

第三节　四川的自然地理环境

一、四川地质构造

四川地质构造复杂多样，跨越了中国三大构造域，西部为特提斯—喜马拉雅构造域，东部属滨太平洋构造域，北部为古亚洲构造域。四川东西部构造分异明显，各类构造形态及空间部分，明显不同，川中为舒缓斜、穹隆与向斜，川东为梳状褶皱，川东南为垛状褶皱，川西北为短袖褶皱，西部为弧形褶皱。

（一）断层与褶皱

中生代时期撞击地球的小行星，不仅直接形成了断陷型的四川盆地，而且对中国西南大地构造产生了巨大的影响。巨大的冲击使四川盆地西部和南部形成了一条强烈的由褶皱构成的挤压带；同时，沿东北—西南向的撞击轨迹，形成了诸如龙门山、金沙江、红河、怒江等褶皱紧密、交错复杂的断层。龙门山断裂带、甘孜—理塘断裂带和金沙江断裂带等为四川省主要的断裂带。

受四川西南部与青藏高原地质构造相衔接的断层的直接影响和印度板块的向北推挤，沟壑纵深的横断山脉和延绵不断的云贵高原分布于四川盆地的西部和南部。盆地的东南侧由于不在撞击力面，故而形成了不断发育的断层。而盆地的东北部由于受到冲击惯性的影响，断层和褶皱不断发育。盆地西部受冲击力破坏，则形成了山间磨拉石。盆地西部边缘由于受到冲击造成基底断陷，形成了龙门山前坳陷。同时，盆地西部和南部分布着广泛的红色碎屑岩。

（二）断裂

四川省内的深断裂系包括：康滇深断裂系、玉龙—龙门深断裂系、玛沁—略阳深断裂系、道孚—马山深断裂系、金沙江深断裂系，以及部分归属未明的断裂系。四川省内的大断裂包括：攀枝花大断裂、德干大断裂、则木河大断裂、宁会（宁南—会理）大断裂、黑水河大断裂、汉源—甘洛大断裂、峨边—金阳大断裂、江油—灌县大断裂、龙泉山大断裂、官坝—水磨大断裂、青川大断裂、岷江—虎牙锯齿状大断裂、玛曲—荷叶大断裂、阿坝大断裂、泥曲—玉科大断裂、陈志大断裂、德格—乡城大断裂、金汤弧形大断裂。基层断裂，主要是指切穿地壳花岗岩基地，到达玄武岩层顶面的穿层断裂。基层断裂主要包括：巴中—龙泉山断裂带、华蓥山断裂带、七曜山断裂带、南部断裂带，以及仪陇—通江断裂、南充断裂、仁寿断裂、营山断裂、平昌断裂、井研断裂等。基层断裂的温泉和湖泊呈现状分布，且沿断裂带有浅源地震活动，对金属成矿和石油天然气分布有控制作用。

二、地貌

四川地处中国西南腹地，处于第一、第二阶梯的过渡地带，整体上呈现西高东低的显著特征，地形多样，地势悬殊，地貌差异大。地貌上，四川省由青藏高原、横断山脉、云贵高原、四川盆地和秦巴山地组成，呈西北高东南低的地势。

从地貌形态来看，四川受亚欧板块、太平洋板块和印度板块的共同作用。按照地势形态来看，四川大致分为两大单元：四川盆地和川西高原山地。四川盆地状若菱形，面积 16.5 万平方千米，西北高，东南低。四川西部的高原山地为青藏高原的东缘，海拔在 4 000~5 000 米，由北向南倾斜，大体分为川西北高原和川西南山地。漫长的地质演变，成就了九寨沟、黄龙、海螺沟、泸沽湖、四姑娘山等举世无双的自然美景。

（一）四川盆地底部地区

四川盆地因地表沉积层以紫红色砂岩、页岩为主，因而享有“红色盆地”或“紫色盆地”之称。该区域海拔在 300~700 米，其四周山脉海拔在 1 000~4 000 米。按照地理差异，四川盆地可分为盆西平原、盆中丘陵和盆东平行岭谷三部分。

1. 盆西平原

盆西平原为我国西南地区最大的平原，位于龙泉山和龙门山、邛崃山之间，系断裂下陷和经过岷江水系亿万年的冲刷及沉积而成。盆西平原由发源于川西北高原的岷江、沱江及其支流等 8 个冲积扇重叠连缀而成的复合冲积平原，面积为 1.88 万平方千米。因成都市位于其中，因而被称为“成都平原”。成都平原自西北向东南倾斜，地势平坦，沟渠纵横，土壤肥沃，有著名的都江堰水利工程。整个盆西平原地表疏松，沉积物巨厚，第四纪沉积物之上有粉砂和黏土，结构良好，宜于耕作，垦殖历史悠久，素有“天府之国”的美誉，是我国重要的粮油基地和历史悠久的蜀文化区。

2. 川中丘陵

川中丘陵西起龙泉山，东至华蓥山，北起大巴山，南抵长江以南，面积为 8.4 万平方千米。该区域丘陵广布、溪沟纵横，是四川东部地区最稳定的部分，大部分地区岩层平整或略微倾斜，经嘉陵江、涪江、沱江及其支流切割后，呈现出丘陵起伏、沟谷迂回的地表形态，海拔一般为 250~600 米，南部多浅丘，北部多深丘。该区域为四川丘陵的集中分布区，也是全国面积最大的丘陵区。川中丘陵地表为软硬相间的紫红色砂岩、页岩，极易风化为紫色土，磷、钾含量丰富，土壤肥力较高，适宜种植，是四川省粮食和经济作物的主要产区。同时，该区域也是四川省最大的盐产区和天然气产地，也是棉花、甘蔗、花生、蚕桑等经济作物的主要产区。

3. 盆东平行岭谷

华蓥山以东为盆东平行岭谷，由多条近东北—西南走向的条状背斜山地与向斜宽谷组成，山形细长，顶部平坦，两侧陡峭，对称而规则。该区域海拔为 700~1 000 米，华蓥山最高峰高登山海拔 1 740.1 米，是四川盆地低部最高峰。山岭以灰岩、页岩、泥岩和砂岩为主。山地顶部的石灰岩被雨水侵蚀后形成凹槽，因而山地多具有“一山二岭一槽”或“一山三岭二槽”的特征。山岭间的谷底宽而缓，海拔多在 300~500 米，其间丘陵、平坝交错，是该区域主要的农业生产区。

（二）四川盆地边缘地区

四川盆地边缘地区以山地为主，山地面积占总面积的 93%，均为中山和低山围绕，山脊海拔多为 2 000~3 000 米，因而被称为盆周山地。盆周边缘山地河谷纵横，地表崎岖，有“蜀道难，难于上青天”的说法。盆地边缘西部和西北部有龙门山、邛崃山和峨眉山，相对高差可达 1 000 米。其中峨眉山巍峨秀丽，山体破碎，为我国的四大佛教名山之一。龙门山一带新构造运动强烈，断裂发育，山体破碎，地震频发，切割深度多在千米以上。盆地北缘为米仓山、大巴山，位于秦巴山区的南麓，海拔多在 1 500~2 200米，山势雄伟，山坡陡峭，沟谷纵深，相对高差可达 500~1 000 米。盆周南缘为云贵高原一部分的大娄山，这些山地多由碳酸盐岩、砂岩和页岩组成，岩溶发育，多悬崖峭壁和峡谷，这里有“石海洞乡”之称的兴文石海景区。盆周西南为小相岭，海拔 4 791 米。整个区域丘陵和平原较少，零星分布在山地之间，俗称“坝子”，如广元坝子、天全坝子等，它们是当地的农业生产中心。

（三）川西北高原

川西北高原是青藏高原和横断山脉的一部分，海拔在 4 000~4 500 米，分为甘孜—阿坝高原和川西山地两大部分。甘孜—阿坝高原河流切割较浅，一般小于 500 米，地势由西向东倾斜，分为丘状高原和高平原。色达、石渠一带为典型的丘状高原，若尔盖—红原一带是典型的高平原。在若尔盖、红原和阿坝一带的高原沼泽是我国南方地区最大的沼泽地带，泥炭资源十分丰富，这里还有大片的高寒草地，是四川省主要的牧区。

川西山地岭谷相间，西北高、东南低，属横断山脉，是典型的高山峡谷区。由于地势渐低，降雨增加，流水侵蚀作用强烈，切割加剧，形成了著名的高山峡谷地形。自西向东有金沙江、雅砻江、大渡河等大江巨川奔腾而下；巴颜喀拉山、岷山、雀儿山、大雪山等崇山峻岭，岭谷高差逐渐增大，达到 2 000~3 000 米。峡谷中森林茂密，是四川省的主要林区。四川省也是我国的三大林区之一。横断山脉的贡嘎山海拔为 7 556米，是四川省最高峰，也是世界著名高峰。

（四）川西南山地

川西南山地地处横断山系中断，主要以中山峡谷地形为主。川西南地区主要是指大凉山以西，大渡河以南，水洛河以东的四川省西南区域，包括攀枝花、凉山州全境和甘孜州东南部，统称为攀西地区。整个区域的 94% 为山地，多为南北走向，或者两山夹一谷。该区域主要的山脉有大凉山、小凉山、小相岭、锦屏山等，其地貌形态与云贵高原相似，地形复杂，起伏较大，以中山、高山和山原为主。该区域受南北构造影响，山间多断陷盆地和宽谷，如盐源盆地、会理盆地、会东盆地、越西盆地、宁南盆地与安宁河谷等。本区东部的大凉山为山原地貌，顶部海拔在 3 500~4 000 米，中部的安宁河谷为山间平原，面积达 960 平方千米，是四川省第二大平原。

（五）四川的典型地貌

1. 古冰川遗迹

阿坝州的黄龙地区海拔在 3 000 米以上，清晰的第四纪冰川遗迹广泛发育，类型齐全，分布密集，其中以岷山主峰雪宝顶最为典型。阿坝州的冰蚀遗迹和冰碛地貌分布在各冰川谷中，其中达古冰川的冰蚀地貌景观异彩纷呈。亚丁、海子山受冰川侵蚀和搬运作用影响留下了许多冰川遗迹，造就了冰斗、角峰、U 形谷等冰蚀地貌，具有一定的科考价值，是研究现代冰川地质构造、地貌发育和第四纪古气候、古地理的理想场所。此外，螺髻山是我国罕见的保存完整的第四纪古冰川天然博物馆。各种古冰川遗迹发育完整，形成了独特的冰川地貌，具有很高的旅游、科考和探险等价值，其中冰蚀冰碛湖尤为壮观。

2. 冷水型钙化地表堆积地貌

黄龙风景区地处阿坝州松潘县，地处三大地质构造单元的结合部，地理特征复杂。黄龙钙化景观类型齐全，是一座名副其实的天然钙化博物馆。黄龙沟、二道海、扎尕沟分别处于钙化的现代形成、衰退期和蜕化后期，给钙化过程研究提供了完整的现场。以往，大家普遍认为高寒地区不利于岩溶作用，而大规模冷水型地表钙化沉积则反映了在高寒地区仍具有碳酸盐溶蚀作用，在适宜的条件下堆积丰富的钙化并保存下来。黄龙景区的钙化滩、钙化池、钙化瀑则是冷水型钙化地表堆积地貌的主要类型。

3. 丹霞地貌

丹霞地貌发育始于第三纪晚期的喜马拉雅造山运动。四川省的丹霞地貌占全国的 20%。四川盆地内分布广泛的紫红色砂岩、页岩，在盆地西北、西南、南、西为主的山前地带都有广泛的丹霞地貌，堪称全国丹霞地貌分布最为集中的地带之一。四川省的剑门蜀道、青城山、乐山大佛、蜀南竹海等景区均与丹霞地貌有关。且四川丹霞地貌景观类型丰富，有诸如青城山景区的沟谷陡壁型丹霞地貌，有乐山凌云山等的临江陡崖型丹霞地貌，有江油窦团山的堡寨型丹霞地貌，有宜宾蜀南竹海的丹崖赤壁。

四川省最具代表性的丹霞地貌有三处：①位于屏山和马边交界的丹霞赤壁，相对高差达 400 米；②古蔺县黄荆乡的丹霞地貌，面积达 600 平方千米；③黄荆乡红圈子地貌（又称为“锅圈岩地貌”），位于人迹罕至的黄荆乡环岩。

三、气候

四川省位于亚热带范围内，其气候的区域性、过渡性和复杂性特征十分突出。受复杂的地形和不同季风环流的综合影响，气候多样。东部盆地为亚热带湿润季风气候，即使在冬季，冷空气被秦岭和大巴山阻挡，使得四川盆地冬季平均气温比长江中下游许多地区气温高。但封闭的地形导致四川盆地常年风速偏低，不利于水汽的扩散，导致盆地内空气湿度大，多雾和多阴雨天气，是我国日照最少的地区之一。西部高原山地由于地形差异，呈现出垂直气候带的特点，从南部山地到北部高原，随着海拔升高，由亚热带气候演变为亚寒带气候，形成了从亚热带到永冻带的各种气候类型。

四川省气候总的特点：季风气候明显，雨热同季，区域差异显著。东部冬暖、夏热、春早、秋雨多云雾、少日照、生长季长；西部则寒冷、冬长、日照充足、降水集中、干湿季分明，气候垂直变化大，气候类型多样。气象灾害种类多，发生频繁，范围大，主要为干旱、洪涝、暴雨和低温等。

（一）日照

四川省是全国日照时间最少的地区之一。四川盆地为全国日照数最少的地区，全年日照时数为 900~1 600 小时；川西南山地全年日照数比东部盆地多一倍多，达到了 1 200~2 700 小时；川西北高原日照充足，达到了 2 000~2 700 小时，属于全国光能资源丰富的地区。阿坝州和甘孜州日照时间最长，康定全年日照时数长达 3 000 小时，仅次于拉萨，称得上四川的“日光城”。全省日照时数最短的是宝兴县，仅 782 小时。此外，全省热量资源分布呈现出川西南山地和四川盆地多，川西北高原少的特点。

（二）气温

四川省年均气温 1. 5℃ ~ 20. 3℃，年均气温最高的地方是攀枝花市，达到 20. 3℃。东部盆地年均气温 14℃ ~ 19℃，四季分明。川西南山地谷地年均气温 15℃ ~ 20℃，四季不分明，一般只分两季。川西北高原主体部分年均气温低于 8℃，全年无夏，冬季漫长，分为寒期、冷期和温凉期三期。

（三）降水

受东南太平洋季风和西南印度洋季风的影响，除少数地区外，四川省降水量在 600~1 200 毫米，多夜雨，“巴山夜雨涨秋池”是其特色。全省降水量分布区域差异较大，呈现自东向西减少，盆地多于高原，盆地东部多于盆地西部，盆地的东部、西部和攀西中北部为全省多雨区。受季风气候影响，四川省降水主要集中在夏季，冬季气候干燥，降水较少。

四川盆地年均降水量 900 ~ 1 200 毫米，冬寒夏雨，雨热同期，盆周山地多于盆地底部，盆地西缘是四川省降雨最多的地区，年降水量达到 1 300 ~ 1 600 毫米。川西南山地降水量地区差异较大，干湿季分明，年降水量 900 ~ 1 200 毫米。川西北高原降水量较少，年均降水量仅为 500 ~ 900 毫米，干湿季分明。雅安市被称为“雨城”，是全省降水最多的地区，年均降水量为 1 732. 4 毫米。

资料 2-1：为什么四川盆地多夜雨？

“随风潜入夜，润物细无声。”一千多年前的一个春天，杜甫在他的茅草屋里写下了《春夜喜雨》。如今，我们吟诵起这首诗，依旧很有共鸣。其实，不只成都的雨是这样。在杜甫写下《春夜喜雨》后的大约一百年，李商隐客居巴蜀之时，也写下了“君问归期未有期，巴山夜雨涨秋池”。据考证，诗中的巴山，大概就是指四川东部、重庆西部一带地区。也就是说，四川的雨，都爱“夜间出没”。

《大气科学辞典》显示，重庆、成都、达州、乐山、泸州一带 20 时到 8 时的夜雨量，占总雨量的 72%。四川盆地的雨爱“夜间出没”，是有原因的。

四川盆地夜雨多的原因，主要是由于盆地中间低四周高，盆内空气潮湿，天空多云。云层遮挡了部分太阳辐射，白天云下气温不易升高，对流不易发展。夜间云层能够吸收来自地面辐射的热量，再以回辐射的方式，把热量输送给地面。所以云层对地面有相当的保暖作用，使夜间云下气温不致过低。可是云层本身善于辐射散热，其上层由于辐射散热，温度降低很快，这就形成了云层上冷下暖的特征。于是上下空气就发生对流，云层发展，出现降雨现象。四川盆地的夜雨，在冷暖空气交锋频繁的春季最多，出现夜雨的概率较夏季高23%。

（资料出处：http://www.sc.chinanews.com.cn/scxw/2019-05-14/105104.html）

资料2-2：雨城“天漏”由来已久

雅安雨多，可追溯到远古。自古以来，雅安便有“华西雨屏”“雅州天漏”之称。据史载，公元561年，北周武帝收复青衣、邛、徙地区推进汉民郡县，隋时立雅州，那时雅州便“多雨，天无有三日之晴”。唐代诗人杜甫诗曰：“地近漏天终岁雨。”诗人李商隐亦感叹：“何当共剪西窗烛，巴山夜雨涨秋池。”雅安民间也历来有“蜀犬吠日”“雅无三日晴”之民谚。

气象专家介绍，雅安多雨有三个特点：①降雨日数多，一年365天，雅安雨雾笼罩的日子便有200多天；②雨量大，雅安年均降雨量1 800多毫米，在内地实为罕见；③降水时数长，全年降水累积时数高达2 319小时。有此三多，雅安可谓名副其实的“雨城”。但与降雨量最大的地方相比，雅安之雨不算最多，比如台湾省的基隆市号称“雨港”，全年降雨量多过雅安。

雅安“雨城”之得名，是因为其地处内陆，在水汽不如沿海充沛的条件下，每年却降下了比沿海许多地方还多得多的雨水。雅安多雨，还有两个显著特点：①夜雨多，雅雨有70%以上发生在夜间，很多时候雨从入夜开始飘落，天明即云散雨收；②暴雨多，暴雨一般在夏季发生，年均暴雨次数在8次左右，最多年份达到15次。其中，2003年8月25日至26日发生的特大暴雨，6小时降雨量达到了227.9毫米。从观测资料统计来看，那次暴雨过程的6小时降雨量为1951年以来的最大值。

雨城何以“天漏”？在雅安，有一个美丽的神话传说：上古时天被苍龙撞破，女娲炼五彩石补天。当别处都已补全，只剩雅安一方天空时，女娲精疲力尽。她勉强托起最后一块五彩石飞临雅安上空，几番努力，终因劳累过度坠于雅安地界，呕血而亡。从此雅安便被霪雨笼罩，而女娲也化为“雨城”的一座山峰，怅恨地守望在碧波翻卷的青衣江边。

传说虽不可信，雅安人对女娲却是尊崇有加。雅安市的音乐广场旁边，矗立着女娲补天的石雕像：女娲双手托石，仰望天穹，一副即将飞升补天的姿势。“女娲虽然没有把雅安的天空补好，但她为补天泣血而死，所以雅安人永远把她当成雨城的守护神。”一位上了岁数的雅安人如是说。

传说归传说，雨城“天漏”，其实是由雅安自身所处的特殊地理环境造就的。据专家解释，雅安的西侧，是号称世界屋脊的青藏高原，而东面则是平畴千里的四川盆地，雅安处于这两种天壤之别的地貌环境之间，受高原下沉气流和盆地暖湿气流的交互影响，再加上从印度洋来的南支西风挟带大量暖湿气流，常被迫绕高原东移进入雅安境内，这几种气流相互作用，致使雅安不但雨日多、雨时长，而且雨量大。从地图上，确实可以清楚地看到雅安处在高原和盆地的夹缝之间，即使是外行也能想到：一旦高原和盆地上空的气流有什么“风吹草动”，雅安都会饱受降雨之苦。

雨城“天漏”的另一个重要原因，是雅安别具一格的地理形状。气象专家指出，只要看雅安四周的山脉就不难发现，雨城好像是一个受气的小媳妇，其人身自由完全被丈夫和公婆控制了：它的西面是高大雄峻的二郎山，西北方是险峻的夹金山，南部有大相岭横亘相向，只有东面一个出口。“喇叭”形的地形构成，造成东来暖湿气流只能进不能出，一到夜间，四周山上的冷气流下沉，冷暖气流一经交汇，雨城这一受气的小媳妇就只能以泪洗面——下起淅淅沥沥的雨来了。这同时也是雅安为何夜雨较多的原因。此外，专家还指出：雨城“天漏”需要大量的暖湿水汽，从大气环流形势分析，为雨城输送水汽的大气环流有太平洋副热带高压和偏南气流。有它们的帮助，雨城的天空因此长漏不休。

从专家的解释来看，雨城“天漏”最根本的原因还是地形。“之所以说地形影响是主要原因，是因为与雅安相邻的其他地区降雨都不多，特别是二郎山、大相岭那一面的泸定和汉源县，更是与雅安的气候有天壤之别。”从雅安翻越二郎山就会发现：仅仅一山之隔，东坡和西坡的气候、地貌、植被、土壤等都大不相同。在东坡的山麓下，公路两旁草木葳蕤丰茂，原始森林郁郁葱葱、茫无际涯，但天气却是霪雨霏霏、白雾迷茫。当汽车一翻过垭口，开始下坡后，呈现在眼前的却是另一番天地：蓝天无垠，艳阳朗照，放眼能看到前方耸入云端的冰山雪峰，俯视脚下的大地，则见高低不平的黄土地上一片荒凉萧瑟——仅仅一山之隔，东坡和西坡的差异却如此之大！

雨城“天漏”，是大自然鬼斧神工造就的独特地理环境形成的，只是，类似雅安这样的地理环境，在全球独一无二。所以，“雨城”也只能非雅安莫属了。

（资料来源：https：//www. sohu. com/a/32394227_ 117884）

（四）湿度

四川各地相对湿度大小、云雾多少、日照时数分布差异大。从平均相对湿度来看，东部盆地高于西部高原山地，盆地年均相对平均湿度为70%~85%，西部高原山地年平均相对湿度为50%~65%。从相对湿度季节来看，东部盆地秋季最高，夏季次之，春季最低，冬季稍大于春季。西部高原山地夏季平均湿度最大，冬季最小，秋季大于春季。

（五）气候分区

四川省气候的水平和垂直分异规律十分明显，气候复杂多样，东部盆地和西部高原山地气候差异很大。根据水、热和太阳辐射等气候条件差异，大致可分为三个气候区。

1. 四川盆地中亚热带湿润气候区

该区域包括盆地底部和盆周山地。该区域热量丰富，雨水充沛，四季分明，冬季宜种喜凉作物，夏季宜种喜温作物，一般一年两熟，盆地南部为一年三熟。

2. 川西南山地亚热带半湿润气候区

该区域全年气温较高，冬暖夏凉，年均温12℃~20℃，年较差小，日较差大，早寒午暖，四季不明显，但干湿季分明。该区昼夜温差大，夏季热量强度偏小，这与东部盆地亚热带气候带差别较大，却与云贵高原的气候相类似。

3. 川西北高原高寒气候区

该区域地势高，海拔落差大，面积广阔，呈现出立体化的气候特点，自南而北依次为暖温带、温带、寒温带、亚寒带等气候类型，总体以寒温带气候为主。该区高寒气候位于中低纬度的亚热带内，因此冬季的寒冷程度并不突出，但持续时间较长，因而全年热量不足，植物生长季短。

四、水系

四川省号称“千河之省”，有大大小小河流 1 419 条，分属于长江和黄河两大水系。流经若尔盖—红原高原的黑河和白河，属于黄河水系，流域面积仅占全省面积的 3%。其他河流流域面积占全省面积的 97%，主要的干支流有金沙江、雅砻江、嘉陵江、涪江、岷江、沱江、大渡河等，这些河流经由边缘山地一泻而下汇聚到盆地底部，并在盆地南部汇入滔滔的长江之中。长江冲破层峦叠嶂一泻千里最终汇入东海。

因四川为季风性气候，河流接受季风降水补给，为降水补给型河流，河流径流量年内和年际变化较大，和年降水量正相关。川西北高原、川西南山地和盆周山区的河流，具有河谷狭窄、陡坎多的特点，因而有丰富的水能资源，也为水能资源的梯级开发提供了十分有利的开发条件。

（一）岷江水系

岷江因岷山导江而得名，又被称为汶江、都江，流经 12 个县（市、区）。岷江是长江上游最大的支流之一，岷江口也是长江上游和中游的分界点。岷江全长 735 千米，发源于岷山南麓的弓杠岭和郎架岭，流经汶川等县到达都江堰出峡口，河源至都江堰段为上游河段，全长 340 千米，落差 3 009 米，河谷深切。岷江经都江堰分为内外两江，都江堰至乐山为中游河段，全长 232 千米，落差 305 米，该河段流经成都平原地区，与沱江水系及众多人工河网组成都江堰灌区，塑造了“天府之国”。岷江在乐山接纳大渡河到宜宾后汇入长江，自乐山至宜宾为下游河段，全长 163 千米，落差 97 米，该河段岔流浅滩极多，航运发达。

岷江水系有大小支流 90 余条，但东侧少，西侧多。上游有黑水河、杂谷脑河；中游有黑石河、金马河、江安河、走马河、柏条河和蒲阳河等；下游有青衣江、大渡河、马边河和越溪河等。西侧的大渡河是岷江的最大支流，其长度达到 1 062 千米。青衣江是大渡河的一级水系，是岷江的二级水系。都江堰是中国古代著名的水利工程，自公元前 256 年建成一直沿用至今，其灌溉面积达到 1 076 万亩（1 亩≈667 平方米）。

（二）沱江水系

《史记》中“岷江导江，东别为沱”记述了沱江的得名。沱江又名中江，长江上游的一级支流，全长 702 千米，发源于海拔 4 984 米的九顶山，分三个源头，分别是东源绵远河、中源石亭江、右源湔江。三条河流在成都金堂县赵镇汇聚在一起，成为沱江的干流，再流经资阳、内江到泸州后汇入长江。沱江流域水系发达，上游为绵远河、清白江和毗河，中下游有绛溪河、球溪河、资水河、大清流河、釜溪河等。沱江主要流经四川盆地的丘陵地区，沿途土壤肥沃，人口稠密，文化灿烂，历史悠久，古迹众多，为巴蜀文化最为集中的区域之一。

（三）金沙江水系

明代著名的地理学家徐霞客，行走中国，纠正了人们对于长江源头的错误认识，确定了金沙江才是长江的正源。金沙江为长江的上游河段，发源于青海省唐古拉山脉的格拉丹东雪山北麓，全长 1 375 千米。金沙江河床狭窄，呈“V”形，岸坡陡峭，具有“高、深、窄、陡”的特点，为典型的高山深谷型河道。金沙江流域广阔，支流众多，水量丰富稳定，年际变化小，构成了长江干流比较稳定的基本流量。金沙江江水落差 3 300 米，水急坎陡，水势惊险，航运困难，但水能条件优越，水力资源十分丰富。

金沙江流域被称为“森林王国”，森林资源非常丰富，尤其是云南北部和四川西部，林木产量高，质量好。“三江并流”地区未受第四纪冰期的大陆冰川覆盖，加之区域内山川呈南北走向，这里成为欧亚大陆生物南来北往的主要通道和避难所，也是欧亚大陆生物群落最富集的区域，享有“世界生物基因库”之美誉。这一区域仅占全国国土面积的 0.4%，但却拥有全国 20%以上的高等植物和 25%的动物种数，其中国家级保护动物 77 种，国家级保护植物 34 种，因而该区域被称为“天然高山花园”。此外，该区域的攀西地区，拥有十分丰富的钒钛磁铁矿，还有煤炭、石灰石、白云石和黏土。

（四）嘉陵江水系

嘉陵江发源于秦岭嘉陵谷，全长 1 120 千米，其径流主要由降水补给，水量丰沛，为四川省水路运输的主要河流。嘉陵江是长江支流中流域面积最大，长度仅次于汉江，流量仅次于岷江的支流。嘉陵江水系呈树枝状，支流众多，最大的两条支流为涪江和渠江。涪江发源于岷山的最高峰雪宝顶，渠江发源于大巴山，两江最终在重庆合川与长江汇合。

嘉陵江流域地势西北高，东南低，跨越秦巴山地，穿越秦岭、摩天岭、米仓山等崇山峻岭，起伏落差达 400~1 000 米。嘉陵江流域资源丰富，堪称川东一大宝库。享有“嘉陵江上小瞿塘峡”之称的清风峡和明月峡，是由河谷深切形成的峡谷。但由于上游为黄土区域土质疏松，中下游为紫红色砂页岩易于风化，加上季风性气候下集中的降水，陡峻的地形，过度的开垦，植被覆盖率低，坡面侵蚀强烈，每当暴雨来临之际，经常诱发崩塌、滑坡和泥石流等自然灾害。嘉陵江也因此成为四川省内泥沙携带量最大的河流。

五、湖泊

四川省面积在 400 平方米以上的天然湖泊共有 1 040 个，主要分布在川西高原山地的凉山州、阿坝州和甘孜州三个自治州。四川省内天然湖泊的面积一般不大，其中面积在 1 平方千米以上的有 49 个，还有数以万计的人工水库。比较有代表性的湖泊有泸沽湖、邛海、马湖、叠溪海子和新路海等。

（一）泸沽湖

泸沽湖古称鲁窟海子，又名左所海，俗称亮海。泸沽湖地处云南宁蒗县和四川盐源县的交界处，是我国西南地区最大的淡水湖泊，湖泊面积达到 72 平方千米，四川省内面积有 27 平方千米，湖面海拔 2 700 米，平均湖深 40 米，最深处有 73.2 米，为典型的高原断陷湖泊。泸沽湖四周崇山峻岭，一年有三个月以上的积雪期，夏季降水丰富，冬春降水偏少，森林资源丰富，山清水秀，湖岸曲折多湾，有17个沙滩，14个湖湾，湖中有5个全岛，3个半岛，一个湖堤连岛，泸沽湖年均气温在17℃，气候宜人，泸沽湖被当地人奉为“母亲湖”。

泸沽湖也被人们誉为“蓬莱仙境”。明代诗人胡墩赋诗赞泸沽湖：“泸湖秋水间，隐隐浸芙蓉。并峙波间鼎，连排海上峰。倒涵天一游，横锁树千里。应识仙源近，乘槎访赤松。”清代川南诗人曹永贤，盛赞泸沽湖如蓬莱仙境，并赋诗云：“祖龙求神仙，三山渺何处。不知汉武皇，开凿南来路。灵鳌鼎足蹲，飘渺凝飞渡。莫载欲人俱，恐为风引去。”

（二）邛海

邛海又名邛池，在《汉书》中记载有“邛都南山出铜，有邛池泽”，在《后汉书》中也有记载“邛池南人以为邛河，纵广二十里，深百余丈，多大鱼……”。邛海是典型的断陷湖泊，形成于更新世早期。邛海是四川省最大的天然湖泊，湖泊状如蜗牛，南北长11.5千米，东西宽5.5千米，周长35千米，水域面积31平方千米，最深处34米，平均水深15米。关于邛海的成因，众说纷纭，主要有牛轭湖说、古弯曲湖残余说、安宁河东南流的古河道湖说、堰塞湖说等，其中最具影响力的是邛海地震下陷说。《后汉书·西南夷列传》中记载“邛都夷者，武帝所开，以为邛都县。无几而地陷为淤泽，因名邛池。南人以为邛河”。据专家考证，邛海的水源主要有四：①邛海水面的大气降水；②流入邛海各溪流的地表径流；③邛海外冲积层间的地下径流；④岩溶及裂隙水补给。

邛海年均水温17.8℃。邛海内有40多种鱼类，其中有特有的白鱼、鲤鱼、大虾、螃蟹等。秋末冬初有19种候鸟来此过冬。虽然地处高原，但其鱼类区系都是由中国江河平原区鱼类组成，与青藏高原特有的裂腹鱼类和条鳅组成的鱼类区系相异，与同属金沙江水系的程海鱼类区系相似，现有鱼类中红尾副鳅、短尾高原鳅、中华倒刺鲃、云南光唇鱼、岩原鲤和白缘鱼央等为广泛分布于长江上游的种类，鲤、鲫、西昌白鱼和中华倒刺鲃等13种在云南的程海都有分布，泥鳅和宽鳍“鱼昔”等17种为广泛分布于长江中、下游的种类。诱人的邛海景色，与西昌晚间皎洁的明月，形成“月出邛池”的诗意画面。意大利著名旅行家马可·波罗在游玩邛海后对其景色大加赞叹，并在其游记《马可·波罗游记》中写到“碧水秀色，草茂鱼丰，珍珠硕大，美不胜收，其气候与恬静远胜地中海，真是东方之珠啊”。邛海景色由此可见一斑。

（三）马湖

马湖又有龙湖之称，位于凉山州雷波县的黄琅区，是一个地震湖泊，也是我国第三大高原深水湖泊。马湖呈长方形，面积约7平方千米，最深处160米，湖面海拔1 100米。东、西、南三面为高山屏障，北面为玄武岩、石灰岩碎块堆积而成的天然石坝。湖区港湾深幽，湖岸曲折多变，湖底灰岩层光滑细腻，无淤泥，湖水四季盈盈，清澈透明，无任何污染。湖周沿岸由茶园和森林环绕，林木苍翠，湖光山色交相辉映，风光秀美绮丽。湖区内分布着富有民族特色的村寨、历史和文化遗迹。马湖周边分布着大量原始森林，古树参天，藤蔓缠绕，地衣苔藓遍地，充满了原始古朴气息。据考证，马湖的成因是古冰川堰塞古黄琅河而成。马湖是古冰川堰塞湖，是一个完整独立的水系单元。另据考证，马湖为地震引发山体滑坡形成的堰塞湖。据《宋史》记载，

“南宋宁宗赵扩嘉定九年二月辛亥东西川地大震四日。甲子（3 月 30 日），又震。马湖夷界山崩八十里，江水不通”。马湖是雷波县黄琅、马湖、中田等乡镇的工农业和生活水源地。湖区所产莼菜为国家地理标志产品。

（四）叠溪海子

叠溪海子地处阿坝州茂县，岷山脚下，湖面海拔 2 258 米，原为叠溪城，为古代边防重镇，扼川西平原通松潘及青海、甘肃交通要塞，历代为重兵把守。因叠溪在 1933 年 8 月 25 日发生的 7.5 级强烈地震，叠溪城中心部分在剧震发生的几分钟内几乎笔直地陷落，呈单条阶梯状地震的下滑距离达 500~600 米。叠溪城及附近 21 个羌寨全部覆灭，四周山峰崩塌，堵塞岷江，形成 11 个堰塞湖，伤亡人数近万人，这就是历史上著名的“中国叠溪大地震”。叠溪海子就是由于这次大地震而形成。其最深处达 98 米，平均深度 82 米，蓄水量达 1.5 亿立方米，湖面面积 350 多万平方米。叠溪海子实际上就是岷江干流的一段，是地震形成的堰塞湖。湖面宽只有大约 1 千米，但是长却有 10 千米之多，海子由上下两处接连而成，形如肠状。海子周围青山环抱，湖岸翠草丛生，湖水碧波荡漾，景色优美迷人。叠溪海子中国最美的地震遗迹，也是保存最完整、最典型和最大地震遗迹，也是我国最大的地震堰塞湖。

（五）新路海

新路海位于德格县境内的雀儿山下，海拔 4 040 米，是甘孜州著名的冰蚀湖。新路海是我国最大的冰川终碛堰塞湖，大约成湖于大理冰期后期。其水源由雀儿山冰川和积雪消融供给，湖尾流出的溪流为措曲河源头之一。新路海及周围生态原始、完整。良好的生态环境为众多生物的栖息繁衍提供了良好的自然条件。晶莹的大型冰川从海拔 5 000 米的粒雪盆直泻湖滨草原，极为壮观。湖泊周围由高原云杉、冷杉、柏树、杜鹃树和草甸环绕。湖泊周围共有野生动物近 180 种，其中国家一级保护动物 10 种，二级保护动物 33 种，主要野生动物包括白唇鹿、金钱豹、雪豹、绿尾红雉、班尾榛鸡、胡鹫、林麝、白臀鹿、盘羊、藏马鸡、血雉、金雕、旱挞斑羚、秃鹫、赤狐等。湖泊周围的川西云杉、方枝柏、雪莲花等植物资源也十分丰富。新路海以保护高原自然生态环境、白唇鹿等野生动植物资源为主，是我国目前最大的白唇鹿保护区。景区内融现代冰川、高山湖泊、原始森林、野生动植资源于一体，是高原旅游、观光、摄影、写生以及科学研究的好地方。

六、温泉

温泉是泉水的一种，由地下自然涌出，其水温高于当地平均气温 5℃。温泉形成需具备三个条件：①地下必须有热源存在；②岩层必须具有裂隙；③地层中有储存热水的空间。大多数温泉含有丰富的化学物质，对人体有一定益处。比如酸性泉对皮肤有收敛作用；碱性泉可促进上皮脱落；氮泉有增强机体功能的作用，有类似氡泉效能；砷泉能降低血糖。独特的地质条件成就了四川丰富的温泉资源。四川省著名的温泉资源有甘孜州海螺沟温泉、雅安周公山温泉、峨眉山温泉、大邑花水湾温泉、安州区罗浮山温泉、温江鱼凫温泉、理县古尔沟温泉、康定二道桥温泉、理塘毛垭温泉等。

（一）海螺沟温泉

海螺沟温泉位于贡嘎山脚下的海螺沟冰川公园内的二号营地和一号营地与沟口之

间的贡嘎神汤处。大量沸泉从地下喷涌而出，出水口的温度达 90℃，足可用以沏茶和煮鸡蛋。日流量 8 900 吨的沸泉水顺崖而下，形成一道宽 8 米，高 10 米的瀑布。海螺沟内有大流量的沸、热、温、冷泉水，从刚一入沟始，至游人足迹所能至的所有路线，随处都有甘甜可口的冷泉。这些冷泉水无杂质、无污染，尽可放心饮用。更妙的却是沟中这样接近冰川的地方，却有大流量的温泉、热泉甚至沸泉。泉水或自地下涌出，或成清澈的溪流，或为石上飞瀑，在万木葱茏的沟中，白雾飘忽不定，群山若隐若现，恍如仙境。

（二）周公山温泉

周公山温泉位于雅安市雨城区东南风景秀丽的周公山山麓，井深 3 475 米，出口水温 80℃以上，温泉井单井自喷日产水量达 5 000 吨以上。按照国家地质勘察规范要求，经一个水文年的动态监测和放水试验，其流量、水温、水压、水质等动态指标稳定；经中国地质科学院检测，周公山温泉成因于 3 万年前。

周公山温泉水具有极高的医疗保健价值，经四川省国土资源厅组织的专家组评审，有 8 种矿物元素同时达到国家《医疗热矿水水质标准》规定的医疗热矿泉水命名浓度标准，1 种达到矿水浓度标准，正式通过了省级鉴定，被定名为：含碘、溴、锂、氟、偏硼酸、硫化氢、偏硅酸、镭的高温医疗热矿泉水。除《医疗热矿水水质标准》所列成分外，其他相关有益成分也达到一定标准，使周公山温泉同时又成为硫酸盐泉、氯化钠泉，对多种皮肤病、创伤、疤痕、风湿性关节炎、妇科疾病、神经系统疾病等多种疾病具有特殊疗效和保健功能。周公山温泉因其产量大、水温高、水质成分配比优良（医疗热矿泉）等优势，被专家们誉为“蜀地温泉之冠”。

（三）花水湾温泉

花水湾温泉位于大邑县西岭雪山东麓，海拔近千米。“古海水温泉”花水湾温泉形成于远古四川盆地海陆地质变迁时期，产生在青藏高原与成都平原交界的龙门山大断裂带的雾中山构造，古海水通达地层深处被地心高温加热形成温泉，出口水温达 68℃。花水湾温泉是古海水药泉，距今四万多年的古海水富含数十种有益的物质，如硫磺、盐、碘、锂、氡、氟、偏硼酸等，经国家卫生防疫部门及地矿部门鉴定，达到国家多种医疗药泉的命名标准，具有极高的医疗保健价值，可促进并改善体内循环和微循环，对促进新陈代谢，对关节筋骨、腑内脏器、植物神经、肌体皮肤等极有好处。“变色奇泉”花水湾温泉高矿化水体中各种矿物质结晶析出时，会由无色透明渐渐变幻出淡绿、绿、深绿、灰绿、黄、乳白等色彩，因此被誉为“天府奇汤”。

（四）罗浮山温泉

罗浮山温泉位于四川省绵阳市桑枣镇罗浮山东麓，温泉水产于 1 500~2 000 米的地下，储量丰富，品质优良，出口水温 45. 5℃。罗浮山温泉 2000 年 7 月通过省级鉴定，被命名为含碘、偏硅酸、镭、锂、氟、锶、偏硼酸、硫化氢高温医疗热矿水。罗浮山温泉内含偏硼酸、镭、碘、锶多种微量元素和硫化氢气体，是国内罕见的复合型医疗保健热矿水，有降血压、血清、胆固醇和抗血栓形成的作用，可以改变中枢神经的功能，有助于消化系统及肝功能的改善和恢复，对各类皮肤病、关节炎、风湿痛、心血管疾病具有特殊疗效和保健功能，是我国目前唯一经过国家医疗卫生部门鉴定的医疗地热矿泉水，堪与法国“薇姿”温泉媲美，因此具有极高的洗浴、保健、医疗等综合开发利用价值。

（五）古尔沟温泉

古尔沟温泉早在一千年前就誉为“神水”，享有“仙山瑶池、灵水神泉”的美誉。位于理县古尔沟神峰山下杂谷脑河畔。古尔沟温泉源自一条热矿泉，水温高达62℃，每天流量约2 000多吨，属淡矿化、热硅水型医疗保健热矿和偏硅酸型天然饮用优质矿泉水，是四川省内唯一集浴用、饮用、疗用于一体的天然热质矿泉。古尔沟温泉含锂、锶、氟、锌、硼、硒、锗等17种有益人体的微量元素，对人体消化系统疾病、风湿病、皮肤病、胆结石、胆囊炎等均有较好的疗效，具有美容、护肤、减肥、延年益寿等功能，并在1994年被评为四川省优质名泉。

七、生物资源

四川省地处亚热带，地域辽阔，地形复杂，地貌类型齐全，气候、土壤和植被垂直和水平分异明显，动植物资源丰富，种类繁多，是生物资源大省，是我国植物资源最丰富的省区之一，保存了许多珍稀动植物种类，是一座宝贵的生物基因库。特别是横断山脉和秦岭山脉有效抵御了第四纪冰川的入侵和影响，使四川盆地成了动植物的天然“避难所”和南北生物交换的“交换走廊”。四川省有高等植物10 000多种，占全国植物种类的33%，仅次于云南省，位居全国第二位。四川省脊椎动物有1 000多种，占全国总数的40%，被列入国家级保护的珍稀动物有55种。被誉为“活化石”和“中国国宝”的大熊猫有80%以上生活在四川境内。

（一）植物资源

四川省植物资源特别丰富，主要属亚热带常绿阔叶林地带，西部为山地温带针叶林地带。川西北高原，牧草如茵；高山峡谷，森林茂密；盆周山地，四季常青；盆地内栽培作物历史悠久，种类繁多。四川省古老特有的植物异常丰富。四川盆地北缘因地质构造古老且地表基本稳定，又未受海侵和第四纪冰期的影响，保留了许多古老的动植物资源。四川省内分布有水杉、银杉、银杏、珙桐、红豆杉等古老稀有物种；在四川盆地南部湿热河谷地带分布有桫椤、穗花杉、福建柏等古老热带植物；在川西高原山地分布有高山栎、箭竹、杜鹃、冷杉和云杉等西南特有的植物。因此，四川省也成为中国许多植物的分布中心和起源中心。

四川省植被类型有阔叶林、针叶林、竹林、灌丛、稀树草丛、草甸、沼泽、流石滩8个植被类型，为植被类型多样的中国省区，其中针叶林类型最多，居中国首位。阔叶林是四川盆地和盆周山地主要的植被类型。四川盛产竹子，主要分布于四川盆地和盆周山地，产量占到全国的20%，主要有楠竹、斑竹、寿竹、水竹和白夹竹等，其中箭竹是国宝大熊猫的主要食物。四川省灌丛主要有山地灌丛、亚高山灌丛、高山灌丛、落叶灌丛。四川省的草甸植被有亚高山草甸、高山草甸和沼泽草甸。四川省被誉为“中药材宝库”，是我国最大中药材基地，全省药用植物约3 000种，所产中药材占全国中药材总产量的1/3。

（二）动物资源

四川特殊的地理位置和自然环境，动物种类极为多样。全省有脊椎动物近1 300种，约占全国总数的45%以上，兽类和鸟类约占全国的53%。国家重点保护野生动物145

种，占全国的39.6%，居全国之冠。据第四次全国大熊猫调查，四川省野生大熊猫种群数量1 387只，占全国野生大熊猫总数的74.4%，其种群数量居全国第一位。四川雉类资源也极为丰富，雉科鸟类20种，占全国雉科总数的40%，素有雉类的乐园之称，其中有许多珍稀濒危雉类，如国家一级保护动物雉鹑、四川山鹧鸪和绿尾虹雉等。

分布于川西北高原的白唇鹿也是中国的特产，其特征是唇部白色，毛长而粗硬，保温性能优良，使其可以在3 500米的高寒环境自由生活。红腹锦鸡又名金鸡或红鸡，是我国特产鸟类，也是我国的二级重点保护动物。蓝马鸡是高寒地区的鸟类，也只产在中国，终年留居在祁连山和四川西北部。长江鲟是国家二级保护动物，是四川省的珍稀鱼类，主要分布于长江中上游和金沙江下游段，是大型的经济鱼类。中华鲟是国家一级保护动物，是典型的溯河洄游性鱼类，主要分布于长江干流和金沙江下游。川金丝猴别名仰鼻猴，主要分布在四川西部和北部的山地森林里，脸庞为蓝色，体毛长达20厘米，呈金灰色或者金黄色，因一对朝天鼻而得名。除此之外，还有羚牛、白腹锦鸡、藏马鸡、中华鳖等珍稀物种。为了保护四川省内的珍稀动植物资源，截至2018年年底，国家先后建立了王朗、龙溪—虹口、画稿溪、唐家河、白水河、卧龙、若尔盖、贡嘎山、亚丁、美姑、雪宝顶等32自然保护区。

四川省国家级自然保护区名目录（截至2018年10月底）见表2-2。

表2-2　四川省国家级自然保护区名录（截至2018年10月底）

保护区名称	行政区域	面积/公顷	主要保护对象	类型	始建时间
长江上游珍稀、特有鱼类	四川省、贵州省、云南省	33 174	珍稀鱼类及河流生态系统	野生动物	1997/12/08
龙溪-虹口	都江堰市	31 000	亚热带山地森林生态系统、大熊猫、珙桐	森林生态	1993/04/24
白水河	彭州市	30 150	森林生态系统、大熊猫、川金丝猴等珍稀野	森林生态	1996/01/01
攀枝花苏铁	攀枝花市西区	1 400	攀枝花苏铁等珍稀濒危动植物及其生境	野生植物	1983/01/01
画稿溪	叙永县	23 827	桫椤等珍稀植物及地质遗迹	野生植物	1998/01/01
王朗	平武县	32 297	大熊猫、金丝猴等珍稀动物及森林生态系	野生动物	1963/04/02
雪宝顶	平武县	63 615	大熊猫、川金丝猴、扭角羚及其生境	野生动物	1993/08/01
米仓山	旺苍县	23 400	森林及野生动物	森林生态	1999/01/01
唐家河	青川县	40 000	大熊猫等珍稀野生动物及森林生态系统	野生动物	1986/07/09
马边大风顶	马边彝族自治县	30 164	大熊猫等珍稀野生动物及森林生态系统	野生动物	1978/12/15
长宁竹海	长宁县	28 719	竹类生态系统	森林生态	1996/10/01

表2-2(续)

保护区名称	行政区域	面积/公顷	主要保护对象	类型	始建时间
老君山	屏山县	3 500	四川山鹧鸪及森林生态系统	野生动物	2000/02/29
花萼山	万源市	48 203	森林生态系统及野生动物	森林生态	1996/01/01
蜂桶寨	宝兴县	39 039	大熊猫等珍稀野生动物及森林生态系统	野生动物	1975/03/20
卧龙	汶川县	200 000	大熊猫等珍稀野生动物及森林生态系统	野生动物	1963/04/02
九寨沟	九寨沟县	64 297	大熊猫等珍稀野生动物及森林生态系统	野生动物	1978/12/15
小金四姑娘山	小金县	56 000	野生动物及高山生态系统	野生动物	1995/03/01
若尔盖湿地	若尔盖县	166 571	高寒沼泽湿地及黑颈鹤等野生动物	内陆湿地	1994/11/18
贡嘎山	泸定县、康定市、九龙县	400 000	高山森林生态系统及珍稀动物	森林生态	1996/03/01
察青松多白唇鹿	白玉县	143 683	白唇鹿、雪豹等野生动物	野生动物	1995/01/01
长沙贡玛	石渠县	669 800	高寒湿地生态系统和藏野驴、雪豹、野牦牛	野生动物	1997/12/08
海子山	理塘县、稻城县	459 161	高寒湿地生态系统及白唇鹿、马麝、藏马	内陆湿地	1995/11/08
亚丁	稻城县	145 750	森林生态系统、野生动植物、冰川	森林生态	1996/03/20
美姑大风顶	美姑县	50 655	大熊猫等珍稀野生动物及森林生态系统	野生动物	1978/12/15
千佛山	安县、北川和茂汶三县交界处	17 740	保护大熊猫、金丝猴、珙桐等珍稀野生动植物及其栖息地生态环境为主的森林和野生动物	野生动植物	2014/12/05
栗子坪	石棉县	47 940	生物多样性显著、珍稀濒危物种	野生动植物	2013/12/25
小寨子沟	北川县	44 391.2	大熊猫、金丝猴、扭角羚等珍稀濒危野生动物及森林生态系统	森林生态	2007/12/09
诺水河珍稀水生动物	通江县	9 220	大鲵、水獭、乌龟等珍稀水生动物	水生生态	2012/01/21
黑竹沟	峨边县	29 643	大熊猫及其栖息地	森林和野生动物	2012/01/21
格西沟	雅江县	22 896.8	四川雉鹑和绿尾虹雉等高山雉类以及大绯胸鹦鹉等珍稀野生鸟类	野生动物	2012/01/21

总体来说，四川因不同地貌和不同季风环流的交替影响，形成了独特的气候类型和鲜明的地理特征，无论是气候、水文、生物，还是地质、地貌、土壤，四川省的盆地、盆周山地、川西南山地峡谷和川西北高原差异大。自然环境是一切事物发展的基础。四川各区域不同的自然环境成就了各具特色的自然景观和丰富多彩的人文景观。

[章节小结]

本章重点学习了四川旅游资源形成的自然环境，概括介绍了四川基本地理概况，系统梳理了四川的地质变迁过程，重点介绍了四川盆地的形成过程，从地质构造、地貌、水系、湖泊、温泉、气候、生物等方面详细介绍了四川旅游资源形成的第一环境。

[实践项目]

项目名称：发现一处景，分析其成因

四川省旅游资源丰富，总数量达到了245 748处，其中自然旅游资源73 600处，人文旅游资源172 148处。从旅游资源的空间分布来看，“三州”（阿坝州、甘孜州、凉山州）地区及成都平原片区的成都市、绵阳市、雅安市，这六个市（州）的旅游资源数量最为突出，其总量占全省旅游资源总量的近60%。请结合某一具体景区，从自然环境角度分析其差异化的原因。

一、实践目的

1. 使学生对四川自然环境有更深刻的理解，熟悉四川自然环境。

2. 使学生对四川某一地区的自然环境有全面认识，并能够结合具体景区从自然环境视角分析其成因。

3. 使学生能根据所分析的成因设计一节（45分钟）自然类研学课程。

二、实验内容

1. 请在四川的旅游资源中，选取一处代表性的景观，从自然环境角度分析其成因。

2. 请根据所分析的成因，选取一处或者两处景观设计一节（45分钟）研学课程。

三、实验成果

1. 形成一节（45分钟）的研学课程设计方案。

[复习思考]

1. 四川盆地是如何形成的？

2. 为什么四川会有如此丰富的自然旅游资源？

3. “绿水青山就是金山银山”，在旅游开发的过程中，如何平衡好环境保护和旅游资源开发的关系？

第三章 四川的人文环境

■**学习目标**

1. 熟悉四川历史的发展历程。
2. 理解四川历史的发展特点。
3. 掌握四川主要的文化成就。
4. 了解四川在中国历史进程中的地位。
5. 理解四川历史文化与旅游资源之间的关系。

[导入案例]

少了四川，中国该多无趣啊!

四川盆地虽偏僻，但有了成都平原，丰饶富庶，四川人一辈子不愁吃穿。

四川，竟曾是中国首富!

唐宋时期，四川曾一度成为中国最富裕地区，为全国 GDP 贡献 1/4，军粮贡献 1/3，这个比例相当于今天北上广深四大一线城市地区生产总值总和的两倍。

到了清朝末期，四川依然是中国第 4 富裕的省份（仅次于江苏、浙江、广东）。直到 20 世纪 60 年代，四川才沦落为全国排名中流的中等省份。

案例思考

1. 四川为什么会有如此灿烂的文化?
2. 四川的历史文化和今天的四川旅游资源有什么关系?

四川，简称川或蜀，地处我国西南腹地，是中华文明的起源地之一，面积广阔，历史悠久，物华天宝，人杰地灵，谓之“天府”。四川的历史发展进程，既是中华民族历史前进轨迹的重要组成部分，又有着自身的突出特色，因而在中国历史上有着突出的地位。四川地区在文化传承与发展的过程中形成了丰富厚重而又不失生动活泼的文化形态，并在近现代被概括为巴蜀文化。

第一节　四川发展史

据巫山、资阳、铜梁、汉源、筠连等地的考古发现和研究，四川的史前时代最早可追溯到200万年前。到了新石器时代，四川盆地的原始农业、畜牧、渔猎经济和商品交换开始初步发展起来，各地文化交流日益频繁，私有和等级已经产生和发展，甚至出现了史前酋邦政治组织，四川由此进入了文明时代。从新石器时代到今天，四川经历了九个发展阶段。

一、文明萌芽：始称“蜀”和宝墩文化

距今5 000年以前的中华文明起源时代，中华文化分为6~7个大的文化区系，各有渊源，自成体系，交流互动，构成了中国上古文化多元发生的形态。在长江上游地区，以四川盆地为中心的巴蜀地区是中华文明的重要起源地和组成部分之一，是长江上游的古代文明中心，并有一批以宝墩文化遗址为代表的史前文化遗址留存于世。目前，已发现新津宝墩村、都江堰芒城村、崇州双河村和紫竹村、郫都区古城村、温江鱼凫村、大邑盐店和高山共8座古城遗址属于宝墩文化遗址，并初步判定宝墩文化在距今3 700~4 500年。由此证实在当时的四川已出现酋邦组织的史前国家。而在这一时期，“蜀”这个历史悠远的文明古国也开始见称于世，并与黄帝、颛顼、大禹等中国古代英雄人物紧密相连。传说中的蜀、禹均属于“黄帝—昌意—乾荒—颛顼”之支系，且大禹生于西羌之地的石纽，即今四川西北岷江上游地区的汶川、茂县和北川一带。

“蜀”的本意是指桑蚕，是家蚕的近祖或前身。而古蜀人的起源，则可以追溯到黄帝时代的蜀山氏。蜀山氏，顾名思义，指居住在蜀山的氏族，其名号在《世本》《山海经》《大戴礼记》《史记》等古籍中均有记载。而何为蜀山呢，即岷山，《史记》《汉书》《太平寰宇记》等对此均有记载或考证。相传黄帝的元妃嫘祖，曾亲临蜀山并促成蜀山氏驯化桑蚕；而在黄帝和嫘祖之子昌意娶蜀山氏之女后，生子高阳（颛顼）。高阳长大后东进中原，建都帝丘（今河南濮阳），又“夙其支庶于蜀”（《华阳国志·蜀志》），蜀山氏名称逐步被蚕丛氏所取代。这一历史进程，也与从蜀（桑蚕）到蚕（家蚕）的驯化演进进程基本一致。而随着蚕丛氏从蜀山沿着岷江迁至成都平原，桑蚕和丝绸文化也一同开始兴起，并在后世进一步演进成中国丝绸业的重要中心之一。

二、第一次鼎盛：夏商周时期古蜀王国成为西南霸主

夏商周时期，古蜀王国开始兴起与发展，并逐步成为西南之长。古蜀王国的这段历史大致可以概括为“三王二帝”共五代蜀王，即前期的蚕丛、柏灌、鱼凫三代蜀王，

以及望帝杜宇和开明帝鳖灵。蚕丛氏从岷山进入成都平原的年代应在夏代。而柏灌则在历代史籍中语焉不详。鱼凫是古蜀王国的统一者。在三星堆遗址中，第一期遗址属于宝墩文化而可能包含柏灌的文化遗存，第二期与第三期遗址一脉相承而属于鱼凫时期文化。三星堆遗址第二期中商代早期时期的城墙，应是鱼凫王统一蜀国后所筑。三星堆文化与同一时期的河南偃师二里头文化相比，有相似之处但差异明显，是古蜀与夏同源异流的生动体现。

就金沙遗址与三星堆遗址的关系而言，古蜀王国在商代时（约与鱼凫对应），三星堆为古蜀王都，金沙为次级中心。到了西周时期，三星堆古蜀王都消亡，而金沙则短暂地延续了三星堆文化余脉，然后迅速发生重要变化。这些考古资料与史料中约在殷商末期杜宇取代鱼凫的记载是基本对应的。杜宇取代了三星堆的神权文明，建立起了一个礼乐文明的新型国家，并号曰“望帝”。杜宇“教民务农”，很可能带来并推广了水稻种植等当时先进的农业生产技术，在后世成为“农业神”，而“望帝春心托杜鹃”的故事也广为流传。后来自荆楚之地的鳖灵通过选都江堰宝瓶口决玉垒山，并开凿了一条名为江沱的人工河道以分引岷江洪水，从而成功治理了成都平原水患，得到了蜀民拥戴而取代望帝杜宇，号曰开明。直至战国时期，开明王朝成为西南地区的霸主，从而奠定了成都平原和川东嘉陵江流域成为西南地区文化和经济中心的坚实基础，并对后世我国西南地区的政治、经济和文化产生了深远影响。

三、第二次鼎盛：秦汉时期全面融入华夏文明并大放异彩

秦惠文王时期伐蜀之议中，司马错评价当时开明王朝为“西辟之国也，而戎狄之长也”，而“其国富饶，得其布帛、金、银，足给军用”。后秦惠文王于公元前 316 年遣张仪、司马错、都尉墨南下灭蜀，结束了开明王朝十二世的统治，并很快设置郡县。蜀郡太守李冰将蜀人治水经验进一步发扬，修建了都江堰水利工程，成都平原成为世界闻名的天府之国。秦得蜀依蜀而富国强兵，进而东出，统一中国。

到了汉代，巴蜀地区是汉高祖刘邦打天下的基地，为汉王朝的建立和稳定发展做出了重大贡献。汉高祖五年（公元前 202 年），汉军中大批军士返乡，其中多有获五级以上爵位者，成为巴蜀各地大姓望族，加深了巴蜀地区对汉王朝的政治向心力。到了汉景帝时期，文翁为蜀郡太守，引湔江灌溉郫县（今郫都区）等地农田 1 700 余顷（汉代 1 顷约为今 4. 176 公顷），且在全国首先带头兴办郡学而培养当地人才。汉武帝时期，以四川为依托两次经营“西南夷”，把今凉山、甘孜、阿坝及云贵地区的少数民族置于统治之下。而司马相如、落下闳、王褒、扬雄、何武等蜀中士子也开始登上国家政治舞台，积极参与到国家与地方的建设行列中，其中西汉后期的何武更是两次出任三公之一的大司空。

在文化上，汉代巴蜀学者著书立说，使得巴蜀思想文化开始影响中华大地，并成为中华文化的重要组成部分。如严君平的《老子指归》被誉为“为道书之宗”并流传至今；其后有张道陵从鹤鸣山前往青城山结茅传道和创立道教，并羽化山中，使青城山成为中国道教四大名山之一。而严君平弟子扬雄，则被誉为西道圣人，所著《蜀都赋》《太玄》《法言》《方言》等为历代学者所推崇，并被不断编注和考据，成为中华文化之瑰宝。总体来讲，汉代是四川社会经济文化发展的高潮时期，其中成都平原已

成为“天府之国”，成都也成为仅次于长安的全国第二大都会。

四、第一个低谷：魏晋南北朝时期的混乱

魏晋南北朝360多年中，中华大地陷入了数百年的分裂与混乱，四川地区也未能幸免。东汉末年天下大乱，刘备在成都称帝并建立蜀汉政权。蜀锦在这一时期因工艺精湛而成为蜀国的战略资源。刘备、关羽、张飞、诸葛亮、黄忠、赵云、马超等在四川地区的历史活动，留下了丰富的遗址遗迹，使得至今四川地区的三国文化和诸葛亮文化仍很浓厚。之后，四川地区被各个政权轮番统治，政局长期动荡。尤其是在西晋“八王之乱”后，来自秦、雍二州的10万户流民涌入四川，所到之处本地居民几乎全部逃走，进而这些流民建立了割据的成汉政权。后成汉政权又招贵州广西地区的僚人10万户入川，使得更多本地居民向外逃离，从而彻底改变了四川地区的人口结构。

两晋时期，流民豪强、酋帅和僚王取代了原巴蜀地区的世家大姓。但他们的生产能力相对落后，其中僚人甚至还处于渔猎经济时代，因而难以有效组织生产。而两晋的门阀制度，使得这些新兴豪族大姓基本上被排斥在统治集团之外，并视为民物殷阜而被加重掠夺，从而成为巴蜀地区长期动乱的重要原因。据记载，四川在东汉永和三年（公元138年）人口117万余户，而到了成汉时期（公元304—347年）已减少到了20万~30万户。这一时期，四川地区的经济、社会和文化发展已大幅后退，成为秦汉以后四川地区历史发展的第一个低谷。

五、第三次鼎盛：唐宋时期的“扬一益二”

自隋统一全国之后，历经唐、五代到宋的近700年时间，四川地区政局和社会相对安定，大批汉族人口相继迁入，特别是唐末五代中原大批士人入蜀避难，一些少数民族也逐渐融入其中。五代前蜀皇帝王建墓（永陵）现存文物，为研究唐及五代时期的建筑、音乐、舞蹈、服饰、朝廷礼制等提供了宝贵的实物资料，让我们至今仍可追忆当时蜀地的繁华。而后蜀所创建“翰林图画院”更是直接影响了北宋画院形制和中国美术史。因此唐宋时的四川，是当之无愧的全国文化发达地区。

唐宋时四川的经济发展和生活方式也走在全国前列。在成都春熙路所发现的唐宋时期坊市遗址，前店后坊整齐排列，排水沟纵横交错，道路已开始用青砖铺就，可见唐宋时春熙路的熙熙攘攘。在蜀锦历南北朝不衰之后，四川在唐宋时一直是全国最重要的高级丝制品生产中心，且晚唐以来布帛生产也发展迅速。同时井盐、茶业、造纸、印刷、造船、制糖等工业和商业贸易也十分发达，蚕市、药市、七宝市、夜市和草市已大量出现，在宋代还出现了全世界最早的纸币“交子”。为镇水患而自唐玄宗始历时约90年建成的乐山大佛，通高达71米，是中国最大的一尊摩崖石刻造像，这也从侧面反映了当时岷江航路的繁忙。而此时的市民生活也更为丰富，岁时节令居民皆喜游乐，重要节事官府亦出面组织。四川在唐宋的繁华至今仍见遗存。而到南宋高宗绍兴三十二年（公元1162年）四川人口数突破1 000万，达到414万户，占南宋总户数的35%，是四川历史上清代中期以前人口最多的时期。由此可见，唐宋时成都一直是“喧然名都会”，而中晚唐以后，四川更是与扬州并称为“扬一益二”。

六、第二个低谷：元明时期两次战争浩劫

四川是南宋最早与蒙古军队发生战争的地区，且是南宋王朝抵抗蒙元坚持最长的地区和最后的基地，战争时间长达半个世纪之久。公元 1259 年，南宋军队在合川钓鱼城击伤蒙古大汗蒙哥而致其死于军中，从而打败了蒙哥亲自率领的蒙古大军。长时间的战争蹂躏，使得四川社会经济和文化遭到了毁灭性的破坏。到元朝统一四川后的至元十九年（公元 1282 年），四川只剩下 12 万户，人口锐减 95%以上。在元朝统治四川的几十年间，四川变成了全国的落后地区。直到明朝建立后，湖广移民入川，四川的经济文化才得到了一定的恢复。但好景不长，在明末清初时，先是张献忠率军入川，再是清军征伐四川残余明军，后又有吴三桂由滇入川反清，使得四川在连续四五十年的战乱下再次凋敝。

元明时期对于四川发展最重大的事件，当属明初政府有计划地组织以湖北、湖南、广东为主体的南方移民入川，史称“奉旨入蜀”，形成了四川历史上第一次“湖广填四川”大移民运动。此次移民浪潮，使得长江东南文化逐渐与四川本土文化相融合，并从根本上改变了四川自秦汉以来主要受秦陇文化影响的态势。这些移民群体以麻城孝感籍贯为最多。而据清光绪《麻城县志》记载，原籍麻城的四川文化名人中，以“一门七进士，宰相状元家”的新都杨慎家族最为突出。《三国演义》中《临江仙》即为杨慎所作。杨慎早年高中状元，为明代三大才子之首，一生主要活动于川滇地区，在云南兴办教育，培养了一大批当地人才，其佼佼者“杨门七子”中有三人为白族；还通过《滇程记》《全蜀艺文志》及大量诗歌等优秀文学作品，将西南地区文化输出到江浙和北方的其他文化区域，使得明代西南地区文化成为推动中华文化继续发展的重要力量。民国时期陈寅恪称：“杨用修为人，才高学博，有明一代，罕有其匹。”杨慎还曾为“文教化一方”的蜀成王朱让栩文集作序。朱让栩死后葬于今成都十陵街道内的明蜀王陵墓群中。

七、第四次鼎盛：清代四川重新走向鼎盛

清康熙二十四年（公元 1685 年），四川全省在籍户籍仅 1.8 万户，不足 10 万人，满目近视荒芜而豺狼可见。面对这种局面，清政府实施优惠政策，大力鼓励移民四川，于是开启了长达百年的移民浪潮，史称第二次“湖广填四川”。由此，四川人口数量急剧增长，到乾隆五十六年（公元 1791 年）已有 948 万余人，再到嘉庆二十五年（公元 1820 年）已到 2 625 万余人，超过历史最高数，再到道光二十年（公元 1840 年）增加到 3 833 万余人而占全国人口的 10%。而在咸丰年间，四川已成为经济上可支援其他省区的省区，再次步入发展高潮。而经济上的富足使得清代对名胜古迹的修缮和扩建较多，且大多留存至今。如成都青羊宫、武侯祠、昭觉寺、文殊院等，峨眉山伏虎寺、万年寺、光相寺等，自贡西秦会馆，各地文庙书院大多重建或修复，成都府、各县治和乡场的建设也奠定了现代城市和乡村的格局，并形成了独具特色的四川民居建筑风格。

清初的“湖广填四川”，除了带来经济恢复和高速增长之外，还形成了一个政治上相对宽松、文化上开放包容的新型“移民社会”，从而奠定了四川近现代发展的文化根

基。这些移民带来了各自家乡的方言，使得一般人能操两种语言，一是家人或本籍人聚谈的“乡谈”，二是与外人交接的“普通话”——四川话。而川剧也在融合昆腔、高腔、胡琴、弹戏和四川民间曲调灯戏之后形成并逐步合一，且清音、评书、扬琴、竹琴、相书、金钱板、皮影戏、傩戏、花鼓等曲艺也深受广大人民群众喜爱，而以绵竹年画为代表的四川民间绘画也发展鼎盛。在婚姻方面，清代《竹枝词》对此有颇为风趣的描述：“大姨嫁陕二姨苏，大嫂江西二嫂湖。戚友初逢问原籍，现无十世老成都。”这种海纳百川的社会文化，还使得作为“中原士大夫”的客家人迁移到四川后“土客对立”逐渐淡化而“回归”。据福建籍客家移民廖氏族谱，入川二世至七世祖的配偶中湖广四川等非闽粤籍为49位，占53%。这些回归与融合，在今成都洛带客家聚居地仍可窥见，如湖广、广东等会馆并立其中，客家碉楼和围拢屋也大为简化。

八、重要转折：晚清至民国时期的民族革命与抗日复兴基地

晚清时期，在世界资本主义大潮的冲击下，川江通轮、重庆开埠、川边改革、保路风潮与同志军起义等事件在四川发生，是四川逐步迈入近代化并积极参与中国近代化历史进程的缩影。这些缩影在现今仍存的彭州白鹿上书院教堂、成都市人民公园内的辛亥秋保路死事纪念碑仍可见一斑。而维新变法的戊戌六君子中有杨锐、刘光第二人为四川人，且均出自张之洞创办的四川尊经书院。该书院后与四川中西学堂、锦江书院合并为四川省城高等学堂（今四川大学）。后朱德于光绪三十三年（公元1907年）考入四川省城高等学堂体育科甲班，并于次年毕业。晚清时期四川各界均十分重视新式教育，各级政府、士绅、教会均大力兴办教育，四川小学数量名列全国之冠，中学、高等教育、职业教育和成人教育等新式学校数量和在校人数也走在全国前列。在此良好教育氛围和生源基础上，英美基督教会于宣统二年（公元1910年）在成都创办了华西协和大学。四川在晚清时的积极变化，尤其是在新式教育方面的重视与努力，奠定了四川在中国近现代民族主义革命中的坚实地位。1911年9月28日，吴玉章等在四川荣县宣布反清独立而成立军政府，迫使清政府调新军入川，为武昌起义创造了有利条件，从而被孙中山盛赞“首义实先天下”。

在推翻清王朝之后，四川人民迎来了思想上的大解放。新文化运动兴起和五四运动爆发之后，马克思主义等人类先进文化传入四川，与中国传统思想交汇碰撞，形成百家争鸣的局面。吴虞用民主和自由平等的思想武器揭露和批判了君主专制制度和封建等级制度，成为“只手打倒孔家店的老英雄”和“中国思想界的清道夫”。而在事关中国革命生死存亡之际，四川是红军长征三大主力经过地域最广、行程最远、时间最久的省区。四渡赤水、巧渡金沙江、彝海结盟、强渡大渡河、飞夺泸定桥等重要事件都发生在四川。而川陕革命根据地，则在此次红军战略大转移中起到了桥梁和连接作用，支持和掩护了红一、二方面军长征和全国革命。据统计，在此期间四川各族人民先后有28.8万人次积极支援前线，10.7万群众踊跃参加红军，7.9万名巴蜀儿女英勇捐躯。

早在民国初年，蒋介石就意识到全国能做革命根据地的除了广东就是四川。而从九·一八事变开始中日矛盾愈发激烈，中日战争无法避免。蒋介石及其智囊意识到要坚持长期抗战，必须有一个战时国家与政府的根据地，因此四川自然成为最理想的地

方。因此，蒋介石在1935年亲率幕僚入川，作《四川应作为民族复兴之根据地》的演讲，并开启了半年之久的西南之行，且于次年将此构想写进中国参谋部拟定的《国防计划大纲草案》。而在1937年全面抗战爆发后，国民政府迁都重庆，四川作为抗日民族复兴基地，成为全国出兵、出力、出钱、出物支援前线最多的省份，并迅速成为全国的政治、经济、文化中心，掀起向近现代社会转型的高潮。而四川人积极乐观的精神，也使得“百菜百味，一菜一格”的现代川菜在这一时期最终融合发展，而火锅也同样兴盛起来并同样成为四川的美食代表。

九、奋进新中国：建设社会主义和走向民族复兴

四川省省会成都于1949年12月27日迎来解放，1950年4月四川全境解放。在新中国成立之后的一系列保家卫国战争中，英雄的四川儿女积极挥洒青春与热血保卫革命果实，并涌现出了黄继光、伍先华、邱少云、柴云振、罗光燮等一大批革命英雄。而在新中国成立后，四川的交通事业开始迎来沧桑巨变。四川自清末开始的铁路梦，终于在1952年成渝铁路建成后得以实现，成渝铁路也是新中国自行修建的第一条铁路。随后宝成铁路、成昆铁路、襄渝铁路相继通车。而到了1959年，四川少数民族地区民主改革全部完成。在1964年5月，三线建设拉开序幕，攀枝花钢铁基地建设作为第一阶段各方面倾注力量最多的一个重点建设项目，是新中国成立后独立自主进行的第一个特大型钢铁建设项目。在三线建设期间，四川总投资规模达393亿元，新建、扩建、内迁了以重工业为主的项目250多个，加上地方工业的发展，初步建立起了一个现代化的、新兴的工业基地和完善的国防科技工业体系，成为我国战略发展后方基地的主要组成部分。

1978年以来，四川作为中国农村改革的重要发源地，素有敢为人先、勇于创新的文化传统。四川于1977年年底在广汉金鱼公社率先进行“包产到组”生产责任制试点，并于1980年在广汉向阳首摘“人民公社”牌子。在农业加速发展和城乡融合的过程中，1986年在成都郫县（今郫都区）友爱镇农科村诞生了中国第一家农家乐，从而开启了中国农村发展和旅游发展的新模式。而在企业经济改革方面，四川在1981年1月即启动国有企业股份制试点，而在1993年3月10日则成立了全国首批省级个体、私营经济试验区。而到了1995年，四川建成川东气田并成为我国陆上最大的天然气基地，同年成渝高速公路全线通车。

进入21世纪以来，四川更是进入了走向民族伟大复兴的快车道。四川科教实力雄厚，是国家系统推进全面创新改革试验的八个区域之一，有各级各类学校2.5万所；产业体系完备，是全国三大动力设备制造基地和四大电子信息产业基地之一，核电装备、重型燃气轮机、工业级无人机等产品研制跻身全国乃至世界前列；交通设施便利，成都已成为中国内地第三个拥有双国际枢纽机场的城市，高铁正在向各个出川通道加快建设，“四向八廊”战略性综合交通走廊正在逐步形成；与此同时，覆盖城乡居民的社会保障体系已基本建成，学前教育三年毛入园率超过90%，义务教育基本均衡发展，实现县（市、区）全覆盖，法治四川、平安四川建设扎实推进，社会治理能力不断提高。

第二节　四川的建制沿革

一、先秦时期

先秦时期，巴国、蜀国是西南地区的泱泱大国，据有较为广阔的疆土。

《华阳国志·巴志》记述巴地的范围是：东起今重庆奉节，西至今四川宜宾，北接今陕西汉中，南达今渝东南、黔东北以及湘西部分地区。这其实是将巴国在不同时期所占有的土地与巴地的范围合在一起加以总述的。按照巴国历史的发展，巴国疆域的历史性变迁大体上可以归纳为：商周时代，据有汉中东部；春秋时代，向大巴山东缘发展；春秋末期，举国南迁至长江干流鄂西、渝东之间；春秋战国之际，渐次进入长江、嘉陵江、渠江、乌江之间的渝东地区和四川盆地东部，并兼有与鄂、湘、黔相邻之地。

《华阳国志·蜀志》对于蜀国疆土的记载是：西周到春秋时期，蜀国北达今陕西汉中，南抵今四川青神，西到今四川芦山、天全，东至嘉陵江，而以岷山和南中（今凉山州、宜宾以及云南、贵州）为附庸。到战国时代，蜀王国"东接于巴，南接于越，北与秦分，西奄峨嶓"，成为中国西南首屈一指的泱泱大国。

二、秦汉魏晋南北朝时期

公元前316年，秦并巴蜀后，将巴、蜀分别置为巴郡和蜀郡，不久分巴、蜀置汉中郡，在巴、蜀、汉中三郡之下，共置41县（此据《汉书·高帝纪》，据《华阳国志》则为31县）。

汉高祖六年（公元前201年）分蜀郡东部置广汉郡。汉武帝建元六年（公元前135年）分蜀郡、巴郡及夜郎地区置犍为郡。两汉之际，原巴蜀境内共置有巴、蜀、汉中、广汉、犍为、越巂六个郡，除汉中郡在今陕西省，以及广汉郡、犍为郡和越巂郡中有八县分属甘肃、云南、贵州等省外，其余五郡全部在今四川省和重庆市境内，再加上属于南郡的巫县，总计有59个县。至东汉中晚期，由于政区的一些变化，中央政府在上述五郡内共置62个县，加上南郡之巫县，总计63个县。汉武帝元封五年（公元前106年）分全国为十三州部，巴蜀地区属于益州。

曹魏景元四年（公元263年）分益州的巴汉七郡置梁州。西晋武帝泰始七年（公元271年），分南中四郡置宁州，宁州不在今四川境内。成汉割据巴蜀时期，置司隶、益、梁、荆、宁、交、安、汉八州，至东晋稍有变化。公元420—553年，益州属于南朝，先后历刘宋、南齐、南梁三个朝代。公元553—557年，益州为西魏攻占。公元557年，北周取代西魏，益州转入北周。

三、隋唐宋时期

公元581年，杨坚建立隋朝，益州成为隋朝疆土。隋朝在巴蜀地区共置40州，辖170县，又在益州、遂州（今四川遂宁）、泸州（今四川泸州）、利州（今四川广元）、信州（今重庆奉节）、会州（今四川茂县）等冲要之地设置总管府。隋大业三年（公元607年），隋朝改州为郡，罢置各总管府，以郡统县，地方行政制度改为郡、县两级。在巴蜀地区，亦将旧有州、县合并，设为24郡，辖174县。

唐太宗贞观元年（公元627年），唐分全国为10道，巴蜀地区分属剑南道、山南道和江南道。剑南道包括剑门关以南、嘉陵江中下游以西的地区，山南道包括嘉陵江以东、长江以北的地区，江南道包括山南道以南的地区。剑南道领24州，山南道领16州，江南道在四川境内领黔、南两州。唐玄宗开元二十五年（公元737年），唐调整全国为15道。剑南道所辖区域未变，领州增为33个；山南道分为山南东道和山南西道，山南西道领嘉陵江以东的四川东部诸州，山南东道领长江一带的涪、忠、万、夔四州；江南道则归黔中道，在川境领黔、南、溱三州。唐肃宗至德二年（公元757年），唐又分剑南道为剑南东道和剑南西道。唐代宗广德二年（公元764年），将此两道合为一道。大历元年（公元766年），唐分剑南道为东、西两川，成为剑南东川节度使和剑南西川节度使两个节度使辖区。这样，剑南东川节度使领12州，剑南西川节度使领25州，山南西道领10州，山南东道领4州，黔中道领3州。其中以剑南东川、剑南西川和山南西道最为紧要，号为“剑南三川”。

唐朝在归附的少数民族聚居地设置羁縻州县，进行间接统治，以少数民族首领为刺史或县令，分属设在边州的各都督府。自唐太宗时，唐朝以都督府统领羁縻州县的制度便成为定制。在四川境内各个边州，置有松州都督府、茂州都督府、雅州都督府、黎州都督府、嶲州都督府、戎州都督府、泸州都督府、黔州都督府等，统督各个少数民族。

北宋平蜀后，按宋王朝的路、州（府、军、监）、县（监）三级地方行政制度对巴蜀地区进行统治。宋真宗咸平四年（公元1001年），宋改川峡路为益州路（后改为成都府路）、梓州路（后改为潼川府路）、利州路、夔州路、合称“川峡四路”，基本未再改动。川峡四路，就是后来“四川”名称的由来。川峡四路还辖有陕西、甘肃、湖北和贵州的部分地区，按照《宋史·地理志》的记述，南宋川峡四路在今四川地区设州49个，县117个，羁縻州214个。

四、元明清时期

元朝分全国为11个行省，四川行省是其中之一。1286年，元朝设置四川等处行中书省，治所成都。行省制之下，政区分别为路、府、州、县。四川等处行中书省设九路。元朝在今四川辖境内还设置了四川行省南道宣慰司管辖的宣抚司、安抚司、招讨司、长官司等。在沿边少数民族地区，设置蛮夷宣慰司，下辖宣抚司；宣抚司下设长官司，下辖千户、百户，任命当地少数民族首领为土官。

明王朝建立后，为在政治上强化中央集权体制，于洪武九年（公元1376年）六月废除元代和明初设置的作为地方最高行政机关的行中书省，改置承宣布政使司，执掌民事，又置都指挥使司统率卫所，置提刑按察使司主管刑狱。地方行政机关的分权性结构，避免了因地方权力过于集中而形成的对中央集权的干扰，但同时也限制了地方行政机关对突发事件的处理能力。

明代四川行政机构，有府（省以下的第二级行政机构）13个，直隶州（与府同级）6个，府辖州16个，县111个，宣抚司一个，安抚司一个，长官司16个。军事机构，都司以下，省卫七个，招讨司一个，宣慰司两个，安抚司五个，长官司22个。

清代四川行政制度，省之下有道，道之下有府（直隶州、直隶厅），府之下有县（散州、散厅）。据嘉庆《四川通志》的记载，四川省有府12个，直隶州8个，直隶厅6个，属州11个，厅四个，县111个。

五、民国时期

1911年11月22日，同盟会在重庆建立蜀军政府。同年11月27日，成都成立大汉四川军政府，标志着清王朝在四川的政权最后瓦解。1912年3月11日，成渝两地军政府合并组成统一的四川省政权——中华民国四川都督府。

民国初年，四川行政区划分为省、道、县三级制，后又裁废道制，以府、州、厅直隶省政府。1919年4月，“防区制”形成，四川境内各派军阀划区割据，各个防区就是一个独立王国，全省军令政令并不统一。1927年成立四川省政府，但号令不行，各防区的军阀仍各自为政。1928年，新置成都市。1929年，置重庆市。

1935年9月1日，四川省政府正式在成都市督院街本部办公。1935年6月，中华民国国民政府在四川正式实施行政督察区制，将全省划分为18个行政督察区（另设西康行政督察区），每区设置专员公署作为省政府的派出单位，分辖各县，以控制地方力量。自此，近20年的四川防区制宣告结束，四川全省行政得到统一。

1937年11月，中华民国国民政府宣布迁都，将部分中央部门迁至重庆。1938年10月，国民党将中华民国国民政府直属部门全部迁至重庆。1939年11月20日，改重庆市为行政院直辖市。1940年9月，中华民国国民政府正式颁布文告，将重庆定为“陪都”。

1939年1月1日，中华民国国民政府将原西康行政督察区和四川省第十七、十八行政区合并，正式建置西康省，驻地康定县（今康定市）。

1949年8月18日，国民党宣布重庆为“新行都”。同月24日，蒋介石飞抵重庆，亲自部署西南作战。29日，蒋介石主持召开最高军事会议，提出“固守四川，确保大西南”的作战方针。10月中旬，广州解放，中华民国国民政府正式在重庆办公。

六、新中国时期

1949年11月30日，重庆宣告解放，并于12月11日成立重庆市人民政府，市长陈锡联。1949年12月27日，南北两线人民解放军会师成都，四川省省会成都解放。1949年12月30日，成都举行解放军入城仪式，贺龙、李井泉、周士第等率人民解放军第十八兵团进入成都。1949年12月31日，“中国人民解放军成都市军事管制委员会”成立，国民党四川省政府对四川的统治宣告结束。到1950年4月7日，四川全省解放。

1950年1月，中央撤销四川省，并将今四川地区划分为川西行署区、川东行署区、川北行署区、川南行署区和西康省。1952年9月，又撤销川东、川西、川南、川北行署区，恢复四川省建制，在成都成立四川省人民政府；重庆仍为西南军政委员会直辖市，市人民政府为省级政权机构。1954年6月西南大区撤销。1954年7月1日，重庆市正式并入四川省。1955 年 1 月四川省人民委员会成立。1955 年 10 月 1 日，西康省所属西昌、雅安专区和甘孜州、凉山州划归四川省。1965 年 2 月 5 日，中共中央、国务院决定成立攀枝花特区人民委员会，实行政企合一；同年 4 月 22 日设立渡口市，攀枝花特区对外改称渡口市。

1979 年 12 月 15 日，经中央批准，四川省人民政府成立。1996 年，四川省有省辖市 14 个，地区 6 个，民族自治州 3 个，县级行政区 221 个（其中民族自治县 8 个），面积 57 万平方千米。

1997 年，原四川省的重庆市、涪陵市（今涪陵区）、万县市（今万州区）、黔江地区从四川省整体划出组建重庆直辖市。至此川渝分治，形成今四川省行政区域。

2014 年 10 月，国务院批复四川天府新区成为国家级新区。2016 年 4 月，国务院批复《成渝城市群发展规划》，将成都定位为国家中心城市。2017 年 3 月，国务院批复成立中国（四川）自由贸易试验区。2019 年 10 月，四川入选国家数字经济创新发展试验区。

第三节　四川对人类文明的贡献

作为我国人类起源地之一，长江上游文明发祥地和华夏民族中的一支古老民族的四川人民，在历史长河中为人类文明作出了重要贡献。在这些贡献中，有的走在世界的前列，有的在我国占据领先地位。

一、科学技术与经贸

四川先民在千百年的生产活动中的发明创造，不仅在当时中国乃至全世界都处于领先地位，有的至今还发挥着重要的作用。

（一）水利

成都平原是一个由西北向东南倾斜的扇形冲积平原。来自川西北高原的岷江，虽然带来了农作物生长所需的水分与营养，但是可能在夏秋山洪暴发之际吞噬人民辛勤劳动的果实。沿岷江一路走来的古蜀文明，因水利而走向农业文明，又依赖水利而发展和繁荣。成都平原从大禹、鳖灵到李冰的三次治水重大创新，最终形成了举世无双的都江堰水利工程。其设计巧夺天工，具有灌溉、防洪、排沙、通航的功能，“深淘滩，低作堰”的岁修六字诀也被历代人民所遵循。经历代开拓，如今的都江堰水利工程农田灌溉面积已达1 130万余亩（1 亩≈667 平方米）。迄今为止，仍然继续使用的都江堰水利工程，还是世界上无与伦比的最古老、最先进、最科学、最生态和谐的，堪称世界水利史上光辉灿烂的明珠。

（二）冶金

四川自古出产铜矿，目前已见到四川地区最早的青铜器是三星堆两个祭祀坑中出土的距今 4 000 年前的古蜀王国青铜器，总重量达 1 吨。在三星堆遗址挖掘中，还可见到铜熔渣、泥芯、坩埚以及大量的竹木灰烬，可以肯定当年在此地有大型制铜工场，由此可见当时的古蜀人已掌握了完整的青铜制品生产技艺。

四川还产金矿。且在《禹贡》中天下贡金者只有梁州（即四川盆地）。全国商代遗址中发现的黄金制品并不多，而三星堆金杖、金面罩、金章、金虎、金箔鱼形饰、金箔叶形饰等，是我国已发现的时间最早、数量最多、工艺水平最高的一批黄金器。其中一根工艺精美的木芯金皮权杖长 142 厘米，直径 2.3 厘米，金皮重约 500 克，是我国迄今为止发现的唯一一根金权杖，也是全世界已知最长的金权杖。因此可推测当时的古蜀人已有较高的黄金加工水平。

到了秦汉时期，四川还是全国的重要铁器生产中心。卓文君之父卓王孙，即为蜀郡临邛的冶铁大亨，仅家童就有 800 名。由此可见当时临邛冶铁之盛。今在属于秦汉临邛的蒲江县，已发现秦汉冶铁遗址达 57 处之多。今已出土且有准确纪年的钢制品中，最早为徐州铜山区汉墓钢剑，而到了后世，《诸葛亮别传》中对蜀地的蒲元神刀制作技术和削铁如水之神技，进行了详细的记述。

（三）钻井、井盐、石油和天然气

秦孝文王以李冰为蜀郡太守治水，“冰能知天文地理……又识察水脉，穿广都盐井”（《华阳国志·蜀志》）。由此，李冰在成都平原开出了中国乃至全世界第一口盐井。据考证，李冰所凿盐井的位置，很可能在今仁寿县东北的高家场，此地直到南北朝时期仍以产盐著称。而蜀地井盐之所以发现和发展，与蜀地当时穿凿技术高度发达有关。古蜀人早在鳖灵时期已能凿开玉垒山为宝瓶口，而至秦孝文王时更已制造出先进铁器。加之巴蜀人杰地灵，率先开发利用盐井也就不足为奇。

东汉以后，四川盐井逐渐向深度发展，晋永康元年（公元 300 年）已经凿到 30 丈（古时 1 丈约为今 3.33 米）深，唐时陵井深 80 丈。到北宋庆历、皇祐年间，四川人民在前代凿井工艺基础上，改变锸锹挖掘盐井的方式，创造出用杠杆原理，采用机械冲击的凿井方法。这是世界上最早发明的机械钻井技术，是启迪人类开发地下资源的技术变革，对后来石油和天然气的开采具有重要意义。清代道光年间在自贡凿成的世界上第一口超过千米的盐井——燊海井，开采时间长达 200 余年，则是我国古代深井开凿技术的巨大成就和对人类文明及科技进步作出的重要贡献。

与此同时，井盐还促成了四川地区在汉代就开始综合应用石油和天然气。四川人民广泛采用竹管输气，且长期作为煮盐的燃料，比西方利用天然气做燃料要早 1 800 年以上。而最早将石油从井中取出加以利用的事例记载，也出现在蜀地。《太平寰宇记》记载临邛火井时曰：“火井有水，郡人以竹筒盛之，将以照路。盖似今人秉烛，即水中自有焰耳。”

（四）造纸和印刷术

造纸术发明于汉而盛于唐。四川从唐代起就是造纸中心，也是中国第一个造纸中心。唐代四川主要利用麻、树皮为原料造纸，谓曰麻纸、皮纸。在造纸技术蓬勃发展之时，唐代大才女薛涛也加入造纸的创新行列，将大而携带不便的十色彩笺改造为松花笺及涂红小彩笺，雅致精美，故当时文人墨客竞相追捧，呈现出“也知价重连城璧，一纸万金犹不惜”（唐·韦庄《乞彩笺歌》）之盛况。其所制笺纸人称“薛涛笺”。“薛涛笺”自出现后流传千年，一直是精致笺纸的代名词。宋人石介诗曰：“名得只从嘉郡树，样传仍自薛涛时。”明代何宇度在《益部谈资》中评道：“蜀笺本已有名，至唐而后盛，至薛涛而后精。”相传薛涛笺用浣花溪水，制作于百花潭。今百花潭作坊遗址已不存，而望江楼公园内的薛涛井，是明代蜀藩仿制薛涛笺之处。

到宋代，四川已生产出了衍波笺和鱼子笺两种水纹纸，迎光时可见到帘纹以外发亮的线纹和图案。初期是为增加美感，后却因防伪效果好而成为纸币交子的专用纸，从而开启了当今世界上货币用水纹纸的先河。与此同时，在北宋时绵州（今绵阳）苏易简所写的《文房四谱·纸谱》，成为全世界第一本论述造纸的专著。明代以后，四川所产的薛涛笺仍享誉全国，而乐山市夹江县所产竹纸“夹宣”也被张大千、徐悲鸿等国画大师长期使用。

在造纸业鼎盛的同时，四川印刷业也有了较大的发展。在敦煌发现的唐中和二年（公元 992 年）的历书残页有通栏大字“剑南西川成都府樊家历”，为我国已知较早的印刷品实物。而现存五松阁仿宋眉山刻本《东都事略》目录之后的版权声明为现存世界上最早声明不准翻刻的文字：“眉山舍人宅刊行，已申上司，不许复版。”可见宋代四川已有专门的“上司”管理登记雕版，以防他人翻刻，此举开启了印刷版权保护之先河。

（五）医药

四川有着丰富的药物资源，《山海经》记载“百药爰在”。而据 1985 年以前所做调查，四川中药材品种为 4 310 种，占全国总品种的 75%，川贝、川乌、川连、蜀椒等川字头药名更是成为中药材通用名称。在药物学上，宋代四川人唐慎微所著《证类本草》问世后，历朝重新刊印的版本达 50 种以上，几乎取代了其他各家本草，处于独尊地位，很快流行到四川以外地区，甚至朝鲜、日本等地。而明代李时珍的《本草纲目》，正是以《证类本草》为蓝本编著的。《证类本草》堪称世界上较为完备的早期药用植物志。

在经脉和针灸学方面。东汉初年涪翁，因常钓于涪水（今涪江）而得号，其所著《针经》《诊脉法》是中国最早的针灸学和脉学专著之一。涪翁传程高，程高传广汉人郭玉。郭玉在汉和帝时入京任太医丞。在《后汉书·方术列传》可见郭玉两则事迹。一是汉和帝令嬖臣中手腕漂亮者与女子杂处与帷中，而郭玉号脉之后答道：“左阳右阴，脉有男女，状若异人。臣疑其故。”帝叹息称善。而成都天回镇老官山汉墓中出土的一件经穴漆人，现存于成都市博物馆，被学界一致认为是迄今为止我国发现的最完整的经穴漆人模型，亦可见当时的经脉学、针灸学已经非常发达。

在外科方面，我国最早使用膏药治疗外伤的记载见诸《后汉书·方术列传》。即东汉新都人段翳以“合膏药”为人治疗头部外伤，“创者即愈”。在预防医学方面，北宋时期，四川发明了全世界最早的用种痘来预防天花的方法。相关记载可见清代吴谦《医宗金鉴·幼科种痘心法要旨》：“宋真宗时，峨眉山有神人出，为丞相王旦之子种痘而愈，逐传于世。”而全世界已知的最早牙刷实物，也见于成都指挥街唐代灰坑所发现的牙刷四柄，早于西方 1 000 年。牙刷一词最早见于元代郭玉《静思集》：“南州牙刷寄来日，去腻涤烦一金值。”而到了明代，梅毒自印度传入我国。时有泸州名医韩懋著有我国第一部治疗梅毒的专著《杨梅疮论治方》。韩懋另于嘉靖元年（公元 1532 年）著成《韩氏医通》二卷传世。

在妇产科学上四川人的功绩尤为显著。唐末成都医者昝殷所著《产宝》，含妊娠病 12 论、难产 4 论、产后病 25 论，因被后世认为“医效灵验”而又被称为《经效产宝》，为我国现存最早的妇产科专著，且还流传到日本。而宋代青神人杨子健所著《十产论》，将妇女分娩分为正产、伤产、催产、冻产、热产、横产、倒产、偏产、碍产、坐产、盘肠产等问题进行研究，解决了异常胎位转位术，建立起我国古代中医产科学的大厦。杨子健的转胎手法领先西欧500年，是宋代四川医学发展走在世界前列的标志之一。

（六）天文历法

在天文历学上，汉武帝时，阆中落下闳制定的《太初历》，是我国历法史上第一部较系统、成体系的历法。他造浑天仪考历度，造天球仪，标上星象位置，首次采用连分数推算历法，比西欧早1 600余年。宋代四川张思训又对浑天仪的动力进行了改进，用水银代替水作运转动力，解决了“寒暑无准”的难题，保证了浑天仪四季都能正常运行，为报时、定季节、制历法的准确性提供了科学保证。宋代是我国古代天文学大发展时期，公元1010年—1106年约百年间，我国进行了五次大规模的恒星位置观测工作。其中第四次观察结果被四川学者黄裳在公元1190年制成《天文图》《太极图》等，后由王致远将《天文图》摹刻在苏州文庙石碑上，成为闻名世界的苏州石刻《天文图》。《天文图》共有1 430颗星。全图以北极为中心，绘有三个同心圆，分别代表北极、南极恒隐圈和赤道，28条辐射线表示二十八宿距度，还有黄道和银河，受到当今世界科学家的高度评价和重视，已被译成英、法、德、俄、日等多国文字。

（七）数学

在数学史上，南宋四川人秦九韶所著《数书九章》中的“大衍求一术”，即一次同余式。西方数学史著作中，把这一解法称为“中国剩余定理”。500年以后西欧数学家欧拉和高斯才对一般的一次同余组求解问题进行了详细研究，得到了与“大衍求一术”相同的结果。秦九韶在数学上的成就远远走在当时世界的前列，是最伟大的数学家之一。

（八）蜀锦蜀绣

1. 蜀锦

四川古称“蜀”“蜀国”“蚕丛之国”，这里桑蚕丝绸业起源最早，是中国丝绸文化的发祥地之一。蜀锦兴于春秋战国而盛于汉唐，因产于蜀地而得名，在传统丝织工艺锦缎的生产中，历史悠久，影响深远。成都的蜀锦与南京的云锦、苏州的宋锦、广西的壮锦一起，并称为中国的四大名锦。蜀锦历史悠久，秦汉末年已有大量生产，早期以多重经丝起花（经锦）为主。汉代国宝级文物“五星出东方利中国”见证了蜀锦的历史，也体现了蜀锦的地位。2012年在成都老官山汉墓出土的4部蜀锦提花织机模型，是前所未见的蜀锦提花机模型，也是迄今我国发现的有出土单位的完整的西汉时期织机模型，对研究中国乃至世界丝绸纺织技术的起源和发展具有重大意义，也是迄今为止世界上最早的提花机模型。

三国时期，蜀锦既是重要商品，更是蜀汉政权军费物资的重要来源之一。《太平御览》引《诸葛亮集》：“今民贫国虚，决敌之资唯仰锦耳”。唐代蜀锦技术有很大发展，远销到日本、波斯。唐代蜀锦保存到现代的有团花纹锦、赤狮凤纹蜀江锦等多种，其图案有团花、龟甲、格子、莲花、对禽、对兽、斗羊、翔凤、游鳞等。宋代蜀锦技术则更为高超，工匠们在织布机上可织出完整的仿王羲之笔意的《兰亭序》，而据“桃花流水窅然去，别有天地非人间”诗意所设计的“落花流水锦”更是流行至近代。蜀锦在元明时衰落，后清代得到恢复，并受到江南织锦很大影响，产生了月华锦、雨丝锦、方方锦、浣花锦等品种。

2. 蜀绣

蜀绣又名“川绣”，是指在丝绸或其他织物上采用蚕丝线绣出花纹图案的中国传统工艺，主要指以四川成都为中心的川西平原一带的刺绣。蜀绣与蜀锦并称为“蜀中瑰宝”，是与苏绣、湘绣、粤绣齐名的四大名绣之一，也是中国刺绣传承时间最长的绣品之一。它是我国优秀传统文化的重要组成部分，精美的蜀绣在海外有“东方艺术明珠”之美誉。关于蜀绣最早的记载见于西汉扬雄的《蜀都赋》：“丽靡螭烛，若挥锦布绣，望芒兮无幅。”由此可见，当时的蜀绣应该是发展到了相当高的水平，其色彩鲜艳夺目，给人以强烈的视觉感受。据《后汉书》记载，到西汉末年，蜀地已是“女工之业，覆衣天下”。宋代绍熙年间（公元 1191—1194 年）的《双冠图》是现存最早的蜀绣，虽历时近千年，却依然栩栩如生，展现了宋代蜀绣“画绣”的特点。

（九）贸易与货币

在对外贸易史上，历史上四川的对外贸易十分发达。北方丝绸之路的大宗丝绸主要出自四川，而以成都为起点，经云南至南亚、东南亚、中亚、西亚和欧洲的南方丝绸之路，则是古代中国最重要的国际交通线之一，它与从四川经贵州、两广至南海的贸易线路一道，构成南中国的对外贸易网络，对繁荣中国的经济文化有着重要作用。历史上四川人民以大无畏的气概和惊人的毅力，突破了高山环绕的半封闭地理状态，变地理劣势为外贸优势，如此历史经验实在应该总结和记取。

在货币发展史上，由于宋代四川经济贸易发展，于公元 10 世纪末，产生了世界上最早的纸币——交子，它比西方真正带有现代钞票性质的纸币早了 500 多年。北宋天圣元年（公元 1023 年），宋置益州交子务，是世界上第一所国有的纸币制作和管理机构。《宋朝事实》记载：“川界用铁钱，小钱每十贯重六十五斤，折大钱一贯重十二斤，街市买卖至三五贯文，即难以携持。自来交子之法，久为民便。今街市并无交子行用。若是交子之法归于官中，臣等相度欲于益州就系官廨宇，保差京朝官另置一务。”用纸币代替金属铸币，节省了制币和流通费用，方便了经贸交流，是货币发展史上的重要里程碑，对推动社会经济交流和发展具有极其重大的意义。

交子产生于四川的主要原因有：①经济基础。宋代成都社会稳定、物产丰富、商品经济发展迅速，当地流通铁钱无法满足商品经济发展需要。②基本保障。宋代蜀商发展快速，实力雄厚且拥有极高的信誉度。③客观条件。发达的造纸业和雕版印刷术。

二、文化艺术

社会文化活动的产生、发展与兴衰，以教育活动为基础，以学术和艺术为集中反映。四川地处西南，有着自己的地方特色，同时也为中华文化和人类文明发展贡献了自身的重要文化力量。

（一）教育

有史可考的四川教育，始于汉代文翁在四川建立官学。文翁在成都办的是郡学，各州县办的是县学，由此在四川建立了一个以郡学为中心的教育体系。成都郡学以石室为藏书，故称为“石室”或“石室讲堂”，并延续千年至今，位于今文庙前街石室中学内。在文翁带动下，西汉后期私人讲学授徒蔚然成风。如蜀郡郫县人严君平讲学，培养了扬雄；蜀汉时西充人谯周终身讲学，培养了包括《三国志》作者陈寿在内的一大批人才。到了南宋时期，成都府学学生已达800余人，有校舍585间，被称为“举天下郡国所无有”（《宋代蜀文辑存》卷六七《重修创府学记》），且在少数民族地区的威州（今理县）、茂州（今汶川）也建有官学。四川到了明代有书院99所，而到清代发展到了394所。而到了晚清时，随着西学东渐，光绪十八年（公元1892年）在重庆首先创立洋务学堂，至清末时四川的学堂数量仅次于直隶而居全国第二，在校教员数和学生数则为全国第一。《四川教育史稿》统计，四川在宣统三年（公元1911年）学校数为11 085所，在校学生320 340人，教员15 380人。

（二）哲学和宗教

从三星堆发达的巫术，到秦人李冰用阴阳五行学说治水，再到整个古蜀历史体系中无处不在的方术神仙家言，以及大方术家苌弘、仙人王乔和彭祖等，可清楚地看到蜀地巫术、方术、神仙之术从先秦到汉晋连续发展的历史痕迹。唐代大诗人李白也认为自己有仙气，“志尚道术，谓神仙可致”（刘全白《唐故翰林学士李君碣志》）。

古蜀是深受道家思想影响的区域，早在战国时就受道家哲学思想影响较大。到了汉代，巴蜀学者吸收儒家、道家、阴阳家的学说，对我国早期哲学思想的发展影响很大。西汉初年扬雄《蜀王本纪》记载：“老子为关令尹喜著《道德经》，临别曰：‘子行道千日后，于成都青羊肆寻吾。’今为青羊观是也。”青羊观即今日成都青羊宫。西汉初年蜀郡郫县人严君平，名遵，本姓庄，后因避讳汉明帝刘庄而改庄为严，故后世称为严君平，著有被誉为“道书之宗”的《老子指归》四十卷10万余言，且仍传于世。《老子指归》释意方法有别于训诂式的考据，既严格遵守《老子》要旨，又援引《庄子》《周易》的语言与思想，提出了一套经世治国之道、君人南面之术，并形成了自身的哲学思想体系。今成都市君平街，即因纪念严君平而命名，相传是其当年卜卦之所。也有认为今成都支矶石街西段在清代称为君平胡同，应为严君平住宅及后世所修严真观所在。据《成都城坊古迹考》的考证，今天还保留在成都老街名中的历史人物，以严君平为最早。而在严君平之后的扬雄，其哲学代表作是《太玄》。他认为“玄”是一种超自然、超感觉的变幻莫测的存在，是天道、地道、人道三道的合一，由于“玄”的运动，才产生了自然和社会，因此“玄”既是宇宙的本体，又是万物的原动力。扬雄的哲学思想在中国古代思想史上占有重要地位。而在宗教发展史上，东汉中叶张陵在大邑鹤鸣山传道，创立道教，后流传全国成为中国本土发展起来的宗教，而与佛教并列为我国影响最大的两大宗教，成为我国儒、释、道三家鼎立的传统文化之一。道教的创立，不仅丰富了我国宗教文化，对我国传统文化的发展也产生了重要作用。

巴蜀哲学发展到宋代形成了新儒学——理学。苏洵、苏轼、苏辙父子所著《苏氏易传》则包含着丰富的哲学思辨。三苏父子的学术思想，是宋代能与程朱理学长期并峙的学术思想，在宋代学术思想乃至中国整个学术思想史上都占有重要地位。张栻和魏了翁都是宋代与朱熹齐名的理学代表人物，对理学发展成为正统思想起了重要作用。

唐宋时期佛教在四川也很盛行，这也体现在石刻艺术上。我国的石刻艺术在唐代以前兴盛于北方，唐代以后，南方的石刻艺术后来居上，其中尤以四川最为发达。在唐代历时 90 年开凿的乐山大佛，是我国最大的坐佛像，也是闻名世界的最大的佛像。始于唐末，历经五代至两宋完成的大足石刻，是同我国云冈石窟、龙门石窟鼎足而立的石刻艺术宝藏，荣获“唐宋石刻艺术博物馆”的美称，被列入世界文化遗产名录。

在明末清初社会的急剧变动中，全国知识界形成了一股批判现实社会的强劲学术思潮，产生了一大批思想家。清初思想家以顾炎武、黄宗羲、王夫之为代表，在四川则有费密和唐甄。费密在哲学上批判宋明理学所谓“存天理，灭人欲”的禁欲主义，反对空谈道德。唐甄是清初激烈批判君主专制的健将，是与黄宗羲齐名的杰出的思想家。他大胆反传统，激烈反专制，所著《潜书》一出，“四方争购之”。梁启超读过《潜书》后，认为此书对封建专制的批判，“皆惊心动魄之言”，给予极高评价。

在鸦片战争后救亡图存、复兴中华的社会思潮下，学术界涌现出一批强调变易哲学的学者，其中最知名的是四川井研人廖平。廖平著有《辟刘篇》和《知圣篇》，其中的托古改制思想被康有为吸取后而作《新学伪经考》《孔子改制考》，将之作为维新变法的理论基础。张之洞称康有为是廖平的嫡传弟子，梁启超是再传弟子。廖平经学二篇对于维新思想体系的建立卓有贡献，并开创了近世古史辨伪的先河。而邹容的《革命军》，为中国第一部宣传民族民主共和国思想的名著，并提出“定名中华共和国”，对辛亥革命推翻我国最后一个封建王朝起到了积极作用。

（三）文学

在文学上，西汉最著名的辞赋家中，蜀中就有司马相如、王褒、扬雄、严君平 4 人，在全国独占鳌头。唐诗是我国文学史上诗歌发展的高峰，蜀中诗人和寓居巴蜀的诗人对唐诗的兴起起了重要作用。李白被称为“诗仙”，杜甫被称为“诗圣”。其他的如蜀人陈子昂和先后到达四川的王勃、卢照邻、岑参、白居易、刘禹锡、李商隐等著名诗人都在蜀中留下了许多脍炙人口的诗篇。

继唐诗兴盛之后，五代时期以写艳情为主的词又开始兴起，时人称“蜀为词乡”，并形成词学发展史上的“花间派”。到北宋中期，苏轼革新词体，从写艳情发展到描写广阔的社会人生，抒发政治抱负。在苏轼的影响下，北宋词坛产生了一大批杰出的词人，使词这种文学体裁在宋代发展繁荣到达顶峰，与唐诗并驾齐驱，从此我国文学史上有了“唐诗宋词”之称。苏轼还继欧阳修之后成为北宋文坛领袖，产生了“苏门四学士”和“苏门六君子”，推动了古文的繁荣，完成了从唐代韩愈开始的古文复兴运动。直到“五四运动”以前，古文一直是我国散文的代表性文体。

明清时期，四川涌现出不少知名的文学家。在诗歌方面，嘉州（今四川乐山）人杨基与祖籍四川的徐贲均为明初“吴中四杰”之一，杨慎的诗更是独树一帜，杨慎的夫人黄峨也是富于才华的诗人。清代四川诗人辈出，最有名的有张问陶、李调元等人。在散文方面，杨慎、唐甄都是出色的散文家，另有彭端淑、彭肇洙、彭遵泗，号称“丹棱三彭”，享誉蜀中。

（四）史学

在史学上，四川甚为发达。以专志、方志而言，西汉有扬雄的《蜀王本纪》《方言》，东汉有李尤的《蜀记》。到蜀汉魏晋时期，巴蜀史学更发展到一个小高潮，涌现出谯周、陈寿、常璩等著名史家。陈寿所著《三国志》与《史记》《汉书》《后汉书》

合为二十四史中的“前四史”。常璩的《华阳国志》，首开撰写地方史志的先河，是研究古代西南地区历史与社会的划时代著作。到宋代，史学更进入繁荣时期，出现了闻名全国的“西蜀史学”。史家辈出，涌现出范祖禹、李焘、李心传等大批著名史家。他们撰写的宋代历史著作，成为研究宋代历史必读的史学名著。宋代以后，研究四川史志的著述更是蓬勃兴起。从汉至今，志类著述超过千种，成为研究四川自然、区域沿革、社会、民族、政治、经济、文化、教育、人物、风俗的最基本资料。

（五）绘画

从绘画方面来看，巴蜀有一个极其辉煌的时代，就是从唐代末期到北宋这一时期。在这段时期，蜀地画家不仅领先于全国画坛，而且还有自己独特的艺术风格和绘画技巧。“蜀自唐二帝西幸，当时随驾以画待诏者皆奇工，故成都诸郡寺宇存诸佛、菩萨、罗汉等像之处，虽天下能号为古迹多者，画无此地所有矣，后历二伪（前、后蜀）至国初，其渊源未甚远，故称绘事之精者，犹斑斑可见”（载《全蜀艺文志》）。唐代巴蜀经济发达，“扬一益二”，社会安定，不少中原人士为避中原之战乱纷纷来到蜀地。而唐玄宗、唐僖宗二位皇帝入蜀，又带来了一批宫廷的名家巧匠。加上其他入蜀之人，中唐之后蜀地聚集了一批高水平的画家，他们不仅带来了新的画风、技巧和经验，还带来了若干重要的图书名画，使得蜀人眼界更为开阔。这些画家到达蜀中，对蜀中画坛起到了极大的推动作用，使得外地技艺与蜀中技艺交流融合，成果累累。西蜀画派众多的画家和作品，大致可分为宗教绘画和非宗教绘画。

唐代时期，佛教、道教兴盛。绘制佛教道教寺庙宫观壁画，成为唐代很多画家大显身手的场所。《宣和画谱·宋永锡传》载“西蜀丹青之学尤盛，而工人物道释者为多”。唐代的成都大圣慈寺的壁画更是天下闻名。范成大曾在《成都古寺名笔记》中写道“成都画多名笔，散在诸寺观，而见于大圣慈寺者为多，今犹具在”。大圣慈寺的庞大壁画群是我国历史上有确切记载的最大的壁画群，其规模可以与举世闻名的敦煌莫高窟壁画相媲美。据范成大记载，当时参加大圣慈寺壁画创作的著名画家有赵公祐、范琼、张南本、李升、常粲等。

西蜀画派对后世影响最大的还是非宗教画派，其按照内容可分为人物、山水、花鸟三个方面。人物画自魏晋以来都是中国画的主流。唐僖宗离开蜀地返回长安，由著名画师常重胤主笔皇帝“御容”写真，被人称赞为“僧繇（南朝梁代画家张僧繇）之后身”。另外一位成都画家李文才，“工画人物，善写真，罕及”，被誉为盛唐另一位杰出画家“周昉之亚也”。山水画从唐代开始繁荣，吴道子将山水画推至最高峰。李思训创青绿山水，领一代之风，被称为“李将军”。蜀地最杰出的山水画家李升，“年才弱冠，志攻山水，天纵生知，不从师学。……意写蜀境山川平远，心思造化，意出先贤。数年之中，创成一家之能，俱尽山水之妙。……蜀人皆呼升为‘小李将军’”（载于《蜀中名画录》）。

西蜀画派成就最高是花鸟画。土生土长的成都画家黄筌“幼有画性，长负奇能”，17 岁被授为翰林，后又被任命为画院主持人。他师法李蹄、孙位，对刁光胤的花鸟画师法尤深，并加增损，创出一种新的风格。其花鸟画重视观察、体会花鸟的形态习性，所画多为珍禽瑞鸟，奇花异石，画风工整富丽，反映了宫廷的欣赏趣味，被宋人称为“黄家富贵”。其子黄居宝等亦擅花鸟，承其父法。黄氏父子的画风对宋代院体画有极大影响，并成为画院花鸟画创作的标准。北宋时期，除了“院体”花鸟之外，巴蜀地区的其他画家仍然是全国画坛的主要成员，其中对后世影响最大的就是文同与苏轼的文人画（也称士人画）。苏轼与文同的文人画理论与实践在我国文化史上有相当重要的地位，并影响了北宋以来无数文人墨客的书画创作。

晚清以来，传统中国画在视觉观念、题材内容、社会功能与文化观念上，都出现了新的突破，尤以出生于四川内江的张大千为代表人物，今四川省博物院有其专展。张大千出生于光绪二十五年（公元1899年），其游历四方的经历和川人大胆泼辣的性格造就了他“习古而不泥古”的绘画观，以“风气既移，不容不变”的视角审视传统绘画艺术的发展方向。身处变革时代的张大千始终关注色彩与形式的作用，其一生由石涛、八大山人的创新精神而上溯六朝法脉，通过对敦煌壁画切身实地的考察与临摹获得新的体悟，并在此基础上重新回望宋元诸家，最终于海外游历期间融合西法，以泼彩方式将其优势融入传统绘画之中，为中国画理论建构探索了新的道路，为中国传统绘画艺术形式领域的发展打开了新的门径。

（六）戏剧

在戏剧发展史上，四川吸收各省戏曲文化，创造出具有极高艺术魅力、深受群众喜爱的川剧，为我国戏剧增添了一颗明珠。川剧充分体现了中国戏曲与巴蜀文化的融合、发展。川剧中的经典剧目比比皆是，剧本具有较高的价值，文化底蕴深厚，表演真实、贴近生活。经典的川剧绝活在川剧传承者们的演绎下，独放光彩。部分特技如变脸、开慧眼、吐火、托举、滚灯、钻火圈、手影戏、藏刀等，都颇受观众喜爱。

四川灯戏，由川北灯戏、峨眉堂灯戏、夹江麻柳堂灯戏、岳池灯戏、许家湾十二花灯戏等戏剧类型组成。它经历了民间艺人们一代又一代的丰富和完善，结合了他们的智慧与辛劳。作品通俗易懂，表现出劳动人民的思想感情，具有浓郁的乡土风情。

四川皮影戏被称为“最复杂的皮影”。艺术家们精雕细琢，配合自提自唱，呈现给人们更加诙谐的视觉效果。此外，无论是体积较大、可以和人偶同台演出的川北大木偶戏还是小巧伶俐、便于携带的手掌木偶戏，都是木偶戏的一部分。木偶的设计、制作，舞美的布置，以及操纵木偶的演员，三者要融为一体。掌握这门技艺的艺术家们，需要集文学、戏曲、绘画、雕刻、剪纸等多种综合的艺术门类于一身。

射箭提阳戏是傩戏的一种，由木偶、面具、人混合出演，极具地方色彩，呈现原始古朴的戏剧形式，传承着中国文化的渊源历史。

（七）蜀学

自西汉文翁兴学，“蜀学比于齐鲁”，在全国逐渐形成了颇具影响的“蜀学”，在我国人文科学的不少领域中居领先地位，对人类文明作出了重要贡献。“蜀学”是华夏学术的源头之一，带有巴蜀文化兼收并蓄、集杂成醇等鲜明特色。“蜀学”在长期的历史发展中，不仅名家辈出，成果众多，而且与中原学术互补互动，相得益彰。先秦时期形成的“三才皇”“五色帝”观念，汉代形成的“周公礼殿”的庙学合一、画像崇祀等规制，代表了巴蜀地区独特的古史传承体系和丰富的信仰资源。西汉文翁兴办石室学宫，首开汉代郡国之学和以文取士的教育制度和用人制度。文翁石室在所传“五经”之外，率先传授“七经”；五代后蜀石经在唐代“九经”之外，又形成“十三经”结构；晚清廖平在传统《十三经注疏》之外，还倡修《十八经注疏》，都对儒家经典体系的构建产生了助推作用。

自西汉王褒、严遵、扬雄以下形成的“道德仁义礼”核心价值，融合道家思想和儒家精华，实现了形上与形下的结合、理论与实践的统一，较之“仁义礼智信”偏重形下实践的单一结构，更具有开发和引申的空间。

在易学、史学、文学、数术、方技等领域，历代蜀人也贡献多多，成就不凡，有如扬雄、李鼎祚、苏轼、来知德之于易学，陈寿、常璩、范祖禹、李心传、李焘之于史学，司马相如、陈子昂、李白、三苏、杨慎之于文学，落下闳、唐慎微、秦九韶之于科学，皆卓尔不群，垂名古今，历史上因有“易学在蜀”“天数在蜀”“蜀儒文章冠天下”“唐后史学莫隆于蜀”之赞，以及“川药”“蜀医”之称。这些成就，自然与中原学术的输入影响分不开，也与巴蜀地区特有的自然条件和文化氛围的孕育分不开，特别是历代蜀士们善于革故鼎新、异军突起、别开生面的作为不可低估。

有学者认为古代巴蜀学术之树长青、甚至领先全国的制度设施主要有三，文翁石室、周公礼殿和蜀刻石经。当代学人应当继承“蜀学”的优良传统，重教兴文，大度包容，敢为天下先，勇为天下创，重温圣贤教诲，重阐儒家经典，重树巴蜀信仰，重操儒道合治、诸学并举的方法，为重新构建新时代新蜀学的学科体系、学术体系、经典体系、信仰体系和话语体系，实现传统文化的创造性转化和创新性发展，再扬风帆，破浪前行。

三、少数民族

四川各少数民族都有悠久的历史和优秀的民族传统文化，如彝医、藏医、藏画、宗教等科技文化，各类文学作品，各民族的工艺、美术、音乐、舞蹈，以及丰富多彩的民风民俗等，均具有鲜明的地方特色和民族特色，对伟大祖国的历史文化都有自己的贡献，从而大大丰富了中华民族的文化宝藏。

藏族和彝族有自己的表意文字或音节文字。在漫长的历史岁月里，创造了大量优美动人的诗歌、神话、历史传说，以及许多有价值的文学作品和科学典籍。《勒俄特衣》是一部在彝族人民中广为流传的彝文史诗，它以神话的形式，叙述了宇宙起源、祖先迁徙等 12 个故事。这些故事既是独立的又是互相联系的，它磅礴的气势、丰富的想象、生动朴实的语言，反映出彝族人民在艺术创作上的卓越智慧和高超才能。藏族的文学艺术，特色鲜明。《格萨尔王传》《阿叩登巴》脍炙人口。《甘珠尔》《丹珠尔》（大藏经），早已蜚声海内外。

羌族的建筑，以独特而精湛的建筑艺术著称于世。《后汉书》记载的“依山居止，垒石为室，高者至十余丈”的“邛笼”，就是指羌族的碉楼和住屋建筑。著名的都江堰水利工程和岷江上游湍急江河上架设的无数座索桥，都凝结着羌族劳动人民的智慧。苗族的民间工艺美术品，以挑花、刺绣最为出色。苗族妇女从小便学会挑绣的传统技艺，不打样、不画线，信手挑来，便成为各种几何图案或动物花卉等栩栩如生的景物，色彩艳丽，工艺精巧美观，具有独特的民族风格。四川少数民族的这些多种多样的优秀民族文化，丰富和发展了中华民族博大精深的民族文化宝库。

在少数民族古籍的收集、整理和研究方面，1980 年以来，四川先后收集了藏经印版 13 万余块，藏文典籍 1 万余包，“唐卡”画 2 000 多幅以及大量的彝文古籍。目前已整理出藏文古籍15本，其中有2本已正式出版；彝文古籍已整理和即将出版的有6本。编写出版了各自治州、县概况，《羌族简史》和四川少数民族社会历史和民族语言调查资料，编辑出版了《藏汉大词典》和《汉彝词典》。民族研究工作取得了一定成绩，发表的文章中有不少是具有较高学术水平的力作。

四川少数民族的这些多种多样的优秀民族文化，丰富和发展了中华民族博大精深的民族文化宝库。在长期的历史发展进程中，四川少数民族和汉族之间，以及各少数民族相互之间，不仅有着发展经济、文化上的合作与交流，而且共同抵御了外来的侵略。特别是在近现代史上中国共产党领导的中国人民革命运动中，各民族的命运与国家的命运更加紧密不可分地联系在一起。

总体来讲，在四川历史上，物质文明和精神文明领域都取得了辉煌的成就，而且在不少领域还走在我国和世界的前列，为中华文明和世界文明作出了重要贡献。而这些也成为今天四川发展文化旅游产业的重要资源和基础。

[章节小结]

本章重点学习了四川历史发展历程，梳理了四川的行政区沿革；基于四川的历史发展脉络，系统归纳影响四川人文旅游资源的人文环境，从医学、水利、冶炼、造纸、印刷、蜀锦等方面介绍了四川古代科技发展状况及代表成就；从蜀学、文学、史学、戏剧、雕刻等方面介绍四川古代文学艺术发展状况及代表成就；又介绍了四川古代教育、哲学思想、宗教等方面的发展状况。四川悠久的历史、灿烂的文化、多元的民族，均为其文化旅游资源发展提供了良好的基础。

[实践项目]

项目名称：

我的城市我代言：

一句话，一座城；

一段历史，一个故事；

一句诗词，一方情怀。

城市名片已经成为城市发展的一把利器，无论是在招商引资、对外交流、吸引旅游方面，还是在城市发展、未来定位、文化建设等方面都会有巨大的贡献。城市名片可以打开别人了解这座城市的窗口，让人记住这座城市。城市名片从以前的见诸报端，到现在的多元化宣传和发展。我们见证了像上海东方明珠、北京四合院、杭州西湖龙井等人尽皆知的城市名片的成长。

“选择一座城，与她终老”，网络流行这样一句话，就说明选择了一座城市就是选择一种生活方式。每个城市都有自己的特色，如果你觉得自己的城市没有什么特色，那是你没有足够了解她。我们可以从城市建筑、历史文化、特产小吃、旅游胜地、产业发展、科技创新等方面去发现城市特色，发现自己所在的城市与别的城市不同的地方、擅长的地方。以自己城市的特色打造城市名片。

我们想要去概括、提炼一座城，去挖掘能代表她、能体现她精髓的部分，就一定要了解这座城市的历史。从她出生以来都经历了什么，有什么是从来没有中断过的，有什么是为其发展作出了巨大贡献的，那么很可能这就是她的特色之所在。一座有特色的城市一定是座有内涵、有精神的城市。城市名片就是精神、灵魂的寄托。

四川省历史悠久，文化灿烂，历史文化遗存丰富。每一个城市都有自己独特的文化记忆。说到成都，我们会想起“天府之国”的字眼。说到成都，我们会想起赵雷的“让我掉下眼泪的不止昨夜的酒；让我依依不舍的不止你的温柔；余路还要走多久，你攥着我的手；让我感到为难的是挣扎的自由；分别总是在九月，回忆是思念的愁；深秋嫩绿的垂柳亲吻着我额头；在那座阴雨的小城里我从未忘记你”。说到成都，我们会想起“成都，一座来了就不想走的城市”等内容。那么，如何打造一个响当当的城市旅游名片呢？

一、实践目的

1. 使学生对四川某一城市的历史文化有深刻而全面的了解。

2. 使学生对四川某一城市有深刻认知，并能在海量网络信息中搜索、梳理有价值的信息，能将信息进行提炼并深度分析。

3. 使学生能选取地方历史文化、人物故事、诗词文学等内容中最具有代表性的特色，浓缩为城市旅游名片，并制作成H5、短视频或者编一首曲子。

4. 使学生运用新媒体传播手段弘扬一座城市的旅游文化。

二、实验内容

1. 请你在四川18个地市州183个县中任一选取一个地方，对该地方历史文化、人物故事、诗词文学等，讲述一段故事、一个人物、一首诗词、一段特色文化，并将其浓缩为城市旅游名片，制作成文档、短视频或者编唱一首曲子。

2. 运用腾讯会议、EV录屏等软件，结合已完成的城市名片，制作为讲解视频，并通过自己的抖音、快手、B站（哔哩哔哩网站）、微信视频号进行宣传。

三、实验成果

形成四川省“我的城市我代言”四川城市旅游名片系列微视频。

[复习思考]

1. 唐代时期，四川为什么能够做到“扬一益二”？

2. 四川的历史文化成就对如今旅游业的发展有什么价值？

3. 在文旅融合的时代背景下，如何利用好历史文化资源？

第四章 四川地文景观类旅游资源

■学习目标

1. 掌握地文景观类旅游资源的基本概念、特点及类型。
2. 理解地文景观类旅游资源的特征。
3. 熟悉四川地文景观类旅游资源的类型及各类型典型代表。
4. 了解四川地文景观类旅游资源的特色评价。

[导入案例]

九寨沟的童话，你触手可及

2017 年 8 月 8 日，九寨沟县发生 7.0 级地震，享有“人间仙境”美誉的九寨沟景区在地震中受损。经过 4 年恢复重建，九寨沟景区景观品质已全面恢复到震前水平，九寨沟景区于 2021 年 9 月 28 日全域恢复开放。

本次，九寨沟景区“补妆”归来，此前受地震影响严重一直未对外开放的原始森林、天鹅海、熊猫海等景点也将在这次全域开放中重新与大家见面。

“九寨归来不看水!”九寨沟湖泊水体清澈透明，很多游客都很疑惑，为何九寨沟的水能呈现如此梦幻色彩。究其原因，是由于九寨沟喀斯特湖泊水体主要来自大气降水、高山融雪水和地下岩溶水补给，本身含沙量少、洁净度高。加上九寨沟风景区湖岸植被丰富，地表径流较少，水体含沙量低，这使得湖泊水体浑浊度较低而透明度极高。光清澈还不够，九寨沟湖泊中独特的钙华颗粒才是湖泊颜色形成的关键。这些钙华颗粒不仅对可见光中的短波长光具有强烈的选择性反射和散射作用，而且钙华沉积过程对磷酸盐等营养物质具有固定作用，可以吸附湖水中的悬浮杂质，对水体具有净化作用，进一步降低了湖泊浑浊度。因此，钙华颗粒对太阳光的瑞利散射和低浊度相互作用，使得湖水以反射、散射短波长可见光为主，而人眼对可见光中的紫光不敏感，所以我们感知到的湖泊颜色主要呈蓝绿色。

案例思考

1. 请从旅游资源的美学价值角度来评价九寨沟。
2. 在四川境内是否还存在类似九寨沟的景观资源？请尝试总结其共同特点。

第一节　地文景观类旅游资源的概念与价值

一、地文景观类旅游资源的概念

地文景观是地质环境的具体而综合的表现，是具有审美特征和价值的一种地质遗迹，在漫长的地质历史时期内，由于内外力的地质作用，形成、发展并留下下来的珍贵的、不可再生的地质自然遗产。雄踞世界之巅的喜马拉雅山，闻名于世的黄山，秀甲天下的桂林山水，独具风情的张家界，“浓妆淡抹总相宜”的杭州西湖，以及浩浩荡荡、川流不息的黄河、长江等，一切崇山峻岭、湖泊水流、海滩峡谷、瀑布溶洞都是由地球经过40多亿年的历史演变而造就的“杰作”。

在漫长而复杂的地质构造作用、岩浆活动、变质作用和成矿作用下，地球形成了变化独特、奥妙无比、形形色色的岩体。有的岩体不易风化和侵蚀，一直保留着隆起时的平台状；有的岩体极易风化而变成特异的峰林地貌。不同的石质，色彩纹理大不相同，加上花草树木、云霞雨雪、阳光月影的衬托，山体的形态愈加丰富多彩。

本教材结合《国土资源实用词典》的定义将地文景观定义为：地球表面的地质体及其地质环境完美结合而形成的景象独特、极具观赏价值的地质遗迹。它是地质体及其地质现象经过漫长地质年代的自然风化及生物循环作用，而形成的优美可观的综合体。

地文景观包括以下几种类别。

（一）构造行迹地质景观

在漫长的地质历史时期，构造运动的巨大作用力对地球表层产生了深远的影响，并造就了多姿多彩的各类构造地质景观，如飞来峰、构造窗、断层崖、褶皱山、断层谷、断陷盆地等，它们构成地质公园的重要地质遗迹，成为引人关注的地质构造形迹景观旅游资源。

（二）古生物地质景观

古生物地质景观是具有旅游开发价值的古生物与古人类化石及化石的总称。古生物与古人类化石是研究地球生命起源和演化的重要物证，许多造型奇特、外观美丽的化石是旅游者喜爱的对象，众多的地质公园和旅游景点都是由古生物产地建设而成的。如四川自贡（恐龙）、云南禄丰（恐龙）、甘肃刘家峡（恐龙足印）、黑龙江嘉荫（恐龙）、辽宁朝阳（恐龙鸟化石）、河南西峡（恐龙蛋）、北京延庆（硅化木、恐龙足印）、云南澄江（寒武纪生命大爆发）、北京房山（北京猿人）等地质公园都是以古生物或古人类化石为主要地质景观而建立的。

（三）海岸地貌地质景观

海岸地貌是海岸在地质构造运动、海浪潮汐的冲刷堆积，以及生物气候等多种因素共同作用下形成的地貌类型。根据构成海岸的地表形态和组成物质的差异，可以把海岸地貌分成山地海岸、平原海岸、生物海岸三种最基本的类型。重要的海岸地貌地质景观有海蚀崖、海蚀穴、海蚀窗等，如英国杜德尔门象鼻山，它是由波特兰石灰岩构造，经海水长期冲刷侵蚀形成，这里是侏罗纪海岸地貌的一部分，是侏罗纪海岸最上镜的景点。

（四）山岳地质景观

山岳地质景观以自然山体为主要构成景观，通常具有雄、险、秀、幽、奇等美学特征。山岳地质景观除自然美之外，往往还含有丰富的文化遗存，体现出自然和人文的巧妙结合。山岳地质景观是构成我国风景名胜区的主要类型，是游览的主要对象。按构成景观的岩石性质，山岳地质景观可以分为花岗岩型（如黄山、华山）、火山岩型（如雁荡山）、层状硅铝质岩型（如张家界、武夷山）、碳酸盐岩型（如云南石林）、变质岩型（如泰山）等。按旅游功能，山岳地质景观又可以分为风景名山型（如嵩山）、探险型（如珠穆朗玛峰）、消夏避暑型（如河南鸡公山）、登山健身型（如北京香山）等。

二、地文景观的特征

自然地文景观虽然变幻无穷，山山有别，水水不同，充满无穷的魅力，但它们都是地质作用的巧妙变化，存在着一定的规律性。

（一）雄

雄伟特征主要指高大、威武、气势磅礴。高大如泰山，位于华北平原的东缘，东临波澜壮阔的大海，西靠源远流长的黄河，以磅礴之势凌驾于齐鲁丘陵之上，犹如华北平原沃野千里上的一声惊雷，尤显雄壮厚重。旭日东升、晚霞夕照、黄河金带、云海玉盘四大奇观，在重叠的山势、厚重的形体、苍松巨石的烘托下使它在雄浑中兼有秀丽，静穆中透着神奇。雄伟的泰山，以其有容乃大的气魄将自然景观、历史文化、地文景观完美和谐地融合在一起。

（二）奇

奇特特征主要是指景观的形态异乎寻常，变幻莫测，泰山的雄伟、华山的俊俏、衡山的烟云、庐山的飞瀑、峨眉的清凉、雁荡的巧石都是以奇特闻名于世。“天下第一奇山”“魔山”“人间仙境”……自古以来，世人用最美好的词语来赞美黄山的绮丽雄奇与变幻莫测。黄山常年云雾缭绕，晨昏晴雨，瞬息万变，给人以“奇、伟、幻、险”的感觉。名山大川的奇特自古以来就吸引着人们去探索，成为能够承载人们开展山地攀登、探险、考察、野外拓展等特色旅游项目，兼山地观光、休闲、度假、健身、娱乐、教育、运动为一体的综合性旅游资源。

（三）险

险峻特征主要指山势陡峭，孤绝傲立，“无限风光在险峰”，地质内外力的作用下形成的险峻山峰是地文景观的重要组成部分。如西岳华山，天柱般拔起于秦岭诸峰之中，其五峰盛开如花，绚烂绽放中冲破滚滚浓厚的云海。南峰“落雁”、东峰“朝阳”、西峰“莲花”，三峰鼎峙，“势飞白云外影倒黄河里”，人称“天外三峰”。还有云台、玉女二峰相辅于侧，36 小峰罗列于前，虎踞龙盘，四壁陡立，气象森森，奇险万状，显示了地文景观的险峻之美。

（四）秀

秀丽的山水，常是色彩葱绿，生机盎然，形态别致，线条柔美是地文景观另一个重要特征，像黄山的奇秀，庐山的清秀，雁荡山的灵秀，武夷山的神秀都给人一种山清水秀的秀丽之感。清秀如庐山，矗立在阡陌纵横的长江中游，长江穿越大别山和幕阜山夹峙的峡谷后，便进入鄱阳湖盆地，而庐山正好突起在长江中游的南岸和鄱阳湖入江的西北岸。这种江环湖绕的布局，独擅形胜的地理位置，使得庐山水光山色俱佳，岚影波光兼收，构成一幅充满魅力的天然山水画卷。

（五）幽

这一类的地文景观一般以丛山深谷、溶洞悬乳为条件，加上繁茂的乔木灌林，纵横溪流，从而形成明暗交叠、层次分明、深浅各异的美妙现象，给人一种“山重水复、柳暗花明”的幽深感觉。例如九寨沟以原始的生态环境，一尘不染的清新空气和雪山、森林、湖泊组合成神妙、奇幻、幽美的自然风光，被誉为“童话世界”“人间仙境”。

三、地文景观的价值

地文景观作为地球表面覆盖范围最广泛的地质遗迹，是在特定的物质、时空和动力条件下形成的，具有不可替代的天然性，任何经人工雕琢或被人为破坏的地质景观都不能称为地质遗迹多样性。除具有直观的审美价值，还体现在艺术、生态及文化上，因而地文景观的评价要素包括美学价值、文化价值、科学价值及环境价值。美学价值的评价，就在于地文景观给人们带来感官的愉悦，包括视觉上、听觉上、嗅觉上、触觉上的一系列直观美感；文化价值的评价，就在于地文景观所包含的人文历史价值，是于自然景观之上所体现的人文景观；科学价值的评价，就在于地文景观在亿万年的形成过程之中所经历的地质构造运动和地质年代变迁。

第二节　四川地文景观类旅游资源概况

四川省位于中国三级阶梯中的一、二级阶梯之间，地跨中国三大构造域，横跨青藏高原、横断山脉、云贵高原、秦巴山地、四川盆地五大地理单元，是中国地质最复杂、地貌最多元、景观最独特的省份之一。除海洋和沙漠外，四川几乎拥有中国所有的地貌类型，平原、山地、雪山、草原、深峡，可谓“集万千宠爱于一身”。

一、总体情况

根据 2019 年四川省文化和旅游资源普查结果，四川省共查明地文景观类旅游资源 20 919 处，占四川省旅游资源总量的 8. 51%，其中新发现、新认定地文景观类旅游资源 8 425 处，占地文景观类旅游资源总量的 40. 35%。根据《四川省旅游资源分类、调查与评价（试行）》操作细则，全省地文景观类旅游资源分布于 4 个亚类、21 个基本类型。

从 4 个亚类资源数量来看，除自然标记与自然现象资源相对较少外，其余 3 个亚类资源量均较为丰富，从 21 个基本类型资源数量来看，奇特与象形山石数量最多，占地文景观类旅游资源总量的 19. 51%；其次为山岳型景观、岩石洞与洞穴，占比分别为 17. 26%和 14. 87%；最少的为奇异自然现象，仅占 0. 4%。四川省地文景观类旅游资源分类统计见表 4-1。

表 4-1　四川省地文景观类旅游资源分类统计　　单位：处

资源类型	总量	新发现新认定数量	资源类型	总量	新发现、新认定数量
自然景观综合体	7 790	2 814	**地表形态**	6 857	2 928
山岳型景观	3 599	1 216	台丘状地景	619	260
丘陵型景观	1 431	399	峰柱状地景	626	270
盆地型景观	152	74	垄岗状地景	133	44
台地（高原）型景观	242	100	沟壑状地景	711	335
沟谷型景观	1 916	800	钙华与泉华	232	128
滩地型景观	450	225	岩土圈灾变遗迹	455	209
地质与构造形迹	5 960	2 531	奇特与象形山石	4 081	1 682
构造形迹景观	469	221	**自然标记与自然现象**	312	152
地层与剖面	398	93	奇异自然现象	83	36
岩壁	1 538	812	自然标记地	229	116
岩石洞与岩穴	3 109	1 279			
古生物化石点	239	58			
岩矿石点（矿床）	207	68			

总体看来，全省地文景观类旅游资源具有分布广、类型全、数量多的特点，这与四川独特的地质构造和变化多样的地形地貌相吻合。

二、类型特征分析

（一）自然景观综合体亚类

1. 总体特征

四川省内自然景观综合体 7 790 处，其中山岳型景观数量最多，占该亚类总量的 46. 20%，其次为沟谷型景观、丘陵型景观，分别占该亚类总量的 24. 60%和 18. 37%，滩地型景观、台地（高原）型景观和盆地型景观相对较少。

自然景观综合体亚类中新发现新认定资源 2 814 处，其中山岳型景观数量最多，占该亚类新发现新认定资源总量的 43. 21%；其次为沟谷型景观和丘陵型景观，占比分别为 28. 43%和 14. 18%。典型自然景观综合体亚类典型资源名录见表 4-2。

表 4-2 典型自然景观综合体亚类优质资源名录

资源类型	典型资源
山岳型景观	西岭雪山、青城山、天台山、百灵山（柏林山）、玉兰山、合江丹霞山岳景观、黄荆老林、古蔺丹霞山岳景观、什邡蓥华山、千佛山、西羌九皇山、雪宝顶、磨子坪、光雾山、天曌山、石鹰村石笋坪、望远山、剑阁五指山、美女峰、大瓦山、黑竹沟山岳型景观、大红崖、大风顶（马边）、峨眉山、玉屏山、天宫山千年茶海、大雪山、岳池县金城山、华蓥山宝鼎、五峰山、賨人谷、蒙顶山、牛背山、轿顶山、二郎山、光头山、神木垒、夹金山、天马山、香炉山、米仓山（南江）、马尔康镇昌列山、梦笔山（马尔康市）、盘龙山、山脚坝村鹧鸪山、毕棚沟半脊峰峰群、雪宝顶（松潘）、嘎达山、四姑娘山、梦笔山（小金）、羊拱山-达古冰川峰群、三奥雪山、莲宝叶则、冷古纳托雪山、跑马山、贡嘎雪山、亚拉雪山、贡嘎山（泸定）、党岭山、莫斯卡山、墨尔多山、猛董山、麦地贡嘎山、瓦灰山、帕姆岭神山、郭岗顶、亚拉雪山（道孚）、尖尖山、
山岳型景观	新龙丹霞山、卡瓦洛日神山、雀儿山、扎呷山、格聂山、海子山、党结曾然山、格聂神山、仙乃日、央迈勇、夏诺多吉、贡嘎拥、嘎金雪山、螺髻后山、色拉尼布山、恰郎多吉山、公母山、螺髻山（德昌）西片区、姑姑山、龙肘山、鲁南山、螺髻山、小相岭、灵山、阳糯雪山、黄茅埂、大风顶（美姑）、龙泉山、彭州九峰山、鸡冠山、威州布瓦村布瓦寨 后山、扎金甲博山、俄尔则俄、老君峰、摩天岭
丘陵型景观	纳溪丹霞竹海、笔架山、叙永县丹山、盐亭负戴山、窦圌山、五桥山水、千佛社区千佛岩、高坪区凌云山、彭祖山、中岩、七星山、长宁丘海、镇龙山
盆地型景观	川洞天坑、小岩湾天坑、围塔漏斗、空山天盆、冶勒
台地（高原）型景观	荣威穹窿地貌、鼓城山、八台山、花萼山、新都桥
沟谷型景观	石笋沟、二滩大峡谷、鸡鸣三省大峡谷、画稿溪沟谷景观、小寨子沟、虎牙大峡谷、王朗沟谷型景观、涪江六峡、龙池水磨河地质景观峡谷、明月峡、水磨沟、米仓山大峡谷、龙潭峡谷、檬子大峡谷、七里峡、熊背溪沟、蜀南竹海忘忧谷、飞雾谷、道洞谷、邻水县天意谷峡谷景观、御临河小三峡、邻水泥汉坪、玛琉岩峡谷、碧峰峡、龙苍沟、大渡河大峡谷、田湾河河谷、东拉山大峡谷、诺水洞天、临江丽峡、灞州镇阿尔沟、孟屯河谷、塔斯村老君沟、朴头镇毕棚沟、叠溪-松坪沟、牟尼沟、黄龙沟、丹云峡谷、九寨沟、大金川峡谷、木尔寨沟、虹桥沟、海子沟、长坪沟、双桥沟、奶子沟、野牛沟、燕子沟、海螺沟、丹巴美人谷、斜卡磨子沟、日鲁库、九龙猎塔湖沟谷、九龙伍须海沟谷、斜卡麻窝沟、庆大沟、皮察沟、多瀑沟、巴巴沟、火龙沟、冷谷沟、那曲河谷、查呈沟、卡斯地狱谷、蓝月山谷、下拥、古里大峡谷、金沙江大峡谷、白熊沟、则查洼沟、树正沟、扎如沟、洛格斯沟、卡龙沟、扎萨格大峡谷、日则沟、雅砻江大峡谷、壶穴谷
滩地型景观	金沙铺地、雅加埂红石滩、鲜水河滩地

2. 基本类型特征分析

（1）山岳型景观（3 599 处）。

山岳型景观指中山（海拔 1 000~3 500 米）、高山（海拔 3 500~5 000 米）和极高山（海拔 5 000 米以上）内可供游客观光游憩的整体景观或个别景观。

四川的山岳型景观主要分布于川西北高原、川西南山地、盆周山地。著名的山脉有川西的岷山、巴颜喀拉山、大雪山、龙门山、邛崃山、雀儿山、沙鲁里山、大小凉山、小相岭、锦屏山，川北的米仓山、大巴山以及川东的华蓥山等。

中山地貌分布面积最广，主要分布于盆地边缘，其次为西昌、盐源以南和凉山州的部分地区。

高山主要分布在青藏高原东缘横断山的北段和东段，尤以甘孜州分布面积最大，超过全州面积的50%。

四川的极高山主要分布于金沙江东侧的德格、巴塘一带，大渡河以西的大雪山地区，小金、宝兴之间的夹金山，金川、理县、黑水之间的邛崃山北段，松潘、平武之间的雪宝顶等地区，面积约5万平方千米。据不完全统计，四川海拔大于5 000米的极高山有上百座。极高山全年气温极低，部分地区终年积雪，冰雪覆盖面积大，以山峰尖锐、山坡陡峻为主要特征。

（2）丘陵型景观（1 431处）。

丘陵型景观指丘陵内可供观光游憩的整体景观或个别景观。四川省丘陵型景观十分丰富，主要分布区域为川中丘陵地带，面积约8.4万平方千米，是四川东部地台最稳定的部分，海拔一般为250~600米，丘谷高差50~100米，南部多浅丘，北部多深丘，为四川省丘陵集中分布区，也是全国面积最大的丘陵区，以方山和台状丘陵为主，代表性景观主要有龙泉山、老君山、长宁丘海等。此外，川东平行岭谷区域也有大量丘陵型景观存在，以单斜丘陵为主。

（3）盆地型景观（152处）。

盆地型景观指盆地（或盆坝）内可供观光游憩的整体景观或个别景观。四川的盆地型景观主要有四川盆地、盐源盆地以及部分山间盆坝等资源，多为断陷盆地。其中四川盆地是中国四大盆地之一，是中国著名的红层盆地，盆地西部是“沃野千里，土壤膏腴”的成都平原；盐源盆地是四川第二大盆地，属山间断陷盆地。此外，川西北高原的高山之间和盆周山地之间有一些小型盆地型景观资源存在，如巴中市南江县的空山天盆、阿坝州的阿坝盆地等。

（4）台地（高原）型景观（242处）。

台地（高原）型景观指山地边缘或山间台状可供观光游览的整体景观或个别景观。四川的台地（高原）型景观主要分布于川西地区高原面夷平面边缘，受构造作用形成的高原边缘型台地，其次为川中地区由于构造的差异抬升和河流切割作用形成的断块山，以及一些零星分布冲洪积台地、喀斯特台地等，其中较为著名的有瓦屋山、大瓦山、鼓城山等景观。

（5）沟谷型景观（1 916处）。

沟谷型景观指沟谷内可供观光游览的整体景观或个体景观。沟谷可分为隘谷、嶂谷、峡谷和宽谷，四川的沟谷型景观主要分布于山地，其中峡谷主要分布于四川盆地向青藏高原转换的过渡地带，宽谷主要分布于丘陵区和山间盆地及山原区。具有代表性的资源有：九寨沟、黄龙沟、七藏沟、虹桥沟、海螺沟、燕子沟、双桥沟、长坪沟、海龙沟、毕棚沟、牟尼沟、措普沟、松坪沟、卡龙沟、奶子沟、多瀑沟等。

川西南山地则以深切峡谷为主要特征，尤其是金沙江、雅砻江和大渡河流域，山峰陡峭，河谷深切，是我国地形强切割地区之一，也是世界上峡谷最为密集的区域之一，代表性资源有大渡河峡谷、雅砻江峡谷、金沙江峡谷等。此外，四川盆周山地和川中丘陵地带也分布有大量沟谷型景观，如涪江三峡、岷江三峡、嘉陵江峡谷等。

（6）滩地型景观（450处）。

滩地型景观指缓平滩地内可供观光游览的整体景观或个别景观。四川滩地型景观总体可分为三种类型，一是山间沟谷冲洪积作用形成的滩地，主要分布在川西北高原、川西南山地及盆周山地的部分山间沟谷中，如雅家梗红石滩等；二是河流迂回处形成的冲积型滩地，主要分布在盆地内长江干流及主要支流流经的区域，如长江第一滩等；三是高原曲流、沼泽湿地型滩地，主要分布在川西北高原地区，如阿坝县黄河河滩、安羌阿曲河滩等。

（二）地质与构造形迹亚类

1. 总体特征

2019 年四川省文化和旅游资源普查共查明地质与构造形迹亚类资源 5 960 处，其中岩石洞与岩穴数量最多，占该亚类总量的 52.16%，其次为岩壁、构造形迹景观，分别占该亚类总量的 25.80%和 7.87%，地层与剖面、古生物化石点和岩矿石点（矿床）相对较少。

典型地质构造与形迹亚类景观优质资源名录见表 4-3。

表 4-3　典型地质构造与形迹亚类景观优质资源名录

资源类型	典型资源
构造形迹景观	龙门山推覆构造带、威远穹窿、川东平行岭谷（邻水段）、华蓥山褶皱山系、大巴山褶皱、鲜水河构造带（道孚段）、鲜水河断裂带（炉霍段）
地层与剖面	屏山环崖丹霞景观
岩壁	剑门关绝壁、一号冰川刻槽、舍身崖
岩石洞与岩穴	万佛洞、箭竹大黑洞、雪溪洞、西部洞群、天泉洞、龙门洞、中峰洞、乐至穿岩洞、马嘶阿喀洞天坑、硝斗岩天坑
古生物化石点	青龙山恐龙化石群、安州睢水海绵生物礁、王家沟硅化木遗址、自贡大山铺恐龙化石群、桂花镇汉溪恐龙足迹化石群、三比罗嘎恐龙足迹化石群
岩矿石点（矿床）	峨眉山玄武岩

2. 基本类型特征分析

（1）构造形迹景观（469 处）。

构造形迹景观指地层断裂或各种内力作用形成的扭曲变形在地表形成的景观。四川构造形迹景观主要沿构造带分布，其中最具代表性的构造形迹景观有华蓥山褶皱山系地质构造景观、龙门山推覆构造形迹——“飞来峰”、威远穹窿、鲜水河断裂带等。

（2）地层与剖面（398 处）。

地层与剖面是指地质体中具有科学意义的典型剖面。四川从元古界至新生界地层均有出露，层序齐全，地层与剖面景观资源丰富，部分剖面在国内国际上享有盛誉，如两颗候选“金钉子”（全球年代地层单位界线层型剖面和点位，简称 GSSP）：1979 年入选的四川峨眉高桥震旦系-寒武系界线层型剖面和 1983 年入选的剑阁长江沟剖面，均是具有全球对比意义的重要剖面。此外龙门山桂溪泥盆系标准剖面、峨眉山龙门洞三叠系沉积相剖面、雅江县下渡村—道孚县城地层剖面、峨眉山玄武岩等资源在全球也有较高知名度。

（3）岩壁（1 538 处）。

岩壁是指由外营力侵蚀形成的城墙状山崖或峭壁。四川构造活动强烈，地形陡峭，岩壁景观丰富，较为知名的有峨眉山舍身崖，剑门关绝壁等。从类型上来看，四川岩壁景观以丹霞岩壁居多，主要分布区域为龙门山所属的剑门关、罗浮山、青城山、天台山、南宝山、碧峰峡等区域，盆地西南地区的蜀南竹海、石城山、佛宝、八仙山，穿牛鼻、紫云山、云峰寺、包家岩、人头山等区域。

（4）岩石洞与岩穴（3 109 处）。

岩石洞与岩穴是指位于基岩内和岩石表面的天然洞穴。四川省岩石洞与岩穴以喀斯特洞穴为主，资源丰富。喀斯特洞穴主要分布于川西南山地和盆地边缘山地的岷山、龙门山、大凉山、大巴山、华蓥山一带，典型代表有兴文天泉洞、米易颛顼龙洞、松潘县黄龙洞、乐山市沙湾硝斗岩天坑、筠连县西部洞群、通江县诺水河龙湖洞、华蓥山溶洞群等。此外，也有少量砂岩洞穴，主要分布于川南丹霞地貌区，典型代表有长宁的干岩洞、南充营山的孔雀洞等。

（5）古生物化石点（239 处）。

古生物化石点是指保存在地层中的各地质历史时期的古生物遗体、遗骸及活动遗迹。四川省古生物化石主要分布于显生宙各时代地层中，其类型和密集程度差别较大。其中，峨眉山地区寒武系梅树村组的小壳化石为最古老的显生宙生物，可与云南省的“澄江动物群”相比较。陆相生物化石主要分布于四川盆地边缘及川南地区，主要是以恐龙为主的脊椎动物化石，并有少量植物、叶肢介、轮藻、介形虫等门类化石，分布时代主要为晚三叠纪至第四纪。典型资源有自贡大山铺恐龙化石群、青龙山恐龙化石群，射洪硅化木、石碑恐龙化石群、桂花镇汉溪恐龙足迹化石群，安县生物海绵礁，大干沟化石群等。

（6）岩矿石点（矿床）（207 处）。

岩矿石点（矿床）指典型矿床类露头、典型矿物岩石命名地。四川省矿产资源丰富，种类齐全，岩矿石点（矿床）分带性明显，四川省90%的铁和80%以上的富铁矿，以及铜、铅、锌、稀土等矿都集中在“攀西裂谷”的凉山州、攀枝花市一带，典型资源有攀枝花钒钛磁铁矿、会理拉拉铜矿、冕宁牦牛坪稀土矿；油气、盐卤资源则集中在川中盆地，典型资源有自贡片区盐气矿、普光气田等；煤、硫、铝土矿等则集中在川东和川南，典型资源有威远煤矿、达州煤矿等。稀有金属（锂、铍、金、银）和能源矿产（铀）则产于川西高原，锂（铍）以甲基卡、金川可尔因为代表；金矿以木里梭罗沟金矿、甘孜嘎啦金矿、德格错阿金矿为代表；银以夏塞银多金属矿为代表。

这些矿产资源的声名远播，依托其开采与利用形成的时代记忆，与其遗留的采矿遗址的二次开发利用，形成了一系列如自贡盐业遗迹、犍为嘉阳矿业遗迹、丹巴白云母矿业遗迹、普光气田科技馆、石棉广元堡川矿记忆等特色旅游资源。

（三）地表形态亚类

1. 总体特征

根据2019 四川省文化和旅游资源普查结果，四川全省地表形态亚类景观资源6 857处，其中以奇特与象形山石数量最多，占该亚类总量的59. 52%，其次为沟壑状地景、峰柱状地景、台丘状地景，其余几个基本类型资源相对较少。地表形态亚类中新发现、新认定资源2 928 处，其中奇特与象形山石数量最多，占该亚类新发现、新认定资源总量的57. 45%；其次为沟壑状地景和峰柱状地景，占比分别为 11. 44%和 9. 22%；钙华与泉华和垄岗状地景由于资源总量本身较少，新发现、新认定资源也相应较少，占比仅为4.37%和1.50%。典型地表形态亚类景观优质资源名录见表4-4。

表4-4　典型地表形态亚类景观优质资源名录

资源类型	典型资源
台丘状地景	洪雅瓦屋山、光雾山
峰柱状地景	塘坝子-葛仙山飞来峰、锁溪村耙齿山、华蓥山石林、大巴山岭脊峰丛、唱歌石林、燕子岭峰丛、太安石林、黄联土林、吉日波神山、八美墨石石林
垄岗状地景	剑门七十二峰
沟壑状地景	盐井河大峡谷、大渡河金口大峡谷、莫木大峡谷、大渡河峡谷
钙华与泉华	珍珠滩
岩土圈灾变遗迹	北川老县城地震遗址、唐家山堰塞湖遗址、东河口地震遗址、猎塔湖鲸背岩群、白玉海子山古冰川遗迹、海子山古冰帽、谷德岩溶地貌遗迹群、文家沟泥石流遗迹、映秀漩口中学地震遗址、叠溪地震遗址群、螺髻山古冰川遗迹
奇特与象形山石	巨型睡佛象形山、峨边睡佛、石海涌浪（石芽）

2. 基本类型特征分析

（1）台丘状地景（619处）。

台丘状地景指台地和丘陵形状的地貌景观。四川的台丘状地景主要有桌状山、方山丘陵等。其中桌状山以四川峨眉山、大瓦山（世界最大的平顶孤峰的桌状山）、瓦屋山三座断块山构成的世界罕见的桌状山群为代表。方山丘陵则主要分布于川中丘陵区域，是中国最典型的方山丘陵区，分布范围西至龙泉山，东至华蓥山，北起大巴山麓，南抵长江以南，为紫红色砂岩和泥岩形成的坡陡顶平的方山丘陵或桌状低山。

（2）峰柱状地景（626处）。

峰柱状地景指在山地、丘陵或平地上突起的峰状石体，如土林、石林、石柱、峰丛。四川土林景观数量不多，但类型多样，最为典型的为黄联土林，本次普查在冕宁县新发现了一处独特的景观——白土村白色土林，被称作“玉林”，是世界土林奇观中比较罕见的一种。石林景观主要发育于喀斯特地区，以喀斯特石林为典型，代表性景观有华蓥山石林、宜宾长宁西部石林、兴文石林、宝石山绿石林、天兵天将石林等。此外，在甘孜州道孚县八美镇还有一处糜棱岩石林，是全球已知唯一一处糜棱岩石林，极为罕见。峰丛景观同样主要发育于喀斯特地区，代表性景观有南江县燕子岭峰丛、贾郭山峰丛、神门洞峰丛，宜宾筠连县古楼峰丛，广元剑门七十二峰等。

（3）垄岗状地景（133处）。

垄岗状地景指在山地、丘陵或平地上突起呈长条形垄岗。四川垄岗状地景主要分布于川西高原面上宽缓区域、川中丘陵区域、川东平行岭谷区域以及四川盆地平缓地带等。川西高原面上主要有冰川终碛、侧碛物形成的垄岗、夷平作用残留的起伏较小的山岗。川中丘陵区域和盆地中平缓地带主要为局部的地层起伏和水流侵蚀形成的垄岗状地景。

（4）沟壑状地景（711处）。

沟壑状地景指由内营力塑造或外营力侵蚀形成的沟谷、劣地。沟壑状地景与沟谷型景观分布特征相似，本次普查代表性资源主要包括雄鹰谷、莫木大峡谷、盐井河大峡谷、大渡河峡谷、竹库乃嘎沟谷、黑熊沟、樱桃河谷、吉米峡谷、黑河大峡谷、合江凤鸣龙潭沟、夜郎大峡谷、巴山大峡谷画架沟、焦家河峡谷、韩溪河峡谷等。

（5）钙华与泉华（232 处）。

钙华与泉华指溶有碳酸氢钙和其他矿物质的地下水、地下热水和地下蒸汽，在地表或泉池边形成的化学堆积物。四川钙华与泉华资源分布广泛，以高寒岩溶形成的钙华与泉华最具代表性，主要分布在川西北高原地区，典型资源有九寨沟、黄龙钙华、卡龙沟钙华、康定市泉华滩、亚拢沟钙华滩、奇峡沟钙华、神仙池、牟尼沟等。

（6）岩土圈灾变遗迹（455 处）。

岩土圈灾变遗迹指岩石圈自然灾害变动所留下的表面痕迹，如地震遗迹、陨石坑和陨石体、冰川侵蚀遗迹、冰川堆积体，崩塌、滑坡、泥石、地面塌陷、地面沉降及其治理工程等。

四川省地处我国南北地震带中段，境内龙门山、鲜水河、安宁河三大主断裂带交错分布，呈现出地震频度高、强度大、地质灾害多的特点，大型的地震、崩塌、滑坡、泥石流、地面塌陷遗迹及其治理工程分布较多，堪称全球灾变遗迹天然博物馆。典型地震遗迹有炉霍地震遗迹、叠溪地震遗迹、“5·12”汶川地震遗迹群（北川老县城地震遗址、映秀漩口中学地震遗址、东河口地震遗址）等。

四川是全国地质灾害最频发的省份之一。总体上地质灾害主要分布于四川盆地与青藏高原之间的高山峡谷区。典型资源有文家沟特大山洪泥石流及治理工程、茂县叠溪“6·24”特大山体滑坡、唐家山堰塞湖、九寨沟地质灾害治理工程等。四川西部的横断山东缘是中国大陆位置最东现代冰川作用区和第四纪冰川遗迹分布区，古冰川遗迹以“青藏高原乃至世界规模最大、最典型的古冰帽遗迹”海子山冰川遗迹和“我国已知山地中罕见的保存完整的第四纪古冰川遗迹天然博物馆”螺髻山为代表。

（7）奇特与象形山石（4 081 处）。

奇特与象形山石指形状奇异、拟人状物的山体或石体。四川的奇特与象形山石数量众多，类型多样，喀斯特、丹霞、花岗岩地貌区均形成众多千姿百态的奇特象形山石。按形态似人的有老君山、石官山等，似物的有轿顶山、元宝山、石筒山、锌头山、莲花山、灯台山、锅底山等，似动物的有兔儿山、牛角山、龙头山、龙背山等，似天然文字的有德阳四川盆底“四川象形山”。在众多资源中最具代表性的有乐山三江巨型睡佛、兴文夫妻峰、华蓥山“千年一吻”、峨边铜河睡佛和沙湾美女峰等。

（四）自然标记与自然现象亚类

1. 总体特征

根据 2019 四川省文化和旅游资源普查结果，全省共查明自然标记与自然现象亚类景观资源 312 处，其中以自然标记数量最多，占该亚类总量的 73.40%，其次为奇异自然现象，占该亚类总量的 26.60%。

2. 基本类型特征分析

（1）奇异自然现象（83 处）。

奇异自然现象指发生在地表，一般还没有合理解释的自然界奇异现象。四川此类资源整体较少，代表性资源如凉山州木里县博窝乡坑古村尼撒扎嘎千年冰柱、瓦屋山国家森林公园的“迷魂凼”等。

(2) 自然标志地（229处）。

自然标志地指标志特殊地理、自然区域的地点，有河源、河口、江河汇流处等。四川省内的自然标志地主要分布在河源（河流的起点）和一些河口、江河汇流处。典型资源有长江、黄河在阿坝州的分水岭，阿坝州松潘县水晶乡安备村岷江源，甘孜州色达县亚龙乡色多玛村色曲河源头，阿坝州若尔盖县白龙江源头（长江流域嘉陵江的源头），宜宾翠屏区合江门地带金沙江、岷江、长江三江汇流，乐山市岷江、青衣江、大渡河三江交汇，泸州市合江县荔江镇三江村赤水河、习水河和长江三江汇流，泥巴山隧道，二郎山隧道等。

第三节　四川地文景观类旅游资源的典型代表

数十亿年的地质演变，海进海退、沧海桑田造成了瑰丽险峻的四川风采，独特的构造格局，丰富的地貌类型增添了多姿多彩的奇伟风光。雪山耸立、飞峰突来，山河壮阔、遗存厚重是四川地文景观的绮丽画卷，通过对各个类型典型景观的梳理，能够加深对地文景观的成因及旅游开发的认知。

一、自然景观综合体亚类

（一）山岳型景观

1. 贡嘎山

贡嘎山，又叫岷雅贡嘎，位于四川省康定市以南，是大雪山的主峰。周围有海拔6 000米以上的山峰45座，主峰更耸立于群峰之巅，海拔7 556米，高出其东侧大渡河6 000米，是四川省最高的山峰，被称为“蜀山之王”，为国家级风景名胜区。

2. 西羌九皇山

西羌九皇山位于绵阳市北川羌族自治县，距“中国科技城”——绵阳市仅58千米，距成都约3小时车程，距九寨沟约4小时车程。西羌九皇山景区位于四川盆地边缘，属典型的喀斯特地貌，地形变化较大，西北高，东南低，山脚最低海拔620米，山顶最高海拔2 840米，山峰坡度在18°～25°，最大坡度超过80°。平通河流经过的山谷——桂溪河峡谷是区内主要地形空间。地形起伏变化多端，河谷西侧是多层次的斜坡，东侧是壁立刚劲的峭崖。

西羌九皇山景区分为前山和后山两部分，前山主要有猿王洞、情人桥两大景点，后山的主要景点有尔玛古道、天神殿、西羌第一碉、羌族风情园、蔬菜基地、云宝顶滑草（雪）场、鹰嘴岩、箭竹海等。

（二）沟谷型景观

1. 明月峡

明月峡位于四川广元嘉陵江西陵峡东段，面积6.1平方千米，距广元33千米左右。因峡两岸的山岩多呈银白色，并和青峰、江水相辉映，使整个峡江好像镀上了一层朦胧的月光，因此得名。峡中多奇峰怪石，有山势嵯峨半插天的天柱峰，有宏丽幽深的黄颡洞，有茶圣陆羽称之为“天下第四泉”的蛤蟆碚，有腾空飞架的仙人桥，有裁云剪雾的青峰“三把刀”。明月峡集先秦古栈道、嘉陵水道、纤夫鸟道、金牛驿道、108国道、宝成复线等古今6道于一体，被誉为中国道路交通博物馆，中国道路交通发展的活化石。明月峡古栈道遗址是迄今中国开凿时间最早，形制结构最科学，遗存孔眼数量最多，保存最完好，最具古栈道风貌的地段，现为省级重点文物保护单位。明月峡雄奇险峻，李白过此有《蜀道难》不朽诗篇。不走古栈道，不知蜀道难。明月峡更是国家级旅游风景区剑门蜀道的重要组成部分。

2. 龙苍沟

龙苍沟位于四川盆地西部边缘、雅安市中部，距成都175千米，地理位置为东经102°49′22″~102°55′56″，北纬29°31′5″~29°38′65″，龙苍沟国家森林公园地处四川盆地西山地向青藏高原过渡地带，在地貌区划中属峨眉中山区，地貌位置属龙门山地褶皱带的南端，大相岭的东段余脉的北侧，其地势南高北低，地质构造以三叠纪以前较古老的岩层为主，如峨眉玄武岩、花岗岩、安山岩、砂岩等。龙苍沟主要景点有翡翠湖、仙女瀑、珙桐种群等。

二、地质与构造形迹亚类

（一）构造形迹景观

1. 威远穹窿

威远穹窿地貌位于四川盆地中部，整块隆起矗立，高出盆底300~500米，最高海拔902米。西东偏北（偏北18°）走向，东西长（南缘）68千米，南北宽24千米，穹窿地质构造主体部分和地貌主要特征区在威远境内。穹窿区出露地层为三叠系石灰岩和砂页岩，抗蚀能力差异大，构成不同形状的低山地貌。威远穹窿地跨威远、荣县、资中、仁寿等县，总面积约902平方千米，在全国范围内很罕见。最为奇特的是威远穹窿区内分布有向家寨、高顶寨等十多个具有悠久历史的古山寨，这些古山寨数量多，规模大，保护完好，目前在全国还找不到密集度如此之高的第二个古山寨群。

2. 大巴山褶皱

大巴山褶皱数量众多，箱状褶皱、圆弧褶皱、斜歪褶皱、倒转褶皱、复式褶皱、层间揉皱，随处可见，并以大型箱状褶皱、复式褶皱为主，出露清晰，构成了一条完整的山前带褶皱构造剖面，可观赏性强。仅在巴山大峡谷内保存完整的大中尺度褶皱就多达31处，而小规模的露头级褶皱更是多达101处，褶皱类型多样。

巴山大峡谷褶皱地貌保存完整，形态清晰，可在横向、纵向、垂直三种方向上进行观察，是褶皱分类学、大陆动力学研究最理想的地方，具有全球性对比研究意义和重要的科普教育意义，被称为“天然褶皱博物馆”，可以看出整个秦巴山地褶皱隆起成山的演化过程。

（二）古生物化石点

1. 自贡大山铺恐龙化石群

大山铺恐龙化石群遗址位于四川省自贡市东北郊约11千米的大山铺镇旁，是一个包含1亿6千万年前的中侏罗纪恐龙及其他脊椎动物化石的遗址，是我国最重要的恐龙化石埋藏地，也是世界上最重要的古生物化石埋藏地之一。该遗址最早于1972年发现，1977 年首次发掘，获得一具较完整的蜥脚类恐龙骨架，1979 年因基建施工，化石大量暴露。1979—1984 年，国家先后组织三次大规模的清理和发掘，在约 2 800 平方米范围内获得恐龙及其他脊椎动物 200 多个，上万件化石骨骼标本，从中已研究定名了恐龙鱼类、两栖类、龟鳖类、鳄类、翼龙类、似哺乳爬行类等 18 个属 21 个种。估计整个化石群集中埋藏范围约 17 000 平方米，化石骨骼 10 万块以上，被誉为“恐龙公墓”。20 世纪 80 年代中期，在该遗址上修建了我国第一座大型的恐龙遗址博物馆——自贡恐龙博物馆。

大山铺恐龙化石群遗址具有化石藏量巨大、门类齐全、埋藏集中、保存完整等特点。它所产出的化石不仅具有重要的科普教育价值和旅游观光价值，而且填补了恐龙演化史上侏罗纪恐龙化石材料缺乏的空白，对研究恐龙及其相关古动物的系统演化、生理特征、生活环境等具有十分重大的科学价值。

2. 王家沟硅化木遗址

王家沟硅化木遗址位于射洪县明星镇龙潭村王家沟，在长 130 米、宽 100 米范围内集中分布了 50 多根埋藏形态各异的硅化木标本，是该遗址内最具科研和观赏价值的硅化木产地。化石主要有两种产出状态：直立或斜立的树桩，侧卧或平卧的树干。化石出露长度不一，最长的一根长达 9 米以上。化石直径多在 0.2~0.7 米，其中最粗的直径达 1.5 米。树干化石形状不尽相同，倾向各异，但同一化石层内倾向基本一致；树干倾角较小，多数小于 30°。从硅化木保存产状及赋存地层岩性分析，该遗址是由于巨大洪水事件将森林掩埋而形成的特异埋藏群落，代表近乎原生的硅化木森林景观，其埋藏规模、密度和埋藏状况等堪称国内唯一、国际罕见。

三、地表形态亚类

（一）台丘状地景

1. 光雾山

光雾山位于四川省巴中市南江县北部，地处中国南北气候分界线、冷暖气候交汇处，被称为“南方的北方，北方的南方”。景区山峰气势雄伟，常年云雾缠绕，独特的地理气候和特殊的大地构造背景造就出奇特的喀斯特岭脊峰丛地貌、古朴的原生态植被和清幽的峡谷风光。山奇、石怪、谷幽、水秀、峰险，被称作光雾山“五绝”。这里重峦叠嶂，气势磅礴，集秀峰怪石、峭壁幽谷、溪流瀑潭、原始山林为一体。

光雾山不仅山奇水秀，有形有魂，更是一座底蕴深厚的文史宝库，现已被列入世界自然与文化遗产预备名录的米仓古道与秦汉文化、三国文化、红军文化、民俗风情共同演绎着波澜壮阔的历史，在这里留下了许多生动而神奇的故事，为光雾山注入了活的灵魂，形成了另一道独特的风景线。

2. 瓦屋山

瓦屋山位于四川盆地西沿的眉山市洪雅县，距成都 180 千米，拥有瓦屋山原始森林猎奇探险景区、玉屏人工林海度假区、八面山寻古揽胜区等系列景区。核心景区瓦屋山系中国历史文化名山，道教发源地，中国鸽子花的故乡，世界杜鹃花的王国。由于地质作用，瓦屋山形成了由中间向东西两侧略倾的屋脊状地形，从任何角度望去，此山整体上都状若瓦屋，因此得名“瓦屋山”。山顶平台约 11 平方千米，南北长 3 375

米，东西宽 3 475 米，平均海拔 2 830 米，高出内蒙古“桌子山”681 米，被有关地质专家认定为中国最高、最大的“方山”。清代何绍基称之为“坦荡高原”，而在民间则有“人间天台”之说。

瓦屋山是中国道教的发源地。古蜀开国君主蚕丛来到瓦屋山教民众栽桑养蚕，死后葬于瓦屋山。太上老君骑着青牛出关“寻青羊之肆”，由草原故道入蜀，沿着青衣江流域来到瓦屋山传教布道，最后在瓦屋山升天，现在鸳鸯池畔的太上老君木雕神像虽历经千年的风吹雨打，依然栩栩如生。道教创始人张道陵沿着太上老君足迹来到瓦屋山麓，尊奉太上老君为鼻祖，和当地羌民一起创立了五斗米教，最后因为民除害斩蟒牺牲于瓦屋山，至今瓦屋山仍留有“张陵降蟒沟”遗迹。

（二）钙华与泉华

珍珠滩位于九寨沟景区的花石海下游 0.5 千米左右的地方，日则沟和南日沟的交界处，有一片坡度平缓，长满了各种灌木丛的浅滩，长约 100 米的水流在此经过多级跌落河谷，激流在倾斜而凹凸不平的乳黄色钙化滩面上溅起无数水珠，阳光下，点点水珠就像巨型扇贝里的粒粒珍珠，远看河中流动着一河洁白的珍珠。这就是珍珠滩。

珍珠滩日夜跳跃不息的景观，是因为这段峡谷恰好是坡度为 20 度的钙华地带，加上多孔的“生物喀斯特”地貌特征，水流至此漫滩铺开，被遍布河床的微小孔隙所阻，便生出团团簇簇成千上万的水珠，在阳光照射下，晶莹夺目，就像满坡满沟珍珠滩布满了坑洞，沿坡而下的激流在坑洞中撞击，溅起无数朵水花，在阳光照射下，点点水珠似珍珠洒落，“珍珠滩”之名由此而来。横跨珍珠滩有一道栈桥，栈桥的南侧水滩上布满了灌木丛，激流从桥下通过后，在北侧的浅滩上激起了一串串、一片片滚动跳跃的珍珠。迅猛的激流在斜滩上前行 200 米，就到了斜滩的悬崖尽头，冲出悬崖跌落在深谷之中，形成了雄伟壮观的珍珠滩瀑布。

（三）岩土圈灾变遗迹

1. 唐家山堰塞湖遗址

唐家山堰塞湖遗址位于龙门山中段最北端的北川县境内，因“5·12”汶川特大地震唐家山滑坡体阻塞河道，而在沿河道上游方向形成大面积的唐家山堰塞湖地震遗址区。唐家山堰塞湖属唐家山至禹里乡段湔江河道的一段区域，该段河流也称通口河，覆盖区域涉及北川县曲山镇、漩坪乡、禹里乡三个乡镇，是“5·12”汶川特大地震中最典型的地震遗址区，唐家山堰塞湖地震遗址区域旅游资源主要以地震遗址景观为主。

2. 螺髻山古冰川遗迹

螺髻山古冰川遗址，位于四川省凉山彝族自治州首府西昌市城南 30 千米处，跨西昌市、普格县、德昌县一市两县，是我国已知山地中罕见的保持完整的第四纪古冰川天然博物馆。古冰川遗迹中的角峰、刃脊、围谷、冰斗、冰蚀洼地、冰蚀冰碛湖、冰坎、冰阶、冰溜面、冰川刻槽、羊背石、盘谷、冰原石山、侧碛垅等古冰川风貌，具有很高的旅游、探险、科考等价值。其中冰蚀冰碛湖最为壮观，螺髻山冰蚀冰碛湖分布于海拔 3 650 米以上的各期冰围和冰斗中，螺髻山之名来源于与峨眉山的“姊妹”关系，“峨眉山似女人蚕蛾之眉，螺髻山似少女头上青螺状之发髻”。

第四节　四川地文景观类旅游资源特色评价

一、全球高山、极高山旅游资源分布最密集区域之一

四川高山、极高山分布十分密集，仅川西高原极高山就超过100座，世界罕见。以贡嘎山、四姑娘山、雀儿山、亚丁雪山、格聂山为主要代表的极高山具有海拔落差大、距离城市近、可接近程度高等特点，荟萃了雪峰之美、冰川之美、草地之美、海子之美、森林之美、人文之美。其中贡嘎山海拔7 556米，不仅是横断山系的最高峰，也是西南最高峰、青藏高原东缘唯一海拔7 000米级山峰，被誉为蜀山之王。围绕贡嘎山主峰有海拔6 000米级以上山峰45座，如中山峰（海拔6 886米）、龙山（海拔6 684米）、贡子峰（海拔6 652米）、爱德嘉峰（海拔6 618米）等。此外，邛崃山脉、沙鲁里山均有众多海拔5 000米以上的极高山分布，如邛崃山脉主峰四姑娘山（海拔6 250米）、沙鲁里山脉的格聂山（海拔6 204米）、雀儿山（海拔6 168米）、稻城亚丁的仙乃日（海拔6 032米）等。四川的这些极高山雄伟高大、有拔地通天之势，极具粗犷与豪迈之美，是登山探险、科学考察和观光旅游的胜地。

二、川东平行岭谷带是世界三大褶皱山系之一

川东平行岭谷是中国北东向山脉组合最整齐的地区，是世界上特征最显著的褶皱山地带之一，与美洲的阿巴拉契亚山、安第斯山-落基山并称世界三大褶皱山系，是中国地质研究的天然标本。川东平行岭谷分布于四川盆地内的华蓥山及其以东地区，面积5.3万平方千米。其地理特征显著，一是30多条山脉均为北东走向，并与河流依次平行排列；二是岭谷形态截然不同，地貌上多表现为背斜成山，向斜为谷。川东平行岭谷四川邻水段以邻水县境内华蓥山为起点，自西向东依次为华蓥山、铜锣山和明月山，以8~12千米的间隔在境内平行分布，呈北东—南西走向展布全境，大洪河、御临河蜿蜒其间，构成独特的“三山夹两槽”的特殊地貌，孕育了山、水、林、湖、溶洞、温泉等丰富的自然资源，形成了川东独特的山地度假旅游资源，是开展乡村旅游的优质区域。

三、四川喀斯特地貌景观类型多样、分布广泛

四川喀斯特地貌景观具有类型多样、种类齐全、品位高、组合好、观赏性强的特征。从空间分布上看，四川喀斯特地貌主要分布在川南云贵高原向四川盆地的过渡地带、川东米仓山—大巴山的秦巴山地、川西青藏高原东缘向四川盆地过渡的龙门山前山地带，此外在川东平行岭谷区、四川盆地中部低山区也有零星的喀斯特景观分布。从类型上看，四川不仅有川西高寒喀斯特与川南温带-亚热带喀斯特两大类型，还有龙门山山前地带极为罕见的砾岩喀斯特景观。高寒喀斯特地貌是世界第三极青藏高原强烈隆升所造就的特殊地质遗迹，具有不可复制的稀有性和典型性。以九寨沟、黄龙、神仙池、牟尼沟、卡龙沟等为代表，分布于青藏高原东缘的高山区，在科学和美学上

具有世界性的独特价值和意义，其中九寨沟、黄龙已荣获“世界自然遗产”“世界生物保护区”双桂冠。温带-亚热带喀斯特主要分布于川南、川北及川东北地区，以大型天坑、大型溶洞、石林、地表溶洼以及岩溶温泉和间歇泉群为特色，兴文、筠连、古蔺、叙永等地均有高品质的喀斯特地貌分布，其中宜宾市兴文县的洞乡石海，拥有“地球特大漏斗”“中国最大石海”“中国最长游览溶洞”三大绝景，已成功申报联合国教科文组织的世界地质公园；川北及川东北地区主要分布南北过渡带喀斯特地貌景观，以大型漏斗、岩溶洼地、岭脊型峰丛和数量众多的溶洞群为特点，通江、南江、广元、江油、北川等地区的喀斯特地貌均多姿多彩，其中位于巴中的光雾山—诺水河和“岭脊型峰丛”“发育于不同地层的溶洞群”极具特色，已成功申报联合国教科文组织的世界地质公园。此外，在龙门山前山带还发育有世界罕见的砾岩喀斯特景观。这些类型独特、品位极高的喀斯特旅游资源，使四川成为中国喀斯特地貌的重要组成部分，成为世界级喀斯特地貌的天然博物馆，为开展山地旅游、研学旅行、科研科普教育提供了重要场所。

四、四川拥有世界极其罕见的桌状山景观群

四川盆地的西南缘，大瓦山、峨眉山、瓦屋山三座呈品字排列的“桌状孤山”，以约 30 千米的直线距离呈三足鼎立之势，从地质地貌结构来看，这三座山一脉相承，共同组成了全球罕见的断块桌状山群。它们既是反映扬子地台西南缘和青藏高原东缘地质构造演化的一种典型地质体和地貌景观，又具有极高的美学、旅游观光价值和重要的科研、科普价值。

五、四川拥有世界上最重要的古生物化石埋藏地

四川盆地中生代河溪纵横，气候湿润，植物丰茂，是当时恐龙最活跃，最繁盛的地区。从已经发掘出的大量恐龙化石、恐龙足迹来看，四川盆地的恐龙化石资源不仅分布面广、数量丰富、门类众多、保存完好，并且形成了多个规模宏大的恐龙化石埋藏群，是我国重要的恐龙化石产地，也是世界上最重要的古生物化石产地之一。其中自贡是四川盆地恐龙化石的集中产地。

自贡恐龙化石埋藏点 164 处，其中 1972 年在大安区大山铺发现的恐龙化石埋藏点，发现了世界罕见的恐龙化石群。其中有很多世界级的珍品，如世界上最原始、最完整的剑龙——太白华阳龙；世界上保存最完整的原始的蜥脚类恐龙——李氏蜀龙；世界上最完整的小型鸟脚类恐龙——劳氏灵龙；世界上首次发现的蜥脚类恐龙尾锤——蜀龙和峨眉龙尾锤，以及 20 余个完整而特别珍贵的恐龙及其他脊椎动物头骨等化石。这些珍贵的化石标本对研究恐龙及其相关古动物的系统演化、生理特征、生活环境等具有十分重大的科学价值。依托大山铺恐龙化石遗址修建的自贡恐龙博物馆，不仅是全国首座集恐龙化石原地保护、标本展示和科学研究于一体的大型综合博物馆，还是目前世界上收藏和展示侏罗纪恐龙化石最多的地方，同时也是世界三大恐龙遗址博物馆之一，被美国《国家地理》杂志评价为“世界上最好的恐龙博物馆”，是开展研学旅行和进行科普教育的重要场所。

六、四川拥有全球最密集的峡谷群落

喜马拉雅运动以来，四川伴随着剧烈的抬升，河流下蚀强烈而快速，在构造与流水的共同作用下，在山区形成密集的峡谷群。峡谷是四川地文景观中最具特点的景观，尤其是青藏高原与四川盆地之间的陡跌地带，峡之多、峡之深、峡之密集、景观之瑰丽，极为罕见。其中，最具代表的当属大渡河峡谷，为四川境内最长、最险、最窄、最深、最雄、最奇、最幽的大峡谷，无论是切割深度还是规模，均可进入世界最壮观的大峡谷之列，被誉为“世界最具魅力的天然公园”，“中国版的阿马尔菲海岸”，中国最美的十大峡谷之一。此外，四川还拥有金沙江大峡谷、雅砻江大峡谷、米仓山大峡谷、华蓥山大峡谷等优质峡谷旅游资源，为开展山地旅游、猎奇探险、峡谷观光提供了资源支撑。

七、以九寨沟、黄龙为代表的地表钙华全球罕见

青藏高原东缘有一条世界罕见的地表钙华景观带，以钙华滩、钙华池（池群或湖群）和钙华瀑布为特色。这条罕见的钙华景观带，横跨岷山、邛崃山、贡嘎山、哈巴雪山，长达数百千米，主体位于四川境内，最南至云南省香格里拉市的白水台，最集中分布的区域是岷山一带，典型代表有九寨沟、黄龙、神仙池、牟尼沟、卡龙沟等。其中，位于松潘的黄龙连绵分布的钙华滩流达 3 600 米，最大的钙华滩长 1 300 米，彩池多达 3 400 余个，是世界类型最丰富、结构最精巧、色彩最艳丽的地表钙华景观。

八、四川是全国高品质沟谷型景观旅游资源最富集的地区之一

在四川，“沟”在旅游中出现的场景远远多于“峡谷”，四川因复杂的地质演化历史，造就了丰富的沟谷资源，这些沟谷不仅是指大江大河形成的深切峡谷，还包括可进入性更高，资源组合更丰富的各类峡谷、宽谷景观，四川人习惯称之为“沟”。

四川最精彩的“沟”主要集中在川西高原、横断山区、盆周山地一带，这些沟谷景观成因各异，或因古冰川的刨蚀、侧蚀作用，或因流水侵蚀河流下切而成，多数沟谷景观以雪山、冰川、草甸、森林、湖泊、景观河段、瀑布、钙华池、藏寨等为景观组合形态，这些沟谷往往也是四川高品质自然资源的聚集地，为观光度假、探险猎奇提供了重要的资源支撑。

九、龙门山推覆构造“飞来峰”是世界第三类造山奇观

世界上的造山带主要有三种类型：一是大陆板块/大陆板块碰撞造山型，阿尔卑斯—喜马拉雅山是典型代表，由非洲板块—印度板块与欧亚板块碰撞而成；二是大洋板块/大陆板块碰撞造山型，美洲科迪历拉山脉是典型代表，由太平洋板块与美洲板块碰撞而成；三是陆内推覆造山型，以龙门山脉为代表，即大陆块内部挤压、推覆造山，以最典型的推覆冲断构造，飞来峰群最为瞩目。龙门山推覆构造规模巨大，形成时间长，构造形式复杂多样，并且保存较好，可与久负盛名的阿尔卑斯山同类构造相媲美，具有极高的国际地学科研价值，“5·12 汶川大地震”就是龙门山构造带活动的结果。在景观方面，龙门山以推覆、滑覆构造所形成的“飞来峰”为特色，“飞来峰”为地

质术语，意即外来岩块，最早于19世纪80年代发现于欧洲的阿尔卑斯山。我国地质学家于20世纪20年代末首次在彭州发现“飞来峰”，并经众多中外地质学家研究确认，最终录入地质教科书，并因此闻名天下。2001年，国土资源部批准彭州“飞来峰”为国家地质公园，是我国最早建立的国家地质公园之一。

[章节小结]

本章重点学习了地文景观类旅游资源的基本概念、特点及分类；对四川地文景观类旅游资源进行了整体梳理，并对优质、典型的地文景观类旅游资源进行详细介绍；最后对四川地文景观类旅游资源的特色进行探讨，并分类总结四川地文景观的开发优势。

[实践项目]

项目名称：飞跃四川

四川地跨青藏高原、横断山脉、云贵高原、秦巴山地、四川盆地五大地理单元，是中国地质最复杂、地貌最多元、景观最独特的省份之一。48.6万平方千米的四川大地上汇聚了丰富多样的地文景观，四川雄、奇、险、峻的地文之美是大自然的鬼斧神工。根据本章内容，对四川典型的地文景观类旅游资源进行多元价值分析。

一、实践目的

1. 使学生对四川地文景观类旅游资源有更深刻的理解，熟悉四川地文景观类旅游资源的类型。

2. 使学生能根据四川地文景观类旅游资源的特色对接VR、AR等新兴旅游应用场景及传播渠道。

3. 拓宽学生图片、视频等素材的获取渠道。

二、实验内容

借鉴迪士尼“飞跃地平线”项目，为大型装置体验项目“绝美四川”主题内容进行脚本制作，选取具有代表性的景观，并通过主题线索的策划，确定互动展示景观的数量、图片、声音及视频素材，并撰写展示脚本。

三、实验成果

1. 形成“绝美四川”主题体现项目逻辑脚本一份。

[复习思考]

1. 什么是地文景观类旅游资源？如何处理地文景观类旅游资源开发与保护的关系？

2. 四川地文景观类旅游资源具有哪些特征？

3. 在地文景观的开发过程中，保护应该是放在首位的，请查阅相关资料，熟悉国内外在地文景观保护中具有较好示范效应的保护措施？并举例说明。

第五章

四川水域景观类旅游资源

■学习目标

1. 掌握水域景观类旅游资源的基本概念、特点及类型。
2. 理解水域景观类旅游资源的价值。
3. 熟悉四川水域景观类旅游资源的类型及其典型代表。
4. 了解水域景观类旅游资源的开发与保护。

[导入案例]

夜游锦江

刘建龙

泛舟锦江，夜景如梦似幻，
现代灯光之炫，令人陶醉。
公园城市之美，令人赞叹。

府南河原名锦江（2005年5月，府南河复名锦江），是岷江流经成都市区的两条主要河流——府河、南河的合称。府河古称郫江，南河古称检江。府河进入市区后绕城北、城东而流。唐时，改郫江从府城下经过，成为护城河，故称府河。南河是李冰修都江堰时从岷江干流上分流的一条支流，绕成都西、南，向东流去。两河在合江亭相汇东去，往南经乐山、宜宾入长江。锦江流经旧城区段总长29千米。合江亭始建于唐贞元年间，由西川节度使韦皋在郫江（今府河）与流江（今南河）交汇处兴建，是文人骚客吟诗作赋、迎来送往、宴请宾朋之处。

从杜甫的“门泊东吴万里船”，到马可·波罗的“水上船舶甚众，未闻未见者，必不信其有之也”，锦江水悠悠，船只来往，承载着成都的历史故事。成都市全新打造的“夜游锦江”游船项目正式开始运营。波光粼粼的锦江水面，被载有游客的游船划开。游船顺流而下，伴着悠扬古乐，游客尽览两岸城市光影。“夜游锦江”以“锦江故事卷轴”为主线，串联都市休闲、东门集市、闹市禅修、锦官古驿四大片区，打造“夜市、夜食、夜展、夜秀、夜节、夜宿”六大主题场景，绘制出“老成都、蜀都味、国际范”的生活美学地图。“夜游锦江”现有两条游览线，一条从东门码头出发，途径菩提秀、码头故事、十二月市、建筑光影秀、帆船秀、水幕喷泉、合江亭，终点为廊桥；一条从音乐广场码头出发，途径合江亭、水幕喷泉、帆船秀、建筑光影秀、十二月市、码头故事、菩提秀，终点为东门码头。

案例思考

1.“夜游锦江”主要利用的是哪类旅游资源?

2.“夜游锦江”结合了成都的哪些文化旅游资源?

第一节　水域景观类旅游资源的概念与价值

一、水域景观类旅游资源的概念

（一）水域景观的概念

水是自然资源的重要组成部分。它既是保障人类生活和生产的重要物质条件，又是构成旅游景观的重要物质基础。各种形态的水体在地质地貌、气候、生物以及人类活动等因素的配合下，形成不同类型的水体景观，即水域景观，如汹涌澎湃、烟波浩淼的大海，波光粼粼、波涛汹涌的河流，轻柔幽静、清澈透明的湖水，壮观奔放、飞流直下的瀑布，秀美清丽、奇妙无穷的泉水，银装素裹、巍峨挺拔的雪山等。

（二）水域景观类旅游资源的概念

在不同时间、不同地点去欣赏这些水体资源，都会给人以不同的体验、不同的感受以及产生不同的意境，构成了自然旅游资源的重要组成部分。因此，凡能吸引旅游者进行观光游览、度假健身、参与体验等活动的各种水体资源，都可视为水域景观类旅游资源。

二、水域景观类旅游资源的价值

水域景观能从不同的方面满足游客的多种旅游需求和旅游动机，主要体现在以下几个方面。

（一）具有审美功能，可以开展观赏旅游

水体以它独有的形、声、色、影、态变化的多样性展示着特有的美感，成为旅游中重要的审美对象。水体给游人的美感是多方面的，有水的壮阔之美、水的秀丽之美、水的奇特之美等。

（二）具有疗养功能，可以开展休闲健体旅游

温泉、矿泉、海水、湖泊等均具有疗养的功能，对于人体的保健和医疗，有着重要的作用。这些水体中含有多种微量元素及其他化学成分，有一定的矿化度，通过对

人体的药理和化学生物作用，具有治病健身的功效。明代医药学家李时珍在《本草纲目》一书中，对温泉的性质和疗效记载甚详："温泉主治诸风湿、筋骨挛缩及肌皮顽痹、手足不遂、无眉发、疥、癣诸疾。"古籍中描述温泉的则更多，由此可见，温泉对人体的益处早已为古人所重视。我国大多数的温泉所在地，山川秀丽，风景如画，是人们疗养和旅游的好去处。

（三）具有品茗功能，可以开展茶文化旅游

饮茶品茗，以修身养性，陶冶情操，是我国人民生活中一项颇具典型意义并富有特色的生活艺术。茶与水的关系极为重要。我国人民在几千年的饮茶习惯中，既重视茶叶的质量，又重视水的质量。人们对茶中色、香、味的体验，不需过多的雕琢粉饰。

（四）具有娱乐功能，可以开展水上游乐旅游

借助于水体资源，人们可以开展丰富多彩的娱乐活动，游泳、垂钓、潜水、荡船、冲浪、漂流、滑水、海水浴等活动，都要借助于清澈的河水、碧波荡漾的湖泊、水质良好的海域和风光优美的海滨。一些旅游胜地都是借助于一定的水体资源、良好的气候条件、优美迷人的自然风景开展海水浴、驾船扬帆、潜水、观景等体验性的旅游活动，吸引了广大的中外游客。

（五）含有文化内涵，可以开展水文化旅游

水体资源不仅是旅游资源的重要组成部分，也是人们吟诗作赋的主要对象。古往今来，不少的文人墨客以秀丽的江河湖白、雄浑壮丽的瀑布、清澈甘醇的泉水为对象，写下了许多流传至今的优美诗篇。除此之外，还有许多水体资源旁边的摩崖石刻、传说故事等，形成了丰厚的文化积淀和浓郁的文化氛围，从而提高了水体资源的观赏价值，也为开展水体的文化旅游创造了有利条件。

第二节　四川水域景观类旅游资源概况

一、总体概况

四川省共有水域景观类旅游资源 17 716 处，占四川省旅游资源总量的 7.21%，其中新发现、新认定资源 6 607 处，占水域景观总量的 37.30%。水域景观类旅游资源分为 4 个亚类、13 个基本类型。从 4 个亚类资源数量来看，湖沼亚类数量最多，占水域景观类旅游资源总量的 50.75%；其次为河系亚类，占比为 40.64%。新发现、新认定资源也主要集中分布于河系、湖沼 2 个亚类。从 13 个基本类型资源数量来看，湖泊水库基本类型的数量最多，占水域景观类旅游资源总量的 36.09%；其次为游憩河段、瀑布跌水 2 个基本类型，占比分别为 18.07% 和 11.90%。新发现新认定资源也主要集中分布于这 3 个基本类型。

四川省水域景观类旅游资源分类统计见表 5-1。

表 5-1　四川省水域景观类旅游资源分类统计　　单位：处

资源类型	总量	新发现、新认定数量	资源类型	总量	新发现、新认定数量
河系	7 199	3 262	湖沼	8 991	2 764
河曲与河湾	1 492	719	湖泊、水库	6 393	1 780
游憩河段	3 201	1 302	潭池	1 626	568
古河道	113	53	湖湾、湖心岛	262	99
河（江）心岛	285	154	湿地	71	317
瀑布、跌水	2 108	1 034	冰雪地	330	147
地下水	1 196	434	积雪地	234	97
泉水	985	369	现代冰川	96	50
埋藏水体	211	65			

总体来看，四川山川纵横，江河众多，冰川密集，湖泊水库千姿百态，各类冷泉、热泉层出不穷，水域景观资源类型多样、数量众多、分布广泛。

二、类型特征分析

（一）河系亚类

1. 总体特征

四川省有河系亚类景观资源 7 199 处，其中以游憩河段数量最多，占河系亚类总量的 44.46%；其次为瀑布、跌水和河曲与河湾，分别占总量的 29.28%和 20.73%；河（江）心岛和古河道资源相对较少。河系亚类景观资源中新发现、新认定资源 3 262 处，其中游憩河段数量最多，占该亚类新发现、新认定资源总量的 39.91%；其次为瀑布跌水和河曲与河湾，占比分别为 31.70%和 22.04%。河系亚类景观优质资源名录见表 5-2。

表 5-2　河系亚类景观优质资源名录

资源类型	典型资源
河曲与河湾	九曲潼江、嘉陵江昭化曲流（山水太极）、青竹江曲流、嘉陵江阆中曲流、长江南溪曲流（长江第一湾）、嘉陵江东西关曲流（太极湖）、黄河唐克曲流（黄河九曲第一湾）、金沙江得荣瓦卡曲流（金沙江第一湾）、嘉陵江青居曲流、嘉陵江马回曲流、渠江八濛山曲流
游憩河段	旭水河自贡贡井古盐道、沱江富顺段游憩河段、长江泸州江阳游憩河段、沱江泸州江阳游憩河段、乐山三江汇流、岷江嘉州小三峡、嘉陵江顺庆游憩河段、越溪河叙州游憩河段、清江游憩河段（十里清江）、象鼻河游憩河段、则曲河游憩河段、寿江游憩河段
瀑布、跌水	画稿溪瀑布群、八节洞瀑布群、大龙口瀑布、虎牙瀑布、蜀南竹海七彩飞瀑、望月大瀑布、天意谷瀑布群、飞瀑流辉、珍珠滩瀑布、熊猫海瀑布、诺日朗瀑布、树正瀑布、玛琉岩瀑布、扎嘎瀑布、洗身洞瀑布、十八月潭瀑布群、黄龙瀑布群

2. 基本类型特征分析

（1）河曲与河湾（1 492 处）。

河曲与河湾指河流的迂回曲折处。

河曲与河湾资源遍布四川省，但在不同地貌单元具有不同的特征：川西北高原地区地形相对平缓，黄河水系流经该区域，形成具有极高观赏价值的自由型河曲与河湾资源，典型资源有红原月亮湾、若尔盖县唐克曲流；川西南山地，山高谷深，河系总体呈南北走向，自东向西分别为岷江、大渡河、雅砻江、金沙江流经该区域，受地形地貌及构造因素影响，形成了大量深切型的河曲与河湾资源，以Ω形的深切河曲最具特色，典型资源有金沙江得荣瓦卡曲流（金沙江第一湾）等；东部四川盆地的平原及丘陵地区，长江水系的主要支流自北向南由山区流入盆地，河水流速变缓，形成大量的平面上呈V形和U形的河曲及少量的Ω形河曲，平原丘陵地区的河曲与河湾资源以曲流长度大、流量大、水域面积广为特色，如嘉陵江阆中曲流、长江南溪曲流（长江第一湾）等。

（2）游憩河段（3 201处）。

游憩河段是指可供观光游览的河流段落。

四川的游憩河段资源分布较广，在不同区域具有不同的特征。位于川西的长江主要支流，其河段以深切割为主要特征，与两岸的悬崖峭壁相组合，形成十分壮美的峡谷河流游憩河段，如雅砻江水域风光等；川西及盆周山地的沟谷地带的小型河流（溪流），则多与沟谷中的植被、冰川遗迹、远处的雪山组合形成极具观赏、游览价值的游憩河段资源，如亚丁贡嘎银河、九寨沟孔雀河道等，该类型的游憩河段部分还具有漂流、溯溪等娱乐功能，如威远石板河、宣汉巴山大峡谷内的桃溪河漂流河段等；而在四川盆地平原及丘陵地区游憩河段则水势平缓，蜿蜒曲折，水域开阔，多与城市、人文相结合，形成秀美的、人文气息浓厚的水域景观资源，如府南河（合江亭段）、沱江（富顺段）、会理十里城河等。

（3）古河道（113处）。

古河道是指已经消失的历史河道现存段落、阶地、三角洲、离堆等。古河道资源主要分布在四川盆地内的平原及丘陵地区，多具有历史人文色彩，典型资源有张献忠江口沉银古河道，嘉陵江新政离堆，乌尤离堆等。

（4）河（江）心岛（285处）。

河（江）心岛是指江河中的小型岛屿、洲、矶等。河（江）心岛资源多分布在水流相对平缓的川西北高原地区和四川盆地内的平原及丘陵地区。高原地区的河（江）心岛往往受辫状河的影响，具有多个小型的河（江）心岛相互组合的特征，如雅砻江上游地区的石渠普公坝河心岛等；而盆地内平原及丘陵地区发育的江（河）心岛则往往具有较强的人文色彩，如眉山市东坡区岷江中的东坡岛，广安市武胜县嘉陵江上的太极岛等。

（5）瀑布、跌水（2 108处）。

瀑布、跌水是指从河谷纵剖面上倾斜下来的水流，主要由水流对软硬岩石差别侵蚀而成，从陡坡上跌落下来落差不大的水流为跌水，规模、落差较大者则为瀑布。受地势、高差等因素影响，瀑布、跌水资源主要分布于川西山地及四川盆地四周山地，少量分布于盆地中的丘陵地区。四川瀑布多种多样且各具特色，从钙华瀑布、溶洞瀑布到丹霞瀑布，从温泉瀑布到冰瀑，创下了多个全国乃至全球之最，如全国最宽的钙华瀑布——诺日朗瀑布，有亚洲第一冰瀑群之称的虎牙冰瀑，全球最大的温泉瀑布——螺髻山温泉瀑布等。

（二）湖沼亚类

1. 总体特征

四川省有湖泊亚类景观资源 8 991 处，其中以湖泊、水库数量最多，占亚类总数的 71.10%，其次为潭池和湿地，分别占亚类总数的 18.08%和 7.90%，湖湾、湖心岛数量相对较少。

湖沼亚类中新发现新认定资源 2 764 处，其中，湖泊、水库数量最多，占该亚类新发现、新认定资源总量的 64.40%；其次为潭池和湿地，占比分别为 20.55%和 11.47%；湖湾、湖心岛资源新发现新认定资源相对较少。湖沼亚类景观优质资源名录见表 5-3。

表 5-3　湖沼亚类景观优质资源名录

资源类型	典型资源
湖泊、水库	五彩池、青龙湖、镜海、金铃海、五花海、熊猫海、箭竹海、天鹅海、犀牛海、长海、五彩池、树正群海、双龙海、芦苇海、神蛙海、若尔盖花湖、冷嘎措、猎塔湖、伍须海、仙女湖、德差佛珠海、卡萨湖、错通三联湖、新路海、麦拉降措、拉龙措、众措湖群、格木湖群（措然珠，擦曲措、措那合措）、措尼巴（姊妹湖）、措普、卓玛拉措（珍珠海）、丹增措（五色海）、俄绒措（牛奶海）、朗措、兴伊措、措达海子、辛开措、章纳措、银措、冬措、迈迈措、哲如措、次仁措、永尼措、邛海、泸沽湖、螺髻山湖泊群、彝海、马湖、龙池湖、大小杜鹃池、党岭湖泊群、亚莫措根湖、措卡湖、香巴拉七湖、连三海、叠溪大小海子、小相岭湖泊群、大瓦山湖泊群、九寨沟湖泊群、神仙池湖泊潭池群、牟尼沟湖泊群、新龙海子山湖泊群、白玉海子山湖泊群、理塘海子山湖泊群、稻城海子山湖泊群、松平沟湖泊群、雪宝顶花海子、木格措、荷花海、三岔水库（三岔湖）、马庙水库（凤凰湖）、黄桷坝水库（黄龙湖）、烂泥坝水库（金龙湖）、仙海湖、鲁班水库（鲁班湖）、宝珠寺水库（白龙湖）利州段、亭子口水库（亭子湖）昭化段、宝珠寺水库（白龙湖）青川段、亭子口水库（亭子湖）剑阁段、升钟水库（升钟湖）剑阁段、过军渡水库（观音湖）、麻子滩水库（莲花湖）、古宇庙水库（古宇湖）、升钟水库（升钟湖）南部段、瓦屋山水库（雅女湖）、向家坝水库叙州段、向家坝水库屏山段、响水滩水库（翠湖）、大洪河水库（大洪湖）邻水段、华蓥山天池、明星水库（九龙湖）、宝石桥水库（宝石湖）、化成水库（化湖）、长海子水库（香格里拉湖）、乌东德水库、大桥水库（安宁湖）、白水河水库（白水湖）、坛罐窑水库（桫椤湖）、金银台水库（金沙湖）、武都水库、玉堂水库（玉湖）、乌木滩水库（百岛湖）、双溪水库（双溪湖）、黄河镇水库（黄鹤湖）、飞仙关水库（飞仙湖）、尖山水库（尖山湖）、红岩子水库（红岩子湖）、大深沟水库（大深南海）、红旗水库（青龙湖）、黑龙滩水库（黑龙滩）、全民水库（白云湖）、柏林水库（柏水湖）
潭池	格聂之眼、潜龙十八潭、十八月潭、明镜倒影池、盆景池、娑萝映彩池、争艳彩池、盆景滩、老虎海、巴旺海、黄龙潭池群、卡龙沟潭池群、玉龙溪潭池群
湖湾、湖心岛	泸沽湖王妃岛
湿地	新津白鹤滩湿地、月坝湿地、柏林湖湿地、过军渡水库（观音湖）湿地、大渡河沙湾湿地、大瓦山湿地、构溪河湿地、岷江源湿地、南莫且湿地、漫泽塘湿地、虾拉沱湿地、雅砻江湿地、阿须湿地、察青松多湿地、泥拉坝湿地、圣水门湿地、邛海湿地、泸沽湖草海、乐安湿地、南河湿地、相如湖湿地、驷马河湿地、雅安海子山湿地、多美林卡湿地、嘎曲湿地、长沙贡玛湿地、若尔盖湿地、龙泉青龙湖湿地、谷克德湿地、三江湖湿地、无量河湿地

2. 基本类型特征分析

（1）湖泊、水库（6 393 处）。

湖泊、水库是指湖泊、水库的观光游览区与段落。四川的天然湖泊以冰川湖、构造湖及堰塞湖为主，大型的构造湖主要分布在攀西地区，以邛海和泸沽湖为代表；冰川湖主要分布在川西高原以及山地的冰川 U 形谷中，如全国最大的冰川终碛堰塞湖玉隆拉措（新路海）、稻城亚丁海子群、毕棚沟海子群等；四川作为地震多发地区，地震堰塞湖也极具特色，典型资源如马湖、叠溪-松坪沟海子群等。四川的人工水库（湖泊）几乎遍布全省，在不同地貌区域形成不同特征，在盆地内平原、丘陵地带，人工水库以“湖内多岛”为主要特征，大型人工水库往往形成“千岛湖”，并多具康养游乐功能，如鲁班水库、沉抗水库（仙海湖）、三岔水库（三岔湖）等；在川西及四川盆地周边的山地，人工湖泊多为河流上游人工修筑的水电站，形成“高峡平湖”的壮观景色，如亭子口水库（亭子湖）、瓦屋山水库（雅女湖）、向家坝水库、紫坪铺水库等。

（2）潭池（1 626 处）。

潭池是指四周有岸的小片水域。四川境内人工潭池主要分布在城市中，虽数量较多，但品质相对较低；天然潭池主要分布在盆周山地及川西山地的沟谷中，如南江县大巴山中的十八月潭、旺苍县米仓山中的潜龙十八潭等；在川西高原则主要为冰蚀湖和高寒岩溶形成的钙华池等，如黄龙钙华池、九寨沟五彩池等。

（3）湖湾、湖心岛（262 处）。

湖湾、湖心岛是指湖泊中的迂曲处和小型岛屿。湖湾、湖心岛伴随于大型湖泊、水库而产生，分布于四川境内的大型的天然湖泊和人工水库中，数量较其他湖沼亚类资源较少，以湖心岛更具特色，如泸沽湖王妃岛。

（4）湿地（710 处）。

湿地是指天然或人工形成的沼泽地等带有静止或流动水体的成片浅水区。湿地资源多伴随河流、湖泊资源形成，广泛分布于四川全省。四川的湿地资源以高原沼泽湿地最具特色，主要分布在川西北高原地区，以素有黄河“蓄水池”之称的若尔盖湿地最为知名。若尔盖湿地是中国三大湿地之一，也是世界面积最大、保存最完好的泥炭沼泽湿地，此外还有阿坝县漫泽塘湿地、壤塘县南莫且湿地、石渠县长沙贡玛湿地、色达县泥拉坝湿地、炉霍县虾拉沱湿地等典型高原湿地资源；在川西南山地及盆周山地，则分布着较多的高山湿地，如广元月坝高山湿地、雅安海子山高山湿地、大瓦山湿地等；在川西南地区还有少量湿地分布于大型天然湖泊的边缘，如泸沽湖万亩草海、邛海湿地等。四川盆地内的湿地均为沿湖、江、河分布，多位于城市内部或城市边缘，以人工湿地为主，如遂宁观音湖湿地、阆中构溪河湿地等。

（三）地下水亚类

1. 总体特征

四川省有地下水亚类景观资源 1 196 处，其中，泉水资源数量相对较多，占该亚类总量的 82.36%。地下水亚类景观资源中新发现、新认定资源 434 处，其中泉水数量相对较多，占该亚类景观资源新发现、新认定资源总量的 85.02%。地下水亚类景观优质资源名录见表 5-4。

表 5-4　地下水亚类景观优质资源名录

资源类型	典型资源
泉水	古尔沟热矿泉、二道桥温泉、木格措温泉、海螺沟热水沟温泉、海螺沟杉树坪温泉、茶洛气热泉群、章德温泉、茹布查卡温泉、螺髻山温泉、红格温泉、牟尼沟翡翠矿泉、峨眉山龙门泉、九寨沟矿泉、安州沸泉、广汉大小涌泉、大邑大飞水泉、上里白马泉、海瀛潮涌间歇泉、蓝剑矿泉、玉妃泉、转花泉
埋藏水体	花水湾温泉、罗浮山温泉、剑门关温泉、铜锣山温泉、旭日岭温泉、巡司温泉、周公山温泉、老榆林温泉、峨眉山温泉

2. 基本类型特征分析

（1）泉水（985 处）。

泉水是指地下水的天然露头。四川的泉水资源以温泉（热水）资源最具特色。天然出露的温泉主要分布在川西地区，极少部分分布在四川盆地（如筠连县巡司温泉）。川西地区是四川天然温泉的富集区，该区域温泉出露数量之丰富、类型之多样、功能之齐全球罕见。据统计，川西地区有记载的温泉多达 269 处，其出露主要受构造控制，在空间上呈线状分布，多分布于断裂带上，主要有鲜水河地热带、甘孜-理塘地热带、义敦-乡城地热带、安宁河地热带。这些温泉中还有一部分特色十分鲜明，如拥有多口间歇喷泉的茶洛气热泉群、全球最大的温泉瀑布——螺髻山瀑布温泉、人蛇共浴的乡城热槽考蛇泉以及海螺沟冰川温泉等。四川的冷泉资源也较为丰富，代表性资源有曾被原地矿部列为中国十大名泉的松潘牟尼沟翡翠矿泉，广汉大小涌泉，绵竹玉妃泉，大邑大小飞水及雅安上里白马泉等。

（2）埋藏水体（211 处）。

埋藏水体是埋藏于地下的温度适宜、具有矿物元素的地下热水、热汽。四川的埋藏水体资源以温泉（热水）资源最具特色，热水埋藏水体资源主要分布在盆地内部及盆周地区，由人工钻井出露，典型资源有绵阳罗浮山温泉、成都花水湾温泉、达州海明湖温泉等。

（四）冰雪地亚类

1. 总体特征

四川省有冰雪地亚类景观资源 330 处，其中，积雪地资源数量相对较多，占该亚类总量的 70.91%。冰雪地亚类中新发现、新认定资源 147 处，其中积雪地数量相对较多，为 97 处，占该亚类新发现新认定资源总量的 65.99%。冰雪地亚类优质资源名录见表 5-5。

表 5-5　冰雪地亚类优质资源名录

资源类型	典型资源
现代冰川	巴颜喀拉山莲宝叶则冰川、岷山雪宝顶冰川、贡嘎山燕子沟冰川、贡嘎山海螺沟冰川、贡嘎山海螺沟大冰瀑布、贡嘎山海螺沟冰川大冰舌、贡嘎山大小贡巴冰川、贡嘎山磨子沟冰川、邛崃山达古冰川、四姑娘山冰川、邛崃山别斯满冰川、沙鲁里山雀儿山冰川、沙鲁里山格聂冰川、沙鲁里山党结真纳冰川、沙鲁里山亚丁三神山冰川等

2. 基本类型特征分析

（1）积雪地（234处）。

积雪地是指长时间不融化的降雪堆积面。受地形及海拔影响，四川的积雪地资源主要分布在川西的高山、极高山地区，典型资源有扎茸雪山、卡瓦洛日雪山等。此外，还有部分积雪地资源分布在盆周山地，这些地区冬季长时间积雪，具有相对高山、极高山地区更强的冰雪旅游体验性，典型资源如绵阳虎牙雪景、巴中南江大坝冰雪地等。

（2）现代冰川（96处）。

四川的现代冰川资源储量达210万立方米，共有680余条，集中分布在川西横断山脉中的高山、极高山地区，包括横断山脉北部的雀儿山-沙鲁里山的现代冰川（约264条）、大雪山的现代冰川（约195条）、横断山脉东部的贡嘎山地区冰川（约74条）、邛崃山-四姑娘山冰川（约98条）以及邛崃山与岷山过渡带的达古冰川（约13条）和岷山雪宝顶冰川（约8条）。冰川的分布总体上自西向东随着地形从青藏高原向四川盆地过渡而减少，受降水及太阳辐射差异影响，在山地的北东和北西坡向分布最多。从冰川发育的水热条件和冰川的物理特征角度来看，四川的现代冰川都是在季风海洋性气候条件下形成的，均属海洋性冰川。在形态类型上以山谷冰川、悬谷冰川、冰斗冰川为主，普遍发育粒雪盆、冰塔林、冰洞、冰蘑菇等景观。四川的现代冰川虽然覆盖面积不及新疆、西藏，且以小型山岳冰川为主，但也独树一帜，创造了多项全国第一甚至世界第一。比如，雪宝顶冰川是我国分布最东部的冰川；海螺沟冰川是亚洲海拔最低的现代冰川；贡嘎山的贡巴冰川最大冰厚达263米，创造了我国山谷冰川冰厚的最高纪录；达古冰川则是世界最“年轻”的冰川。

第三节　四川水域景观类旅游资源的典型代表

四川河网密布，有类型多样的水域风光生态旅游资源，主要包括河流、湖泊与池沼、瀑布、泉水、冰川等。大江大河与沟壑溪流纵横交错，湖泊海子分布众多，冰川和高原沼泽湿地闻名中外。其中“童话世界”九寨沟的108个串珠式湖泊群、“人间瑶池”黄龙的钙化五彩池最具盛名。水域风光生态旅游资源适宜开展观光、漂流、探险、度假等生态旅游活动。

一、河系旅游资源

四川号称“千河之省”，有长江水系和黄河水系支流1 400多条，流域面积在500平方千米以上的有343条。长江干流、金沙江、雅砻江、岷江、大渡河、嘉陵江等河流及沿岸风光各具特色，已经开展了一定规模的观光、探险、漂流等生态旅游活动。

（一）岷江

岷江，长江上游最大的支流。历史上，岷江曾被认为是长江正源，明代徐霞客通过实地调查得出金沙江一支才是长江正源。岷江全长735千米，大小支流90余条，流域面积近14万平方千米，落差3 500米，每年流量高达900亿立方米以上（黄河为560亿立方米）。

岷江有东西二源：东源出自岷山海拔 3 727 米的弓杠岭；西源出自岷山海拔 4 610 米的朗架岭，一般以东源为正源，两源汇合于虹桥关上游川主寺后，自北向南流经茂县、汶川、都江堰；穿过成都平原的新津、彭山、眉山，再经青神、乐山、犍为，于宜宾注入长江。岷江孕育了古老的藏羌风情，造就了泽被千古的都江堰，留下了奇异瑰丽的远古文明，岷江的惠泽之功，使她赢得了“天府之国母亲河”的美誉。

（二）金沙江

金沙江是长江的正源，全长 2 316 千米，在四川境内长 1 375 千米，流域面积 34 万平方千米，其流经区域是四川省内自然生态保存完好，拥有巨大的水能资源和生态资源。由于金沙江流经山高谷深的横断山区，水流湍急，向东南奔腾直下，至云南丽江纳西族自治县石鼓附近突然转向东北，形成著名的虎跳峡。其两岸山岭与江面高差达 2 500~3 000 米，是世界最深的峡谷之一。

（三）沱江

沱江长 712 千米，因《史记》记载“岷江导江，东别为沱”的记述而得名，并被视为岷江的“双生”河流，与岷江一起构成放射状水系。它是长江左岸唯一一条流域全部在四川境内的一级支流。

沱江发源于茂县九顶山，流到金堂赵镇接纳沱江支流——毗河、清白江、湔江及石亭江四条上游支流后，穿龙泉山金堂峡，经简阳、资阳、资中、内江、富顺等至泸州汇入长江，全长 712 千米，流域面积 3. 29 万平方千米。沱江从源头至金堂赵镇为上游，长 127 千米，称绵远河；从赵镇起至河口称沱江，长 522 千米。沱江流域内有成都、德阳、内江、自贡、资阳、绵阳、遂宁、泸州等大中城市，流域人口密度高于其他各河。沱江主要流经盆地丘陵地区，沿途土地肥沃，人口聚集，文化悠久，古迹众多，是古蜀文化最集中的流域之一。它神奇地将三星堆遗址、资阳人遗址、自贡“恐龙王国”、安岳石刻、荣县石刻等中华文化瑰宝串联起来。

（四）嘉陵江

嘉陵江干流发源于秦岭，经陕西省、甘肃省、四川省、重庆市，注入长江。嘉陵江干流全长 1 345 千米，干支流流域面积近 16 万平方千米，是长江支流中流域面积最大的支流，也是长江支流中长度仅次于汉江，流量仅次于岷江的大河。在四川省境内，嘉陵江干流自陕西凤县向南与西汉水汇合后，流经略阳县、阳平关入川。过广元市，在昭化区接纳白龙江，南流至阆中市，在南部县和蓬安县接纳西河至合川区，渠江、涪江分别在左、右岸汇入，于重庆市朝天门注入长江，在四川境内河长 796 千米。

嘉陵江古称阆水、渝水，其支流众多，最大的两条支流是涪江和渠江。涪江发源于岷山雪宝顶，流经绵阳、德阳、遂宁、广安等川中丘陵地区；渠江又称潜江，发源于大巴山，流经巴中、达州至渠县三汇镇。涪江和渠江均于合川与嘉陵江汇合。嘉陵江是四川古蜀道遗址和三国蜀汉遗迹分布最广最集中的区域，是四川北部和东部的一条重要旅游线路。

（五）大渡河

大渡河古称沫水，位于四川省西部，是岷江最大的支流和正源，发源于青海省玉树藏族自治州境内巴颜喀拉山南麓，向南流入四川省，分别流经阿坝州、甘孜州、雅安市、凉山州、乐山市，全长 1 155 千米，流域面积 8. 27 万平方千米。

大渡河主源大金川发源于青海，在四川丹巴县与小金川汇合后称大渡河，在雅安境内安顺场附近折向东流，在乐山市与青衣江汇合。大渡河沿途多峡谷，水流湍急，其中在金口河段的金口大峡谷最为著名，被誉为“世界最具魅力的天然公园”。

（六）雅砻江

雅砻江古称若水、泸水，其干流总长约 1 500 千米，流域面积 14.4 万平方千米，在四川境内全长 1 375 千米，是金沙江的支流。雅砻江发源于青海省巴颜喀拉山南麓，东南流入四川省西北部，在甘孜以下称雅砻江，沿大雪山西侧经新龙、雅江等县，飞驰过贡嘎山西麓，越过攀枝花，汇入金沙江。雅砻江是四川各大江河中最洁净的大江，泥沙最少，多年平均含沙量仅有 0.5 千克/立方米，终年保持着白、绿、碧、清的本色。

二、游憩河段旅游资源

（一）金沙江流域生态文化旅游河段

金沙江第一湾位于云南省迪庆藏族自治州德钦县奔子栏镇和四川省得荣县子庚乡交界处，当地人称月亮湾。由北向南纵贯全境的曲定河，在先后接纳了玛伊河和硕曲河之后，携三江之水投入金沙江的怀抱，在江水汇合处，形成“三壁夹两江”的奇景。

（二）岷江流域生态文化旅游河段

岷江流域地区的生态文化资源极为丰富，而且特色鲜明。从资源类型看，其包含遗址遗迹、建筑与设施、人文活动三个主类，包括古蜀文明历史遗迹、藏羌民族文化资源、宗教文化资源、红军文化遗迹等。在岷江上游保存着古老的羌族文化。从彭山到宜宾以南的岷江两岸有着数以万计的崖墓，体现了“居于石室，葬于石穴”的巴蜀古俗。

岷江流域生态文化旅游资源包括松潘黄龙寺、茂县叠溪海子、青城山、乐山大佛、彭山仙女山、眉山三苏祠、犍为罗城镇平面船形建筑、理县姜维城、米亚罗羌寨、新津纯阳观及老君山、崇州罨画池及九龙沟、大邑西岭雪山及刘氏庄园，邛崃文君井及天台山、蒲江三湖一阁、仁寿黑龙潭、井研三江白塔、青神上下中岩寺、成都平原 8 大史前城址群、汶川县卧龙自然保护区、马边县大风顶自然保护区。

（三）沱江流域生态文化旅游河段

名胜古迹在沱江流域随处可见。新都有桂湖和宝光寺，广汉有三星堆遗址，德阳有庞统祠，彭州有龙兴寺斜塔，另外，还包括安岳石刻、荣县大佛。

沱江三峡。第一峡金堂峡，全长 13 千米，像个大“S”，江宽 100 米左右；第二峡月亮峡，从资中县登瀛台到归德乡，全长 21 千米；第三峡青山峡，在富顺县安溪镇境内，全长 2 千米。

（四）青衣江流域民俗文化旅游河段

青衣江地处“三重结合与过渡”的地带：①成都平原与青藏高原的接合与过渡地带；②汉文化与藏文化、彝文化接合与过渡地带；③现代都市区与原始生态区的接合与过渡地带。

（五）嘉陵江流域生态文化旅游河段

嘉陵江流域有国家级森林公园、自然保护区和重点风景区 8 个，省级风景名胜区

23 个。嘉陵江流域有以广元明月峡、麻柳峡为代表的峡谷风光；以唐家河为代表的珍稀动植物宝库；以七里峡、曾家山为代表的喀斯特溶洞风光；以天台山、金城山、唐家大山等为代表的森林公园；以南充太和白鹭、凤垭山为代表的生态旅游区；以白龙湖、升钟湖为代表的人工湖泊。

（六）雅砻江生态旅游河段景观

雅砻江干流总长约 1 500 千米，流入四川后通过省内面积最大、海拔最高、气温最低的石渠县，来到曾是红军长征时红二、红四方面军会师之地甘孜县，然后在连绵不断的峡谷中咆哮、怒吼着，以势不可挡的气势，向南穿过以黄金产地闻名的新龙县，饱览了雅江县箭杆山雄伟壮丽的景色之后飞驰过四川第一高峰——海拔 7 556 米的贡嘎山，来到盛产良木的木里县白碉附近，环绕锦屏山绕了个一百多度的大急弯，形成著名的雅砻江大河湾。在大河湾口处，它流经当年红军长征时，刘伯承将军与小叶丹歃血为盟的冕宁县，又勇敢地挤过锦屏山和牦牛山勒成的峡谷，一泻千里，越过钢城攀枝花，投入金沙江的怀抱。雅砻江在四川境内全长 1 375 千米。

三、湖沼旅游资源

四川湖泊星罗棋布。有天然湖泊 1 000 多个，面积大于 1 平方千米的有多处，如泸沽湖、邛海、长海、新路海等；大小水库 6 672 座（其中大中型水库 107 座），如二滩、龙泉湖、三岔水库等，这些都是开展观光、休闲度假等水上生态旅游活动的理想资源。分布于川西高原的阿坝、红原和若尔盖之间的沼泽，是我国第二大沼泽，是开展观光、科学考察等生态旅游活动的适宜目的地。

（一）堰塞湖

1. 叠溪海子

叠溪海子位于阿坝州茂县境内，是 1933 年叠溪 7.5 级大地震留下的长 10 千米，宽 1 千米的地震堰塞湖。海子最深处 98 米，平均深度 82 米，蓄水量 1.25 亿立方米，湖面面积有 350 万平方米，是世界上保存最完整、最典型和最大的地震遗迹，被外国地质科学家誉为“中国最美的地震堰塞湖遗迹”。

2. 马湖

马湖位于凉山州雷波县境内，水域面积 7.3 平方千米，距县城 47 千米。马湖是我国已知的第三大高山深水天然湖泊，海拔 1 113 米，平均水深 70 余米，最深处 180 米。马湖东、西、南三面为高山屏障，北面为玄武岩、石灰岩碎块堆积而成的天然石坝。湖区港湾深幽，湖岸曲折多变，湖底灰岩层光滑细腻，无淤泥，湖水四季盈盈，清澈透明，无任何污染。湖中最大的岛屿——孟获岛上建有海龙庙，庙中主殿为孟获殿，是全国唯一的一座祭祀孟获的庙宇。

（二）构造湖

1. 泸沽湖

泸沽湖位于云南省宁蒗县北部永宁乡和四川省盐源县左侧的万山丛中。泸沽湖为川滇两省界湖，四川境内的面积约占总面积的 2/3，四川一侧湖岸线比云南的湖岸线要长得多。

泸沽湖面积 50 多平方千米，海拔 2 690 米，平均水深 45 米，最深处达 93 米，透明度达 11 米，最大能见度 12 米。

2. 邛海

邛海是四川省第二大淡水湖，位于泸山东北麓，螺髻山北侧。邛海水质清澈透明，面积约 31 平方千米。邛海湖形似蜗牛，大多数水深在 15 米以上。

（三）人工风景湖与水库景观

1. 人工风景湖

（1）龙泉湖。

龙泉湖位于龙泉山上，是成都地区最大的人工湖泊。龙泉湖东西长 12 千米，南北宽 4 千米，蓄水 7 000 万立方米，水面达 8 273 亩（1 亩≈667 平方米）。龙泉湖水域内有孤岛 14 个、半岛 14 个。

（2）石象湖。

石象湖位于成雅高速公路 86 千米出口，成都市蒲江县境内，是国家级生态示范区。

（3）三岔湖。

三岔湖是大型水库，位于简阳市三岔街道，水域面积 27 平方千米。

（4）成都北湖。

成都北湖位于成都市成华区，规划面积 2. 86 平方千米，水域面积近千亩，绿化面积近 3 000 亩，是集水文化、鸟文化、竹文化、客家文化于一体的成都市主城区最大的人工湖泊。

（5）兴隆湖。

兴隆湖位于成都市双流区兴隆街道，天府大道中轴线东侧，工程规划在鹿溪河上筑坝，营造 5 100 亩的湖面，蓄水量超过 1 000 万立方米。

2. 水库景观

（1）都江堰紫坪铺水库。

紫坪铺水库正常蓄水位 877 米，死水位 817 米，设计洪水位 871. 1 米，核定洪水位 883. 1 米，最大坝高 156 米。紫坪铺水利枢纽工程坝址以上流域面积 22 662 平方千米，占岷江上游面积的 98%，多年平均流量 469 立方米/秒，年径流量总量 148 亿立方米，占岷江上游总量的 97%，控制上游泥沙来量的 98%，工程能有效地调节上游水量、洪水和泥沙。紫坪铺水库建成后，可调节增加枯水期洪水 7. 75 亿立方米，基本满足灌溉、城市工业、生活环境用水要求。

（2）攀枝花二滩水库。

二滩水库位于攀枝花境内雅砻江下游，两岸分别为盐边县和米易县。大坝二滩水库是一个长 145 千米、总面积 102 平方千米、平均宽 700 多米，库容 58 亿立方米的人工湖。

（四）沼泽湿地

若尔盖沼泽位于阿坝州的若尔盖高原上，是一个海拔 3 400 米以上，被高山环抱的山原，中部地势低平，谷地宽阔，湖泊众多，排水不畅。若尔盖高原沼泽在分布上有以下特点：分布广、面积大。这里的沼泽面积有 30 万公顷，是中国最大的一片泥炭沼泽。若尔盖沼泽的沼泽率高，沼泽率一般达 20%~30%。若尔盖沼泽湿地总面积达 100

万公顷，是国家湿地公园。

四、瀑布旅游资源

四川瀑布众多，有“世界第一高瀑布”——瓦屋山兰溪瀑布（高度 1 040 米）、最大的钙化瀑布——松潘牟尼沟扎嘎大瀑布（高度 108 米）、彭州小龙潭三叠瀑布（高度 70 米）、九寨沟诺日朗瀑布等，适宜开展观光生态旅游活动。四川温泉、地热、矿泉资源十分丰富。全省有名泉、矿泉 80 多处，其中绵竹玉妃泉、松潘翡翠泉已列为中国名泉。温泉地热 900 余处，著名的海螺沟温泉、黑竹沟温泉、周公山温泉、花水湾温泉等已开展了温泉度假等生态旅游活动。

（一）九寨沟瀑布群

九寨沟瀑布群，主要由诺日朗瀑布、树正瀑布和珍珠滩瀑布组成，此外还有树正群海间的梯瀑群等无数小瀑布。

1. 树正瀑布

树正瀑布位于四川九寨沟风景名胜区树正沟内，是入沟后见到的第一个瀑布，也是九寨沟四大瀑布中最小的一个。从沟口经魔鬼岩过树正群海，再向上约 1 千米，一条宽 50 余米，高 20 余米的瀑布，从古树中奔腾而出，瀑面之上，又有不少树木阻挡分流，这个出没于悬崖树林之中的瀑布，便是树正瀑布。

2. 诺日朗瀑布

诺日朗瀑布位于中国四川省九寨沟风景名胜区，海拔 2 365 米，宽 270 米，高 24.5 米，是中国大型钙化瀑布之一，也是中国最宽的瀑布。藏语中诺日朗意指男神，也有伟岸高大的意思，因此诺日朗瀑布意思就是雄伟壮观的瀑布。诺日朗瀑布落差不是很大，为 30~40 米，而瀑面却宽达 140 余米，在我国瀑布中可算第一阔瀑了。诺日朗瀑布景色四季变幻，昼夜迥异。

3. 珍珠滩瀑布

珍珠滩瀑布海拔 2 443 米，高 21 米，宽 162 米，是九寨沟内一个典型的组合景观，是拍摄《西游记》的地方。珍珠滩瀑布位于四川省九寨沟景区的五花海下游 0.5 千米左右的地方，日则沟和南日沟的交界处，有一片坡度平缓，长满了各种灌木丛的浅滩，长约 100 米水流在此经过多级跌落河谷，激流在倾斜而凹凸不平的乳黄色钙化滩面上溅起无数水珠，阳光下，点点水珠就像巨型扇贝里的粒粒珍珠，远看河中流动着一河洁白的珍珠。这就是珍珠滩。珍珠滩海拔 2 433 米，宽约 160 米，面积 9.5 万平方米，是一片巨大扇形钙华流，清澈的水流在浅黄色的钙华滩上湍泻。

（二）牟尼沟扎嘎瀑布

牟尼沟扎嘎瀑布景区长 5 千米，瀑高 104 米、宽 35 米，夏季水流量 23 立方米/秒，为中国最高的钙化瀑布。湖水从巨大的钙华梯坎上跌落，气势磅礴。整个瀑布一泄三阶，在一阶中央有一水帘洞。洞内大厅高 6 米，面积约为 50 平方米在瀑布下游的 4 千米的山溪内遍布着一层层千姿百态的彩池叠瀑。

（三）西岭雪山大飞水瀑布

西岭雪山风景名胜区景观以原始森林为依托，四季可游：春看百花，夏观群瀑，秋赏红叶，冬弄冰雪。西岭雪山尤以高山垂直分布的四季风光最具吸引力。景区水源丰富，千水漂流。九瀑一线天、五彩瀑、豹啸泉为最佳水景。在双河乡的高山峡谷，泉水从1 400米高的白雀山腰一溶洞飞滚直下 360 余米，吼声如雷，令人不禁发出“银河落九天”的感慨。须晴日，艳阳高照，飞瀑与彩虹浑然一体，美不胜收。

五、泉旅游资源

（一）玉妃泉

玉妃泉位于绵竹市西 7 千米的鹿堂山，是酿造剑南春酒的主要水源之一，是酿酒的优质水源。玉妃泉受龙门山断裂带控制，出露于侏罗系灰质砾岩溶洞，即古龙洞，水温常年保持在 13℃，稳定日流量为 1 154 立方米。

（二）翡翠泉

翡翠泉位于与扎嘎沟相邻的龙岗沟内，距松潘县城 3 千米，泉水口感独特，水质纯净，清澈透明，日流量超百吨。经华西医科大学（现为“四川大学华西医学中心”）研究证实，此泉水含有丰富的锶、锌、锂、碘等各种有益人体健康的微量元素。经检测，此泉水菌落总数为零，且有增强机体免疫功能和抗病、抗衰老的作用，是当今世界饮用天然矿泉水中的佼佼者。1991 年翡翠泉被列入中国十大名泉，1992 年获全国首届天然矿泉水开发奖。

六、埋藏水体旅游资源

四川省内发现的地热点共 365 处，温泉资源总数在全国仅次于云南和西藏，排名全国第三。大于 80℃的地热点有 9 处。四川省拥有沸泉 9 处，均分布在川西高原地区，其中巴塘、理塘各 3 处，甘孜 2 处，阿坝 1 处。沸泉虽在全省温泉中所占比例较小，但这使四川成为我国除西藏、云南、台湾等省区外少数拥有沸泉的省区之一。

（一）温泉之城康定

康定有很多天然温泉，已开发利用的就有 20 多处。

1. 木格措药泉

木格措景区距康定城 20 千米，海拔 2 900~3 800 米，是四川海拔 2 000 米以上地区最大的高山湖泊，面积为 4 万平方千米。木格措景区以高山湖泊及温泉为主要特色。称为药泉的沸泉群在 70 余平方米范围内有近百眼，且各出泉水疗效不一。此处温泉口水温高达 90℃。

2. 榆林宫“灌顶”药泉

榆林宫热泉是我国迄今所知的含特殊成分最多的医疗矿泉群之一，泉眼温度达到 88℃。榆林宫热矿泉水有十项指标达到并超过国家规定的医疗矿泉水的指标，其中七项达到命名矿泉水浓度，即碳酸水、锂水、硅水、氟水、硫化氢水、镭水和重碳酸盐水。

（二）海螺沟温泉——冰川中的温泉

海螺沟温泉位于海螺沟冰川公园二号营地及一号营地与沟口间的贡嘎神汤处。大量沸泉从地下喷涌而出，出口水温达 90℃。日流量 8 900 吨的沸泉水顺崖而下，形成一道宽 8 米、高 10 米的瀑布。

（三）花水湾温泉——古海水温泉

花水湾温泉位于西岭雪山东麓，海拔近千米，据成都市区 80 千米，据西岭滑雪场 20 千米。花水湾温泉形成于远古四川盆地海陆地质变迁时期，产生在青藏高原与成都平原交界的龙门山大断裂带的无中山构造。古海水通达地层深处被地心高温加热形成温泉，出口水温达 68℃。因此花水湾温泉的古海水药泉，泉质较好。距今 4 万多年前的古海水富含数十种有益的微量元素，花水湾温泉达到国家多种医疗药泉的命名标准，具有极高的医疗保健价值。

（四）峨眉山温泉

峨眉山的温泉有两大特色：一是品种稀有，拥有世间所稀有的氡温泉；二是规模大，拥有中国最大的露天氡温泉。水源来自地下 3 000 多米的深处，被称为“温泉中的贵族”。目前，峨眉山景区已建成了灵秀温泉、红珠温泉和瑜伽温泉三大氡温泉娱乐区，且风格不一。

第四节　四川水域景观类旅游资源的保护与开发

一、水域景观类旅游资源的保护与开发的原则

（一）注意水域文化内涵的挖掘

水域景观类旅游资源虽是自然之物，但人们赋予其精神内涵。“仁者乐山，智者乐水”“上善若水”就是中国古人对水的理解。历代文人骚客面对水景时往往会吟诗作赋，这些都是水文化的重要组成部分。此外，许多的水体资源旁边的摩崖石刻、传说故事等，形成了丰富的文化沉淀和浓郁的文化氛围，从而提高了水体资源的观赏价值，也为开展水体的文化旅游创造了有利的条件。

（二）突出水域景观类旅游资源本身的特色

水域景观类旅游资源的开发应根据自身特色，确立各有侧重的开发主题，紧紧围绕主题进行个性化开发。特色性原则要求在开发过程中保护好水域景观类旅游资源的特色，充分挖掘其特色，发挥其优势和特点。换句话说，就是要在开发的过程中注意因势利导原则。

（三）平衡水域景观类旅游资源保护和开发

水域景观类旅游资源不依赖于人的意志而存在，因此在开发时要坚持保护性。水域景观类旅游资源是与特定的环境共生的，在遭受破坏之后很难恢复，它具有一定的脆弱性，不但会遭到自然因素的破坏，而且在被旅游业运用的过程中也会遭到破坏。因此，在开发的时候要坚持保护性原则。

二、水域景观类旅游资源的保护与开发的策略

（一）尽量减缓水域景观类旅游资源的自然衰退速度

对于水域景观类旅游资源要注意及时采取相应的措施，对其进行保护和整治，减缓河流出现干涸、断流等衰退现象。做好植树造林、防止水土流失工作，保证水源地

的水质和水量。

（二）杜绝人为的破坏现象

要有效地避免人为破坏水域资源的情况出现。首先，健全和成立管理机构。在水域景观类旅游资源的周边设立专门的管理机构对水源进行保护，组织相关的工作人员承担保护的任务。其次，加强旅游资源保护知识的宣传和教育。减少旅游者在旅游过程中发生的乱扔垃圾，随意向水里倾倒污染物现象。再次，健全旅游资源法治管理体系。对人为造成的水资源污染和毁坏现象进行严厉的惩处，有效地对水资源开发进行监管。最后，开展水资源保护的研究和人才培养工作。

（三）对已被破坏的旅游资源进行整治

已经被破坏的旅游资源要进行及时整治，采取积极有效的措施，对水质进行净化，对河堤进行修复等。

（四）建立有效预警应急机制

防患于未然是最有效的保护方式。应该建立起高效的预警应急机制以应对各种突发的事件，将水资源的损失降到最小。

[章节小结]

本章重点学习了水域景观类旅游资源的基本概念、特点及分类，分析了水域景观类旅游资源的价值；对四川水域景观类旅游资源进行了整体的梳理，并对优质、典型的水域景观类旅游资源进行详细介绍；最后在可持续发展理念指导下，对如何进行水域景观类旅游资源的开发与保护进行了探讨。

[实践项目]

项目名称：高科技助力九寨沟冰瀑旅游节

2020 年九寨沟第十五届国际冰瀑旅游节（网络）主题为“敬畏自然，感恩社会”，一方面表达对自然的敬畏之情，另一方面表达对社会各界人士的感恩之情。本届冰瀑节由四大主题活动组成，分别为：全球景观实时直播、抖音打卡挑战赛、“冰雪九寨欢迎您”rap 歌曲、“多彩九寨”系列 vlog（微录）。其中，全球景观实时直播精选景区内四大景点：诺日朗瀑布、珍珠滩、长海、五彩池，携手央视，通过 360°景观监控摄像头及云技术输出信号，开启同步无时差无延迟高清景观直播，为期三个月，跨越冬春两季，带您领略九寨沟的冬春之美。

1. 诺日朗群海实时直播

诺日朗群海海拔 2 592 米，共有大小海子 18 个，被一道道钙华堤分隔开来。堤埂植物繁茂，湖水季节变化明显。春夏堤畔柳暗花明，湖水亦是生机盎然；秋天叶红果艳，群海也色彩斑斓；冬日湖上冰凌闪亮，远远看去犹如一串银盘。

2. 树正群海实时直播

树正群海沟全长 13. 8 千米，共有各种湖泊（海子）40 余个，约占九寨沟景区全部湖泊的40%。上部海子的水翻越湖堤，从树丛中溢出，激起白色的水花，在青翠中跳跳蹦蹦，穿梭奔窜。水流顺堤跌宕，形成幅幅水帘，婀娜多姿，婉约变幻。整个群海，层次分明，那绿中套蓝的色彩，童话般的天真自然。

3. 五彩池实时直播

冬日的五彩池色彩依然幽蓝，清凉中透着温馨，像一颗坠落凡间的纯净蓝宝石，静静地演绎着她独有的色彩。飞雪飘零、几经渲染，坡峦上玉树冰花、银装素裹，沟谷间绿水清波、叠瀑流辉，仿佛洁白高雅的水墨世界。当寒地冰冻三尺，五彩池依旧清波荡漾。

一、实践目的

1. 使学生对四川某一处代表性的水域景观类旅游资源有深刻认识，并能在海量的网络信息中搜索、梳理有价值的相关信息，能将信息进行提炼并深度分析。

2. 使学生能根据水域景观类旅游资源的特点制作相应主题PPT及短视频，并通过抖音、微信视频号、B站等渠道进行传播。

3. 使学生熟练PPT制作，并在视频讲解中不断提升语言表达能力和自信心。

二、实验内容

1. 请你从四川具有代表性的水域景观旅游资源中选定一处，对该处旅游资源进行详细了解，形成主题，制作成精美的短视频。

2. 通过自己的抖音、快手、B站、微信视频号等对选中的水域景观类旅游资源进行宣传。

三、实验成果

1. 学会用新的视频技术制作宣传视频，助力水域景观类旅游资源的宣传和营销。

[复习思考]

1. 什么是水域景观类旅游资源？水域景观类旅游资源的价值体现在哪些方面？

2. 四川水域景观类旅游资源具有哪些特征？

3. 你曾经参与体验过哪种类型的水域景观类旅游活动？其主要依托的是哪类水域景观类旅游资源？

第六章 四川生物景观类旅游资源

■学习目标

1. 掌握生物景观类旅游资源的基本概念、特点及类型。
2. 理解生物景观类旅游资源的价值。
3. 熟悉四川生物景观类旅游资源的类型及各类型典型代表。
4. 了解生物景观类旅游资源的开发与保护。

[导入案例]

成都大熊猫繁育研究基地成为“十一”热度榜第一

马蜂窝旅游大数据显示，2021年“十一”国庆假期中，四川表现突出，成都不仅是最热门飞行目的地，成都大熊猫繁育研究基地也是平台热度第一的景点。甘孜州、阿坝州位列国庆旅行目的地排行榜的前两名。

值得关注的是，“异地周边游”带动“当地游”订单居高不下，更多年轻游客抵达目的地城市后，不再涌向传统知名景点，而选择租车自驾，探寻城市周边的美景。去城郊泡温泉、住民宿、露营徒步，都是他们“十一”旅行的热门之选。南京的汤山温泉、距成都半小时车程的彭州民宿、广州从化的大岭头露营地都在假期迎来了大量“异地周边游”客流。

目的地方面，“十一”黄金周期间热度最高的目的地前十名分别为：甘孜、阿坝、北京、三亚、成都、阿勒泰、桂林、上海、重庆、丽江。北京在“环球影城热”的持续“加温”下仍旧稳居前三。暑期受到疫情影响的长线游市场在黄金周期间恢复明显，三亚、桂林、丽江等长线游目的地纷纷上榜。在马蜂窝此前发布的黄金路标“十一必驾榜”中，“川西秘境”的阿坝和甘孜也是收获最多关注与收藏的目的地，可见，在自驾“大军”的带动下，四川旅游还有更大的挖掘空间。

景点方面，成都大熊猫繁育研究基地拔得头筹，各个年龄段的游客都无法拒绝憨态可掬的“国宝”，使得这里成为成都的必打卡景点。而凭借着“环球影城效应”，大批游客在“十一”期间仍将目光锁定北京，在热度排名前十的景点中，北京景点独揽“半壁江山”，除环球影城外，颐和园、故宫、中国国家博物馆、天坛等国人耳熟能详的名胜古迹，节日期间也是人潮汹涌。

（资料来源：中国财经网、马蜂窝）

案例思考

1. 成都大熊猫繁育研究基地为何能在众多旅游景点中拔得头筹？
2. 四川还有哪些著名的以生物景观闻名的景点？

第一节　生物景观类旅游资源的概念与价值

一、生物景观类旅游资源的概念

自然界的旅游资源丰富多彩，动物、植物形成了独特的、绚丽多姿的生物资源。生物广泛分布在地球表面的绝大部分地区，它们在长期的适应发展过程中，在不同的环境中形成了有规律且类型多样的植被和动物群，并成为地表最有特色和最生动的外部特征。随着环境污染的加剧，人们“回归大自然、走向大森林”的要求日趋强烈。作为旅游资源最活跃的成分——生物资源，正在占据越来越重要的旅游地位，以生物为主体的旅游资源也就成为众多旅游者最佳的旅游对象。因此，生物旅游资源也就应运而生。所谓生物旅游资源系指具有观赏、娱乐、狩猎、垂钓、品鲜、造园、科学考察、维持生态平衡和经济效益等多种功能，能引起旅游者兴趣的以生物为主体的旅游资源。它是旅游资源体系的重要组成部分。从属性讲，生物旅游资源仍属于自然旅游资源的范畴。生物旅游资源又可分为植物旅游资源和动物旅游资源两大类。由于现代人对物质、精神和生态的需求不断增加，生物旅游资源的开发、利用已日益重要。

生物旅游资源一般包括珍稀树种、奇花异草、珍禽异兽、古树名木、古生物化石、成片的森林等。体现在具体环境上的野生动植物自然保护区、森林公园、植物园、动物园、观光果园、花圃、狩猎场、水族馆等，也属于生物旅游资源。

二、生物景观类旅游资源的价值

生物景观类旅游资源的价值主要体现在审美价值、医疗健身价值、科普教育与文化旅游价值、生态价值等方面。

（一）审美价值

优美的环境是旅游景观与旅游区的重要组成部分。创造优美的环境主要靠园林家的设计与植物的装点。舒心的景区环境、优美的景观造型，能吸引更多的游客。自然美由景物美、环境美、气氛美或奇险自然现象共同构成。植物就是大自然的毛发，荒山秃岭因为有了植物而显出生机与活力。自然景观如果没有了植被的装点，就难以形成具有吸引力的景观。另外，昆虫、鸟雀、小动物的鸣叫、嬉戏、觅食、跳跃、展翅、戏水等都能为如画的园林或果园增添活力和生气，给人以动态美感。这些自然景观一方面供游人观赏，产生美感；另一方面满足游人的猎奇心理，提高观赏兴趣。例如，峨眉山-乐山、蜀南竹海、瓦屋山、九寨沟-黄龙、四姑娘山等都具有极高的观赏价值，可以满足旅游者的观赏需求、审美需求。

（二）医疗健身价值

许多生物景观类旅游资源具有医疗保健功能，有许多动植物可作为中药材使用，其药性、药效丝毫不逊色于西药。我国目前已知的中药材有上千种，其中人参、鹿茸、麝香、天麻等药材已成为重要的旅游商品。值得注意的是，为了保护生物多样性，越来越多的野生动植物被列入了禁止应用的名单。生物景观类旅游资源的医疗保健功能是开展森林旅游、休闲旅游和健身旅游的资源前提。这些地区有优美的自然景观、幽静的森林环境、清洁的饮用水源、新鲜的空气、宜人的气候条件和地貌条件，为人们避暑、游憩、疗养提供了理想的场所，对人们的身心健康都有极大的好处。如瓦屋山国家森林公园、龙池森林公园、佛宝国家森林公园、海螺沟温泉等都可以开展此类旅游活动。

（三）科普教育与文化旅游价值

随着旅游者生态意识的不断提高，越来越多的旅游者对动植物及其所在的生态系统产生了强烈兴趣，对生物的观赏已上升到整个生态环境的层面，保护生物、保护自然已成为人类保护自身的重要途径。生物界具有纷繁复杂的形态与现象，具有审美功能，同时，在这些现象背后蕴藏着丰富的科学知识，如植物的分类、不同环境条件下植物的生态适应特征，植物的地域分布规律，动物的生活习性，动物的伪装术，动物的迁徙等。这些知识可满足社会大众了解生物世界的需要，成为吸引普通游客、开展科普教育和科学考察旅游活动的重要资源。四川省的卧龙自然保护区、龙门山国家地质公园、自贡恐龙化石国家地质公园、大渡河金口河大峡谷、海螺沟冰川公园等，均具有科学教育价值。

自然环境对人文环境的影响也是很明显的，生物景观旅游资源也因其独特的文化内涵成为人们参与文化旅游活动的吸引物。动植物常被人们赋予某种寓意，使人们的旅游活动和欣赏行为更具文化色彩和精神意义。如“岁寒三友”的松、竹、梅，其不畏严寒的特质成为不畏逆境、勇敢向前的精神象征；某些具有典型特征的动植物，被人们作为某种精神品格或民族追求的象征与吉祥物，成为国花、国树、国鸟、国兽。

（四）生态价值

生物景观类旅游资源只是自然界生物圈中能够被人类利用，进行旅游开发并产生效益的很少的一部分，其不能脱离自然生态系统而单独存在，这也就决定了其生态功能的天然存在。另外，在人类社会的发展过程中，人们将生物广泛应用于城市园林、绿地和人工生态系统的构建等方面，成为人工构景中非常重要的软质材料，在景观设计中起着不可或缺的作用。所有这一切都使得生物景观类旅游资源具有了调节气候、涵养水源、保持水土、防风固沙和优化环境的生态功能。

第二节 四川生物景观类旅游资源概况

一、总体情况

全省共查明生物景观类旅游资源 31 850 处，占全省旅游资源总量的 12.96%，其中新发现、新认定资源 8 754 处，占生物景观总量的 27.49%。生物景观类旅游资源分布于 3 个亚类、11 个基本类型。从 3 个亚类资源数量来看，典型物种亚类数量最多，占生物景观类旅游资源总量的 71.18%；其次为植被景观，占生物景观类旅游资源总量的 25.16%。新发现、新认定资源也主要集中这两个亚类。从 11 个基本类型资源数量来看，古树名木基本类型数量最多，占生物景观类旅游资源总量的 49.12%；其次为珍稀动物和林地两个基本类型，占比分别为 14.32%和 13.58%。新发现、新认定资源主要分布于古树名木、林地、花卉地和草地 4 个基本类型。

四川生物景观类旅游资源分类统计见表 6-1。

表 6-1 四川省生物景观类旅游资源分类统计 单位：处

资源类型	总量	新发现 新认定数量	资源类型	总量	新发现 新认定数量
植被景观亚类	8 013	3 581	**野生动物栖息地亚类**	1 164	364
林地	4 323	1 913	水生动物栖息地	134	29
草地（草原）	1 548	765	陆地动物栖息地	589	168
花卉地	2 037	846	鸟类栖息地	383	140
高山苔原	105	57	蝶类或其他昆虫栖息地	58	27
典型物种	22 673	4 809			
古树名木	15 644	4 008			
珍稀植物	2 467	368			
珍稀动物	4 562	433			

二、类型特征分析

（一）植被景观亚类

1. 总体特征

本次普查共查明植被景观亚类资源 8 013 处，其中林地数量最多，占该亚类总量的 53.96%；其次为花卉地、草地（草原）、高山苔原，分别占该亚类总量的 25.42%、19.32%、1.31%；植被景观亚类中新发现、新认定资源3 581处，其中林地最多，占该亚类新发现、新认定资源总量的 53.43%；其次为花卉地、草地（草原），占比分别为 23.62%、21.36%。植被景观亚类优质资源名录见表 6-2。

表 6-2　植被景观亚类优质资源名录

资源类型	典型资源
林地	张坝桂圆林、纳溪桫椤沟、七曲山古柏林、水青冈原始森林、沐川森林、峨眉山森林、南溪红豆杉森林、叙州樟树林、高县桫椤林、珙县珙桐林、龙潭沟桫椤林、华蓥山森林、云峰寺古桢楠群、蜂桶寨原始森林、空山森林、米仓山森林、盘龙山珙桐林、阿曲河森林、海螺沟原始森林、沙鲁里森林、彭州龙门山森林、真龙百年荔枝林、黄荆老林原始森林、绵竹云湖森林、黑竹沟森林、南充凌云山林地、天马山森林、龙苍沟珙桐林、宝兴夹金山森林、龙苍沟森林、天全二郎山森林、黑水雅克夏森林、稻城俄初森林、措普原始森林、荣县桫椤、水尾镇桫椤谷、古麻柳长廊、鸡冠山森林
草地（草原）	热尔大草原、若尔盖草地、祝桑草原、玉科草原、龙灯格萨尔草原、昌台大草原、毛垭大草原、洛绒牛场、稻城红草地、阿合哈洛大草原、新龙拉日马草原、巴塘章德草原、塔公草原
花卉地	绵竹中国玫瑰谷、康定市杜鹃、热柯觉索玛花海、吴家后山辛夷花、泸沽湖海菜花海、会理龙肘山杜鹃、金川世外梨园、得荣桃花

2. 各基本类型特征分析

林地指由生长在一起的大片树木组成的植物群体。

四川自然环境极为复杂，植被的复杂性和多样性明显，植被随高度变化而发生垂直分异的规律也十分明显。四川盆地（包括盆周山地）山地丘陵区，气候终年温暖湿润，林地以亚热带常绿阔叶林为主。川东南气候干湿季分明，林地以亚热带常绿阔叶林和亚热带针叶林为主。川西高山峡谷区，山高谷深，垂直差异大，以亚高山常绿针叶林和山地硬叶常绿阔叶林为主。四川的针叶林类型全国最多。全省具有重要价值的林地景观主要包括地带性森林景观和森林季相景观，典型资源有龙苍沟珙桐林、米仓山森林、龙潭沟桫椤林等。

草地（草原）指由多年生草本植物或半灌木组成的植物群落构成的地区。

草地在四川分布范围广泛，除甘孜、阿坝有大面积分布外，凉山、绵阳、雅安等也有小面积分布。草地类型繁多，植物种类组成中，不少为优质牧草，四川是全国五大牧区之一。天然草原集中连片分布在甘孜、阿坝、凉山三个自治州，红原大草原、若尔盖大草原、塔公草原、毛垭草原等具有较高的知名度。四川西部草原以高寒草甸、高寒灌丛为主；横断山区草原以山地草甸、山地灌草丛为主；川西南草原资源自高而低有亚高山草甸、山地草甸、山地灌草丛、干旱河谷灌丛等。

花卉地指由一种或多种花卉组成的群体。

四川被誉为“西部花园”，野生花卉资源丰富多样。人工花卉地以经济林木形成的连片梨花（汉源、苍溪）、桃花（龙泉驿）、茶花（珙县）、柠檬花（安岳）等花卉景观为代表。观赏性花卉地有江油国家百合公园和绵竹国家玫瑰公园等国家林木（花卉）专类公园。

高山苔原指高海拔地区生长的矮小灌木、多年生的草本、地衣、苔藓等植被形成的地毯式的苔地。

苔原是国内地理学界的一般叫法，生态学界一般称之为冻原，四川的高山苔原主要分布在川西海拔高、气候寒冷、人迹罕至的地区。

（二）野生动物栖息地亚类

1. 总体特征

根据普查结果，四川省共有野生动物栖息地景观亚类资源 1 164 处，其中以陆地动物栖息地数量最多，占该亚类总量的 50.60%；其次为鸟类栖息地、水生动物栖息地，占比分别为 32.90%、11.51%；蝶类或其他昆虫栖息地资源相对较少，仅占 4.98%。野生动物栖息地景观亚类资源中新发现、新认定资源 364 处，其中陆地动物栖息地数量最多，达到 168 处，占该亚类新发现、新认定资源总量的 46.15%；其次为鸟类栖息地，数量为 140 处，占比为 38.46%；水生动物栖息地、蝶类或其他昆虫栖息地数量较少，数量分别为 29 处、27 处，占比分别 7.97%、7.42%。野生动物栖息地亚类优质资源名录见表 6-3。

表 6-3　野生动物栖息地亚类优质资源名录

资源类型	典型资源
陆地动物栖息地	崇州市大熊猫栖息地、北川大熊猫-金丝猴栖息地、平武大熊猫-金丝猴栖息地、唐家河大熊猫栖息地、峨眉山野生珍稀动物栖息地、巴山大峡谷野生动物栖息地、龙苍沟陆地动物栖息地、喇叭河水鹿栖息地、天全大熊猫栖息地、卧龙大熊猫栖息地、米亚罗陆地动物栖息地、理县大熊猫栖息地、金汤孔玉陆地动物栖息地、贡嘎山珍稀动物栖息地、大风顶大熊猫栖息地、彭州白水河珍稀动物栖息地、什邡市九顶山大熊猫栖息地、千佛山大熊猫栖息地、金口河大熊猫栖息地、石棉大熊猫栖息地、芦山大熊猫栖息地、洪雅大熊猫栖息地、茂县大熊猫栖息地、松潘大熊猫栖息地、若尔盖大熊猫栖息地、九寨沟大熊猫栖息地、泸定大熊猫栖息地、甘洛大熊猫栖息地、真达神鹿谷、雄鹰谷、龙溪-虹口大熊猫栖息地、彭州市大熊猫栖息地、绵竹大熊猫栖息地、绵阳大熊猫栖息地、唐家河金丝猴栖息地、荥经大熊猫栖息地、宝兴大熊猫栖息地、铁步梅花鹿栖息地、贡嘎雪豹栖息地、康定川金丝猴栖息地、西岭雪山大熊猫栖息地、屏山老君山大熊猫栖息地、越西大熊猫栖息地
鸟类栖息地	若尔盖黑颈鹤栖息地、纳塔金都黑颈鹤保护地
蝶类或其他昆虫栖息地	天台山萤火虫观赏地

2. 各基本类型特征分析

水生动物栖息地指一种或多种水生动物常年或季节性栖息的地方。四川境内江河湖泊众多，多条河流是我国渔业资源的重要栖息地、淡水鱼类基因库和鱼类产卵繁殖场，生存着 100 多种珍稀濒危及特有水生野生动物种类。目前，四川有水生动物自然保护区 10 个，主要对达氏鲟、胭脂鱼、川陕哲罗鲑、大鲵、水獭、岩原鲤、重口裂腹鱼、青石爬鮡、中华鳖、乌龟等珍稀水生动物进行保护。长江上游珍稀特有鱼类国家级自然保护区、诺水河珍稀水生动物国家级自然保护区以及周公河珍稀鱼类省级自然保护区、天全河珍稀鱼类省级自然保护区等都是珍稀水生动物重要的栖息地。

陆地动物栖息地指一种或多种陆地野生哺乳动物、两栖动物、爬行动物等常年或季节性栖息的地方。四川是大熊猫、川金丝猴、白唇鹿、牛羚等珍稀濒危物种的高度聚集区，有脊椎动物 1 400 余种，占全国总量的 45%以上；有国家重点保护野生动物 140 余种，约占全国总量的 40%以上，其中野生大熊猫数量占全国的 76%，是驰名中外的大熊猫故乡。除旗舰种和特有种外，雪豹、金钱豹、矮岩羊、藏酋猴、水鹿、林麝等野生动物也生长在四川这片神奇的土地上。卧龙、唐家河、白河、察青松多、长沙贡玛、竹巴笼等都是著名的陆地动物栖息地。

鸟类栖息地指一种或多种鸟类常年或季节性栖息的地方。四川鸟类资源丰富，最新观测记录显示，四川省共有鸟类757种，其中115种被列为国家重点保护野生动物（国家Ⅰ级16种，国家Ⅱ级99种），42种被列为四川省级重点保护野生动物。四川有世界自然保护联盟（IUCN）红色名录中被评估为极危的鸟类2种，分别是青头潜鸭和黄胸鹀，还有14种濒危鸟类，30种易危鸟类。四川有8种鸟类被列入《濒危野生动植物种国际贸易公约》附录Ⅰ，78种被列入附录Ⅱ。四川的鸟类中，有中国特有鸟类46种，占中国特有鸟类总量的49%。

蝶类或其他昆虫栖息地指一种或多种蝶类或其他昆虫常年或季节性栖息的地方。四川蝶类和昆虫众多，尤以蝶类最具特色。四川被国际专家视为研究蝴蝶最有价值的地区之一，共有蝴蝶种类702种，几乎相当于整个欧洲大陆的蝴蝶总种数，是日本蝴蝶种数的三倍，比号称“蝴蝶王国”的台湾还多出300余种，独有物种众多，观赏性强，其栖息地主要为川西山地区域。

（三）典型物种亚类

1. 总体特征

本次普查共查明典型物种景观亚类资源22 673处，其中古树名木数量最多，占该亚类总量的69.00%；其次为珍稀动物，占亚类总量的20.12%；珍稀植物数量最少，占亚类总量的10.88%。典型物种景观亚类中新发现、新认定资源4 809处，其中古树名木数量最多，占该亚类新资源总量的83.34%；其次为珍稀动物，占比为9.00%；珍稀植物最少，仅占7.65%。物种亚类优质资源名录见表6-4。

表6-4　物种亚类优质资源名录

资源类型	典型资源
古树名木	剑门蜀道剑阁柏
珍稀植物	大巴山崖柏、冷达珍稀植物、峨眉山珍稀植物、金汤孔玉珍稀植物、攀枝花苏铁
珍稀动物	成都大熊猫基地大熊猫、龙溪-虹口大熊猫、彭州市大熊猫、崇州市大熊猫、绵竹市大熊猫、大熊猫（绵阳市）、北川县大熊猫、平武大熊猫、平武川金丝猴、唐家河大熊猫、碧峰峡大熊猫、荥经县大熊猫、卧龙大熊猫、若尔盖黑颈鹤、铁布梅花鹿、贡嘎雪豹、康定川金丝猴、大风顶大熊猫、彭州白水河金丝猴、西岭雪山大熊猫、金口河大熊猫、屏山老君山大熊猫、石棉大熊猫、芦山大熊猫、洪雅大熊猫、茂县川金丝猴、若尔盖川金丝猴、九寨沟大熊猫、泸定大熊猫、冕宁大熊猫、越西大熊猫、甘洛大熊猫、北川金丝猴、唐家河金丝猴、喇叭河水鹿、天全大熊猫、宝兴大熊猫、理县大熊猫、纳塔金都黑颈鹤、九顶山大熊猫、千佛山大熊猫、茂县大熊猫、松潘县大熊猫、若尔盖大熊猫、冕宁大熊猫、石渠县白唇鹿

2. 各基本类型特征分析

树龄在100年以上的大树称之为古树；稀有、名贵或具有历史价值、纪念意义的树木称为名木。

四川古树名木资源丰富，现有古树名木70 868株，其中名木91株、一级古树10 720株、二级古树6 289株、三级古树53 768株。四川有5株千年古树入围“中国最美古树”名录，分别是：绵阳市北川县永安镇大安村的最美柏木，树龄1 300年；广元市剑阁县汉阳镇翠云廊景区的最美剑阁柏，树龄2 300年；雅安市荥经县青龙乡柏香村的最美桢楠，树龄 1 700 年；雅安市雨城区碧峰峡镇后盐村的最美红豆树，树龄 2 000 年；成都市大邑县西岭镇飞水村的最美香果树，树龄 1 000 年。

珍稀植物指在经济、科学、文化和教育等方面具有重要意义而现存数量稀少的植物种类。

四川由于受第四纪冰川影响相对较小而成为许多古老、特有、珍稀植物的“避难所”，被誉为珍稀植物的“摇篮”。四川省野生植物资源种类繁多，是中国及世界重要的生物基因宝库，共有高等植物 1 万余种，分属 232 科 1 620 属，种类占全国三分之一以上，其中裸子植物 100 余种，数量居全国第 1 位；被子植物 8 500 余种，数量居全国第 2 位。在全国 389 种珍稀濒危保护植物中，四川有 84 种，占全国的 21.6%。珙桐、银杏、连香树、桫椤、攀枝花苏铁、巴山水青冈、康定木兰、光叶蕨、崖柏等都是四川知名的珍稀植物。

珍稀动物指在经济、科学、文化和教育等方面具有重要意义而现存数量稀少的动物种类。四川有脊椎动物近 1 400 种，约占全国总量的 45%，其中兽类 217 种、鸟类 725 种、爬行类 84 种、两栖类 90 种、鱼类 230 种。四川省有大熊猫、川金丝猴、牛羚、绿尾虹雉等 11 种国家一级重点保护动物；小熊猫、猕猴、黑熊、水鹿、红腹角雉等 47 种国家二级重点保护动物；毛冠鹿等省重点保护动物。雪豹、矮岩羊、四川梅花鹿、四川山鹧鸪、四川旋木雀等也是四川众多珍稀动物的重要组成部分。

第三节　四川生物景观的各类典型代表

按照《四川省旅游资源分类、调查与评价（试行）》的资源评价体系，根据旅游资源评价总分值，将四川全省旅游资源划分为五个等级，从高到低依次为：五级旅游资源、四级旅游资源、三级旅游资源、二级旅游资源、一级旅游资源，其中五级、四级、三级为“优良级旅游资源”，二级和一级为“普通级旅游资源”。在全省 1 864 处五级旅游资源中，地文景观 287 处，水域景观 245 处，生物景观 153 处，天象与气候景观 63 处，建筑与设施 651 处，历史遗迹 278 处，旅游购品（文创产品）97 处，人文活动 90 处。下面将对四川生物景观旅游资源中的典型代表进行详细介绍。

一、植被景观亚类

（一）林地典型代表

1. 荣县金花桫椤自然保护区

荣县金花桫椤自然保护区位于自贡市荣县西南 48 千米的金花乡四方井沟，占地 10 平方千米，海拔高度 600 米，地层为砖红色砂岩，属亚热带季风气候。沟谷内已开发出 16 000 多株位列国家八大一级保护植物之一的桫椤。桫椤是一种十分珍贵的植物，是远古食草型恐龙的主要食物，它已出现距今约三亿多年，比恐龙的出现还早一亿五千多万年。恐龙灭绝，桫椤独存，故有“活化石”之称。金花保护区内的桫椤植株一般高 3~4 米，最高达 8~10 米，树干直径 20~30 厘米。其树美观，叶如凤尾，干如丝柱，有的独立成株，有的两株连心，有的三株并蒂，枝繁叶茂，遮天蔽日，形体壮观，旅游探险猎奇价值十分突出。沟谷内除桫椤外，还有100多种蕨类植物和数千亩亚热带常绿阔叶林和针叶林，其中，秃杉、水杉为国家一级保护树种。千亩桫椤湖环绕林区，湖水清澈、透明、碧波荡漾，青水倒映、绿树环绕，构成了景区山翠、谷幽、水清、林密的独特景观。

2. 海螺沟原始森林

海螺沟原始森林位于海螺沟景区内，是海螺沟五绝之一，其面积达70多平方千米，是我国古老与原始生物物种保存最多的地区之一。各种野生观赏植物争奇斗艳，将海螺沟装点成五彩缤纷的世界。同时海螺沟也是世界众多珍稀动物的栖息地。

海螺沟原始森林独特的地理条件，使沟内高差达6 000米左右，基于此，沟内形成了明显的多层次的气候，2 500多种从亚热带至寒带的野生植物被集中在一个风景区内。沿着环游山路徐徐前行，游人可以清楚地感觉到身旁植物景观的无穷变幻。从山谷的棕榈树、青翠的竹林，到原始森林中的参天古木、万花烂漫的大片野生杜鹃，直至高海拔的色彩缤纷的草本野花和地衣类植被，令人目不暇接。

（二）草地（草原）典型代表

1. 若尔盖大草原

若尔盖大草原地处四川省阿坝州，素有“川西北高原的绿洲”之称，是我国三大湿地之一和五大草原之一。它是四川最大的草原，面积近3万平方千米，海拔3 500~4 000米，由草甸草原和沼泽组成。草原四周群山环抱，中间地势平坦，河曲发育，湖泊众多，人烟稀少，冬季严寒，夏季凉爽，春秋短，日照充足，昼夜温差大，年均气温7℃左右。

若尔盖大草原水草丰茂，原始生态环境保护良好，形成了山水秀丽、景色迷人的草原风光。草地游览内容丰富，可赏草地风光，可听牧歌悠扬，可骑马驰骋草原，可观梅花鹿牧场，可去黄河九曲第一弯游玩，可住帐篷宾馆，可去森林采撷野菇，也可以去寺庙参观朝拜。

2. 红原大草原

红原大草原自然景观独特，资源丰富，素有高原“金银滩”之称。红原大草原是花的世界、草的海洋。红原大草原位于青藏高原东部边缘，川西北雪山草地，阿坝州的中部。红原大草原地域辽阔，风情独特，气象万千，原始森林遮天盖地，金碧寺院依山傍水。草原的春夏，漫山遍野的野花，鸟翔鱼跃，绿草如茵，繁花似锦，肥壮牛羊漫山野，悠扬牧歌驻行人，呈现出“天苍苍，野茫茫，风吹草低见牛羊”的神韵。垂钓“黄河鱼”，观赏着马术队的表演，跨乘着枣红马驰骋，抚摸着梅花鹿留影，下榻帐篷宾馆，同乐篝火锅庄，领略藏餐风味，别具一番情趣。

（三）花卉典型代表

“中国玫瑰谷”位于四川绵竹，由北京银谷集团与绵竹市共同合作建设开发。“中国玫瑰谷”位于绵竹龙门山脚下，背靠九鼎山，北纬31度，东经104度，拥有万亩有机玫瑰田，保存了完整的自然生态系统，九鼎山的原生态环境和川西平原的丰饶相互交融。

“中国玫瑰谷”的玫瑰品种是大马士革玫瑰，属低矮灌木，叉枝丛生，枝上有刺，花朵繁多。花瓣是淡粉色的，花朵直径约为4~5厘米，有点像中国蔷薇，但花瓣比蔷薇多；开重瓣花，花瓣边缘颜色稍浅，有绸缎般的质感；纯粹、细致的花香使其冠压群芳，成为油用玫瑰中的上品，因而被广泛种植用以提取玫瑰油。大马士革玫瑰精油被认为是玫瑰精油的极品。

二、野生动物栖息地亚类

（一）陆地动物栖息地典型代表

1. 喇叭河自然保护区

喇叭河自然保护区位于夹金山东南麓，二郎山下，雅安市天全县紫石乡境内。喇叭河自然保护区于1963年建立，总面积234平方千米。保护区内原始森林茂密，珍稀动植物种类较多，主要有珙桐、杉树、香樟、楠木、箭竹等，还有大熊猫、金丝猴、牛羚、金钱豹、大鲵（娃娃鱼）等珍稀动物，被誉为天然的植物园和动物园。保护区自然景观和人文景观丰富，是理想的休闲、度假、避暑、旅游场所。保护区后面的红灵山景区，是自然山水与佛教文化相结合的旅游胜地，距县城12千米。这里植被保护完好，山清水秀，瀑布悬泉，庙宇众多，山顶可观云海、日出、佛光，风味餐饮独具特色。

2. 千佛山自然保护区

千佛山自然保护区位于绵阳市安县茶坪乡境内。区内森林群落类型丰富，国家一级保护植物红豆杉、丁香树在密林中尽展英姿。保护区内有一株大丁香树，树高29米，胸径4.6米，周长14米，五人才能合抱，树龄逾3 000年。距古丁香树不远处，有一棵高13米、胸径1米、树冠15米，树龄约2 000年的茶树，称为“茶王”。从千佛山顶到天麻山一带的700余亩箭竹林，莽莽苍苍，形成一片竹海。保护区被国家列为重点保护的珍贵树种有26种。珍稀动物繁多，有大熊猫、金丝猴、黑熊、斑羚、马麝、扭角羚和雪鸡、金鸡、锦鸡、贝母鸡、角雉等57种。此外，还有贝母、天麻、三七、百部、紫菀等名贵中药材。登上海拔3 053米的山顶，仿佛置身于云端，脚下无边无际的茫茫云海，翻滚缥缈，变化多端，让人觉得有如踏在万顷波涛之上，身处海市蜃楼之中。每年5~6月份，高山杜鹃满山遍野、五彩缤纷。高山花海是千佛山的最佳景色。

（三）鸟类栖息地典型代表

若尔盖县地处青藏高原东北边缘的阿坝州，是全国最大的高原沼泽，这里也是黑颈鹤最重要的繁殖地。全世界共有15种鹤，其中，国家一级保护动物黑颈鹤是唯一繁殖、生活在高原的鹤类，被誉为“珍禽之冠”。据悉，目前若尔盖发现的黑颈鹤集群点主要在保护区内的嫩哇和唐克，通过专家观测，共有1 000只左右，但在保护区以外，整个若尔盖地区黑颈鹤数量约近2 000只。

（四）蝶类或其他昆虫栖息地典型代表

天台山是目前亚洲最大的萤火虫观赏基地。四川山脉多，气候良好，是全国萤火虫种数最多的地区之一。近年来萤火虫种数有所减少，但天台山地区萤火虫保护情况较好，数量不降反升。每年4—10月天台山会举行“高山萤舞节”，天空会变得暗淡无光，身边的草丛中开始出现亮点，凉爽的夜晚，风吹过，满天飞舞的萤烛会带你去童话世界。

三、典型物种亚类

（一）古树名木典型代表

剑阁素以“柏木之乡”著称，柏木面积和蓄积量均四川之首，境内柏木 5 属 9 种，其侧柏、剑柏、川柏、刺柏、中山柏、喜马拉雅柏、滇柏、园柏、千枝柏比比皆是，而耸立于剑门蜀道两侧的 9 000 余株“张飞柏”世界闻名。作为剑阁柏木经济价值之首的“川柏”树种，其树干通直，树姿雄美，常年翠绿，木质坚韧，是人们喜爱的建筑、家具、农具用材。其果实可入药，树叶及树头可提炼芳香油、柏木脑等化工原料。

20 世纪 50 年代，剑阁县被四川省列为供应“保钢保煤”重点县，主要负责广旺钢铁厂、重庆天府煤矿、遂宁溪口煤矿、广元荣山煤矿、拣银岩煤矿的坑木及宝成铁路的枕木供给。供应数量年均达 30 余万立方米，80 年代的“剑阁柏木”主销川中及川南的二十余市县，据统计部门不完全统计，新中国成立后，剑阁县自销及外销木材均在 200 万立方米，南充、南部、西充等县 80%以上的农房建造及家具制作均使用剑阁柏木。

剑门山区的最大特产——剑阁柏木有史以来就成为剑阁县的经济支柱，为国家的建设和发展作出了贡献。剑阁县以“柏木之乡”著称，柏木林面积、蓄积均居全省首位。剑阁有柏木 5 属 10 种，以柏木为组成树种的林区覆盖县境的 80%以上。现存 9 000 余株的驿道千年古柏以县城为中心向西、南、北延伸，巍峨屹立，似三条绿色长龙横亘剑阁大地，是世界古行道树之最和我国秦汉文化积淀最多、保留最完整的一段，位于其中的松柏长青树——剑阁柏为世界仅有。

（二）珍稀植物典型代表

1. 水杉

据古植物学家研究，水杉是一种古老的植物。远在 1 亿多年前的中生代上白垩纪时期，水杉的祖先就已诞生。当时的水杉几乎遍布整个北半球，可以说是繁盛一时。到了新生代的第四纪，地球上出现了冰川，水杉抵抗不住冰川的袭击，大多灭绝了，变成化石上的遗迹。可是，中国却有少数水杉躲过了这场浩劫，留存下来，创造了奇迹。这些幸存的“活化石”像隐士那样，在山沟里默默无闻地生活了几千万年，直到 20 世纪 40 年代才被人类发现。水杉为杉科落叶大乔木，高达 35 米，是一种枝叶扶疏、姿态秀美而古雅的树木。其树干通直挺拔，枝子向侧面斜伸出去，全树犹如一座宝塔。它的枝叶扶疏，树形秀丽，既古朴典雅，又肃穆端庄，树皮呈赤褐色，叶子细长，很扁，向下垂着，入秋后叶色金黄，是著名的庭院观赏树。

水杉有耐寒耐湿、适应性强等特点，目前在我国各地广泛栽培，但野生水杉仅分布于四川、湖北、湖南一带，为中国珍贵的孑遗树种之一，被生物界誉为“活化石”。它对于古植物、古气候、古地理和地质学，以及裸子植物系统发育的研究均有重要的意义。此外，水杉不仅是著名的观赏树木，同时也是荒山造林的良好树种。它的适应力很强，生长迅速，在幼龄阶段，每年可长高 1 米以上。水杉的经济价值很高，其心材紫红，材质细密轻软，是造船、建筑、桥梁、农具和家具的良材，同时还是质地优良的造纸原料。

2. 银杉

被植物学家称为“植物熊猫”的银杉，是三百万年前第四纪冰川后残留下来的稀世珍宝。在我国，银衫和水杉、银杏一起被誉为植物界的“国宝”。银杉树史达1 000万年以上，在第三纪晚期的冰川活动中几乎灭绝，是中国特产的属于第三纪残遗下来的珍稀植物。银杉别名杉公子，高 10~20 米，分布于广西、湖南、四川、贵州等地海拔 1 400~1 600 米的针阔叶混交林、常绿与落叶混交林中，间或生长在向阳山脊的石隙、石缝中，于20 世纪 50 年代被发现。银杉是松科的常绿乔木，主干高大通直，挺拔秀丽，枝叶茂密，在其碧绿的线形叶背面有两条银白色的气孔带，当微风吹拂，银光闪闪，更加诱人，便得“银杉”美称。银杉雌雄同株，雄球花通常单生于 2 年生枝叶腋，雌球花单生于当年生枝叶腋。球果两年成熟，呈卵圆形。

3. 珙桐

珙桐与我国的银杏、水杉、银杉等一样，都是地球上远古时期的植物。外国的植物学家曾断言，珙桐在世界上已绝迹。然而在我国南方的一些地方却奇迹般地保存下一部分珙桐，所以珙桐是世界上著名的孑遗植物，是著名的植物“活化石”。珙桐是在1854 年被比利时的一位传教士大卫在四川宝兴发现的。1903 年珙桐首先被引种至英国，后又传至其他国家，从此，便成为欧洲的重要观赏树木。

珙桐常混生于海拔 1 250~2 200 米的阔叶林中，偶有小片纯林。每年 4—5 月，珙桐树盛开繁花，头状花序下 2 枚大小不等的白色苞片，如白绫裁成，好像白鸽舒展双翅，而它的头状花序像白鸽的头，因而珙桐又有“鸽子树”的美称。

4. 红椿

红椿又名红楝子，是名贵的用材树种，是我国热带、亚热带地区的珍贵速生用材树种。红椿材色红褐，花纹美丽，质地坚韧，最适宜制作高级家具。

5. 银杏

银杏属银杏科，落叶乔木，高达 40 米，是我国特有的古老树种。银杏是第四纪冰川运动中遗留下来的最古老的裸子植物。现存银杏目中仅一科一属一种，属国家二级保护的稀有植物。目前，世界上只有我国四川、浙江、湖北、安徽尚存少量呈野生和半野生状态的银杏。

银杏枝干挺拔，叶形美丽奇特，除自然变化及外力破坏外，极少见其自然死亡。银杏在成都栽培历史久远，记录了千年古城的沧桑岁月。成都市民特别喜爱银杏，成都市人大常委会于 1983 年 5 月 26 日将银杏树定为成都市的市树。

（三）珍稀动物典型代表

1. 大熊猫

大熊猫作为中国“国宝”，是世界生物多样性保护和生态环境保护的象征。同时，大熊猫以它特有的美丽和风度给人们带来快乐和回归自然的享受，保护好大熊猫是人类与自然和谐共处持续发展的需要，也是世界各国人民的共同愿望。中国的“熊猫外交”自武则天时期为开端，它真正作为最高规格国礼则发轫于 1941 年，宋氏姐妹向美国赠送一对大熊猫以示对其救济中国难民的谢意。此后，国民党政府于 1946 年向英国政府赠送过一只大熊猫。20 世纪 70 年代，大熊猫被中国送往世界各地，“熊猫外交”达到高峰。

在动物学上，大熊猫属哺乳纲、食肉目。在200多万年前的更生世早期到100万年前的更生世中晚期，大熊猫已经广布于我国南部，组成了大熊猫-剑齿象动物群。今天该动物群的许多种已经绝灭，而大熊猫却一直存活下来，所以有“活化石”之称。据考证，大熊猫的古代名称有貘、白豹、虞等。1869年，法国神甫戴维在雅安宝兴县境内采集到了一只幼年大熊猫标本，称其为“黑白熊”。100多年来，因其形态构造特殊，秉性奇特，生物学家们对这种动物的分类一直没有统一的意见。

目前，只有在我国的四川、陕西、甘肃部分地区的深山老林中才能找到大熊猫的身影。它生活在岷山、邛崃山、大小相岭、大小凉山以及秦岭南坡六大山系海拔1 200~3 400米的部分亚高山和高山森林里，面积大约2.95万平方千米。其中，80%的大熊猫分布在四川省境内，主要分布在平武、青川、北川、宝兴、汶川、天全、洪雅、冕宁、马边、美姑、越西等地。这些地方群山叠峰，森林茂密，高大的云杉、冷杉、红桦树遮天蔽日，大树下是密密麻麻的冷箭竹、大箭竹等高山竹类，为大熊猫提供了丰富的食物。这些地方空气清新，气候温凉而潮湿，四季流水淙淙，幽静安谧，大熊猫就在这充满诗情画意、与世隔绝的环境中生存繁衍，在这高山深谷稠密的竹林中过着“隐士”生活。

2. 峨眉猴

峨眉猴是峨眉山的精灵，嬉闹顽皮、憨态可掬又极通人性，见人不惊、与人相亲、与人同乐，是峨眉山的一道活景观。峨眉猴学名叫藏酋猴，也叫大青猴、四川短尾猴，因生活在佛教名山，故又雅号“猴居士”“猿居士”，俗呼“山儿”。藏酋猴在十几种猕猴属动物中体形最大，成年雄猴体重平均18.3千克，最大21.5千克；雌猴体重平均12.8千克，最大15千克。藏酋猴四肢等长，尾短于后脚，长约9厘米；成年猴两颊和颏下有一圈须状髭毛；藏酋猴颜面初生时肉色，幼年时白色，成年时鲜红，尤以眼圈最红；藏酋猴头部毛色深棕，背毛棕褐色或黑褐色，腹毛淡黄色，雌猴的毛色浅于雄猴。在野生状态下生活的峨眉猴，原是以草木的叶和嫩枝、花果等为主食的，但后来逐渐改变为讨吃游人的食物为主。

峨眉猴是游人喜爱的珍兽之一，属国家二级保护动物。目前，峨眉山的猴群大致分为三大群，分别活动在华严顶钻天坡、洗象池和洪椿坪、清音阁上的“一线天”一带，面积约10平方千米的全国最大的自然生态猴区里，数量约400多只。猴区内设栈道、亭子、索桥等，方便游人观猴、逗猴。

第四节　四川生物景观的保护与开发

一、四川生物景观类旅游资源的保护现状

《全国生态旅游发展规划（2016—2025年）》中提到，经过20多年的发展，生态旅游已经成为一种倡导环保、崇尚绿色、倡导人与自然和谐共生的旅游方式，并初步形成了以自然保护区、风景名胜区、森林公园、地质公园等为主要载体的生态旅游目的地体系。“绿水青山就是金山银山”的发展理念已经逐步成为共识。生态旅游更强调

对生态环境的保护，对生物多样性的维护，是可持续发展的旅游。但是，发展过程中的问题也随之而来，一些地区为了发展经济，只顾眼前利益，不重视环境保护和资源规划，严重破坏生态环境并造成环境污染，造成生物多样性下降；还有一些地区不考虑环境承载量，大肆开放旅游环境，接纳游客，造成环境破坏和生物多样性保护困难。

（一）生态旅游与生物多样性保护相关法律法规滞后

目前，生态旅游的相关法律规定还没有系统化，虽然在其他诸多法律中都有生态旅游的相关规定，但是不同的制定主体针对不同的调整对象所作的规定也并不相同，制定主体往往针对本部门的立法目的和需求进行规定，没有根据生态旅游的整体来制定规划。如此散乱的规定对于目前迅速发展的生态旅游业来说没有规范性，缺乏法律规范的稳定性和权威性。另外，生态旅游的相关法律规定过于笼统，缺乏具体的要求，可操作性差。我国出台的部门条例和规章等，虽然针对生态旅游做出了部分的规定，但是并没有系统、详细的规定，法律法规之间不能相互协调，对同一问题重复规定，导致在适用法律上难以抉择。

（二）生物景观类旅游资源开发、规划、管理体制不合理

首先，在管理机构的设置上，四川省生态旅游管理机构还没有形成完善的管理体制。从现有的管理形式来看，对同一景区，不同的资源分属不同的部门管辖。例如：景区内的森林归林业部门管，文物建筑归文物部门管，然而对于景区内的整体环境，整体的生物多样性保护没有具体的部门全权负责。其次，生态旅游的基本载体需要政府重点保护的生态环境，对于需要保护的环境进行开发和利用，需要专业人员的科学专业规划，开发规划主体就需格外谨慎。然而，四川省生态旅游资源开发规划主体不明确，既没有明确开发的主体，也没有规定开发过程中的重点注意事项，更别提在开发的基础上重点保护生物多样性。最后，在开发过程中还存在许多问题，生态旅游管理部门缺乏专业的人才，使得旅游景区内的规划缺乏科学的生态环保理念，各地方工作人员虽然喊着保护生态环境的口号，但依然是以经济利益为先。

（三）缺少生态旅游认证制度

为了保护生态环境，维护生物多样性，实现人与自然和谐发展，生态旅游是目前能够实现可持续发展的重要方式。因此，四川省必须建立既科学又合理的规范和标准，其中生态旅游认证就是依据一定的规范与标准，对依托旅游资源开发的旅游产品及服务等方面进行评估。生态旅游认证不仅能够帮助管理者和开发者实现对生态旅游资源的科学有效利用，还能实现资源环境的优化整合，确保可持续发展。四川省许多生态旅游景区打着生态旅游的旗号吸引游客，增加游客量从而提高经济利益，但实际上，这些景区并没有为游客提供真正高质量、符合标准的生态旅游产品和服务。不标准的生态旅游制度，忽视了资源环境的承载能力，大大降低了环境保护和维护生物多样性的力度。

（四）生态旅游与生物多样性保护的环境教育制度不完善

生态旅游的兴起源于人们对生态环境保护意识的提高，现在，国家和四川省都认识到普及环境教育也是极为重要的一环。生态旅游环境教育是指通过在旅游过程中融入环境教育手段，加强参与者的环保意识，增进其对环境问题的认识从而促使他们自觉地保护环境。但是目前我国的生态旅游环境教育还远远没有达到这样的要求，大部

分生态旅游景区只是挂出不要乱扔垃圾、不得随意破坏文物等一些浅显的要求，基本上没有针对本生态旅游区的特色、重点生态环境、生物多样性的保护等问题进行解说并提出遵守基本法律法规进行保护的要求。很多生态旅游区的导游或解说员并非是专业人士，他们不能针对本区域的地质地貌或者动植物的习性以及对于生态环境的重要性进行讲解。这样就无法达到让游客在领略生态环境的美的过程中认识到维持生物多样性的目的。

二、四川生物旅游资源的保护与开发建议

四川生物旅游资源具有储量大、种类多、特色浓的特点，广泛分布在林区范围内，特别是以生物为主体资源的旅游区。据统计，全省现有国家和省级自然保护区 28 处；国家级和省级森林公园 90 处；国家级和省级风景名胜区 63 处；城市园林公园 20 余处；此外还有植物园、动物园多处。在这些旅游区内，生物资源的造景作用，使旅游景观千姿百态、绚丽多彩，成为大批旅游者游览、游憩的理想场所。根据四川省的旅游资源普查情况，可以从以下几个方面来加强对全省生物景观类旅游资源的保护与开发。

（一）完善生态旅游与生物多样性保护法律法规体系

借鉴国外的先进经验，结合四川省生物旅游资源的具体情况，应在已有的法律上做出修改。《中华人民共和国旅游法》作为旅游业的根本法律，其重点在于对旅游市场的规范，对于生态环境保护方面提及的甚少，应该增加生态旅游资源保护方面的内容，规定生态旅游的发展目的、发展原则、基本制度以及重点对于生物多样性的保护。

（二）健全我国生态旅游资源开发、规划和管理体制

科学有效的生态旅游开发规划和管理对我国生态旅游和生物多样性的保护至关重要。四川省可以成立专门的部门委员会对生态旅游和生物多样性的保护问题进行统一管理，分级管理，层层监管，明确各自的权责，提高管理效率。另外，要将管理和经营相分离，企业在利用生态环境获取收益的同时，也要将部分收益用于生态环境和生物多样性的修复和保护，一旦管理部门发现不合格的企业，即可取消经营权限。另外，相关部门还要成立开发规划中心，明确开发规划主体，聘请专业人士进行开发和规划的制定，提高科学性和统一性。对于需要国家统一开发规划的部分，必须制定详细的规划方案，下放到各单位进行管理；而对于可以交给其他单位规划的部分，一定要严格核查其资质，确保专业、科学、有效的开发，并且要进行监督，一旦发现不合理或者违法情况，应该及时处理或追究责任人相应的法律责任。

（三）构建生态旅游认证制度

结合四川省具体情况，可以设置生态旅游认证办公室，制定严格科学的认证标准，请各部门的专业人员兼职认证工作，如需要对森林资源进行认证，则由林业部门的专职人员进行认证工作，为认证成功的项目发放统一的认证标识，并进行阶段性的审查，一旦发现有不合格的情况，责令其限期改正，如改正仍达不到标准则取消其认证资格，同时还要积极组织环保组织协助政府部门的工作。这样严格的认证标准才能在发展经济的基础上有效地保护生态环境和生物多样性，同时也能促使企业提高服务质量，促进生态旅游的健康发展。

（四）完善我国生态旅游与生物多样性保护环境教育制度

目前，我国还没有全民参与生态环境保护，进行环境教育的具体要求，所以首先应该在制定法律法规时将环境教育和开展实践活动加入进去，各地方制定可操作的实施细则，并对具体情况进行监管监控。同时在各生态旅游区不再仅仅是悬挂简单的标语，还应该积极组织社区进行生态环境保护活动，开展多种形式的环境教育。还要分类别地进行教育，对于游客和民众重点在于教育其了解生态环境的重要性和如何保护；对于企业等开发者则要更加专业，在生态旅游环境的管理、经营、规划上都要进行培训教育，这样才能做到全民参与。

（五）提高开发生物旅游资源的认识

生物是旅游资源的主体部分，是旅游者最感兴趣的旅游对象，它们在旅游活动中占据很重要的地位。提高开发生物旅游资源的认识，有利于加快生物资源开发利用的速度，充分实现生物资源的旅游功能，同时也有利于发挥生物旅游资源重要的社会效益和经济效益。

（六）加强生态环境和生物资源的保护、因地制宜开发

在开发利用生物旅游资源时，应注意对生态环境和生物资源的保护，做到有计划、有限度地进行。不能单纯强调开发而不顾对环境与资源的保护，应该因地制宜地开发生物旅游资源。为适应现代旅游业发展需要，满足旅游者求奇、求新、求变的旅游需求，各地在开发生物旅游资源时，应该充分利用各种有利条件，以生物为媒介，举办文化、商贸、体育等综合性活动，以取得较好的经济和社会效益。

[章节小结]

本章重点学习了生物景观类旅游资源的基本概念、特点及分类，分析了生物景观类旅游资源的价值；对四川生物景观类旅游资源进行了整体的梳理，并对优质、典型生物景观类旅游资源进行详细介绍；在可持续发展背景下，对如何进行生物景观类旅游资源的开发与保护进行了探讨。

[实践项目]

项目名称：生物景观旅游项目设计

四川省现有国家和省级自然保护区28处；国家级和省级森林公园90处；国家级和省级风景名胜区63处；城市园林公园20余处；此外植物园、动物园多处。这些旅游景区内有着丰富的生物景观类旅游资源，并可以被开发成不同类型的旅游项目和旅游活动。

一、实践目的

1. 使学生对四川生物景观类旅游资源有更深刻的理解，熟悉四川生物景观类旅游资源的类型。

2. 使学生对四川某一类生物景观类旅游资源有深刻认知，并能发挥自己的想象力以及创造力，对其进行开发利用。

3. 使学生能根据地方生物景观类旅游资源的特点设计相应的旅游产品项目及活动，并对该项目制作PPT及解说。

4. 使学生熟悉PPT制作流程，并在讲解中不断提升语言表达能力和自信心。

二、实验内容

1. 请你在四川各类生物景观类旅游资源中选取一类别，对该类型旅游资源进行旅游产品项目和活动设计，并制作成精美的PPT。

2. 运用腾讯会议等软件，结合已完成的PPT，制作5~8分钟的产品讲解视频。

三、实验成果

1. 形成四川省生物景观类旅游产品项目微视频。

[复习思考]

1. 什么是生物景观类旅游资源？生物景观类旅游资源的价值体现在哪些方面？

2. 四川生物景观类旅游资源具有哪些特征？

3. 对于四川生物景观类旅游资源的保护与开发，你有什么建议？

第七章 四川天象与气候景观类旅游资源

■**学习目标**

1. 掌握天象与气候景观类旅游资源的基本概念、特点及类型。
2. 理解天象与气候景观类旅游资源的价值。
3. 熟悉四川天象与气候景观类旅游资源的类型及各类型典型代表。
4. 了解天象与气候景观类旅游资源的开发与保护。

[导入案例]

追寻那抹炫目的极光

极光是在地球的高纬度地区上空出现的一种绚丽多彩的发光现象；地球的极光，由地球磁层和太阳的高能带电粒子流（太阳风）使高层大气分子或原子激发（或电离）而产生；极光的产生条件有三个：大气、磁场、高能带电粒子，这三者缺一不可；极光不只在地球上出现，太阳系内的其他一些具有磁场的行星上也有极光。2010 年 8 月 1 日的太阳风暴恰好面向地球爆发，携带大量带电粒子的太阳风准确无误地“击中”地球，与地球磁场相互作用产生“磁暴”，使美国密歇根州、丹麦和英国等纬度稍低的地区都能够看到美丽的北极光景象。专家称，这一次的太阳风暴并没有像事先推测的那样破坏全球的卫星和电信系统，却给地球带来了一场壮丽的“焰火盛会”。

案例思考

1. 一般说来，天象与气候景观类旅游资源都是“可遇而不可求”，近年来，人们对天象与气候景观类旅游资源的关注度越来越高，请思考天象与气候景观类旅游资源具备的价值？

2. 在生活中，人们还会去追逐哪些“可遇而不可求”的天象与气候景观？为什么？

第一节 天象与气候景观类旅游资源的概念与价值

天象与气候条件是旅游活动的环境与背景，又是旅游者的重要观赏对象。千变万化的天象气候景观与其他自然景观相结合，再加上人文旅游景观的映衬，共同构成了一幅绚丽的自然旅游景观。

一、天象与气候景观类旅游资源的概念

（一）相关概念

天象泛指各种天文现象。例如，太阳出没、行星运动、日月变化、彗星、流星雨、陨星、日食、月食、超新星爆发、太阳黑子等。中国早在距今3 000~4 000年前就开始观测和记录天象，此后历代的天文官和民间的天文学家也都注重观测天象。中国古代的天象记录内容丰富、记录翔实，在世界上是独一无二的。

气候是指一定地理环境内长时间的天气状况的综合反映。它是地球与大气之间长期能量交换与质量交换所形成的一种自然环境状态，是多种因素综合作用的结果。它通过水文、生物、土壤等多种地理因素，形成特定区域内的自然景观。

（二）天象资源、气候资源与旅游的关系

天象与气候是构成自然环境的重要因素之一，与人们的生产生活存在着密切的关系。气候对人类旅游活动的影响至关重要。构成天象与气候资源的冷热、干湿、风、云、雨、雪、霜、雾、雷电、光等各种要素，不仅是构景、育景的重要元素，也是人类旅游活动的重要客观条件。

1. 天象与气候资源是一种形式多样的旅游资源

天象与气候资源不仅以各种奇特的光现象的形式存在，还以美丽的高山冰雪景观及经常出现的雨景、日出、云霞等和偶然发生的佛光、海市蜃楼、雾凇等形式存在于特定的地域之内。这些现象不仅为人们提供美好、舒适的环境和赏心悦目的奇特景观，也为人们提供各种各样的娱乐活动。

2. 天象与气候资源塑造不同的地域旅游景观

气候条件是自然环境形成的最重要影响要素，不同的气候条件会产生不同的自然景观。冬季我国北方寒冷，塑造了冰天雪地的自然景观；而南方温暖，则塑造了绿意盎然的自然景观。气候条件长期的地域差异，也对依附一定地域发育的人文景观产生了非常明显的作用。比如，受气温条件影响，我国北方或者高寒地区民宅一般具有房屋相对低矮、窗口较小、墙壁厚重、内部空间小、保温防寒的特点；在一些降水稀少的地区，屋顶为平拱形，屋面坡度较小；而在南方，民居则比较高大，室内宽敞，门窗较大，墙体较薄，比较注重通风透气，由于降水量大，其屋顶为人字形，屋面坡度较大，屋脊厚重。天象条件是重要的构景要素，例如，云、雾、雨、霞等总是与山、林、水等要素相结合才形成优美的景观。所谓“山无云则不秀”“黄山自古云成海”“山色空蒙雨亦奇”等，就是对这种构景作用的具体写照。同时，天象与气候资源的地域差异，造成天象与气候类型的多样性，使得天象与气候资源具有独特的地域性，为

开展多种多样的旅游活动提供了条件。

3. 天象与气候资源的季节性变化影响旅游客流的空间分布

气候条件优越并且持续时间长的地区成为旅游热点地区。夏季，我国的气温普遍较高，海滨、湖滨和山区，气候相对凉爽宜人，成为旅游热点地区。冬季气候寒冷，我国低纬度地区成为居住在北方的游客向往的地方，而生活在温暖带的南方游人则喜爱到北方去欣赏北国风光。

4. 气候的季节性变化，导致旅游业淡季、平季和旺季更替的变化节律

春季、秋季，气候温和宜人，是旅游的最好季节，夏季的炎热和冬季的寒冷降低了人们外出旅游的欲望，形成旅游平季或淡季。

5. 天象与气候资源存在的优劣差异影响了旅游的观赏效果和舒适度

首先，旅游活动能否顺利进行的重要的影响条件之一就是天象、气候。适宜的天象、气候，可以为旅游活动提供舒适的条件；相反，恶劣的天象、气候就会给旅游活动带来许多不便。其次，对诸如观日出、观日落、观彩霞、观极光、观高山宝光、观鸟群等特定观赏项目，它们的观赏效果就要依靠合适的天气条件来完成。最后，天象、气候条件还会影响旅游者的舒适度，比如，连续闷热无雨、暑热难当，会使旅游者烦躁不安。反之，在闷热之中降雨，不仅可避暑降温，还可造成某些特殊的观赏背景，如雨景、云雾景等，形成一种必不可少的重要构成要素——背景旅游资源。

（三）天象与气候景观类旅游资源的特点

天象与气候景观类旅游资源主要指千变万化的天象景观、天气现象以及不同地区的气候资源，其与岩石圈、水圈、生物圈旅游资源景观相结合，再加上人文景观类旅游资源的点缀，就构成了丰富多彩的天象、气候旅游资源。因此，天象与气候景观类旅游资源主要有以下特点。

1. 地域性

地理纬度、海陆分布、地形起伏对大范围气候的形成起着决定性作用。气候的地带性与非地带性分布，使各地的天象气候旅游资源带有鲜明的地域性。一些特殊景象必须在特定场合与地点才会显现。例如，雾凇出现在松花江沿岸；四季分明出现在温带地区；终年长夏无冬，四季常青，只能出现在亚热带、热带地区。由于游客普遍具有求新求异的心理，因此长期在某一种气候类型区中居住的人们，几乎都有去其他气候类型区去体验的愿望。所以，沿海潮湿地区居民喜欢到草原、沙漠地区去游玩，北方寒冷地区的人喜欢到南方温暖的地方游玩。

2. 奇异性

天象与气候现象常常以日常少见的奇异形式出现，满足人们求奇求异的特殊旅游心理需求。例如，中国“四大自然奇观”之一、享誉海内外的松花江畔树枝上的雾凇，宛如玉树银枝，别具风韵，置身其中，如临仙境。一些天象与气候现象只出现于特定地区、特定时间，如极光仅仅在极地地区才能见到；日出和日落的壮丽景观仅仅在清晨和黄昏时刻才能看到。一些天象与气候现象的出现频率非常低，常是可遇而不可求的事情，如海市蜃楼、佛光等。正是它们的可遇而不可求的独特性使得这些景观对旅游者具有强烈的吸引力。

3. 多变性

由于温度、湿度等诸气象要素都有规律性的变化，不同的气象景观在一年内所出现的时间，也有明显的季节变化。例如，被誉为黄山四绝之一的云海，波涛翻滚、此起彼伏、飘忽不定，吸引众多的仰慕者去一睹它的风来，然而如愿者为数不多，原因在于云海的展现也有季节差异。年平均40天的云海主要出现在11月至次年5月。大气中的各种物理现象和物理过程，往往变化迅速，变幻无穷，具有明显的瞬变性。只有把握时机，才能如愿以偿。例如，人们攀登四川峨眉山，总想一睹“佛光”。事实上，“佛光”一般出现在日出后、日落前的一小段时间，瞬变性大，游客能观赏到的概率很小。正是由于天象与气候景观表现出这些明显的动态的变化属性，构成了天象与气候旅游景观重要的吸引力，让人感受到了大自然永不停歇的动态与活力。

4. 组合性

虽然天象与气候景观类旅游资源本身具有独特性，但它们若与周围的环境及建筑物相组合，则别有一番味道。例如，深秋霜后北京的“香山红叶”、南京的“栖霞红叶”、苏州的“天平枫叶”、春季南京的“玄武烟柳”、苏州光复的“香雪海”、冬季杭州西湖的“断桥残雪”，等等。

5. 康乐性

气候旅游资源对游客的吸引力还体现在其康乐性方面。所谓气候的康乐性指一些地区的气候条件在气温、湿度、日照、风速等方面量度适中，配合较好，从而有利于人的身体保健和户外活动。康乐气候对游客，特别是对疗养型的游客而言，是非常重要的吸引因素。康乐气候主要分为避暑型气候、避寒型气候和阳光充足型气候。游客特别是疗养型的游客可以根据自身需求选择相应的气候区进行度假和疗养。例如，连云港、青岛、秦皇岛、海南岛等海滨地区具有迷人的自然环境和良好的生态环境，面向大海，空气中富含负离子，吸引了大量的观光和疗养型旅游者，是理想的海滨浴场、避暑胜地和疗养胜地。

二、天象与气候景观类旅游资源的旅游功能

（一）审美功能

独特的天象与气候要素不仅是奇异自然景观的构成要素，而且本身所具有的观赏性会使旅游者产生愉悦的美感。闻名世界的旅游风景区黄山吸引着无数中外游客前来观光游览，游客在赞叹黄山的奇松、怪石的同时，更为其神奇多彩、变幻无穷的气象景观所陶醉。无论是白云滚滚、银浪滔滔的黄山云海，飘忽不定、变幻无穷的黄山雾，美妙绝伦的黄山日出日落，鲜为人知的黄山奇景宝光，还是冬日里形成的“玉菊怒放”“梨花盛开”的雾凇奇观，雪后初晴的黄山迷人世界等，都会使游人流连忘返。

（二）疗养功能

气候条件是进行疗养活动的一个重要环境条件，许多“气候宜人”的环境适合开展疗养旅游活动。“宜人的气候”是指人们无须借助任何消寒、避暑的装备和设施，就能保证一切生理过程正常进行的气候条件，也称为满足人们正常生理需求的气候条件。一般来说，洁净的空气，适宜的温度、湿度状况，充足的阳光及宜人的景色对人的身体保健和病体康复有积极作用，有利于病人开展疗养活动。森林覆盖率较高的山区，

以及湖滨、海滨往往成为主要的疗养场所。例如，山岳地区由于海拔高，气压低，阳光充足，无污染，空气清新，空气负离子含量大，因此能使人呼吸加深，肺活量增大，促进血液循环，加深体内氧化过程，这种气候适于贫血、高血压、心脑血管疾病、支气管炎、哮喘等疾病患者的疗养。庐山在气候上，与其附近的平原湖区相对比，得天独厚，自成一体。一年之中最热的6—8月平均气温不足22℃，与周围平原地区同期25℃～30℃的高温形成显著差异，成为夏季炎热的长江中下游平原之中的“凉岛”。每到夏季，到此避暑纳凉的游客纷至沓来。

（三）体验功能

由于温度、湿度、风、光照等能给人带来直接的身体体验，这种身体体验往往能给游客留下深刻的印象，是一种更高层次的旅游形式，因此，天象与气候旅游资源成为旅游者追寻体验的主要内容。冬季的黑龙江千里冰封，万里雪飘。无论是大小兴安岭绿浪滚滚的浩瀚林海，还是一望无际的三江平原；无论是奔腾的黑龙江、松花江、乌苏里江，还是碧波荡漾的镜泊湖、兴凯湖，冰雪都是这里绝对的主宰。冰河树挂的冰雪盛景，冬泳滑雪的冰雪娱乐和独具特色的冰雪生活，使这片林海雪原成为旅游爱好者特别是南方旅游者最喜欢的季节体验地。

第二节　四川天象与气候景观类旅游资源概况

一、总体情况

四川省文化和旅游资源普查结果显示，四川的天象与气候景观类旅游资源共3 115处，占全省旅游资源总量的1.27%，其中新发现、新认定旅游资源1 410处，占该类资源总量的45.26%。四川省天象与气候景观类旅游资源分类统计见表7-1。

从亚类资源数量来看，天气与气候现象亚类数量最多，占天象与气候景观类总量的75.96%；其次为天象景观亚类。新发现、新认定资源也主要分布于天气与气候现象亚类。

从基本类型来看，云雾多发区基本类型数量最多，占比29.21%；其次为物候景象和太空景象观赏地2个基本类型，占比分别为23.76%和15.76%。新发现、新认定资源也主要分布于上述3个基本类型。

表7-1　四川省天象与气候景观类旅游资源分类统计　　单位：处

资源类型	总量	新发现、新认定数量	资源类型	总量	新发现、新认定数量
天象景观亚类	749	339	**天气与气候现象亚类**	2 366	1 071
太空景观观赏地	491	229	云雾多发区	910	464
光现象观察地	258	110	极端与特殊气候现实地	176	55
康养气候地	249	102	物候景象	740	303
			避暑、避寒气候地	291	147

总体来看，四川省天象与气候景观资源具有气候类型多样、观赏条件良好、分布面积广等特点。

二、类型特征分析

（一）天象景观亚类

1. 总体特征

四川的天象景观亚类资源749处，其中以太空景象观赏地数量最多，占该亚类总量的65.55%；其次为光现象观察地，占该亚类总量的34.45%。

四川天象景观亚类中新发现、新认定资源339处，其中以太空景象观赏地数量最多，为229处，占该亚类新资源总量的67.55%；新发现、新认定光现象观察地110处，占比32.45%。天象景观亚类优质资源名录见表7-2。

表7-2　天象景观亚类优质资源名录

资源类型	典型资源
太空景象观赏地	虎牙日出、金顶日出、罗盘顶巴山气象景观、牛背山气象景观、达瓦更扎天象景观、亚丁星空、邛池夜月、塔公草原星空、龙泉山星空、八台山气象景观
光现象观赏地	峨眉佛光、峨眉山自然奇观、泻玉流光（天窗）、萧洞飞虹、亚丁日照金山、甲洼彩虹之乡、夕照嘉陵江、海螺沟日照金山

2. 基本类型特征分析

太空景象观赏地指观察日、月、星辰等太空现象的地方，如日出、夕阳、流星、月食现象等。

太空景象观赏地主要分布在四川盆周山地、川西山地、川西高原地区。典型资源包括牛背山天象与气候景观观赏地、达瓦更扎天象景观、亚丁星空、邛池夜月等。峨眉山、西岭雪山、瓦屋山、牛背山、达瓦更扎等山峰，海拔高度从2 500余米至近4 000米，均是观赏日出日落的绝佳地点。被称为“星空之城”的亚丁，一年四季均可看到银河，夏秋之交时，更是最佳观赏时间，可以看到银河最为明亮壮观的部分。

光现象观察地指观察发生在地面上的天然光现象的地方。其与太空景象观赏地分布特征基本一致，主要分布在四川盆周山地以及川西山地、川西高原地区。

四川的光现象中以彩虹、佛光最具特色。彩虹有云虹、雨虹、雾虹、森林虹、瀑布彩虹，代表性景观有盆地周边山区银厂沟的落虹瀑布、西岭雪山的“大飞水瀑布”、峨眉山清音阁瑰丽的彩虹等。四川省佛光以峨眉山最为典型，其出现的频次较其他地方都要高，最佳的观看地点是在睹光台和舍身崖。除峨眉山以外，大小瓦屋山、牛背山、螺髻山等都是观赏佛光的良好场所。

（二）天气与气候现象亚类

1. 总体特征

四川的天气与气候现象亚类资源2 366处，其中以云雾多发区数量最多，占该亚类总量的38.46%；其次为物候景象，占比31.28%；避暑、避寒气候地，康养气候地，极端与特殊气候显示地数量相对较少。

天气与气候现象亚类中新发现、新认定资源1 071处，其中云雾多发区数量最多，占该亚类新资源总量的43.32%；其次为物候景象及避暑、避寒气候地，占比分别为28.29%和13.73%；极端与特殊气候显示地及康养气候地资源数量较少，占比分别为5.14%和9.52%。天气与气候现象亚类优质资源名录见表7-3。

表7-3 天气与气候现象亚类优质资源名录

资源类型	典型资源
云雾多发区	巴郎山云海（汶川县）、骑龙坳云雾、峨眉山雾凇、峨眉云海、湾坝云海、鹤鸣雾中山、折多塘村折多山云雾
极端与特殊气候显示地	贡嘎东坡垂直自然带、西岭雪山阴阳界、蒲江远眺雪山景观
物候景象	盐井河彩叶林、光雾山红叶、九寨沟彩林、东拉山大峡谷红叶彩林、毕棚沟红叶、金川梨花、党岭天堂红叶景观、杜鹃夹岸、电子科大银杏秋色、奶子沟彩林
避暑、避寒气候地	西昌春天栖息地、华蓥山避暑气候地、七里坪避暑地
康养气候地	万春国色天乡旅游度假地、龙溪-虹口森林康养地、都江堰市天府青城康养休闲度假区、福宝康养气候地、沐川竹海康养气候地、峨眉南山森林康养避暑地、仙峰避暑康养区、广安四方山康养气候地、巴山云顶康养度假地、峨眉山康养度假地、海子山康养地、光雾山大坝康养气候地、海螺沟康养地、西昌国际阳光康养地、大朝康养地、曾家山康养气候地、盐井河森林康养地、四川兴文僰王山康养地、碧峰峡康养地、纱帽山康养地、金沙江河谷

2. 基本类型特征分析

①云雾多发区（910处）。

云雾多发区指云雾及雾凇、雨凇出现频率较高的地方。由于四川日照分布极不均衡，造成了盆地云多雾重日照少，在盆地及盆地周边山地地区形成了数量众多的云雾多发区资源。云海主要分布于盆地周边山地及川西山地，典型资源如虎牙云海、峨眉山云海、骑龙坳云雾和湾坝云海等。雾凇、雨凇则主要分布在盆周山地及川西、川西南山地。四川盆地东部以达州罗盘顶和巴中光雾山为代表，盆地南部以泸州丹山和宜宾仙峰山为代表，盆地西部以西岭雪山、达瓦更扎和峨眉山为代表，盆地北部以广元天曌山和唐家河为代表；川西、川西南高海拔地区的的雾凇、雨凇以阿坝州理县毕棚沟、木厂沟和茂县松坪沟，甘孜州康定野牛沟、泸定二郎山和牛背山，凉山州西昌银厂乡、美姑滥龙保护站和昭觉谷克德等为代表。

②极端与特殊气候显示地（176处）。

极端与特殊气候显示地指易出现极端与特殊气候的地区或地点，如风区、雨区、热区、寒区、旱区等典型地点。

四川是多山的省份，山地和高原面积约占总面积的82%，寒区则主要分布在川西高原和极高山地区。四川同样也是多夜雨的地区，素有“巴山夜雨”的美称。盆地西部的“雨城”雅安市自古就有“西蜀天漏”之称，是典型的雨区。此外，地势起伏及山脉纵横，使得四川局部河谷地区也形成了众多极端与特殊气候显示地资源，热区就主要分布在这些河谷地区，如金沙江流经的甘孜州得荣县、攀枝花仁和区等河谷地区。

③物候景象（740处）。

物候景象指各种植物的发芽、展叶、开花、结实、叶变色、落叶等季变现象。在四川，典型的物候景观包括彩林、高山杜鹃等，其中以红叶、彩林资源数量最多，分布最广，最具特色及观赏价值。四川的红叶彩林资源可划分为三大集聚分布区域，包括川西高山、高原彩林资源区，盆周山区彩林资源区以及成都平原彩林资源区。川西高原地域差异显著，其中在甘孜州的理塘县、色达县及阿坝州的若尔盖县、红原县、阿坝县等海拔较高的地区9月中下旬即可进入彩林红叶的最佳观赏期，也是四川省最早可观赏红叶彩林的地区。如红原县的查龙彩林、阿坝县的扎不拉神山彩林。川西其余地区红叶彩林最佳观赏期集中在10月中旬至11月上旬，以九寨沟彩林、毕棚沟红叶、党岭红叶等最为知名；广元、巴中及达州北部，绵阳、德阳、雅安西北部等盆周山区及攀西地区西南部红叶多在11月中下旬进入最佳观赏期，如广元盐井河彩叶林、巴中光雾山红叶、雅安扑鸡沟红叶和东拉山大峡谷红叶等。成都平原及攀西地区东北部红叶彩林最佳观赏期为11月下旬至12月中旬，如电子科技大学的银杏等。

④避暑、避寒气候地（291处）。

避暑、避寒气候地指炎热（寒冷）气候季节适宜避暑（避寒），人体感觉比较舒适的地方。

四川省横跨两个热量差别极大的气候区，东部的四川盆地属亚热带，西部的川西高原属青藏高原气候区。当盆地处于盛夏时，川西高原北部的大部分地方进入春季，当盆地在隆冬季节时，川西南山地却温暖如春，这就使得在川西地区、川西南山地及盆周山地地区形成了众多避暑、避寒气候地，如位于川西北高原的阿坝州神座避暑地，位于盆周大巴山地区的巴中天马山避暑地以及川西南攀西地区的众多避寒地。

⑤康养气候地（249处）。

康养气候地指气候条件和生态环境优越，适宜康疗休养的地区。受复杂地形和大气环流的共同影响，地处中纬度亚热带地区的四川省气候类型多样，适宜开展康养的气候资源非常丰富。根据气温、湿度、日照以及海拔的特点，可将四川适宜康养的气候分为四季温和、阳光怡人、夏季避暑、冬季避寒四个类型。

四季温和型康养气候地指年平均气温15℃左右，适宜度假的天数超过全年50%的地区，冬无严寒，夏无酷暑，四季皆适宜开展旅游、保健、养生等相关活动。在四川，四季温和型康养气候类型主要分布在沿盆地和高原交界地带，另外在大渡河、安宁河的河谷地区也有分布。四季温和型康养气候地主要集中在成都平原经济区、川东北经济区、川西北生态经济区和攀西经济区，如都江堰、芦山、汶川、北川、冕宁等地。

夏令避暑型康养气候地指6~9月平均温度在15℃~25℃之间，且体感闷热天数少于5天，夏季温凉舒适，人们无须借助任何避暑措施，适宜开展夏季避暑养生活动的地区。受复杂地形影响，四川省的避暑康养气候类别多样，可以分为高原型、低山丘陵型，分布广泛，资源地众多。高山避暑以海拔高、空气清新为特色，比如九寨沟、康定等地。低山丘陵主要分布在盆周山地，夏季降雨充沛，日照时数少，比如宝兴、峨边、青川等地。

冬季避寒型康养气候地指1月平均气温高于8℃，冬季温暖如春，阳光充足，适合开展冬季避寒养生活动的地区。该康养气候资源在中国分布地区少，在国内属于稀缺资源，而在四川省集中在攀西地区以及盆地南部，主要分布于凉山州、攀枝花市、泸州市、宜宾市和雅安市南部，比如德昌、米易、石棉等。

阳光怡人型康养气候地指年均日照时数超过 1 500 小时，度假适宜期超过 180 天的地区。阳光怡人型康养气候地可利用日光进行锻炼或防治慢性病，有利于健身和养生活动。该康养气候区主要分布于攀西地区，甘孜州西南部，阿坝州南部、北部以及盆地东北部，如攀枝花、泸定、巴塘、得荣、喜德等。

第三节　四川天象与气候景观类旅游资源的各类典型代表

按照《四川省旅游资源分类、调查与评价（试行）》的资源评价体系，根据旅游资源评价总分值，将四川省旅游资源划分为五个等级，从高到低级别分别为：五级旅游资源、四级旅游资源、三级旅游资源、二级旅游资源、一级旅游资源，其中五级、四级、三级为“优良级旅游资源”，二级和一级为“普通级旅游资源”。在全省 1 864 处五级旅游资源中，地文景观 287 处，水域景观 245 处，生物景观 153 处，天象与气候景观 63 处，建筑与设施 651 处，历史遗迹 278 处，旅游购品（文创产品）97 处，人文活动 90 处。下面将对四川天象与气候景观类旅游资源中的典型代表进行详细介绍。

一、天象景观亚类

（一）太空景象观赏地代表

1. 亚丁星空

四川亚丁国家级自然保护区，位于四川省甘孜州南部稻城县香格里拉镇，地处青藏高原东部，横断山脉中段，南部与云南省香格里拉毗邻，东南连泸沽湖和丽江。地理坐标为东经 99°58′—100°28′，北纬 28°11′—28°34′，总面积1 457. 5平方千米，截至 2016 年 10 月底已开发面积为 32. 44 平方千米。

稻城亚丁除了有巍峨的雪山、清澈的海子、碧绿的草甸、漫山的野花，还有绝美的星空。但是星空也不是想就能看的，它需要具备以下几个条件。第一，绝佳天气：晴朗天气，没有云，能见度高。第二，好的地理位置：高地，且灯光少的地方，最好连月亮都没有，月朗星稀便是这个道理。稻城亚丁可以看星空的绝佳位置有两个：一个是日瓦，日瓦海拔 2 900 米，比亚丁村（3 900 米）低，住宿条件也比较好，因此很多人都选择住在日瓦。但是日瓦星空中肉眼所见的星星密度较小，看不到亚丁村那般璀璨的星空和银河。另外一个地方就是亚丁村，这座雪上脚底下的村子，光污染程度较低，星空和银河别样壮美，同时靠近住宿点，还有雪上可以取景，是很多小伙伴看星空的首选之地。

2. 峨眉日出

天气晴朗时，太阳从地平线升起，可观赏到壮丽日出的全过程；若天边有云气，待见日出时，已是脱离地平线的一轮红日；若云层弥漫，则有时仅能看到朝霞、云海。

峨眉山观日出，不仅开阔视野，涤荡了心灵，振奋了激情，而且密切了人和大自然的关系。北宋诗人苏东坡咏道：“秋风与作云烟意，晓日令涵草木姿。”南宋诗人范成大称：“云物为人布世界，日轮同我行虚空。”明代诗人杨升庵也有诗抒情：“窗含晓日明巴蜀，树绾烟云锁牧樵。”这些流芳百世的诗句，流露出诗人的实感和真情。

3. 海螺沟之“日照金山”

海螺沟内的贡嘎山海拔 7 556 米，被称为“蜀山之王”。贡嘎山周围有海拔 6 000 米以上的卫士峰 45 座，峰上千年积雪，银光闪烁。每当天气晴朗，东方出现鱼肚白，灿烂的霞光冉冉而起，万道金光从长空中直射卫士峰。瞬间，数十座雪峰全披上一层金灿灿的夺目金光，壮丽无比。这就是著名的“日照金山”。

（二）光现象观察地代表

1. 峨眉山佛光

“光环随人动，人影在环中。”人们常用这两句话来形容峨眉山金顶佛光的奇妙。金顶上的睹光台，是观赏佛光的最佳位置。天气晴朗时登上峨眉，当下方弥漫着雾气时，若有人背对着太阳，站在巍峨的金顶上，让阳光从身后射来，前下方的雾幕上，会出现一个彩虹般光环，中间浮现着他的身影，并且影随人动、形影不离，这就是所谓的“佛光”。即使有成百上千的游人同时观看，各人只看到自己的身影被光环笼罩，如此奇景，四海五洲，绝无仅有，既心感身受，又虚无缥缈，非海市蜃楼，乃人间仙境，十分神奇，非常玄妙。这种“佛光”又称“峨眉宝光”。佛光是光的一种自然现象，因阳光照射云雾表面而形成。佛光每年平均出现 70 余次，在下午 2 点至 4 点之间出现较多。

2. 峨眉山圣灯

峨眉山的“圣灯”又名“佛灯”，和“佛光”一样有名气，被人们赞之为“万盏明灯照峨眉”“万盏明灯朝普贤”。“圣灯”比“佛光”更难得一见。观察“圣灯”要具备四个自然条件：一是雨后初晴；二是天上没有明月；三是山下没有云层；四是山顶没有大风大雨。1701 年，高僧乇中大师在《朝峨山记》中，饶有风趣地写道：“是夜，僧报圣灯现，凭阁观之，空中隐耀得数十灯，有数灯最明，上下相承，又有渐飞至寺前者。伏虎圣灯罕见，余不及于峰顶睹灯，今补观于此，尤属异数。连观三夜，余憩五日而后行。”

在金顶无月的黑夜，“舍身岩”下常出现漂浮的绿色光团，从一点、两点形成千万点，似繁星闪烁跳跃，在黑暗的山谷中飘忽不定，被人们称为“万盏明灯朝普贤”。

二、天气与气候现象亚类

（一）云雾多发区代表

1. 峨眉十景之“云海”

峨眉山是白云的故乡，许多佛寺，都冠上了一个“云”字，如臣云庵、白云寺、集云寺、卧云寺、归云寺等，隐没在白云深处的“银色世界”里。峨眉山的云海，是由低云组成的，上半年以层积云为主，下半年以积状云和层积云相覼而成。峨眉山的七十二峰，大多在海拔 2 000 米以上，峰高云低，云海中浮露出许多岛屿云腾雾绕，宛若佛国仙境。

近代诗人赵朴初诗：“天著霞衣迎日出，峰腾云海作舟浮。”这就是这一景致的绝妙写照。站在云层之上来观赏峨眉山月，自然是“月光清朗照乾坤”。用皎洁如玉来形容银光四溢的峨眉山月，可以说是毫不虚夸。李白的《送蜀僧晏入中京》一诗，全诗十六句，竟有七句咏及峨眉山月。

晴空万里时，白云从千山万壑冉冉升起，顷刻，茫茫苍苍的云海，像雪白的绒毯一般平展铺在地平线上，光洁厚润，无边无涯，似在安息、酣睡。有时，地平线上是云，天空中也是云，人站在两层云之间，极有飘飘欲仙的感受。

山风乍起时，云海飘散开去，群峰众岭变成一座座海中的小岛；云海汇聚过来，千山万壑被掩藏得无影无踪。云海时开时合，恰似“山舞青蛇”，气象雄伟。风紧时，云海忽而疾驰、翻滚，忽而飘逸、舒展，似天马行空，似大海扬波，似雪球滚地。最壮观的是，偶尔云海中激起无数蘑菇状的云柱，腾空而起，又徐徐散落下来，瞬息化为淡淡的缕缕游云。此种蘑菇云却极难见到。范成大有诗惊叹这幻变的云海：“明朝银界混一白，咫尺眩转寒凌兢。天容野色倏开闭，惨淡变化愁天灵。”

2. 巴朗山云海

巴朗山又称“斑斓山”，位于卧龙自然保护区至四姑娘山风景区之间，在小金县东，小金、汶川、宝兴3县交界处，距成都200余千米。巴朗山海拔5 040米，藏语称巴朗拉，意为圣柳山。景区内海拔4 000米以上的山体陡峭嶙峋，岩石裸露，险象环生，随处可见山石岩屑坠落崖下而形成的碎屑坡和石堆，蜿蜒其间的公路是阿坝州东行最险的一条路，在海拔3 500米的山腰处，高山草甸上洒落着各色野花，成群的牛羊在蓝天白云下怡然自得。茫茫的云海将雄浑的山脉分成上下两部分：上面是野花缤纷的高山草甸，下面是神秘幽深的原始森林。

（二）极端与特殊气候显示地代表

四川西岭雪山有一处景点名为阴阳界，阴阳界是西岭雪山白沙岗上一个大垭口，在海拔3 000余米的日月坪和红石尖之间，嶙嶙的白云岩，银光闪烁，脊顶仅2米宽，岩壁如刀削斧劈。它既是分水岭，又是不同气候的分界线，西部为青藏高原气候，寒冷干燥，东部为盆地气候，温暖湿润。这两种不同的气流在白沙岗上相遇，形成了奇特的气象：一边是晴空万里，一边是云蒸雾涌，“阴阳”两界分明，且变化无常，世所罕见。

西岭雪山阴阳界，海拔3 100多米，一边是壁立千仞，一边是长着高山植被的坡岭，崖壁这边云雾缭绕，深不见底，已是绝地，而坡岭这边树木葱葱，生机盎然，一边是死地，一边是生地，在天气晴朗的时候，坡岭这边阳光明媚，绿树满眼，而崖壁这里则是浓雾滚滚，阴风阵阵，这就暗合中国古代阴阳五行学说，此为阴阳界的来历。传说张天师曾登临此处，看到这个阴阳奇景，突然悟道，可见中国文化中天人合一观念的根深蒂固，时时处处皆有典故出处。

（三）天象景观与物候景象代表

1. 光雾山红叶

光雾山是一方神奇秀丽的自然山水，地形复杂，峰林俊美，洞穴幽深，山泉密布，云蒸雾绕，林海浩荡，胜景众多。它以秀丽奇特的群峰为代表，苍翠茂密的森林植被为基调，集秀峰怪石、峭壁幽谷、溪流瀑潭、原始森林为一体，可集中概括为“峰奇”“石怪”“谷幽”“水秀”“山绿”五绝。光雾山风景名胜区有桃园、大坝、大江口、神门、小巫峡五大景区，主要景观360多处。景区内景色秀丽，步移景换，奇峰林立，沟壑纵横，深谷幽峡，瀑布珠连，古木参天，红叶千里。著名诗人高平有诗称赞：“九寨看水，光雾看山，山水不全看，不算到四川。”

金秋十月，当最早的那场秋霜悄然降临，一夜之间，光雾山便成了国画大师笔下的经典秋色。色彩的海洋能勾起无限的遐想，起初是零星的红叶在层林中点缀，伴着秋日的脚步，一团团金黄、橙红、橘红、深红渐渐在绿海中蔓延开来，绿托着红，红托着黄，彼此偎依，相互映衬。秋意泛浓，那火红渐渐掩盖了所有的绿，简直让人沉醉。光雾山的红叶是一日一色，一步一景，红得风韵特别，红得多姿多彩，被誉为“天下红叶第一山”。光雾山红叶具有五大特点：一是面积大，气势壮观。景区 830 平方千米，其中就有 580 平方千米的红叶景观。二是色彩丰富，五彩斑斓。一般红叶以红色为主，而光雾山的红叶颜色呈梯次变化，以蓝、绿、黄、橙、红为主，这是其他红叶观赏区无法相比的。三是周期长，景色分明。光雾山观赏红叶时间长达一个月之久，第一个阶段看红叶五彩斑斓，第二个阶段看红叶层林尽染，第三个阶段看红叶万叶飘丹。四是种类多，内容丰富。光雾山红叶有水青冈、枫树、椴树、蔷薇科等 40 多个品种，有手掌状、羽毛状、船形状、针形状等 20 多种形状，有火红、品红、酒红、赭红、玫瑰红、紫红、金红等 10 多种颜色。五是品位高，出身名门。先后曾有英国、德国、法国、加拿大和美国的植物专家考察后，把光雾山景区称为“金区”，把光雾山红叶称为“金叶”。

2. 九寨沟彩林

九寨沟位于四川省西北部岷山山脉南段的阿坝州九寨沟县漳扎镇境内，地处岷山南段弓杆岭的东北侧。距离成都市 400 多千米，系长江水系嘉陵江上游白水江源头的一条大支沟。九寨沟自然保护区地势南高北低，山谷深切，高差悬殊。北缘九寨沟口海拔仅 2 000 米，中部峰岭均在 4 000 米以上，南缘达 4 500 米以上，主沟长 30 多千米。

被誉为九寨沟六绝之一的彩林，覆盖了景区一半以上的面积，2 000 余种植物，争奇斗艳，林中奇花异草，色彩绚丽，沐浴在朦胧迷离的雾霭中的孑遗植物，浓绿阴森，神秘莫测，林地上积满厚厚的苔藓，散落着鸟兽的翎毛。充满着原始气息的森林风貌，使人产生一种浩渺幽远的世外天地之感。3 万顷莽莽苍苍的原始森林，随着季节的变化，呈现出种种奇丽风貌。

（四）避暑避寒气候地代表

1. 华蓥山避暑地

华蓥山旅游区位于四川省广安市境内，境内高速公路（成南广、渝邻广、巴广渝）、襄渝铁路全线贯通，距重庆 1 小时，成都 3 小时车程，交通十分便捷。景区以苍翠茂密的山林为环境基调，以世界罕见的喀斯特早期发育石林奇观为典型景观代表，是中国海拔最高的山岳型石林，华蓥山风景优美、诗意盎然、生态气候环境十分优越，旅游区内植被覆盖率高达 95%以上，

华蓥山地处亚热带湿润气候区，西部平坝浅丘区年平均气温为 17.8℃，无霜期达 339 天；东部山区为 11.5℃，无霜期达 250 天。东部海拔 800 米以上的山区，每年均有降雪。华蓥山全年日照时间 1240.6 小时，无霜期 301 天，形成了四季分明、雨量充沛、气候温和、日照充足的气候特征。华蓥山春可赏花、夏可纳凉、秋可品果、冬可滑雪，是四川十大特色消夏避暑胜地。

华蓥山大熊猫生态旅游景区，规划面积约 11 平方千米，将规划建设集旅游观光、

避暑度假、休闲游乐、养老养生于一体的生态文化旅游综合体。主要旅游项目有天然石林、熊猫生态区、黑龙峡漂流、高登山观光区、太阳坪度假区和生态农业养殖区等。华蓥山将被打造成“春游山、夏避暑、秋观景、冬赏雪”的国内一流、国际知名的山地休闲度假旅游目的地。

2. 七里坪避暑地

七里坪地处四川省眉山洪雅县高庙镇，位于洪雅县城西南、峨眉山西麓，距县城65千米，距峨眉山3.5千米，距国家森林公园瓦屋山58千米。七里坪平均海拔1 300米，三山环线通达，旅游可进入性良好。由于七里坪交通地理位置重要，加之环境优美，森林覆盖率高（95%），气候宜人，年均温度12℃，且水质纯净，适合休闲度假，被誉为“生态氧吧”。

七里坪夏季如春，到处是一片清凉的世界，清晨的七里坪披着一袭薄如蝉翼的纱缦，抖落一地的晨风与清凉，于云山雾霭、烟笼寒沙中若隐若现，菊花、古剑和酒，被咖啡泡入半山，峨眉禅意，空灵无限，清幽凉爽、堪称避暑天堂。

（五）康养气候地

1. 天府青城康养休闲旅游度假区

天府青城康养休闲旅游度假区（原名大青城旅游度假区）位于都江堰市西南部，面积约33平方千米，东以成都经济区环线高速公路为界，南以彭青路为边，西以都江堰青城山风景名胜区为侧，北以中兴、玉堂镇界为端。天府青城康养休闲旅游度假区属于四川盆地中亚热带湿润气候区，气候四季分明、温和宜人，年均降水量近1 200毫米，年均无霜期280天，夏无酷暑，冬无严寒，年均气温16.2℃，非常适宜休闲度假。旅游度假区以世界文化遗产青城山-都江堰、世界自然遗产大熊猫栖息地、都江堰世界灌溉工程遗产为依托，以优美的山地风光和川西田园风光为特色，以道家养生文化为主题，是集康养、运动、娱乐、休闲、商务等于一体的综合性、复合型旅游度假区。区域内环境幽美、气候宜人，历来是国内外游客消夏避暑和康体养生的旅游休闲度假首选地。

度假区所在地是中国道教发祥地，拥有2 275年的都江堰水利文化，1 800多年的道教文化，以具备独特性和权威性的道家养生文化为主题资源。一是以青城道医、青城武术、青城道艺、青城丹道和道养膳食等为主的传统养生文化资源，从养神、养身、养气、养形、养性等方面构建了长生五养的产品体系。二是以道家养生文化为核心的创意资源，有世界唯一的道教学院，集道学研究、培训、修养于一体，定期举办道文化节和道家论坛，开发了道温泉、青城五行汤池等康体养生产品，已成为中国乃至世界性的品牌和康养度假新名片。

度假区的旅游资源包括“主题娱乐、运动健身、生态科普、乡村度假、文化遗址、旅游商品、节庆赛事”七大类。一是以融创文化旅游城、蓝光水果侠主题世界等为代表的主题娱乐类资源。二是以低空旅游、双遗马拉松、国际公路自行车赛、摇滚马拉松、峡谷漂流、高尔夫等为代表的运动健身类资源。三是以中国大熊猫保护研究中心、熊猫谷、华希昆虫博物馆等为代表的生态科普类资源。四是以猕猴桃采摘、苗木观光、农事体验、川西林盘等为代表的乡村度假类旅游资源。五是以青峰书院、玉堂窑、芒城遗址、普照寺、长生宫为代表的儒、释文化类资源。六是以蜀绣、根雕、竹编、川芎、青城茶等为代表的旅游商品类资源。七是以世界体育舞蹈节、中印国际瑜伽节、西部音乐节、中国道教文化节等为代表的节庆活动类资源，每年吸引超过百万的中外游客参与。

2. 福宝国家森林公园

福宝国家森林公园位于四川省泸州市合江县境内，由玉兰山、自怀、天堂坝等片区组成，地理位置介于东经105°28′~106°19′，北纬28°27′~29°00′，公园面积为11 000公顷。

福宝国家森林公园地处云贵高原北坡的大娄山尾部，以中低山地貌为主，土壤主要有水稻土、黄泥土等，属亚热带湿润气候区，海拔1 751米（轿子山），森林覆盖率高达95%，植被以亚热带偏湿性低山常绿阔叶林为主，有维管束植物200科931属2 203种，有脊椎动物29目85科257种。

第四节 四川天象与气候景观的保护与开发

天象与气候景观类旅游资源作为一种比较特殊的旅游资源，其开发和保护都应遵循自然规律，符合景区的生态环境容量，以实现可持续的发展。

一、保护当地生态环境，避免破坏性的开发

在充分开发利用气象、气候旅游资源的同时，还必须采取有力措施保护当地环境，尤其是对气象风景的保护。气象风景形成的特定环境一旦遭到破坏，气象风景也将被破坏，以致消失。因此，怎样保护自然环境，使气象风景不因环境变迁而受破坏，已成为旅游资源保护中的新问题、新焦点。

二、加大宣传力度，充分利用现有气象、气候旅游资源

众多旅游地长期以来只注重自然和人文景观的宣传和介绍，而忽略了气象、气候旅游资源的介绍。若能对景区各个景点的主景、名景、纯景的气象、气候风景加以全面介绍，将会使各个层次、不同地区的旅游者产生强烈的旅游心理要求。

三、通过有效措施积极开发新的气象、气候旅游资源

对尚未开发利用的气象、气候旅游资源应进行具体考察和深入调查。考察的主要内容为气象、气候旅游资源的背景条件（如山水风光等）和区位条件（主要是地理位置、交通以及可进入性等）。调查的主要内容为气象旅游资源的种类、数量、规律、出现时间、出现频率、天气、气候背景以及其他自然条件的组合等和气候旅游资源在不同时期的表现形式等。在此基础上还应对气象、气候旅游资源作定量、定点分析，定性和质量鉴定，进行相应的景点建设。

四、掌握天气变化规律，做好气象气候预报

大气现象具有多变性和速变性，但有规律可循，掌握天气气候变化的规律，对于

气象气候旅游资源的开发利用至关重要。在对旅游区进行规划设计时，首先应做的工作是收集有关台站气象气候资料，结合对当地旅游景点和旅游生活区的小气候观测，系统定量地分析气象气候资源特点，为旅游项目的开发、旅游路线的设计提供科学依据。在一些特殊景区可以建立气象观测站，进行长期定时观测，积累气象气候资料，同时做好景区的天气、天象和气候预报，为游客提供最佳旅游时机和避免灾害性天气造成的不利影响。

五、充分利用气候季节变化特点，做到旅游淡季不淡

我国四季分明的气候特点，决定了旅游有旺季和淡季之分。据我国旅游部门对近年来华游客的统计分析表明，每年 4—11 月来华游客占全年人数的 90%左右，为旅游旺季；12 月至次年 3 月游客较少，约占 10%，为旅游淡季。如何才能有效开发利用气象气候资源，做到淡季不淡呢？哈尔滨市和广州市的做法值得借鉴。冬季，哈尔滨积极利用本地气候寒冷、冰雪资源丰富的极端气候条件，大打冰雪牌，每年举办一届冰雪节，开展各种与冰雪有关的活动，如冰雕艺术展、滑冰、冰球、冰橇、冰帆等，吸引了众多海内外游客前来观赏。最近，哈尔滨又投资 3 400 万元，新建了占地面积为 20 万平方米的松花江冰雪大世界，现已成为新的旅游热点。此外，南国花城广州也利用冬季不冷的有利气候条件，大搞春节花市，以吸引游客。

六、依据不同地区的气候优势，合理开发旅游资源

我国气候的多样性表现在地域分布的差异性，这为开发旅游项目提供了条件。如东北地区气候特点为：夏季温暖短促，避暑胜地众多；冬季寒冷漫长，冰雪资源丰富。夏季适合开展森林生态疗养度假等旅游项目；冬季应以冰雪观赏、冰上运动为主。再如西北内陆地区，地处欧亚大陆腹地，远离海洋，四周又有高山阻挡，形成亚温带大陆性干旱和半干旱气候，日照时间长，热量丰富，温差变化大，干燥少雨，多风沙。荒漠、雪山、绿洲是该区三大旅游景观，沙漠探险和大漠绿洲是今后旅游资源开发的方向。

[章节小结]

本章重点学习了天象与气候景观类旅游资源的基本概念、与旅游的关系和旅游功能，分析了天象与气候景观类旅游资源的价值；对四川范围内的天象与气候景观旅游资源进行了整体的梳理，并对优质、典型的天象与气候景观类旅游资源进行了详细介绍；在可持续发展的背景下，对如何进行天象与气候景观类旅游资源的开发与保护进行了探讨。

[实践项目]

项目名称：四川天象与气候景观类旅游资源的调研分析与运用

一、实践目的

1. 通过实践项目，深化对四川天象与气候景观类旅游资源的理解掌握，熟悉掌握四川天象与气候景观类旅游资源的类型和价值。

2. 通过实践项目，掌握四川天象与气候景观类旅游资源的基本特征。

3. 能够结合四川天象与气候景观类旅游资源的特色形成特色旅游产品。

二、实验内容

1. 选定一处或者几处具有代表性的四川天象与气候景观，分析其资源特色。

2. 依据其资源特色和所在地的旅游发展定位、发展规划，强化或提升其与旅游业的联系，比如可以选择此项资源拍摄短视频宣传片、制作宣传广告，也可以利用此资源来设计相关的旅游产品等。

三、实验成果

1. 形成某一处或几处天象与气候景观调研与分析报告。

2. 围绕调研地，形成天象与气候景观类旅游产品或旅游宣传片或其他的与旅游相关的成果。

[复习思考]

1. 什么是天象与气候景观？天象与气候景观的价值体现在哪些方面？

2. 四川天象与气候景观的总体特征如何？

第八章 四川建筑与设施类旅游资源

■**学习目标**

1. 了解建筑与设施的概念，熟悉建筑与设施类旅游资源的价值。
2. 了解四川建筑与设施类旅游资源的特色及其亚类、各基本类型的情况。
3. 熟悉四川建筑与设施类旅游资源的各类典型代表。
4. 掌握四川建筑与设施类旅游资源的保护与开发方法。

[导入案例]

千年奇迹都江堰：它的工作原理是什么？为何能造福人类两千多年？

古时的成都位于岷江中游，河流纵横交织，一到洪水季节，便民不聊生。唐朝诗人岑参有诗云"江水初荡满，蜀人几为鱼"，岷江的活水并没有为当地人民带来勃勃生机，明明土壤肥沃、气候温润，却因水患而无法发挥应有作用。

直到秦昭襄王时，战国时代著名水利工程专家——李冰担任蜀郡郡守，才治理了岷江水患。李冰首先开凿引水口，使得整个渠道的水量足够，确保渠道网畅通无阻。另外，李冰还干了下列事情。

（1）修建宝瓶口。

李冰用火灼烧岩石使岩石爆裂，将玉垒山炸出一个缺口，使水流分流，这也是李冰修建都江堰水利工程的第一步。

（2）修筑分水堰。

由于水流湍急，寻常的抛石法不奏效，李冰受江边妇女用竹篮盛放衣物在江边浣洗的引导，让能工巧匠用竹子编织成竹笼，再将石头放进去，一层一层累积成江坝。石头与竹篮之间的空隙既能起到减缓水流的作用，又能保护江坝不被江水冲垮。李冰还带人修建了一个形状酷似鱼嘴的堤坝，将岷江的水流分为两股，也就是内外江，起到分流、灌溉的作用。

（3）平水槽和飞沙堰。

内江是灌溉的主要渠系，为了进一步控制水流量，李冰又组织民工在分水堰尾部的宝瓶口内修建平水槽和飞沙堰。飞沙堰依旧采用竹篮盛石头的方式进行修建。顶端留下适宜的高度，如果水流过高又湍急的话，水无法由分水堰分流，这时过量流入内江的水又会通过飞沙堰溢出。这样一来既保证了内江有适宜的水灌溉，又避免了雨季水量过多可能给内江的成都平原造成灾害。而且漫过的水流也会引发漩涡，在一定程度上减缓了水流带来的泥沙堆积在宝瓶口而淤塞水流。而李冰建立分水堰时，经过计算将水流大致分为内江六成外江四成的比例，如果内江有多余的水，水都会从飞沙堰溢出到外江流域。

除了其精巧的设计模式，都江堰可以造福人类两千多年的原因还在于自都江堰水利工程建立起，李冰便建立了较为完善的修缮制度。

（1）深淘滩，低作堰。

李冰令匠人凿制石人放置在江中，以帮助当地居民观测水位，了解水位涨幅。他命人每年修缮一次都江堰，称之为“岁修”，而岁修的一大重点就在于“深淘滩，低作堰”。

在每年的霜降时期，也就是河流流量最小的时候，先将外江水流阻挡住，使水全部从内江通过。这时由于水流量并不大，所以不会影响到内江沿岸的农作物。而后在此时淘挖外江以及外江所有灌溉渠道的泥沙，避免泥沙淤堵。第二年立春前后，外江修缮完毕，便开放外江流域，阻挡住内江的水流，淘挖内江流域的泥沙和灌溉渠道内的泥沙。紧接着修缮平水槽和飞沙堰，“深淘滩，低作堰”，既要认真淘挖泥沙，还需要保证飞沙堰的顶端不至于过高，阻挡多余的水流流出外江。

（2）各朝皇帝的举措。

随着岁月的更迭和朝代的改换，古老的岁修制度并未被舍弃，历朝历代的君主都奉行着这一举措。汉朝时期，汉灵帝还设置了专门的职位——“都水椽”和“都水长”来负责维护都江堰水利工程。到了宋朝时期专门确立了完善的岁修制度。

都江堰水利工程能够留存至今，离不开李冰的精巧设计，也离不开后世的完善修葺。

（资料来源：https://new.qq.com/omn/20211029/20211029A02VBQ00.html）

案例思考

1. 都江堰的工作原理以及持续发挥作用的原因是什么？
2. 都江堰属于建筑与设施类旅游资源吗？

第一节　建筑与设施类旅游资源的概念与价值

一、建筑与设施类旅游资源的概念

建筑与设施类旅游资源是指融入旅游的某些基础设施或专门为旅游开发而建设的建筑物和场所。设施指生产生活所需要的设备；建筑是建筑物（工业建筑、农业建筑、宗教建筑、园林建筑、乡土建筑等）和构筑物（佛塔、石窟、牌坊、桥、运河等）的总称，其具有历史悠久、文化底蕴深厚、以木质结构为主、功能多样、地域性显著等特点。

根据我国最新的旅游资源分类标准，建筑与设施类旅游资源可分为人文景观综合体、实用建筑与核心设施、景观与小品建筑三大类。人文景观综合体又进一步包括社会与商贸活动场所、军事遗址与古战场、教学科研实验场所、建设工程与生产地、文化活动场所、康体游乐休闲度假地、宗教与祭祀活动场所、交通运输场站、纪念地与纪念活动场所 9 个基本类型；实用建筑与核心设施包括特色街区等 16 个基本类型；景观与小品建筑包括形象标志物等 14 个基本类型。根据规定，如果在使用此分类标准时发现还有其他基本类型没在分类表中，使用者可自行增加，最多可增加 2 个，置于分类表的最后。

二、建筑与设施类旅游资源的价值

建筑与设施类旅游资源的价值主要表现在艺术观赏价值、科普教育价值、历史文化价值、社会实用价值等。

（一）艺术观赏价值

建筑是凝固的艺术，建筑与设施的设计往往别具风格，具有较高的美学价值，可供游客观赏，满足游客的求美心理。拿中国古建筑来说，轮廓造型上优美柔和，布局上整齐而又灵活，装饰上丰富绚丽，在天人合一思想指导下，讲究与周围环境的和谐统一。由于受到欧美发达国家的建筑理念和技术的影响，近现代建筑风格形式具有多样性，既有民族形式的雍容大方，又有复古主义风格的永恒之美，还有简约风格之美的现代主义风格，更有折中主义的流行，这些建筑的风格特点保留了艺术潮流变迁的痕迹，是不可多得的艺术瑰宝。旅游过程中，游客们在观赏不同风格的建筑设施时，拥有美的感受的同时又愉悦身心。

（二）科普教育价值

建筑与设施是科学技术的凝聚，科学技术发展快速，科技产品日新月异，新的建筑材料不断出现，建筑的建造技术也不断被刷新，比如中国古代建筑以木材为主，由立柱、横梁等主要构件，以榫卯连接的方式，构成坚固而富有弹性的框架体系，以柱承梁，以梁承檩，以檩承顶，被誉为“墙倒屋不倒”，消能抗震性强，这也是许多古建筑得以完好保存的主要原因。砖（石）木混合结构从 19 世纪中叶传入中国后，广泛推行开来，其砌体耐久性较好，能就地取材，施工方便，是近代中小型建筑的主要结构。

到了现代，在建造过程中又出现了绿色节能施工技术、自动化控制技术等，这些建筑与设施中高超的技术表现，为科学技术知识的普及和科学知识的传达提供了现实场所。

（三）历史文化价值

建筑与设施的存在见证了人们生活生产方式的变迁，见证了人们所经历的各个历史时期的创造活动，它们参与了文明进步的过程，并成为其所在地区文化和历史的最为重要的物质载体。因此，建筑与设施具有一定的历史文化价值。建造年代、建筑类型、所经历的历史事件和历史人物都是建筑与设施的历史自有因素。全球经济一体化的快速发展造成了世界范围内的文化趋同，一定地域内的建筑与设施让文化有传承和延续，使其也具有了一定的文化内涵。

（四）社会实用价值

每个人都离不开建筑以及相应的设施，它为我们遮风挡雨，为我们的生产、生活、工作和学习提供活动场所，不同的建筑与设施在社会中发挥着不同的功能，比如堤坝、渠道的防洪、灌溉功能，栈道和桥梁的交通运输功能，街区、会展中心的商贸交易功能，道观、寺庙的宗教祈福功能，城墙、关隘的军事防御功能等，很多建筑更是以其独有的特点成为许多旅游地的标志性景观和形象代表，众多特色旅游的发展也离不开对建筑与设施的旅游利用，它能推动经济发展，创建优秀文化旅游目的地。

第二节　四川建筑与设施类旅游资源概况

一、总体情况

根据普查结果，目前四川有建筑与设施类旅游资源 106 966 处，占全省旅游资源总量的 43.52%。建筑与设施旅游资源分布于 4 个亚类，32 个基本类型。从 4 个亚类资源数量来看，实用建筑与核心设施亚类数量最多，占比达 47.49%；其次为人文景观综合体、景观与小品建筑 2 个亚类，占比分别为 23.96%和 24.62%。

（一）总体特征描述

总体来看，四川省建筑与设施旅游资源对于全国而言具有以下特点。

1. 四川是全国极高山观景平台数量最多、品质最优、视角最好的地区之一

“窗含西岭千秋雪”，四川的观山文化自古有之。四川海拔落差巨大，自然景观十分丰富。四川省西部地区地处青藏高原东缘，为横断山脉主体所在，拥有贡嘎山（7 556米）、四姑娘山幺妹峰（6 250 米）、格聂神山（6 204 米）、仙乃日神山（6 032 米）等极高山资源。为促进极高山观景平台的建设与发展，围绕贡嘎山、四姑娘山而建的观景平台具有数量最多、风景品质最优、观山视角最好等特点，在全国都具备极大影响力。比较著名的有牛背山、王岗坪、轿顶山、达瓦更扎等观景平台，是全国近距离感受极高山雄伟与壮丽的最佳区域。

2. 四川是中国汉阙数量最多、保存完好、艺术价值高的地区

汉阙是我国古代建在宫殿、城楼、陵墓、祠庙、府宅和大型庄园大门前标显地位尊崇、权势和代表宗教神学符号的象征性建筑物。全国现存汉阙 29 座，四川有 16 座，

是中国汉阙数量最多的省份。四川的汉阙主要分布在渠县、梓潼、绵阳、德阳、雅安、剑阁、芦山、夹江、彭山、昭觉、西昌等地。渠县是汉阙最多的县，有冯焕阙、沈氏阙、土溪无名氏阙、蒲宗湾无名阙、赵家村西无名阙、赵家村东无名阙、王家坪无名阙 7 座。汉阙是凝固的汉代历史，是体验古建筑魅力，开展中国古代建筑文化观光游览的区域，对于研究两汉都城城阙有着极高的参考价值。

3. 四川是中国最美景观大道的核心区

景观公路的主要特点就是沿途风景的“高颜值”。四川的景观公路资源得天独厚，从平原到高原，从丘陵到山地，其极大的海拔高差，经纬跨度、复杂多样的地形地貌、丰富多彩的动植物景观、民族多元的人文景观，使得穿行其中的公路成为连缀景观的纽带。318 国道四川段穿过成都、雅安、甘孜等自然和人文交汇的区域，所以被誉为中国最美景观大道的核心区。此外，四川还拥有“中国最美乡村公路”——重庆路，“云端上的高速公路”——雅西高速，通往童话世界的旅游干线——九环线、虔诚的朝圣之路——317 国道等优质的景观公路资源，是开展自驾旅游，高原观光的圣地。

4. 四川是中国石刻大佛之乡，是佛教文化重要传播地

四川佛教历史悠久，是中国南方佛教的传播中心，素有“言禅者不可不知蜀，言蜀者不可不知禅”的说法。四川佛教文化旅游资源主要以佛教名山、名寺、摩崖石刻造像和石刻大佛为载体。名山以峨眉山为代表，名寺以昭觉寺、大慈寺、平武报恩寺、内江圣水寺、理塘长青春科尔寺，乡城桑披岭寺，石渠色须寺，康定塔公寺等为代表。四川佛教寺院有汉传和藏传之分，广泛分布于全省各地。佛教摩崖石刻造像是四川极其宝贵的旅游资源，如广元千佛崖、巴中永宁寺、资中重龙山、邛崃石笋山、安岳华严寺等。其分布之广、造像之多、题材之富、技艺之精，在全国都是罕见的，在我国长江流域更是仅见。四川地区的石刻大佛资源在全国更富特色、更为罕见，比较著名的有乐山大佛、荣县大佛、南部大佛等石刻资源。这些与佛教相关的旅游资源有较高的建筑艺术价值和文化价值，是四川开展佛教文化观光体验旅游的重要场所。

5. 四川是中国传统道教发源地、道教文化重要传播地区

道教是本土宗教，道教文化是中国传统文化的重要组成部分，也是重要的旅游文化资源。四川是道教的发祥地，在道教长期的历史发展中，形成了丰富的道教文化旅游资源，在海内外具有重要地位和影响。四川道教宫观遍布，具有分布面广、资源密度好、资源品质高、拥有诸多祖庭名山的优势，以青城山、鹤鸣山、青羊宫和阳平观等为典型。宜宾真武山道教宫观建筑群是四川现存最大规模的道教宫观建筑。四川还是道教石刻造像的起源地和历代保存《道藏》最全的地区。在道教的发展过程中，四川地位举足轻重，形成了丰富的道教文化资源，在全国拥有极大的影响力，具备发展道教文旅得天独厚的优势，是开展道文化体验和研学观光旅游的区域。

6. 四川是农家乐经济发源地，乡村旅游规模全国第一

农家乐是一种回归自然从而获得身心放松、愉悦精神的新兴休闲旅游方式。20 世纪 80 年代，成都平原上的郫都、都江堰、温江等地以秀美的花卉盆景和浓郁的乡风民俗为依托，整合家庭资源自发地办起庭院餐厅，拉开了乡村旅游的序幕。在郫都区农科村，诞生出全国第一家“农家乐”。进入 21 世纪以来，依托农家乐发展起来的乡村旅游，在展现本土文化魅力的同时，也带动了地方经济的快速和多元化发展。近年来，

四川通过乡村发展、民宿打造、农旅融合、生态建设、文化挖掘等，极大带动了乡村旅游产业发展，成为乡村振兴的重要突破口。比较著名的有郫都区农科村、彭州宝山村、蒲江明月村、崇州五星村、岳池农家等。

7. 四川以特色街区为依托的休闲文化最具影响力

特色街区是指能够体现文化特点，集购物、餐饮、休闲、娱乐多种功能于一体的开放式街区。特色街区可分为现代商业区、休闲娱乐区、风味美食区、民俗风情区、历史文化区等类型。四川自古以来商业繁荣，文化深厚，成都、绵阳、南充、宜宾、乐山等经济发达地区成了类型丰富、底蕴深厚、优势突出的休闲文化区域。以成都市为代表，比较著名的有春熙路、太古里、宽窄巷子、锦里等特色街区，形成了丰富多样的城市休闲文化。近年来，成都还积极打造天府锦城"八街九坊十景"，形成了枣子巷、华兴街等特色街区。系列特色街区是民俗文化、城市风景、市井生活的体验地。

8. 成都民营博物馆数量全国第一

博物馆是征集、典藏、陈列和研究代表自然和人类文化遗产的实物的场所。四川地大物博，修建了不同类型的博物馆，涵盖自然、文化、科技、地质等学科领域。截至2020年12月，四川拥有一级博物馆12座，数量居全国前列。成都民营博物馆突破百家，数量名列全国前茅，成为名副其实的博物馆之都。其中，四川博物院是西南地区最大的综合性博物馆，现有院藏文物32万余件，其中珍贵文物5万余件。省内比较著名的博物馆还有成都市博物馆、建川博物馆、"5·12"汶川特大地震纪念馆和朱德同志故居纪念馆、成都杜甫草堂博物馆、自贡恐龙博物馆等，可开展研学旅行、科普教育、文化体验等众多旅游活动。

（二）总体分类统计情况

四川省人文活动类旅游资源分类统计表见表8-1。

表8-1 四川省人文活动类旅游资源分类统计表

资源类型	总量/处	占比/%
实用建筑与核心设施亚类	50 794	47.49
农家乐、乡村酒店与民宿	11 145	10.42
景观农林畜牧场所	8 486	7.93
陵墓	7 217	6.75
景观公路、铁路与桥梁	5 778	5.40
特性屋舍	5 679	5.31
特色园区	5 235	4.89
特色街区（店铺）	3 892	3.64
堤坝段落	926	0.87
渠道、运河段落	805	0.75
洞窟	802	0.75
港口、渡口与码头	549	0.51

表8-1(续)

资源类型	总量/处	占比/%
特色市场	280	0.26
景观与小品建筑亚类	26 344	24.63
观景点	4 746	4.44
雕塑	3 049	2.85
亭、台、楼、阁	2 726	2.55
广场与喷泉	2 699	2.52
塔形建筑	2 541	2.38
摩崖字画	2 355	2.20
碑碣、碑林、经幢	2 251	2.10
水井	1 590	1.49
堆石	1 506	1.41
栈道、通道	1 001	0.94
牌坊牌楼、影壁	978	0.91
门廊、廊道	902	0.84
人文景观综合体亚类	25 631	23.96
纪念、宗教、祭祀	10 904	10.19
医疗康养游乐休闲场所	3 996	3.74
建设工程与生产地	3 862	3.61
文化教育科技体育活动场所	3 505	3.28
社会与商贸活动场所	1 229	1.15
教学科研实验场所	1 088	1.02
交通运输服务设施	596	0.56
军事遗址与古战场	451	0.42
特色镇、村（寨）亚类	4 197	3.92
新镇新村（寨）	2 834	2.65
古镇古村（寨）	1 363	1.27
总数量	106 966	100.00

二、类型特征分析

（一）实用建筑与核心设施亚类分析

1. 总体特征描述

四川省目前查明的实用建筑与核心设施亚类资源共 50 794 处，农家乐、乡村酒店与民宿数量最多，共计 11 145 处，占该亚类总量的 21.94%；其次为景观农林畜牧场所和陵墓，分别为 8 486 处、7 217 处，占比 16.71%、14.21%。实用建筑与核心设施亚类景观优质资源名录见表 8-2。

表 8-2　实用建筑与核心设施亚类景观优质资源名录

资源类型	典型资源
农家乐、乡村酒店与民宿	农科村徐家大院、海螺沟古道别院民宿、甲居藏寨、乡城藏乡田园
景观农林畜牧场所	叙永县丹山梯田、三一国际农场、高坎梯田、鲜水河田园风光、霍曲吉祥牧场、日主共大牧场、顶贡大牧场、普昌梯田、麻咪泽、八家村万亩苹果观光采摘园、普格海口高原牧场
陵墓	扬雄墓、郪江崖墓群、郝家坪战国墓葬群、南广河崖墓群、麻塘坝悬棺、苏麻湾悬棺、兴文僰人悬棺群、王所大石墓、惠陵（刘备墓）、古蜀船棺合葬墓遗址、孟知祥墓、福宝高村东汉崖墓群、罗盘嘴墓群、塔梁子崖墓群、河边九龙山汉墓群、顺河崖墓群、浩崖墓、黄伞崖墓群、安丙家族墓地、江口崖墓、瑞峰崖墓群
景观公路、铁路与桥梁	沿滩区釜溪河复合绿道、名山茶园绿道、雅西高速双螺旋隧道、波日桥、甘白路、最美 318 国道理塘段、成昆铁路喜德段、川藏公路大渡河悬索桥、国道 318 景观大道泸定段、国道 317 景观公路、雅康高速大渡河大桥
特性屋舍	刘文彩老公馆、江姐故居、福源灝民居、剑门关隘、朱德同志故居纪念馆、马鞍镇丁氏庄园、朱德诞生地、国际竹编艺术博览馆、夕佳山民居、邓小平故里核心建筑景观群、道孚崩科藏式民居、仁康古屋、乡城白色藏房
特色园区	中华彩灯大世界、普威绿野花乡油菜花基地、董允坝现代农业示范园、中国特早茶基地、先市酱油酿造作坊、郎酒庄园、绵阳方特东方神画、乐山乌木文化博览园、眉山中国泡菜城、川茶集团科技园、甲勿海大熊猫保护研究园、青德藏乡田园、易园、东郊记忆音乐公园（文化产业园区）、非遗博览园、中国酒村、竹叶青茶博园
特色街区（店铺）	IFS、太古里、春熙路、冠英古街、南溪古街、马尔康柯盘天街、文殊坊、枣子巷中医药文化特色街区、水井坊历史文化街区
渠道、运河段落	奇峰渡槽、夹江东风堰、武胜胜天渡槽
洞窟	圆觉洞、毗卢洞、华严洞

2. 各基本类型特征分析

（1）农家乐、乡村酒店与民宿（11 145 处）。

该类型是指农、林、牧、渔等餐饮和乡村酒店、民宿接待场所。

20 世纪 80 年代，乡村旅游的雏形“农家乐”在四川省成都市郫都区友爱镇农科村出现，后来城市近郊的区（市、县）也相继出现了利用庭院、堰塘、果园、花圃、农场等田园景观、自然生态和乡村人文资源，为游客提供以农业体验为特色的观光、娱乐、住宿、餐饮等综合服务的经营实体。比较著名的有彭州市宝山村、蒲江县明月村、阿坝州桃坪羌寨等。

发展至今，农家乐、乡村酒店与民宿已具有了相当大的规模，在实用建筑与核心设施亚类中占比最多。

（2）景观农林畜牧场所（8 486 处）。

该类型是指具有一定观赏游览功能的农田、林场、牧场、养殖场等。

四川是传统农业大省，农业景观资源十分丰富，特别是四川盆地，农耕文明发达，田园景观繁多，包括了叙永县丹山梯田、三一国际农场、普昌梯田、高坎梯田、乐德红土地、都江堰灌区等。同时，四川又是林业资源大省，林业景观资源遍布，特别在川西地区拥有诸多的林场。川西北高原以阿坝州、甘孜州为主体的高山草场连绵不绝，牛羊成群，拥有成片的牧场和养殖场，是感受高原牧区文化的绝佳之处。

（3）陵墓（7 217 处）。

陵墓是指帝王陵寝，名人、贵族或领袖先烈墓。

成都是中国历史最悠久的城市之一，拥有 4 500 多年的文明史。数千年来，成都一直是西南地区重要的政治、经济、文化中心。成都帝王陵寝比较知名的有惠陵（刘备墓）、和陵（孟知祥墓）、永陵（王建墓），明十陵（蜀王家族墓）等。四川的历史名人众多，涌现了一些文人雅士、军事将领、治国能臣等，他们与蜀地产生了紧密的关联，这些名人的陵墓散落于全省，展示了天府之国的灿烂文明，比较有代表的是扬雄墓、姜维墓、庞统墓、陈子昂墓、李调元墓、吴玉章墓、刘湘墓等。

（4）景观公路、铁路与桥梁（5 778 处）。

景观公路、铁路与桥梁是指具有一定观赏游览功能的公路、铁路和桥梁。

四川作为得天独厚的旅游目的地，特别是川西北高原峡谷地区，景观公路成为风景线，与自然风光、民俗文化融为一体，成为真正的观景之路、观景之台和人文之路。在景观公路、铁路与桥梁资源中，以成昆铁路、雅西高速、318 国道（川藏公路）、宜宾长江大桥、崇州重庆路等为典型代表。

（5）特性屋舍（5 679 处）。

特性屋舍是指具有观赏游览功能的房屋。

四川面积辽阔，特性屋舍遍布全省，主要包括一些古代庄园、名人故居、家族祠堂等，以名人故居资源最为丰富。四川频出历史名人，包括文学艺术层面或者是政治军事层面的，所以保存着许多名人故居资源。名人故居具有文物、旅游、纪念功能。四川的名人故居分布极不平均，经济文化发达程度越高，名人故居旅游资源越丰富。另外，故居资源与近现代历史事件发生地有关，特别是与近现代革命有关。全省范围内，比较有代表特性的民舍有朱德旧居、邓小平故居、江姐故居、刘文彩老公馆、夕佳山民居、道孚崩科藏式民居、刘光第故居、蒋介石官邸、阳翰笙故居等。

（6）特色园区（5 235 处）。

特色园区是指具有一定观赏游览功能的工业、农业、文化、科技、商贸等产业园区。

特色园区富有行业特色，或是以文化为底，或是以科技为基，不同的园区拥有不同的功能。特色园区分布于全省各地，资源特色鲜明，类型丰富多样。在全省众多园区中，成都东郊记忆音乐公园是以工业遗址为主题的旅游地，成都非遗博览园是以非物质文化为主题的园区，绵阳方特东方神画是以历史神话和巴蜀文化为特色的大型文化高科技主题乐园，自贡中华彩灯大世界以彩灯文化为特色，泸州郎酒庄园以传统酒文化为主题，乐山乌木文化博览苑展示了乌木的艺术。

（7）特色街区（店铺）（3 892 处）。

特色街区（店铺）是指反映某一时代建筑风貌或经营专门特色商品和商业服务的街道（店铺）。

四川特色街区（店铺）多分布在商业发达、文化繁荣、历史悠久或少数民族聚集的地区。全省各地的街巷具有不同的特色与魅力，以省会成都、乐山、阆中等古城最为集中。例如，成都的宽窄巷子以清代建筑胡同为内核、绵阳北川巴拿恰体现出羌风羌韵、甘孜康定溜溜城展示了藏族风情。四川特色街区（唐铺）典型代表有绵阳跃进路历史文化街区、碧水寺-越王楼历史文化街区、眉山市三苏祠历史文化街区、广元昭化南门巷历史文化街区等。此外，四川作为川菜之源，在乐山有张公桥美食街区，在成都有以锦里、祥和里、玉林路等为代表的美食街区。

（8）堤坝段落（926 处）。

堤坝段落是指防水、挡水的构筑物段落。

四川号称千河之省，水力资源丰富。为开发利用水资源，四川在各大江大河处修建了大量的拦水大坝，用以满足发电防洪等功用。在川中丘陵区域，多修建小型水库，用于农业灌溉、工业用水等。相对而言全省堤坝段落优质资源不多，典型代表有攀枝花二滩大坝、绵阳武引枢纽、升钟水库大坝、千里嘉陵第一坝、大渡河三级电站等。

（9）渠道、运河段落（805 处）。

渠道、运河段落是指正在运行的人工开凿的水道段落。

四川各地均有人工开凿的水道段落，大型的渠道、运河段落分布在成都和乐山等地，但优质旅游资源数量明显偏少。目前，四川共有成都都江堰和夹江东风堰两处渠道入选世界灌溉水利工程遗产，特别是以都江堰水利工程为核心的成都平原范围内的渠道、运河段落资源十分集中。除了古代水利工程，在省内其他地方还兴建了一些与农业相关的水利工程，比如泸州的奇峰渡槽和武胜胜天渡槽等。

（10）洞窟（802 处）。

洞窟是指具有特殊历史文化意义或景观价值的人造洞穴。

四川作为道教的重要发源地和南方佛教中心，历来是人们朝拜、观光的圣地，具备历史价值和文化价值的洞窟景观多与宗教有关，尤其是佛教石窟。四川盆地发育了诸多丹霞地貌，易于洞穴与石窟的开凿。据统计，四川共有省级以上重点文物保护石窟或摩崖造像单位 30 余处，比较著名的佛教洞窟资源是安岳石刻，其造像内容以佛教造像为主，有少量道教造像，以毗卢洞、园觉洞、华严洞等洞窟为代表。四川广元还有规模较大的石窟群——千佛崖，内有大云洞、大佛洞、莲花洞等洞窟。

（11）港口、渡口与码头（549 处）。

港口、渡口与码头是指位于江、河、湖、海沿岸进行航运、过渡、商贸、渔业活动的地方。

四川河流众多，港口、渡口与码头等资源主要分布于省境内的大江大河之上，基本形成以长江、岷江、嘉陵江、渠江高等级航道为骨架，以泸州、宜宾、乐山、广安、南充、广元重要港口为枢纽的航运网络。航运港口的主要代表有泸州港、宜宾港等，而著名的观光型旅游码头在成都、乐山等地，另外一些小型的观光型码头多分布于临江临河的古镇或者有亲水景观的现代游乐场，如成都东门码头、黄龙溪码头、仙市古镇盐业码头。

（12）特色市场（280 处）。

特色市场是指具有一定观赏和游览功能的市场。

四川地大物博，物产资源丰富，有的地方盛产水果，比如攀枝花、泸州；有的地方产好酒，比如宜宾、泸州、遂宁；有的地方产茶叶，比如成都、雅安；有的地方多美食，比如乐山、自贡。根据不同的地域文化，不同的物产，渐渐形成一批具有旅游观赏功能的特色集市，吸引着八方游客前去游览，体验不同的旅游购物乐趣，如泸州江阳珠子街，广元昭化西市、雅安西康乌木市场、成都送仙桥古玩市场等。

（二）人文景观综合体亚类分析

1. 总体特征描述

该亚类资源目共有 25 631 处，其中纪念、宗教、祭祀活动场所数量最多，占该亚类总量的 42.54%；其次是医疗康养游乐休闲场所、文化教育科技与体育活动场所、建设工程与生产地，分别占该亚类总量的 15.59%、13.67%、15.07%；社会与商贸活动场所、教学科研实验场所、交通运输服务设施和军事遗址与古战场这四个基本类型的数量相对较少，分别占 4.79%、4.24%、2.33%和 1.76%。人文景观综合体亚类优质资源名录见表 8-3。

表 8-3　人文景观综合体亚类优质资源名录

资源类型	典型资源
纪念、宗教、祭祀活动场所	大慈寺、成都杜甫草堂博物馆、武侯祠、宝光寺、灵岩寺、二王庙、赵公山财神文化综合地、青城山道教文化体验地、上清宫、天师洞、青城山建福宫、普照寺、彭州 5·12 地震遗址纪念园、彭州领报修院、彭州龙兴禅院、三昧禅林、吴玉章故居、荣县大佛寺、富顺革命烈士陵园、富顺千佛寺、富顺文庙、法王寺、红军长征过石厢子纪念地、叙永春秋祠、德阳文庙孔子文化园、黄继光纪念馆、圣水寺、碧水寺、三台云台观、南池庙、嫘祖陵、七曲山大庙、“5·12”汶川特大地震纪念馆、陇西院、李白纪念馆、皇泽寺、平乐寺、旺苍中国红军城、觉苑寺、广德寺、灵泉寺、高峰山道观、金华山道观、资中文庙、资中武庙、乐山大佛宗教活动场所景观、乐山凌云寺、乐山乌尤寺、乐山文庙-老霄顶历史文化区、大佛禅院、报国寺、伏虎寺、万年寺、峨眉山古建筑群、峨眉山普贤道场佛教文化体验地、峨眉山洞天福地道教文化体验地、峨眉山金顶、峨眉大庙、张澜纪念馆、七宝寺、南部观音庵大殿、永安庙、朱德同志故居纪念馆、张思德纪念馆、张澜故居、天宫院、眉山蟆颐观、三苏祠、眉山甘泉寺、赵一曼故居、蜀南竹海、龙吟寺、邓小平故居陈列馆、华蓥山寺庙群（邻水段）、
纪念、宗教、祭祀活动场所	真佛山寺庙群、红三十三军纪念馆、清溪文庙、中国工农红军强渡大渡河纪念馆、川陕革命根据地博物馆及碑林、空山战役纪念园、王坪、川陕革命根据地红军烈士陵园、红四方面军总指挥部旧址纪念馆、木门寺、陈毅故里、乐至报国寺、红军长征纪念碑碑园、棒托寺、格尔登寺、各莫寺、各莫寺法喜苑、各莫寺弥勒佛殿、日干乔、达格则寺、麦洼寺、塔公寺、贡嘎寺、南无寺、红军飞夺泸定桥纪念馆、顶果山雍忠佐钦岭寺、松安寺、惠远寺、朱德总司令和五世格达活佛纪念馆、白利寺、东谷寺、益西寺、扎依寺、竹庆寺、协庆寺、满金寺、丁青寺、宗萨寺、德格印经院、更庆寺、八邦寺、嘎托金刚座、白玉噶玛印经院、白玉亚青寺、色达五明佛学院、长青春科尔寺、向阳寺、乡城红军纪念馆、噶丹桑披罗布岭寺、奔波寺、上热乌寺、下热乌寺、冲古寺、贡嘎郎吉岭寺、翁佳寺、瓦尔寨大寺、康坞大寺、木里大寺、会理会议纪念地、灵山寺、文昌故里、文殊院、青羊宫、望丛祠、鹤鸣山道观、新津观音寺及明代壁画、小鱼洞地震遗址、龙藏寺、都江堰文庙、彭州市敖平镇正觉寺塔、圆通寺、庞统祠、西武当山、陈子昂古读书台、郭沫若故居、犍为文庙、乐山文庙、顺庆西山陈寿旧居、永安寺、西充文庙、阆中五龙庙、双河文庙、岳池文庙、渠县文庙、巴灵台寺、芦山青龙寺、眉山报恩寺、安岳文庙、措尔机寺、新津纯阳观、江阳云峰寺、荥经云峰寺、苍溪云台观

表8-3(续)

资源类型	典型资源
医疗康养游乐休闲场所	望江楼公园、麓湖生态城、沱江源文化带、三山一湖休闲地、石象湖景区、新津斑竹林、青城山养生度假地、都江堰天府林盘群、彭州宝山村、南宝山、道明非遗文化旅游区、崇阳古镇人文文化旅游区、格萨拉生态度假地、红格特色小镇、纳溪花田酒地、纳溪茶酒小镇、龙桥文化生态园、玉蟾山休闲旅游场所、黄荆老林康养地、仙海度假区、绵阳罗浮山温泉康养地、涪江六峡康养地、曾家山滑雪场、圣莲岛（世界荷花博览园）、中国红海、黄鹤湖、桃花源、慈菇塘森林公园、船石湖、红珠山宾馆、峨眉山冰雪胜地、南充中法农业科技园、印象嘉陵江休闲地、嘉陵黄金江岸、白塔公园人文景观休闲区、四川营山清水湖国家湿地康养游乐休闲区、太蓬山、百牛渡江、嘉陵第一桑梓、阆中滕王阁、眉山中法农业科技园、黑龙滩旅游度假综合体、七里坪、汉阳水府、石城山风景区、仁和百竹海、蜀南竹海海中海、蜀南竹海天宝寨、蜀南竹海仙寓硐、蜀南竹海西部竹石林、三江湖生态康养度假地、龙茶花海、白坪-飞龙乡村旅游综合体、新勤村铁山森林康养地、渡口巴人风情小镇、洋烈水乡、海明湖度假地、龙潭河度假地、碧峰峡野生动物世界、百丈湖国际旅游度假胜地、蒙顶山生态康养产业基地、牛碾坪、月亮湖度假胜地、安顺场、王岗坪、大川度假小镇、巴灵寨、卧佛院、理县古尔沟温泉小镇、壤巴拉文化旅游中心、俄么塘、海螺沟野生植物分布区、宗塔七色草原、措卡湖景区、拉日马藏族特色旅游区、独木岭牧俗文化体验园、德昌凤凰嘴、凯地里拉温泉度假地、螺髻九十九里、北湖生态公园（熊猫国际旅游休闲区）、青龙湖游乐休闲地、海滨城、天府花溪谷、成都西岭雪山滑雪场、花舞人间、成都融创文旅城、白鹿音乐小镇、农科村、三道堰镇、成佳茶乡、天府国际慢城乡村旅游区、麓溪河生态区、云溪温泉、药王谷、流杯池公园、蜀南花海、飞仙关、江湾神木园、太子岭滑雪场、邓玛湿地休闲场所、木雅圣地、海螺沟游乐休闲地
建设工程与生产地	都江堰水利工程、都江堰精华灌区、东源井古盐场、洞窝水电站、舍得酒文化观光区、犍为嘉阳煤矿、六合丝博园、五粮液生态园区、雅安茶厂、名山茶山梯地（大地指纹）、九龙天乡茶园、里伍铜矿矿山公园、会理石榴田园综合体、白鹤滩水电站、西昌卫星发射中心冕宁发射场、溪洛渡水电站、二滩水电站、蒙顶山国家茶叶基地、两河口水电站
文化教育科技体育活动场所	三圣花乡、成都市博物馆、成都永陵博物馆、成都科学城、建川博物馆、刘氏庄园博物馆、中国大熊猫保护研究中心都江堰基地、邛窑考古遗址、盐业历史博物馆、中国彩灯博物馆、张家花园、自贡恐龙博物馆、攀枝花苏铁国家级自然保护区实验区、攀枝花中国三线建设博物馆、泸州博物馆、中国第一窖、护国战争博物馆、百年护国城、泸州石刻艺术博物馆、屈氏庄园博物馆、宋代石刻博物馆、合江县汉代画像石棺博物馆、三星堆国家考古遗址公园、三星堆博物馆、汉旺地震遗迹、绵阳科技馆、两弹城、剑阁鹤鸣山道教文化公园、寻乐书岩、苍溪红军渡、内江大千园、范长江文化旅游园、内江张大千博物馆、东方佛都、仪陇
文化教育科技体育活动场所	县剪纸博物馆、丹棱大雅园、国际竹艺城、高县红色家风建筑群、小平干部学院、广安华蓥山大熊猫科普教育中心、中国汉阙文化博物馆、万源保卫战战史陈列馆、严道古城文化体验区、东汉石刻馆、映秀爱国主义教育基地、中国羌族博物馆、甘孜藏族自治州博物馆、海螺沟地质地貌科普地、格萨尔王城、四川博物院、四川科技馆、金沙遗址博物馆、成都露天音乐公园、成都欢乐谷主题公园、成都动物园、明蜀王陵博物馆、成都海昌极地海洋世界、新都桂湖、罨画池博物馆、水井坊博物馆、泸州老窖博物馆、青川县城战国木牍文化建筑群、四川宋瓷博物馆、中国核聚变博物馆、中国绸都丝绸博物馆、米亚罗鹧鸪山滑雪场
社会与商贸活动场所	新世纪环球中心、中国西部博览城、郫县豆瓣文化区、公井古城、泸州川南临港片区、北川新县城、昭化古城、剑州古城、嘉州古城、阆中古城、松州古城、格萨尔文化艺术之乡、成都新会展中心、灌县古城、四川国际旅游交易博览会永久性会址
教学科研实验场所	四川大学望江校区、成都大熊猫繁育研究基地、都江堰熊猫谷、王家沟古生物化石科普基地、碧峰峡熊猫基地、中华大熊猫苑、稻城高海拔宇宙线观测站（LHAASO）、四川小相岭大熊猫野外放归基地

表8-3(续)

资源类型	典型资源
军事遗址与古战场	云顶石城、百年护国战壕遗址、神臂城遗址、白马关、寨子城、江口明末古战场遗址、宝箴塞民众防御建筑群、得汉城、泸定桥、萨玛王朝古遗址、永平堡古城

2. 各基本类型特征分析

(1) 纪念、宗教、祭祀活动场所（10 904 处）。

纪念、宗教、祭祀活动场所是指为纪念人、事或开展各种宗教、祭祀、礼仪活动场所的地方。

四川是道教发祥地，是南方佛教传播中心之一，拥有鹤鸣山、青城山，峨眉山等宗教名山，分布着上清宫、青羊宫、宝光寺、皇泽寺、广德寺等寺庙宫观。藏传佛教寺庙主要分布在川西高原，包括亚青寺、塔公寺、木里大寺、长青春科尔寺等寺庙。此外，四川还有大量文庙，如犍为文庙、资中文庙、德阳文庙等。纪念名人的场所主要包括陈子昂古读书台、李白纪念馆、杜甫草堂、红色场所主要包括陈毅故里、张澜纪念馆、张思德纪念馆、成都烈士陵园、达州红军烈士陵园等。

(2) 医疗康养游乐休闲场所（3 996 处）。

医疗康养游乐休闲场所是指具有医疗、康养、休闲、娱乐、度假条件的地方。

独特的自然环境，温和怡人的气候，深厚的文化底蕴以及丰富的旅游资源使四川具有发展康养休闲旅游的先天优势。四川主要拥有中药、地热、宗教、自然等康养资源。医疗康养游乐休闲场所以青城山养生度假地、都江堰天府林盘群、黑龙滩旅游度假综合体、蜀南竹海、曾家山滑雪场等为代表。

(3) 建设工程与生产地（3 862 处）。

建设工程与生产地是指经济开发工程和实体单位，如工厂、矿区、农田、牧场、林场、茶园、养殖场、加工企业以及各类生产部门的生产区域和生产线。

建设工程与生产地分布于全省各地，与当地的经济水平和产业结构相关，该类景观资源种类繁多、覆盖面广。四川矿产资源丰富，矿产种类齐全，拥有以攀枝花钒钛磁铁矿、甘孜州锂辉石矿、达州普光气田、凉山州牦牛坪稀土矿等为代表的大型矿区。在工业方面，四川是中国西部工业门类最齐全、优势产品最多、实力最强的工业基地。同时，四川是全国三大林区、五大牧区之一，是全球25处生物多样性保护热点地区之一，是长江上游重要的生态屏障和水源涵养地。四川牧场林场景观主要分布于甘孜州、凉山州、阿坝州等地。同时，四川也是茶叶种植大省，种植面积超500万亩（1亩≈667平方米），主要产区在自贡、雅安、眉山、宜宾等地。在建设工程与生产地资源中，以都江堰水利工程、中国白酒金三角酒业园区、泸州洞窝水电站、丰谷酒业（高新区）、遂宁舍得酒文化观光区、乐山犍为嘉阳煤矿、宜宾五粮液生态园区、达州普光气田工业旅游基地、雅安茶厂、白鹤滩水电站、西昌卫星发射中心冕宁发射场等为典型代表。

(4) 文化教育科技体育活动场所（3 505 处）。

文化教育科技体育活动场所是指进行文化、教育、科学技术普及、体育活动的场所。

文化教育科技体育活动场所广泛分布于全省各地，包括各类各级图书馆、博物馆、档案馆、美术馆、科技馆、展览馆等。在进行文化教育科技体育活动的诸多场所里面，又以博物馆数量最多。该类资源以四川博物院、四川美术馆、绵阳科技馆、自贡盐业历史博物馆、中国彩灯博物馆、自贡恐龙博物馆、三星堆博物馆、内江大千园、中国汉阙文化博物馆、映秀爱国主义教育基地、中国羌族博物馆等为典型代表。

(5) 社会与商贸活动场所（1 229 处）。

社会与商贸活动场所是指进行社会交往活动、商业贸易活动的场所。

四川的人口基数庞大，社会商贸产业自古发达，社会与商贸活动场所遍布全省。一般而言，典型资源一般集中于历史文化悠久、商业贸易发达、经济实力强劲、人口众多的地区，如省会成都市。此外，全省还形成了一大批以古城为代表的资源，主要包括自贡的公井古城、广元的昭化古城和剑州古城、乐山的嘉州古城、南充市的阆中古城等，它们或地处交通要道，或位于数省交界处，社会与商贸活动十分发达。

(6) 教学科研实验场所（1 088 处）。

教学科研实验场所是指各类学校、教育单位、开展科学研究的机构、从事工程技术试验场所的观光、研究和实习的地方。

四川是科教大省，分布着大量的教学科研实验场所。国家先后在川布局中国（绵阳）科技城，在成都设立国家自主创新示范区，在攀西地区设立战略资源创新开发试验区等重大创新基地。四川还有四川大学、电子科技大学等 8 所高校入选世界一流大学及学科建设工程。全省教育科研实力强劲，与科教教育相关的国家重点实验室、四川省重点实验室等各级各类实验场所较多。该类资源以四川大学、成都大熊猫繁育研究基地、雅安碧峰峡熊猫基地、甘孜稻城高海拔宇宙线观测站（LHAASO）等为代表。

(7) 交通运输服务设施（596 处）。

交通运输服务设施是指用于提供运输服务的客货运场站、服务区等。

四川交通基础设施建设日益火热，几种交通方式建设齐头并进，线路与枢纽建设同步推进，高速、铁路、水运、航空出现跳跃式发展，全省交通基础设施布局发生了根本性变化，铁路、公路、水路、航空及管道门类齐全的综合交通运输体系初步形成。典型资源如成都火车东站、天府国际机场、稻城亚丁机场、泸州鸡鸣三省大桥、泸定大渡河特大桥、成都地铁等纷纷成为诸多游客的打卡地。

(8) 军事与古战场遗址（451 处）。

军事遗址与古战场是指古时用于战事的场所、建筑物和设施遗存。

自古巴蜀多战事，频繁的战争留下了许多历史遗迹，四川境内军事遗址与古战场遗址资源十分丰富，有以白马关、绵竹关、剑门关、昭化古城等为代表的三国战场遗址；有以宝箴塞、云顶石城、宋神臂城等为代表的宋元战争遗址；有明朝末年遗留的江口古战场遗址；还有以百年护国战壕、泸定桥等为代表的红色军事遗址。

（三）景观与小品建筑亚类分析

1. 总体特征描述

四川省目前景观与小品建筑亚类旅游资源总共有 26 344 处，其中以观景点最为丰富，数量为 4 746 处，占该亚类总量的 17.99%；其次是雕塑，数量为 3 049 处，占比为 11.58%；门廓、廊道和牌坊牌楼、影壁这两类资源的数量相对较少，占比分别为

3.42%和3.71%。景观与小品建筑亚类优质资源名录见表8-4。

表8-4 景观与小品建筑亚类优质资源名录

资源类型	典型资源
观景点	蜀南竹海观云台、光头山山顶观景平台、子梅垭口、雅哈垭口
雕塑	各莫寺弥勒佛像
亭、台、楼、阁	越王楼、华光楼、平襄楼、崇丽阁
广场与喷泉	天府广场
塔形建筑	邛崃石塔寺石塔、天府熊猫塔（原四川广播电视塔）、邛崃回澜塔、简阳白塔园、葛仙山镇云居院塔、蓬溪白塔、乐山大佛景区灵宝塔、高坪区白塔公园无量宝塔、玉台山石塔、德昌字库塔群、彭州市敖平镇正觉寺塔、拉日玛白塔群
摩崖字画	石笋山摩崖造像、荣县大佛、清凉洞摩崖造像、千佛崖摩崖造像群、乐山大佛、南部禹迹山大佛、彭山龙门寺摩崖造像、牛角寨石窟、八仙山大佛、冲相寺及冲相寺摩崖造像、燕子崖摩崖石刻（真静石刻）、南龛摩崖造像群、通江红军石刻标语群、南江县红军石刻群、半月山大佛、千佛寨、安岳石刻、飞仙阁摩崖造像、卧龙千佛岩摩崖造像、皇泽寺摩崖造像、观音岩石窟、重龙山摩崖造像、通江千佛崖石窟、水宁寺摩崖造像
水井	宜宾双河葡萄井、泸州江阳龙泉井、成都薛涛井、青城山上清宫内的鸳鸯井
堆石	松格嘛呢石经城、巴格嘛呢石经墙、穆日嘛呢石经墙
栈道、通道	荔枝古道、茶马古道荥经段、茶马古道天全段、茶马古道飞仙段、蜀道通江段、米仓古道、理县藏羌走廊、川藏茶马古道泸定段、川藏茶马古道甘孜县段、唐蕃古道甘孜县段、喇嘛垭茶马古道遗迹、走婚桥
牌坊牌楼、影壁	中国石牌坊群、九襄双节孝石牌坊、珙县隘口石坊、开江陶牌坊、双堡牌坊
门廓、廊道	蜀南竹海翡翠长廊

2. 各基本类型特征分析

（1）观景点（4 746处）。

观景点是指用于观赏景观的场所。

四川景观资源丰富，从海拔500多米的成都平原到海拔5 000多米的川西极高山，景观种类之丰富，品质之高在全国极为罕见，拥有众多的观景点资源。特别是围绕贡嘎山形成了子梅垭口、雅哈垭口、轿顶山、牛背山、光头山、王岗坪、达瓦更扎等上百个观景平台。除了环贡嘎山观山平台，还有蜀南竹海观云台、达古冰川观景台，以及新发现的乐山铜河睡佛最佳观景地等。

（2）雕塑（3 049处）。

雕塑是指用于美化或纪念而雕刻塑造的、具有一定寓意、象征或象形的观赏物和纪念物。四川的雕塑历史博大精深，从三星堆青铜雕塑的神秘诡异，到汉代画像石画像砖的朴素自然。从成都东汉击鼓说唱俑的夸张诙谐，到安岳石刻里的奇思妙想。从明代新津观音寺雕塑的细腻传神，到20世纪60年代大邑地主庄园《收租院》泥塑独特的叙事结构。比较有代表性的雕塑景观有天府广场毛泽东像、安仁古镇收租院泥塑群像，新津观音寺明代塑像、都江堰东汉李冰石像、峨眉山金顶十方普贤铜雕塑像、广安“实事求是”宝鼎等。

（3）亭、台、楼、阁（2 726 处）。

亭、台、楼、阁是指供游客休息、乘凉或观景用的建筑。亭、台、楼、阁属于传统建筑的一种，因造型轻巧且布局灵活，多保存于古代园林。亭台楼阁作为小品景观，有古代建筑和现代建筑之分。它们一般以古代建筑为主，多分布于历史名城内、山川名胜处，或者古典园林中，在传统古典园林内往往修建着许多亭、台、楼、阁资源。四川古典园林作为中国古典园林中地域园林的重要分支，拥有独特的园林类型、园林艺术和风格。历史名城中的古楼代表，如阆中中天楼、绵阳越王楼、成都散花楼；古典园林中的代表，如望江公园内的崇丽阁；山川名胜中的代表，如青城山老君阁、成都合江亭等。

（4）广场与喷泉（2 699 处）。

广场与喷泉是指用来进行休憩、游乐、礼仪活动的城市内的开阔地和人造的喷水设备。城市广场是城市公共空间的重要组成部分，是城市公共空间中最能体现公共性、城市魅力的场所，同时也是释放城市内在文明、激发城市生活的空间载体。广场与喷泉作为城市建设之标配，在省内都有分布，规模大小不一，形成了各具特色和内涵的广场与喷泉景点，比较具有代表性的有成都天府广场、泸州白塔广场、安仁古镇抗战老兵手印广场、广安邓小平铜像广场等。

（5）塔形建筑（2 541 处）。

塔形建筑是指具有纪念、镇物、标明风水和某些实用目的的建筑物。四川地区的古塔数量众多，以佛塔、风水塔等类型为主。蜀地是我国较早流行和信奉佛教地区，特别是唐宋时期，以塔为代表的佛教建筑十分常见。明清以来，佛塔的建造不断衰落，风水塔的营造十分盛行。随着岁月的流逝，大多数古塔已经坍塌残破，四川保存至今的古塔有百余座，例如中国层数最多的砖塔——都江堰奎光塔，全国第三高砖塔——邛崃回澜塔等。进入现代，很多城市都在修建体量巨大、高度超高、造型瞩目的广播电视塔，成为城市标志性地标，比较有代表性的如天府熊猫塔，泸州电视塔等。

（6）摩崖字画（2 355 处）。

摩崖字画是指在山崖石壁上镌刻的文字、图案或绘制的书画。本次普查，摩崖石刻也归入摩崖字画。四川摩崖石刻造像的开凿时代最早可以追溯到汉代，而且数量很大，分布极其广泛，内涵相当丰富，在全国名列前茅。全省大约有五十个县有比较集中的石刻造像资源，石刻造像资源分布很广，同时四川石刻造像资源又有聚集存在的特点，如在安岳、巴中、彭山等地数量较多，特别是资阳安岳，石刻资源极为丰富，被文化和旅游部命名为“中国民间文化艺术之乡（石刻）”。比较著名的摩崖字画包括乐山大佛、荣县大佛、禹迹山大佛、巴中南龛摩崖造像群、蒲江飞仙阁摩崖造像、内江重龙山摩崖造像等。

（7）水井（1 590 处）。

水井是指用于生活、灌溉用的地下水取水设施。井的历史非常悠久，中国民间长期使用的是圆形筒井，用于开采浅层地下水。水井作为与百姓生活息息相关的基础设施，资源分布比较广泛。在人口密集处、农业发达地，水井相关资源就越丰富，人们通过水井取水，用来作日常生活和农业灌溉。古代水井作为一项旅游景观，优质资源相对较少，具有代表性的资源有宜宾双河葡萄井、泸州江阳龙泉井、成都薛涛井，以及青城山上清宫内的鸳鸯井等。

（8）堆石（506处）。

堆石是指由石头堆砌或砌筑形成的景观。堆石景观多指玛尼石堆，玛尼石堆共分成6大类型，包括石经墙、石经城、自然式石堆、塔式石堆、地毯式石堆、塔林石堆等。比较有特色的石经墙基本分布于甘孜州石渠县等地，如巴格玛尼石经墙和松格玛尼石经城。

（9）栈道、通道（1 001处）。

栈道、通道是指古代架设于陡峻地段供行走和运输物资的通道。栈道又名“阁道”“栈阁”之道或“复道”，早期栈道是木质材料，明清以后，随着交通修筑技术的发展，修复率极高的木质栈道逐渐被石栈和碥道取代。四川著名的栈道为开辟于战国时期的古栈道，主要有陈仓古道、褒斜道、傥骆道、子午道、金牛道、米仓道和荔枝道。现存古栈道中，比较著名的明月峡古栈道。除古栈道外，省内还分布有茶马古道、川盐古道等古代交通景观。

（10）牌坊牌楼、影壁（978处）。

牌坊牌楼、影壁是指为表彰功勋、科第、德政以及忠孝节义所立的建筑物，中国传统建筑中用于遮挡视线的墙壁。牌坊牌楼、影壁中以牌坊为重，四川地区牌坊众多，其中不乏历史悠久、艺术价值高的作品。四川省内的牌坊多为明清时代所建，以石质为主，充分反映我国古代石质建筑的艺术成就。现留存下来的牌坊主要有仁寿双节牌坊、雅安上里石牌坊、安岳石牌坊、隆昌石牌坊、资中石牌坊、阆中石牌坊、宜宾真武山石牌坊等。诸多牌坊牌楼、影壁旅游资源中，以内江隆昌石牌坊最为著名，有“中国石牌坊之乡”的美誉。

（11）门廓、廊道（902处）。

门廓、廊道是指门头廊形装饰物，不同于两侧基质的狭长地带。在四川省范围内，门廓、廊道资源整体相对较少，优质资源也寥寥无几。门廓、廊道主要起装饰作用，属于附属修饰建筑，具有代表性的资源如泸州的百子图历史文化长廊、绵阳的三线文化长廊等。

（四）特色镇、村（寨）亚类分析

1. 总体特征描述

四川省特色镇、村（寨）亚类资源目前共有4 197处，其中新镇新村（寨）最多，达2 834处，占该亚类总量的67.52%；其次为古镇、古村（寨），数量为1 363处，占比32.48%。特色镇、村（寨）亚类优质资源名录见表8-5。

表8-5 特色镇、村（寨）亚类优质资源名录

资源类型	典型资源
新镇新村（寨）	木门特色小镇、桃源山居、幸福古村、康巴汉子村、战旗村、明月国际陶艺村、青杠树村、绵竹年画村、悬崖村、色龙世外桃源、虾拉沱村

表8-5(续)

资源类型	典型资源
古镇古村（寨）	洛带古镇、黄龙溪古镇、五凤溪古镇、安仁古镇、临邛古城、平乐古镇、街子古镇、元通古镇、艾叶古镇、牛佛古镇、三多寨、仙市古镇、吕仙村传统村落、赵化古镇、乐道古镇、新溪古街、福宝古镇、尧坝古镇、二郎古镇、马祖故里马祖村、郪江古镇、潼川古城、西平镇柑子园村、盐亭龙台古村、盐亭县青峰古村、上五村、黑水村、上游村国家级传统村落、青林口古镇、青莲古镇、青溪古城、罗泉古镇、苏稽古镇、石堰村、黄渡古镇、江口古镇、柳江古镇、李庄古镇、横江古镇、马湖府古城、汤巴丘传统村落、松坪传统村落、曾家沟传统村落、石桥古镇、鲁家坪村、清河古镇、秦河三官场传统村落、玉带太平坎传统村落、上里古镇、蟹螺堡子、汉姜古城、恩阳古镇、白衣古镇、理县甘堡藏寨、理县桃坪羌寨、中国古羌城、则查洼寨、树正寨、荷叶寨、悬天藏寨、阿坝神座村、甲居藏寨、中路藏寨、梭坡藏寨、莫洛历史文化名村、拉日马石板藏寨、山岩帕措古民居建筑群、勒通古镇、克麦村、礼州古镇、屋脚村母系家族村落、俄亚纳西古寨、会理古城、新场古镇、西来古镇、龙凤古镇、罗城古镇、清溪古镇、周子古镇、老观古镇、龙华古镇、神龙山巴人石头城、毛浴古镇、龙门古镇、萝卜寨松岗镇、直波古城、磨西古镇

2. 各基本类型特征分析

（1）新镇新村（寨）（2 834 处）。

新镇新村（寨）是指具有一定观赏游览功能的新镇新村（寨）。

新中国成立以后，四川的城镇建设日新月异，现已形成完善而科学的城镇体系。随着四川的城镇化进程不断加快，美丽新村建设不断推进，逐渐形成了一批具备观赏游览功能的新镇新村（寨），较具代表性的有成都彭州白鹿音乐小镇、崇州白头镇五星村、郫都区唐昌镇战旗村、丹棱县幸福古村等。另外，新村新寨建设工程形成了一批富有时代气息的旅游资源，如阿坝州汶川县映秀镇、甘孜州稻城香格里拉小镇、甘孜州雅江县康巴汉子村等。

（2）古镇古村（寨）（1 363 处）。

古镇古村（寨）是指具有一定观赏游览功能的古镇古村（寨）。

四川古镇资源丰富，这些古镇过去或是水路贸易集散地，有着非凡的前世传奇。四川古镇集聚了街市、场镇、聚落、商埠、水陆码头、庙宇祠堂、会馆书院等功能，具有极高的建筑艺术价值和建筑史学价值，人文内涵极其丰富，比较著名的古镇有街子古镇、洛带古镇、黄龙溪古镇、上里古镇、福宝古镇、李庄古镇、周子古镇等。四川同时是多民族聚集区，在川西北高原分布着极富地域特色的民族村落，如桃坪羌寨、甲居藏寨等。

第三节 四川建筑与设施类旅游资源的各类典型代表

一、实用建筑与核心设施亚类

（一）农家乐、乡村酒店与民宿典型代表

1. 农科村徐家大院

徐家大院位于国家4A级景区农科村，始建于1986年，是我国第一家农家乐。徐家大院由最早修的川西特色小青瓦农家平房和20世纪末期修建的仿古小楼、21世纪初修建的现代中式房屋构成，大院中套着数个小院，并与长亭、独亭、小桥流水、喷泉、假山、长短廊等景观相映成趣，形成独具特色的中式庭院美景。院内拥有130多间温馨且独具特色的精品客房，可容纳500人的商务会议楼，还有可接待800人的农家风味餐厅。除此之外，中国拓展培训专业协会还倾力打造了拓展训练基地，可开展高空断桥、高空单杠、高空天梯、信任背摔、毕业墙等经典项目百余项。

2. 阿坝州桃坪羌寨

桃坪羌寨位于岷江支流杂谷脑河畔的理县桃坪镇，始建于西汉元鼎六年（公元前111年），距今已有2 000多年的历史。桃坪羌寨有目前世界上保存最完整的羌族古建筑群，其独具魅力的碉楼式城堡民居、享有“天然空调”美名的地下水网、四通八达的通道和碉楼合一的迷宫式建筑程式，被誉为“羌族建筑艺术活化石”和神秘的“东方古堡”。桃坪羌寨于2007年被评定为国家级重点文物保护单位。

（二）景观农林畜牧场所典型代表

1. 丹山梯田

梯田属于建筑里的构筑物。丹山梯田位于泸州市叙永县丹山，丹山连绵30多千米，因土岩皆赤，又称红岩，是典型的丹霞地貌。丹山的万亩梯田依山而造，一层层从山脚盘绕到山腰，高低错落，层层叠叠，线条行云流水，规模气势磅礴，春夏秋冬分别显示出不同的色彩，非常壮观。目前丹山梯田已经被《中国国家地理》杂志评为四川省100个最美观景拍摄点之一，并成功跻身全国休闲农业和乡村旅游精品景点。

2. 霍曲吉祥牧场

霍曲吉祥牧场内有百亩人工湖、荷花形观景台、湖滨秋千、黑帐篷体验区等。霍曲吉祥牧场位于甘孜州理塘县奔戈乡卡灰村，2014年全村牧户筹资250万元，依托占地5万多亩（1亩≈667平方米）的大河边牧场，成立霍曲吉祥牧场专业合作社。牧场就在国道318线和国道227线旁边，是游客往来理塘的必经之地，发展体验游的区位优势非常突出。在专业合作社的统一运营下，集草原、宗教、文化及餐饮购物、休闲观光于一体的霍曲吉祥牧场很快走上了牧旅融合之路。如今，霍曲吉祥牧场专业合作社又吸引了理塘本地的一家专业旅游公司，对牧场升级改造，合作社用土地、牦牛等资源入股，而旅游公司负责设施设备建设、运营管理、吸引游客，进一步提高了牧场的知名度。

（三）陵墓典型代表

1. 惠陵

位于成都市武侯祠内，陵墓占地 2 000 平方米，封土高 12 米，有一道 180 米长的砖墙环护。陵前有“汉昭烈皇帝之陵”碑，乾隆五十三年（公元 1788 年）立。史载，刘备于公元 223 年病逝于白帝城后，运回成都安葬，墓中还葬有刘备的先后死去的甘、吴二位夫人。刘备墓现有匾“汉昭烈陵”“千秋凛然”，对联“一抔土尚巍然，向他铜雀荒台何处寻漳河疑冢；三足鼎今安在，剩此石鳞古道令人想汉代宫仪”。

2. 麻塘坝悬棺

麻塘坝位于宜宾市珙县洛表镇西南，坝东西宽 300～500 米，南北长约 1 000 米，螃蟹溪从坝中穿流而过，溪岸东西对峙着 21 座连绵起伏的山崖，悬棺分布于绝壁上。麻塘坝是现今世界上保存悬棺最多、最密集、最完整的地方，被誉为“悬棺葬的天然博物馆”。珙县境内现存的悬棺大部分集中于麻塘坝，有悬棺集中悬置点几十处（还有多处僰人的其他遗迹），悬棺悬置高度（相对于槽坝地面）多为 20～60 米，最高的（老鹰岩）为 110 米。从峭壁上密密麻麻的桩孔和无数残桩可以推断，当年麻塘坝岩壁上的悬棺该是数以千计。

（四）景观公路、铁路与桥梁典型代表

1. 最美 318 国道理塘段

318 国道是在中国华东、华中、西南地区的一条国道，起点为上海市黄浦区，终点为西藏自治区日喀则市聂拉木县，全程 5 476 千米，经过上海、江苏、浙江、安徽、湖北、重庆、四川、西藏八个省区。318 国道的建设意义在于促进资源东西向流动，对于川藏地区经济发展有重大意义，极大地支持了当地旅游业。318 国道理塘段景色尤佳，可以在理塘的西城门打卡 318 地面喷画“此生必驾”，然后一步步看到草原以及从草原上奔腾而过的河流、湛蓝的天空、散养的牛羊、大大小小连绵不绝的海子山、雪山群等。

2. 波日桥

波日桥在甘孜州新龙县乐安乡境内，被誉为“康巴第一桥”，是雅砻江上唯一一座保存基本完好的藏式伸臂桥，也是康巴地区现存最完整、最大的伸臂木梁桥，堪称桥梁史上的奇迹。桥梁建于元末明初，并于 1844 年重建，1933 年之后多次进行维修，2006 年列入中国第六批全国文物保护单位。

波日桥为木石结构三孔平桥，东西走向，总长 70 余米。整座桥由桥身、桥墩和桥亭组成，桥墩用圆杉木、卵石、片石相间叠砌而成，两桥墩中部用 4～6 根圆木渐次撑成拱形，长度自下而上逐步递增形成悬挑臂，悬臂上架横梁，铺桥板，装栏杆形成桥身。最为称奇的是，整座桥没有用一颗钉、一块铁，每一个接合部均用木楔连接，原始而实用。

（五）特性屋舍典型代表

1. 剑门关

剑门关位于广元市剑阁县城南 15 千米处，1 700 多年以来屡建屡毁，又屡毁屡建。目前的城楼由同济大学设计，高 19.34 米，基座长 19.16 米，宽 13.6 米。依据冷兵器时代作战特点，以青石座基，石拱券门，兽吞衔环，金钉固门。关楼采取三层歇山式屋顶的构造，四面轩窗、环廊通透、檐下使用斗拱，檐柱、角柱采用侧脚，角柱采用

"生起"等明代传统手法营造成"敌楼高踞、堞垛森严"的明代建筑风格，充分展示了古关楼那种"一石临空天府状，两山如壁剑门雄"和"一夫当关，万夫莫开"的雄浑而壮观的本色。关隘处另有金牛桥、刘备过关石雕像、孔明立关石雕像、五丁开山石雕像、北伐行军浮雕、剑阁牌坊等构筑设施。

2. 邓小平故里

邓小平故里位于广安市广安区协兴镇牌坊村，面积3.19平方千米，为国家5A级旅游景区、全国红色旅游经典景区、全国爱国主义教育示范基地、全国廉政教育基地。邓小平故里核心建筑景观有邓小平故居、洗砚池、翰林院子、蚕房院子、北山小学堂、清水塘、神道碑、德政坊等近20处邓小平童年及青少年时期活动场所，以及经中共中央批准修建的邓小平故居陈列馆、邓小平铜像广场、邓小平缅怀馆等纪念设施等。

（六）特色园区典型代表

1. 成都非遗博览园

位于成都市青羊区的国际非遗博览园，汇聚世界非遗文化精粹，以"记忆、传承、欢乐、和谐"为宗旨，通过人性化的非遗文化科普教育、互动性的非遗文化体验、多元化的休闲娱乐项目、全年不断的非遗节日庆典活动等呈现多姿多彩的非遗文化盛宴，成为面向世界的、以文化演艺为核心的文化旅游和休闲消费场所。

其二层展厅有100多项人类非遗代表作、1 000多项中国国家级非遗名录项目，是全球首个以"非遗"为主题的综合性博览馆，以多种展览手段、高科技互动方式集中展示，全方位生动展现了全球非遗文化的多样性。

2. 郎酒庄园

郎酒庄园位于泸州市古蔺县二郎镇，是美酒特色园区，庄园占地10平方千米，历时10年规划建设，科学串联起核心生态酿酒区、四种形态的储酒区以及专属个性化定制庄园酒的商务系统，是郎酒"生、长、养、藏"的独特载体和生动体现。主要部分有"十里香广场""千忆回香谷""问天台""金樽堡""储酒洞""天宝洞休闲度假酒店""两河口生态酿酒区""包装物流中心"等，这里有世界最大的天然储酒溶洞群，全面建成后将成为白酒爱好者的圣地、世界级的庄园。

（七）特色街区（店铺）典型代表

1. 太古里

成都远洋太古里位于成都市中心，接壤人潮涌动的春熙路商业区，是太古地产和远洋集团携手发展的总楼面面积逾12万平方米开放式、低密度的街区形态购物中心。不同于传统的室内购物中心，成都远洋太古里的建筑设计独具一格，以人为本的"开放里"概念贯穿始终。通过保留古老街巷与历史建筑，再融入2~3层的独栋建筑，川西风格的青瓦坡屋顶与格栅配以大面积落地玻璃幕墙，成都远洋太古里既传统又现代，营造出一片开放自由的城市空间。同时，成都远洋太古里汇聚了一系列国际一线奢侈品牌、潮流服饰品牌、米其林星级餐厅以及国内外知名食府，根据中国购物中心等级评价标准，2019年评定为国家五星购物中心。

2. 松岗柯盘天街

松岗柯盘天街位于阿坝州马尔康市松岗镇梭磨河南岸，松岗镇的最高点（海拔2 600多米），拥有传统的嘉绒民居、醇香的咂酒美食、高耸入云的土司碉楼、独特的嘉绒风情，在梭磨河谷仰之，犹如耸入云端，处在天际，被誉为“天街”。

松岗，过去称“四土”（即四个土司管辖的地方），藏语叫“绒杠”，意为山岭上的官寨，由于后来汉字谐音写成了如今的“松岗”字样。松岗自唐贞观八年（公元634年）始祖盘热（又名柯盘，传说是西藏王室首派东征的上将军）初建直至1950年解放时止，松岗土司（含土酋长）家族在此繁衍继位25代。柯盘天街便是松岗土司官寨遗址，是松岗镇最具代表性的嘉绒民居建筑群。相传，清朝康熙年间，松岗土司仿照西藏布达拉宫，在山脊间大修新官寨，并把新旧官寨连接起来，自称“第二布达拉宫”，也有“小布达拉宫”之称。

（八）渠道、运河段落典型代表

1. 夹江东风堰

夹江东风渠位于长江三级支流青衣江夹江段左岸，是乐山市夹江县境内一座以农业灌溉为主、兼有城市防洪、发电及城乡工业、生活供水、城市环保功能的水利工程。工程始建于清康熙元年（公元1662年），距今已延续使用350余年。灌区由官方和民间共同管理，渠系配套完善，分布合理，自流灌溉。农业灌溉面积达7万余亩（1亩≈667平方米），是四川省第一处世界灌溉工程遗产，同浙江丽水通济堰、湖南新化紫鹊界梯田及福建莆田木兰陂一起被列为我国首批世界灌溉工程遗产名录。

2. 奇峰渡槽

奇峰渡槽位于泸州市泸县，始建于20世纪60年代。当时因奇峰镇连年干旱缺水，田土缺收短收，为解决群众生产、生活需求和出行难问题而修建的水利设施，至今都具有很高的群众生活价值。奇峰渡槽群共长65 000米，其中石拱式渡槽33座，长达4 000米。奇峰渡槽群中最典型、最艰苦，建设规模最宏伟，设计施工技术难度最大的是“胜利渡槽”和“华丰渡槽”。胜利渡槽是两层建筑，桥上桥，两层拱。华丰渡槽是奇峰镇跨距最大、拱跨最多、跨拱最高的一座水渠渡槽，也是四川省最宏伟、最高、最长的桥梁式渡槽。

（九）洞窟

1. 圆觉洞

圆觉洞凿于北宋，位于资阳市安岳县城东南1千米处的云居山上，高4.5米，宽4.75米，深10米，三面设坛。圆觉洞现存窟龛103个，造像1 933躯，唐、五代、宋时期作品居多，以释迦、净瓶观音、莲花手观音三尊6米多高的大像最为壮观。

圆觉洞以造有十二圆觉而得名。圆觉洞景区内有三尊7米高的“西方三圣”石像（“西方三圣”是西方极乐世界三个地位最高的神，即佛、菩萨、观音组合而成）在其他地方，西方三圣是合龛为一，而这里却是分龛雕刻，这是安岳石窟的独特之处。安岳石窟在我国石窟艺术中享有上承敦煌石窟、云冈石窟、龙门石窟，下启大足石刻的重要地位，被誉为“中国古代石刻又一伟大宝库”。

2. 千佛崖

千佛崖位于广元市利州区嘉陵江东岸，石窟始凿于北魏晚期，兴盛于唐朝，止于清代，历经千年，从而形成一座佛崖长388米，高45米，造像950余龛，7 000余尊的佛教石刻艺术宝库。佛龛层叠分布，密如蜂巢，是四川规模最为宏伟的石窟群。

二、人文景观综合体亚类

（一）纪念、宗教、祭祀活动场所

1. 武侯祠

武侯祠是民众对蜀汉丞相诸葛亮“鞠躬尽瘁死而后已”精神的肯定和赞誉的载体，也是三国遗迹源头，有“三国圣地”的荣誉。武侯祠位于成都市武侯区，始建于蜀汉章武元年（公元221年），原是位于刘备惠陵旁纪念诸葛亮的专祠，亦称孔明庙、诸葛祠、丞相祠等，后经明清两代的不断修缮和整合，合并为君臣合祀祠庙，由汉昭烈庙、武侯祠、惠陵、三义庙四部分组成，隶属于成都武侯祠博物馆的文化遗产保护区（博物馆其余两个部分为文化体验区和锦里民俗区）。

2. 金顶华藏寺

华藏寺，全称为“永明华藏寺”，位于峨眉山金顶主峰，海拔3 077米。华藏寺始建于东汉，是峨眉山八大重点寺庙之一，也是全国重点寺庙之一。华藏寺总建筑面积为1 614平方米，共有三殿。第一殿是弥勒殿，殿门上悬挂着赵朴初题写的“华藏寺”金匾，寺内供奉铜铸弥勒佛像，背后是韦驮铜像，殿内还有三足铜鼎和明万历年间铜碑等文物；第二殿是大雄宝殿，殿中供奉着铜质金身的三身佛，坐高3米，殿内还有铜磬、铜钟等法器以及铜铸像、铜普贤菩萨像等佛教文物；第三殿是普贤殿，即金殿、金顶，是峨眉山最高的殿堂，殿内供奉普贤菩萨骑象铜像，普贤菩萨端坐在莲花台上，手执如意，莲台置象背上，白象脚踏四朵莲花，整个造像通体铜铸，通高4.5米。金顶上还有高达48米的十方普贤菩萨圣像，是世界上最大、最高的普贤菩萨铜像。

（二）医疗康养游乐休闲场所

1. 西岭雪山滑雪场

西岭雪山滑雪场又称为西岭雪山后山，海拔2 200~2 400米，面积8平方千米，年平均气温10℃，冬季气温在-2℃以下，积雪从12月到次年3月，年积雪达4个月左右，积雪厚度约60~80厘米，形成南方独特的林海雪原奇观。西岭雪山滑雪场地势平坦而略有坡度，属典型的高山台地，雪质优良，特别适合滑雪运动，因它同阿尔卑斯山纬度相近而被人们誉为“东方的阿尔卑斯”。西岭雪山滑雪场是我国南方最大、档次最高、设施最完善的高山滑雪游乐区。

2. 凯地里拉温泉康养度假地

凯地里拉温泉康养度假区位于凉山彝族自治州宁南县，分为三期工程建设，总投资12亿元，目前建成的一期项目工程由管道引水和核心区建设两个部分组成。凯地里拉温泉康养度假区一期核心区域面积达到150亩，集休闲度假、水上运动为一体，项目摒弃传统温泉项目模式，强势优化温泉载体元素，结合宁南阳光生态绿色景观环境特色，以度假养生、运动养心为载体，以人性化配套为支撑，旨在打造全国最大的温泉水上乐园及自驾游温泉营地，构建宁南特色温泉度假休闲综合体。

凯地里拉（含义为欢迎您来或人们向往的地方）温泉康养度假区由七彩温泉、运动温泉、饮食温泉三个功能产品要素构成：七彩温泉由植物花海、十色汤池组合群、山体灯光喷泉组成；运动温泉由水上乐园、温泉标准游泳池、CS特训营地、自驾户外体验运动场、金桑庄园体验基地构成；饮食温泉由自助烧烤区、快餐食品区、产品售卖区组成。

（三）建设工程与生产地

1. 都江堰水利工程

公元前256年，战国时期秦国蜀郡太守李冰率众修建的都江堰水利工程，位于成都平原西部都江堰市西侧的岷江上，该水利工程至今依旧在灌溉田畴，是造福人民的伟大水利工程。其以年代久、无坝引水为特征，成为世界水利文化的鼻祖。这项工程主要由鱼嘴分水堤、飞沙堰溢洪道、宝瓶口进水口三大部分和百丈堤、人字堤等附属工程构成，科学地解决了江水自动分流（鱼嘴分水堤四六分水）、自动排沙（鱼嘴分水堤二八分沙）、控制进水流量（宝瓶口与飞沙堰）等问题，消除了水患。

2. 东源井古盐场

东源井古盐场位于自贡市贡井区大塘山，是自贡市盐井低压采气，气、卤同采的典型代表。东源井古盐场于清咸丰八年（公元1858年）创办，直到清光绪十五年（公元1889年）又有多股盐商合伙集资，于公元1935年最终建成。东源井古盐场之古井历经百年，高产稳产天然气，迄今已采气7亿立方米，现日产气3万立方米，可谓“气井之王”。正因其得天独厚的地质资源和奥妙的采气工艺技术世界少见，它所具的学术研究价值和较完整的实物观存，特别仍被生产所利用的鲜活现状是研究盐井科技历史不可多得的实物见证。2013年，国务院公布东源井古盐场为第七批全国重点文物保护单位。

（四）文化教育科技体育活动场所

1. 三星堆国家考古遗址公园

三星堆被誉为“世界第九大奇迹”，位于广汉市，最初发现于1929年，由当地农民偶然淘沟时发现，是20世纪中国最重要的考古发现，是全国商周考古的重大成果。三星堆出土的近千件各种精美文物，填补了中国考古学、青铜文化、青铜艺术史上的诸多空白，向人们展示了三四千年前的古蜀国的物质文化遗存。三星堆出土的古城、聚落、祭祀坑、木建筑群等重要遗迹和遗物，初步建立了巴蜀文化考古序列，揭示了“开国何茫然”的古代蜀国文化面貌，说明古蜀已产生高度发展的国家。四川广汉三星堆比湖南马王堆的文物时间早、数量多，其历史价值和艺术价值更高，可以和西安的半坡遗址媲美。三星堆古遗址的发掘及大量古文物的出土，把巴蜀早期历史往前推进了1 000多年。同时，三星堆完全印证了传说中的古蜀王鱼凫氏和杜宇氏的历史是真实可信的，使人们了解了古蜀人的宗教、信仰、祭祀礼仪制度及文化内涵，并确凿地找到了鱼凫氏和杜宇氏故都之所在。此外，这两个蜀王祭祀坑所出土的青铜器，雄辩地证明商周时期的古蜀国已有高度发展的青铜文化，从而否定了古代蜀国文化比中原文化发展缓慢之说。

2. 自贡恐龙博物馆

自贡恐龙博物馆位于自贡市东北部，距市中心11千米。它是在世界著名的“大山铺恐龙化石群遗址”上就地兴建的一座大型遗址类博物馆，是中国继半坡遗址和秦始皇兵马俑坑之后，又一大型现场博物馆，也是我国第一座专业性恐龙博物馆，世界三大恐龙遗址博物馆之一。自贡恐龙博物馆占地面积6.6万多平方米，馆藏化石标本几乎囊括了距今1.45亿~2.01亿年前侏罗纪时期所有已知恐龙种类，是世界上收藏和展示侏罗纪恐龙化石最多的地方之一，被美国《国家地理》杂志评价为“世界上最好的恐龙博物馆”。

（五）社会与商贸活动场所

1. 中国西部博览城

中国西部博览城位于四川天府新区的核心区域，总建筑面积 57 万平方米，总展览面积 30. 5 万平方米，其中室内展馆 20. 5 万平方米，室外展场 10 万平方米。有标准展厅 15 个、多功能厅 1 个，可布置国际标准展位 1. 1 万个，并配置了完善的会议、办公、餐饮、停车场、货运轮转区等配套设施，可用于展览、室外路演、大型演唱会、开闭幕仪式及大型商业活动，是西部地区最大的博览会展中心之一。

2. 阆中古城

阆中古城是国家 5A 级景区，千年古县，中国春节文化之乡，中国四大古城之一。阆中古城位于四川盆地东北缘、嘉陵江中游，总面积达 4. 59 平方千米，古城核心区域 2 平方千米。古城已有 2 300 多年的建城历史，为古代巴国、蜀国军事重镇。古城内有张飞庙、永安寺、五龙庙、滕王阁、观音寺、巴巴寺、大佛寺、川北道贡院 8 处全国重点文物保护单位；邵家湾墓群、文笔塔、石室观摩崖造像、雷神洞摩崖造像、牛王洞摩崖造像、红四方面军总政治部旧址、华光楼、阆中文庙等 22 处省级文物保护单位。

（六）教学科研实验场所

1. 成都大熊猫繁育研究基地

成都大熊猫繁育研究基地位于成都市成华区，是中国政府实施大熊猫等濒危野生动物迁地保护工程的主要研究基地之一，是我国乃至全球知名的集大熊猫科研、繁育、教育、旅游、熊猫文化建设为一体的大熊猫等珍稀濒危野生动物保护研究机构，也是第一批全国中小学生研学实践教育基地。

2. 稻城高海拔宇宙线观测站

稻城高海拔宇宙线观测站是世界上海拔最高、规模最大、灵敏度最强的宇宙射线探测装置，位于甘孜州稻城县海子山，占地面积约 1. 36 平方千米，其核心科学目标是探索高能宇宙线起源以及相关的宇宙演化和高能天体活动，并寻找暗物质，广泛搜索宇宙中尤其是银河系内部的伽马射线源等。

（七）军事遗址与古战场

1. 神臂城遗址

神臂城（老泸州城）遗址位于泸州市市区东 30 千米合江县神臂城镇老泸村，亦称铁泸城。神臂城是长江经济带上游地区重要的历史文化节点和经历战争时间最长的宋元古战场遗址。神臂城遗存有 1 100 余米的石砌宋城城垣，两道保存较完整的石砌拱形城门，以及炮台、护城池、较场坝、地下坑道、一字城、练兵教场、蓄水池、炮台、烽火台等遗址，还有无数军事及生活设施遗迹。独特的山形成就了神臂城丰富的人文景观，如刘整降元和许彪孙托孤摩崖石刻和迄今为止国内最大的玄武圆雕石刻等都极具现实的科学研究价值，也是珍贵的爱国主义教育文物活教材。

2. 泸定桥

泸定桥位于甘孜州泸定县泸桥镇大渡河上，全长 103. 67 米，宽 3 米，由 13 根锁链组成，是一座历史悠久的悬挂式铁索桥古桥，该桥因“飞夺泸定桥”战斗而闻名中外。泸定桥由桥身、桥台和桥亭三大部分组成，桥身由多根碗口粗的平行铁链构成，桥栏直接由铁链架设，底下并排铁链，铺上木板形成桥面，扶手与底链之间用小铁链相连接，各铁链环环相扣；桥台位于桥身两端处，桥台内固定铁桩，铁链固定在两岸桥台落井铁桩里；桥头两岸桥头古堡为汉族木结构古建筑，风貌独特；锚固铁链落井之上建有桥亭，飞檐翘角、古朴大方；桥西端观音阁下存有康熙立的匾额。

三、景观与小品建筑亚类

（一）观景点

子梅垭口位于甘孜州康定市贡嘎乡，海拔 4 500 米，这里是近距离观看蜀山之王贡嘎雪山的绝佳之地，并且全天开放，不收门票。

（二）雕塑

各莫寺位于阿坝州阿坝县各莫乡唐麦村，拥有中国最高的室内弥勒佛坐像，选用黄铜铸造，莲座到顶髻净高 37 米，佛身最宽处 20.672 米，总重约 332 吨，2018 年 7 月荣获“中国最高的弥勒佛坐像（室内）”大世界基尼斯之最证书。

（三）亭、台、楼、阁

1. 越王楼

越王楼位于绵阳市龟山之巅，是唐太宗李世民第八子越王李贞任绵州刺史时所建，始建于唐高宗显庆年间，高 29.4 米，2001 年恢复重建后高 99 米，为全国仿古建筑之最，有“越王楼霸气、黄鹤楼大气、滕王阁才气、岳阳楼秀气”之说。

越王楼也是天下诗文收录最丰富的名楼，共收录包括李白、杜甫、王勃、陆游等历代大诗人题咏越王楼诗篇多达 154 篇，可谓“一座越王楼，半部中国文学史”。在天下名楼中，越王楼的诗文作者档次最高，除诗仙李白、诗圣杜甫外，几乎涵盖唐代以后的著名诗坛泰斗，算得上“天下诗文第一楼”。

2. 崇丽阁

崇丽阁，建于清光绪十五年（公元 1889 年）。当年，四川总督刘秉璋，约集蜀中士绅筹集资金在原回澜塔旧址上修建。崇丽阁取左思《蜀都赋》中“既丽且崇，实号成都”之意，故名。因楼身位于锦江边，崇丽阁又名“望江楼”，现已成为成都市的标志。

崇丽阁也是成都市望江楼公园最宏丽的建筑，高 39 米，四重檐，下面两层四方飞檐，上面两层八角攒尖，每层的屋脊、雀替都饰有精美的禽兽泥塑和人物雕刻，朱柱碧瓦。阁底有旋梯可达阁顶，阁顶为鎏金宝顶，丽日之下，金光闪闪。阁上供奉有文曲星，登上望江楼，就可以看见蜿蜒的锦江。

（四）广场与喷泉

天府广场位于成都市青羊区人民南路一段，处于成都市中心心脏地带，是成都市的政治、经济、文化中心和综合交通枢纽。占地面积 8.8 万平方米，其形状为矩形，长比宽约为 1.5：1，广场地面全部由经过特殊工艺处理的浅色花岗岩条石铺成。其形式与地位与北京天安门广场相似。天府广场是成都的一张城市名片，更是成都乃至四川的象征。

（五）塔形建筑

1. 邛崃石塔

邛崃石塔坐落在成都市邛崃市高何镇高兴村西山南麓石塔寺内，寺原名为大悲寺，故塔名邛崃大悲院石塔，塔的全称是“释迦如来真身宝塔”。塔在寺前山门外，距山门约8米，处于寺内建筑中轴延长线上，通高17.8米，全部用红色砂岩砌筑，平面四方形，为13层密檐式。由塔基、塔身和塔刹三部分组成。邛崃石塔在造型和雕刻艺术，以及寺塔布局上均有独到之处，对研究我国佛塔建造史与构造艺术有着极其重要的参考价值。

2. 天府熊猫塔

天府熊猫塔又名四川广播电视塔、成都339电视塔、锦绣天府塔，位于成都市成华区，占地10亩，塔高339米，是中国西部第一高塔。塔上发射中央电视台、四川省电视台、成都市电视台以及数字移动电视、手机电视等新媒体共30套广播电视节目，覆盖半径80千米，是四川省广播、电视、微波传输发射枢纽。天府熊猫塔同时为省市公安、消防、安全、通信、地震、民航、无委、环保等部门提供综合性服务。作为四川省和成都市的地标性建筑，塔上8 000平方米用以开展高空旅游、旋转餐厅、室内外观光层及会展演艺等，开展各类商务及群众文化活动，并为城市提供景观光彩照明。

（六）摩崖字画

1. 乐山大佛

乐山大佛又名凌云大佛，位于乐山市南岷江东岸凌云寺侧，濒临大渡河、青衣江和岷江三江汇流处。大佛为弥勒佛坐像，通高71米，是中国最大的一尊摩崖石刻造像。

乐山大佛开凿于唐开元元年（公元713年），完成于唐贞元十九年（公元803年），历时约90年。乐山大佛头与山齐，足踏大江，双手抚膝，大佛体态匀称，神势肃穆，依山凿成。在大佛左右两侧沿江崖壁上，还有两尊身高超过16米的护法天王石刻，与大佛一起形成了一佛二天王的格局。与天王共存的还有数百龛上千尊石刻造像，宛然汇集成庞大的佛教石刻艺术群。

2. 通江红军石刻标语群

通江红军石刻标语群位于巴中市通江县境内，是红四方面军在创建和巩固发展川陕革命根据地期间，为了宣传群众、武装群众、组织群众和震慑敌人，书写的石刻标语。石刻标语在全县74个乡（镇）均有分布，其中沙溪、至诚、诺江等乡（镇）的红军石刻标语最为宏大，最为集中，最为完整。由于境内的红军石刻标语遍布城乡，举目皆是，“数量之多，规模之大，内容之丰富，保存之完整，为根据地各县（市）之冠”，2006年5月被国务院公布为第六批全国重点文物保护单位。

（七）水井

1. 成都薛涛井

薛涛井原名玉女津，在成都市东，锦江西岸望江楼公园内，以唐代女诗人薛涛命名，建于明代，是明蜀王府仿薛涛法造纸笺的专用井。旧传薛涛曾汲此井之水创制薛涛笺。明代蜀王建亭其上，仿制“薛涛笺”进御，后称此井为“薛涛井”。

2. 青城山上清宫内的鸳鸯井

鸳鸯井位于青城山上清宫内，二井并列，一方一圆，泉流暗通，传说中为蜀王妃所开凿。井旁立有一石碑，碑上有一代大师张大千先生手书“鸳鸯井”三字。

（八）堆石

1. 松格玛尼石经城

松格玛尼石经城位于甘孜州石渠县阿日扎乡境内，是一座四四方方的石头城，城高约10米，长百米见方，正面有一道城门可以进出，里面是一圈圈的玛尼墙，中间有狭窄的通道。由于石头垒得太久、太高，地面已不堪重负而下沉，据考证地面上有多高、陷入地下就有多深。隐入地下的石头以及地上的石头全部刻有梵文的字体（古印度文），这座石头城没有任何框架支撑，更没有使用黏合剂，完全是随意堆砌而成。2006年，松格玛尼石经城作为明清时期古建筑，被列为第六批全国重点文物保护单位。

2. 巴格玛尼石经墙

巴格玛尼石经墙位于甘孜州石渠县长沙贡玛乡，距今已有三百多年的历史，全长1.7千米，巴格玛尼石经墙宽2~3米，高2.5~3.5米，是世界上最长的玛尼墙，墙体全部用玛尼石片垒砌而成。巴格玛尼石经墙每隔一段距离就有几座佛塔相连，并且墙的两边还有大大小小的许多“窗口”，“窗口”里摆放着一个或几个石刻佛像，有彩绘画佛像，也有石料原色的佛像。

（九）栈道、通道

1. 荔枝古道

荔枝古道又称“子午古道”，是指起始于古代涪陵，连接四川、陕西、湖北的古代陆上商业贸易路线。荔枝古道起源于唐天宝年间（公元742—756年），唐玄宗为满足宠妃玉环食新鲜荔枝的喜好，建起一条专供荔枝运输的驿道，形成其基本干道。它以大唐涪陵郡为起点，经子午道到达长安。它的最初作用是运输中国古代涪州出产的荔枝。公元983年，宋代文学家、地理学家乐史在其著作《太平寰宇记》一书中，把从涪陵自万州取开州、通州宣汉县及洋州路至长安2 240里（1千米=2里），连接四川、陕西、湖北、的古代陆上商业贸易路线命名为“荔枝道”，后被推广运用。

2. 克枯栈道

克枯栈道位于汶川县克枯乡枯村南800米杂谷脑河北岸，传说为蜀汉大将姜维所开。现残存栈道长158米，宽0.4~2米不等，距河面高10~20米。

（十）牌坊牌楼、影壁

1. 九襄双节孝石牌坊

双节孝石牌坊位于雅安市汉源县九襄镇紧靠九襄老街的古代南方丝绸之路的官马大道上，雕刻有48部戏曲故事。牌坊高约11米，宽约10米，面南背北，呈3间门洞形，中门宽大，侧门略小。支撑牌坊的4根大石柱，前后两面有8尊威武的雄狮，每尊雄狮的身上还各跨着1尊慈善肃穆的菩萨或古佛，可惜除1尊完整外，其余均已残破不全。石牌坊有4层，称为“4层多脊檐”。据当地老人们讲，清朝道光年间，偶然发迹、捐贡出身的黄体诚，为感念寡母、恩嫂的养育之恩，打点清溪县令（汉源县古为清溪县）上报清廷，经道光皇帝批准并颁发圣旨，修建了双节孝石牌坊。

2. 珙县隘口石坊

隘口石坊位于宜宾市珙县玉和苗族乡隘口村，为清代贡生谢正业奉皇命为其母亲何慈惠修建的贞节牌坊，建成于清道光二十九年（公元1849年）。隘口石牌坊建于清道光年间，是石质仿木结构三重檐歇山式顶，通高17米，四柱三间，宽11.33米。整个牌坊雕刻精美，内容丰富，具有典型的清代建筑风格，是研究川南石雕艺术的典范之作。

（十一）门廓、廊道

蜀南竹海翡翠长廊位于宜宾市长宁县蜀南竹海景区竹海深处。翡翠长廊路面由“色如渥丹、灿若明霞”的天然红砂石铺成。两旁密集的老竹新篁拱列，遮天蔽日。红色地毯式的公路与绿色屏风般的楠竹交相辉映，形成秀丽壮美的翡翠长廊。

四、特色镇、村（寨）亚类

（一）新镇新村（寨）

1. 幸福古村

幸福古村位于眉山市丹棱县顺龙乡，是20世纪80年代火遍大江南北的电影《被爱情遗忘的角落》外景拍摄地。幸福古村古称赵桥，土墙青瓦的川西民居院落，依山面建，面河而立，错落有致，是全省少有的保存相对完整的古村落。整个村子以苍翠的山林为基调，以红砂石文化为根基，以民居、庭院、古道、古树、古桥、奇石景观为代表，千年银杏夫妻树、龙抬头、青蛙石、鹰嘴崖、清代石拱桥“赵桥”、大寨梯田、丹马盐铁古道、古城牛角寨等自然景观与人文景观齐聚，农业学大寨和知青岁月均在这里留下了印迹。这里民风淳朴，保持着传统的农耕民俗文化传统。

2. 悬崖村

“悬崖村”名叫“阿土列尔村”，位于凉山州昭觉县支尔莫乡，坐落在海拔1 400~1 600米的山坳中，从山底小学到山顶村庄海拔高差近1 000米。村民走向外面世界，以往需要攀爬落差800米的悬崖上的几乎和崖壁垂直的藤梯。政府投资100万元建了焊接扶手，高度每一百多米倾斜60度左右的钢梯，行走起来方便又安全。钢梯还节约了路程，来回省下1个多小时。喷了防锈油漆后，钢梯寿命可达10~20年。

“悬崖村”物产丰富，这里还有峡谷、溶洞、温泉、原始森林等丰富的旅游资源，还可以进一步带动当地经济发展。目前，成都一家旅游集团已和昭觉县政府签订了旅游开发协议，提出了“悬崖村—古里大峡谷景区”投资开发项目。项目拟投资3亿元，分两期开发，项目计划将景区打造成为世界级山地特种旅游目的地、全国旅游扶贫示范基地。

（二）古镇古村（寨）

1. 黄龙溪古镇

位于成都市双流区黄龙溪镇，是以旅游业为主，农业为基础，商贸服务业为辅的旅游型山水小城镇。古镇建镇至今已1 700多年，历史底蕴深厚，镇内，明清时代的建筑比比皆是，仍然保存完好。红石铺就的街面，木柱青瓦的楼阁房舍，镂刻精美的栏杆窗棂，无不给人以古朴宁静的感受。镇内还有六棵树龄均在千年以上的大榕树，枝繁叶茂，遮天蔽日，雄浑厚重，给古镇增添了许多灵气。镇内现还保存有镇江寺、潮音寺和古龙寺三座古庙。幽深的老街，弯弯曲曲，街道两旁有众多小饭店，门前大多飘着一面蓝底白字的酒旗，什么“鱼香子”“吕回头”“唐酥店”等，在风中不停地舞动着招揽着客人。古镇的石磨豆花非常有名，几乎每家都会做，但又各有特色。走过一条街，又见一道巷，脚下光溜溜的青石路，乌黑发亮的门板，古色古香的招牌，透着浓浓古意。

此外，黄龙溪也被称为“中国民间艺术火龙之乡”，烧火龙起源于南宋，当地先民在“舞龙”基础上还创造了独具特色的“火龙灯舞”。

2. 桃坪羌寨

桃坪羌寨位于阿坝州理县杂谷脑河畔桃坪乡，是世界上保存最完整的尚有人居住的碉楼与民居融为一体建筑群，享有“天然空调”美名。其完善的地下水网、四通八达的通道和碉楼合一的迷宫式建筑艺术，被中外学者誉为“羌族建筑艺术活化石”“神秘的东方古堡”。

第四节　四川建筑与设施类旅游资源的保护与开发

旅游资源保护与开发二者是相辅相成、有机联系在一起的矛盾统一体，二者不能割裂开来，旅游资源保护地好才具有开发价值，而开发利用又能推动和促进保护工作的开展。在开发旅游资源的过程中，应当把保护工作提到更重要的地位上来，并且将保护意识始终贯穿于这一过程之中，因为旅游资源保护关系到人类长远的利益，保护得好，才能实现可持续发展。

一、四川建筑与设施类旅游资源的保护建议

建筑与设施类旅游资源很容易受到自然因素比如日晒雨淋、洪涝灾害、泥石流、地震、生物侵蚀、砖石风化等的破坏，同时也易受乱刻乱画、拆毁等人为因素的损坏。一方面，需要采用相应的技术措施加以维护，另一方面，也需要加强管理，避免出现对建筑与设施不利的情形，同时做好应急预案，遇到破坏情况及时、有效地补救。

为了实现建筑与设施类旅游资源的可持续利用，并结合目前的实际能力，根据四川建筑与设施类旅游资源的特点与资源的品质，保护可分不同层次和要求进行。

1. 重点保护

重点保护的对象应是总体价值高，极具四川地方资源特色的旅游资源，特别是资源相对集中、旅游开发潜力大的区域，包括：①历史文化名城、古镇的总体结构与总体风貌；②文物保护单体，特别是国家级和省级文保单体；③具有重要的功能、象征意义的现代建筑与设施。

2. 一般保护

一般保护的对象：①开发条件尚未成熟的相对分散的资源单体；②远离成熟的旅游区、远离中心城区的相对独立的资源单体；③县级文物保护单体。

3. 依法保护

利用《中华人民共和国文物保护法》《历史文化名城名镇名村保护条例》，严格保护资源，对已被列入文物的资源定要采取相应的工程保护措施，并加以监督与管理，防止一切破坏性活动。对于历史文化名城、名镇、名村应当整体保护，保持传统格局、历史风貌和空间尺度，不得改变与其相互依存的自然景观和环境。

4. 就地保护

对一些虽然没有被列入文物保护单位，但却有一定历史价值和保护价值的建筑与设施，增加必要的工程保护措施。

5. 异地保护

某些建筑与设施的整体保护价值和意义已经不大，但某些构件还具有一定的利用价值，则可以采用异地保护的方法，收集零星散落在各地的构件，统一利用于某一旅游区（点）的建筑与设施的修复，其中的古建筑构件专用于古建设施的修复，或置于博物馆予以收藏、研究。

二、四川建筑与设施类旅游资源的开发思路

1. 保留建筑与设施的原真性

对于具有一定年代的建筑与设施，如果对其进行开发，应遵循以下原则：第一，按建筑原貌修复，这种方法是在原有建筑结构安全性较好的情况下进行，有可靠的历史资料可供参考且原有建筑受到破坏的程度不严重。第二，在原有建筑结构条件不够好、建筑空间有损坏的情况下，也要充分考虑历史的真实性，既要对优秀古建筑充分保护，又要有创意地发挥现代建筑的设计理念和营造方法。对于需要加建的建筑部分，原则上也应可还原，对加建部分进行拆除时，对原有建筑不会造成破坏。每个时代的人们都可根据现实对建筑与设施进行整体和空间上的创造，这样也是延续其历史文化价值的一种方式。

2. 发挥建筑与设施的独特性

旅游发展的关键是要突出特色，建筑与设施的特色也是构成其旅游竞争力和吸引力的关键要素。独特性原则在旅游开发中占有重要的位置，要突出独特性就需要挖掘当地特有的资源，比如民族特色和地方色彩，强化这一独特性，并采取一系列措施有步骤地开发，最终形成具有鲜明个性和浓厚吸引力的旅游形象。目前许多的开发企业和个人也意识到了要向多元化发展，但是在开发过程中不分主次地盲目开发，在不同程度上的重复发展造成了资源浪费，也造成人、财、物的损失。另外，要制订合理的开发计划，避免产生雷同的开发模式，导致游客分流，也避免对地方经济和社会效益产生不良影响。

3. 对建筑与设施所在的旅游区进行整体开发

建筑与设施类旅游项目的开发工作涉及范围非常广，旅游区整体开发更是一项系统而复杂的工程。所以，需要对建筑与设施的内部和外部特点、历史文化、现状以及周边环境等进行细致分析，制订周密的旅游规划方案和实施科学的管理措施，确定正确的开发方向、目标与开发规模。坚持整体性原则需要相关科学文化和经济部门之间的整体配合，要做到自身与环境协调统一、资源形式与内容和谐完整。对于涉及的辅

助部分、基础配套设施等要和相关部门积极协调，防止盲目，整体考虑，避免边干边看的操作方法。

4. 树立可持续发展理念

可持续性体现的是公平发展原则，可持续发展原则是社会、生态、经济三方面的持续协调统一。应在生态可控范围内确定每个人的生活习惯与消耗标准，遵循“减量化、再利用、资源化”的循环经济理论原则，对建筑与设施的开发利用就是要让其得到可持续利用，重新焕发出它的潜在生机与活力，在新的经济与社会生活框架下，充分体现出建筑与设施的价值，以少投入、多回报为原则，采用适合它的方式，在不浪费、有创新的基础上得到更大的发展空间。因此，对于建筑与设施的开发建设应该以建立节约型社会为基础，以创建创新型社会为目标。只有这样，才能实现建筑与设施开发的真正目的，实现和推动社会发展的良性循环。

[章节小结]

本章学习了建筑与设施类旅游资源的基本概念，分析了建筑与设施类旅游资源的价值；对四川建筑与设施类旅游资源的特色、类型予以系统的梳理，并对优质、典型的建筑与设施类旅游资源进行了具体的认知；对建筑与设施类旅游资源如何保护与合理开发进行了探讨。

[实践项目]

项目名称：制作四川建筑与设施类旅游资源分布的电子地图

一、实践目的

1. 通过实践项目，加深学生对四川建筑与设施类旅游资源的整体认识，熟悉四川建筑与设施类旅游资源的类型及代表。

2. 通过实践，让学生加深对四川建筑与设施类旅游资源的基本类型典型代表的了解和具体分布情况的认知。

3. 能够结合四川建筑与设施类旅游资源的具体情况提出相应的保护及开发措施。

二、实验内容

1. 分组选定四川 21 个地级行政区中的小组想要绘制建筑与设施类旅游资源分布的行政区，调研行政区内含有的建筑与设施类旅游资源的基本类型和资源代表。

2. 利用软件制作建筑与设施类旅游资源分布的电子地图，在地图上标注调研到的建筑与设施类旅游资源的情况，包括名称、景区级别、基本类型归属、单体资源特色介绍等。

3. 每个小组制作完成后，和班里其他小组共同合成整个四川省的建筑与设施类旅游资源的分布地图。

4. 分析建筑与设施类旅游资源在四川分布的情况以及不同区域所呈现的不同特点，并根据其分布情况，探讨不同行政区内的资源开发措施。

三、实验成果

1. 形成四川省建筑与设施类旅游资源分布的电子地图。

2. 围绕地图，总结四川建筑与设施类旅游资源在不同区域的特点及开发措施。

[复习思考]

1. 怎样算建筑与设施类旅游资源？
2. 建筑与设施类旅游资源的价值体现在哪些方面？
3. 四川建筑与设施类旅游资源具有哪些特色？
4. 四川建筑与设施类旅游资源具有哪些基本类型，各基本类型的典型代表有哪些？
5. 如何对四川建筑与设施类旅游资源进行保护与开发？

第九章 四川历史遗迹类旅游资源

■**学习目标**

1. 掌握历史遗迹类旅游资源的基本概念、特点及类型。
2. 理解历史遗迹类旅游资源的价值。
3. 熟悉四川历史遗迹类旅游资源的各类型典型代表。
4. 了解四川历史遗迹类旅游资源的开发与保护现状。

[导入案例]

神秘的三星堆

位于四川德阳市广汉市的三星堆遗址发现于20世纪20年代末期，是迄今为止，我国西南地区发现的分布范围最广、延续时间最长、文化内涵最丰富的古文化遗址，其文化堆积距今约2 800~4 500年，面积达12平方千米，其核心区域面积约3.6平方千米，为古蜀国都城遗址，年代约当商代晚期（距今3 100~3 250年）。1986年，三星堆1号、2号“祭祀坑”出土青铜大立人像、青铜神树、青铜面具、金面罩、金杖、象牙等上千件珍贵文物。“沉睡三千年，一醒惊天下”，三星堆揭示的一种独特青铜文化引起轰动，被认为是二十世纪最伟大的考古发现之一。随后发现三星堆东城墙、南城墙、月亮湾小城和大型宫殿基址等重要遗迹，逐步廓清了三星堆古城分布范围。专家们认为，三星堆文化面貌既呈现出独特性，又与中原地区、长江中游地区夏商时期古文化有着紧密联系。

案例思考

1. 三星堆为何如此富有神秘气息？
2. 如何处理好三星堆历史遗迹开发与保护的关系？

第一节　历史遗迹类旅游资源的概念与价值

一、历史遗迹的概念

广义的历史遗迹，是指人类社会发展历史中各类社会活动所遗留下来的一切活动痕迹和遗物，包含除现代人类活动产物之外的所有历史时期、所有表现和存在形式的历史产物。

狭义的历史遗迹，仅指古代人类活动曾经利用的，现在已经废弃、破坏而遗留下来的活动场所，如城市村落遗址、建筑设施遗址、寺庙遗址、军事设施遗址等，不包括人类历史活动遗留下来的可移动遗物（文物）。

历史遗迹类旅游资源，是指能够对旅游者产生吸引力，满足旅游体验的要求，能够为旅游业所利用并产生效益的历史遗迹。但并不是所有的历史遗迹都可以成为旅游资源用于旅游开发，只有具备三个条件才可以视为旅游资源。

（1）历史的知名性，该遗迹在社会历史发展中曾发挥重要作用，具有典型性和代表性，享有较高的知名度，能够对旅游者产生吸引力。

（2）文化的展示性，历史遗迹旅游是历史文化的体验之旅，只有物质遗存丰富，文化内涵浓厚的历史遗址，才能让普通游客看有所知，知有所思，感触深刻，难以忘怀。

（3）开发的可能性，旅游者的大量进入，必然会对历史遗迹的遗存环境带来干扰，影响遗址的寿命，旅游开发不会对其造成负面影响的历史遗迹才允许进行旅游开发利用。

二、历史遗迹类旅游资源的价值

（1）历史遗迹类旅游资源的教育价值。随着大众旅游时代的到来，人民生活水平不断提升，当今的旅游业正在从单纯的自然观光型、人文观光型旅游向文旅融合转变，人们对旅游品质的要求不断提升，人们对旅游的需求不断增强。人们在旅游过程中不仅欣赏旅游过程中的自然风光，而且开始关注旅游氛围，希望从旅游中获得知识。由于特殊的属性，历史遗迹类旅游资源具有较高的知名度，较强的历史文化底蕴，所以其教育价值非常明显。近年来研学旅游飞速发展，研学旅游让不同年龄段的人，可以在轻松的环境里和愉快的氛围中接受历史和文化的熏陶，学习中华民族的传统文化，延续中华民族的文明，培养爱国主义精神，这也更加凸显了历史遗迹类旅游资源的教育价值。

（2）历史遗迹类旅游资源的学术价值。历史遗迹类旅游资源丰富的文化内涵和独特的文化体验，对旅游者具有较强的吸引力，能够极大地激发游客的旅游动机，我们可以通过对本地独特的历史遗迹类旅游资源进行研究，了解历史遗迹所处时代的历史特点，了解当时的风土人情，观察历史所处时代的社会特征。因此，如果你想研究特定的历史文化，就必须亲自观看和体验历史遗迹旅游资源，这对学术研究者来说是一个很好的研究样本。

(3) 历史遗迹类旅游资源的品牌价值。由于历史遗迹类旅游资源的知名度存在一定的极差，如果我们能够有效地开发历史遗迹类旅游资源，从合适的角度入手对历史遗迹类旅游资源进行适当的宣传，那么历史遗迹类旅游资源就可以成为地方形象宣传、旅游展示的标志，在进行宣传过程中可以起到事半功倍的效果，能够充当地方经济社会发展的的“助推器”。

(4) 历史遗迹类旅游资源具有纽带功能。历史遗迹类旅游资源具有较强的文化感召力，如海内外游客对邓小平同志的崇拜、对金沙遗迹的好奇，还有部分历史遗迹类旅游资源具有较强的亲缘性，能够成为联系部分地域游客的强力纽带，而这些纽带又能够有效地激发游客的出游动机、提升旅游需求，增强游客对旅游目的地的好感度。

(5) 历史遗迹类旅游资源具有较高的经济价值。目前很多地方都在争夺历史文化归属权，如对香格里拉命名权的争夺，这些现象的背后反映出一个深刻的问题，那就是历史遗迹类旅游资源所具有的影响力，能给地方政府在项目申报、投资促进、品牌宣传等方面带来巨大的经济效应，有助于政府展开经济活动，从而体现其经济价值。

第二节　四川历史遗迹类旅游资源概况

一、总体情况

根据四川省文化旅游资源普查结果，全省共查明历史遗迹类旅游资源 39 185 处，占全省旅游资源总量的 15.95%，其中新发现、新认定历史遗迹类旅游资源 6 081 处，占该大类总数的 15.52%，历史遗迹类旅游资源分布于 2 个亚类，17 个基本类型。从 2 个亚类资源数量来看，物质文化遗存亚类数量最多，占历史遗迹类旅游资源总量的 74.33%；其次为非物质文化遗存亚类。新发现、认定历史遗迹类旅游资源也以物质文化遗存亚类最多。从 17 个基本类型资源数量来看，建筑遗迹基本类型数量最多，占历史遗迹总量的 29.65%；其次为可移动文物，占历史遗迹总量的 27.23%。

四川历史遗迹类旅游资源分类统计数据见表 9-1。

表 9-1　四川历史遗迹类旅游资源分类统计数据　　单位：处

资源类型	总量	资源类型	总量
物质文化遗存亚类	29 125	**非物质文化遗存亚类**	10 060
史前人类活动遗址	263	民间文学	2 269
历史事件发生地	1 992	传统音乐	1 385
建筑遗迹	11 619	传统舞蹈	833
交通遗迹	2 004	传统戏剧	204
工程与生产遗迹	1 451	曲艺	206
古城遗址与聚落遗迹	1 124	传统体育、游艺杂技	390
可移动文物	10 672	传统美术	945

表9-1（续）

资源类型	总量	资源类型	总量
		传统技艺	1 972
		传统医药	495
		民俗	1 361

根据普查结果，四川历史遗迹类旅游资源总体呈现出以下特点：

（1）历史遗迹类旅游资源总量庞大、品位较高、开发潜力大。四川历史遗迹类旅游资源绝对总量较多，共计 39 185 处，占全省旅游资源的 15.95%，同时其资源品位较高，高等级旅游资源占历史遗迹类旅游资源比重较大，部分历史遗迹类旅游资源在全国甚至全世界都具有重要地位。

（2）历史遗迹类旅游资源文物特色鲜明，文化底蕴浓厚。四川历史遗迹类旅游资源特色鲜明，其中三星堆、太阳神鸟等旅游资源具有浓厚巴蜀文化特点，能够较好地反映古蜀文明，呈现出较强的文化特色，体现浓厚的巴蜀文化底蕴。

（3）历史遗迹类旅游资源开发潜力大。四川历史遗迹类旅游资源分布地一般处于交通节点、中心城镇、人口密集、经济发达地区，同时与其他诸如地文景观、水域景观、生物景观资源的结合程度较好，开发潜力大。

二、资源类型特征分析

（一）物质文化遗存亚类

1. 总体特征描述

根据普查数据，全省历史遗迹类旅游资源物质类文化遗存亚类，总量为 29 125 处，其中以建筑遗迹数量最多，11 619 处，其次分别为可移动文物 10 672 处、交通遗迹 2 004处、历史事件发生地 1 992 处、工程与生产遗迹 1 451 处、古城遗址与聚落遗址 1 124处、史前人类活动遗址 263 处。建筑遗迹所占比重最大，史前人类活动遗址相对较少。四川物质类文化遗存亚类旅游资源数量分布柱状图见图 9-1。

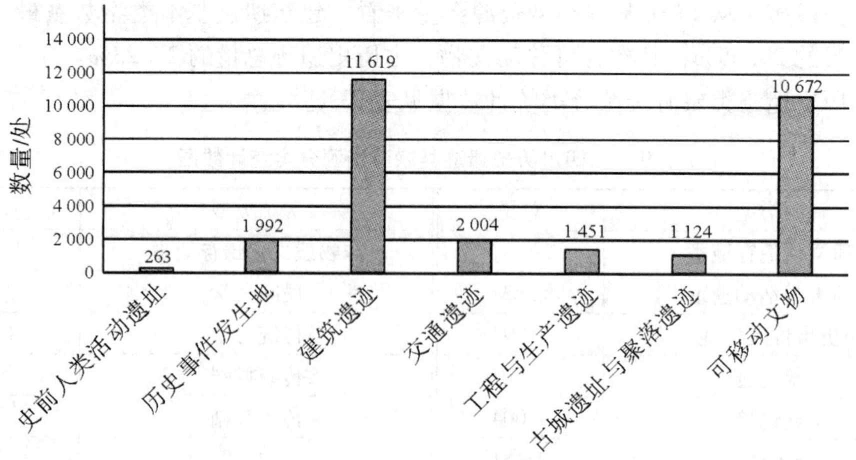

图 9-1　四川物质类文化遗存亚类旅游资源数量分布柱状图

2. 基本类型特征分析

（1）史前人类活动遗址（263 处）。

史前人类活动遗址是指史前人类聚居、生产、生活的场所。根据古人类学的发现和研究，四川的史前时代最早发端于200 万年以前。属于旧石器时代人类活动遗址的有资阳市鲤鱼桥遗址、资阳市黄鳝溪人类头骨化石遗址、汉源县富林遗址、攀枝花回龙湾洞穴遗址等，到新石器时代晚期巴蜀文明诞生时期，众多新石器时代遗址伴随着古城文明的出现而广泛分布于成都平原及岷山区域，包括广元中子铺遗址、茂县营盘山遗址、汶川姜维城遗址、成都平原以宝墩文化命名的十座史前城址群。

（2）历史事件发生地（1 992 处）。

历史事件发生地是指历史上发生过重要贸易、文化、科学、军事、教育事件的地方。四川历史文化悠久，底蕴深厚，是中华文化重要的发源地之一。发生在四川的各种历史事件，影响着四川乃至中华文明的历史发展。巴蜀历来多战争，著名的古战场遗址如白马关、剑门关军事要塞和战场遗址、昭化古城等都在中国历史上留下了浓墨重彩的一笔。同时，四川是红色历史事件的集中发生地。四川是红军长征经过的 11 个省中，经历时间最长、途经地域最广、所在环境最艰险、敌我斗争最惨烈、创造奇迹最辉煌的地区，是党中央在长征途中召开会议最多的省区，是红军长征中开展民族工作最频繁、成效最显著的省区，也是为红军长征提供人力、物力最多的省区。四渡赤水、巧渡金沙江、彝海结盟、强渡大渡河、飞夺泸定桥、爬雪山过草地等许多经典战役和奇迹都发生在四川，众多的革命先辈故居、革命遗址、旧址、纪念物等红色文化资源，给人民感悟革命前辈的感人事迹，追思历史提供了绝佳的资源支撑。

四川典型历史事件发生地主要有白马关、剑门关、昭化古城、荣县辛亥首义军政府旧址、朱德旧居陈列馆、古蔺县红军四渡赤水战役遗址、木门会议会址、川北行署、华蓥山游击队遗址等。

（3）建筑遗迹（11 619 处）。

建筑遗迹是指具有地方风格和历史色彩的历史建筑遗存。四川自古以来就是多民族聚居区域，从历史角度来看各民族建筑都曾受到秦楚文化影响，特别是秦代、明初和清初三次大移民之后，四川建筑风格变得更加多样。四川建筑遗迹丰富多彩，成就辉煌，受复杂的自然条件影响，建筑形式多样且材料运用十分广泛。在众多建筑遗迹中，以汉阙、砖塔、牌坊、少数民族古民居、古桥梁等建筑遗迹为主要代表。四川拥有中国最多的汉阙遗存，全国现存29 处汉阙有20 处在四川，以绵阳平阳府君阙、雅安高颐阙、德阳上庙长阙、梓潼李业阙、渠县汉阙群、芦山樊敏阙等为主要代表。少数民族建筑遗迹主要指藏族民居、羌族“邛笼”与碉楼等。桥梁类建筑遗迹种类众多，有平板桥、廊桥、索桥、浮桥等。

（4）交通遗迹（2 004 处）。

交通遗迹指已经消失或废置的交通建筑和设施。四川的交通遗迹主要指将华夏文化与世界文明紧密联系起来的国际交通线——南方丝绸之路，以古代连接川陕之间金牛道上历史文化最厚重、自然风光最优美而又最艰险地段的剑门蜀道，历史上汉地农业地区和西部边疆游牧业地区之间进行茶马等商品贸易的茶马古道，四川出入西北的主要通道阴平古道，四川出入陕西三国蜀汉相争的古战场之一的米仓古道等为代表。

其中南方丝绸之路的遗迹主要分布在雅安和攀西地区；米仓古道是我国最早的国道，其遗迹主要分布在巴中一带；川藏茶马古道遗迹主要分布在雅安—康定一带。此外由自贡盐业运输而兴起的“川盐古道”，也遗留有众多遗迹，主要以自贡一带的古石板路、古码头、古桥、古驿站等遗迹为代表。

（5）工程与生产遗迹（1 451 处）。

工程与生产遗迹指遗留及保存下来的历史工程设施，包括已经消失或废置的矿山、窑、冶炼场、工艺作坊等。四川的古代工程与生产遗迹主要有以我国目前建造最早、保存最好、持续使用时间最长的白酒生产窖池——1573 窖池群以及剑南春天益老号酒坊等为代表的酿酒业遗迹；以大英的卓筒井、自贡的吉成井等为代表的盐业遗迹；以玉堂窑为代表的窑遗址等。近现代的工程与生产遗迹则主要与矿产有关，代表性资源有隆昌气矿厂遗址、永利川厂旧址。

（6）古城遗址与聚落遗迹（1 124 处）。

古城遗址与聚落遗迹指现存或已消失的城镇、村落、屋舍等居住地建筑及设施。四川地区的早期古城遗址资源尤为丰富，有距今 3 000 年前巴蜀青铜文明时代孕育出辉煌灿烂的三星堆、金沙、十二桥商周建筑遗址、新都区水观音、成都市区羊子山土台遗址以及战国早期开明王族船棺葬遗址为代表的古蜀文明遗址群，与此同时，还有以宣汉罗家坝巴人王族墓葬为代表的古巴蜀文明遗址群，以及传说中的古蜀五祖墓葬纪念地，如岷山蚕丛氏蚕陵、温江区柏灌墓、鱼凫墓，郫都区杜宇的杜鹃城、望帝丛帝陵与望丛祠，双流瞿上城遗迹等。这些遗迹与前述考古遗址群共同构成古蜀文明起源和发展史观赏体系，具有重大科学价值和旅游价值。四川具有代表性的古城遗址包括新津宝墩遗址、温江鱼凫村遗址、郫都古城遗址、都江堰芒城遗址、崇州双河遗址和紫竹遗址、大邑高山遗址和盐店遗址、广汉三星堆古城遗址、成都金沙遗址等早期古城遗址，另有以宕渠为代表的汉代城址等。

（7）可移动文物（10 672 处）。

可移动文物指历史上各时代重要实物、艺术品、文献、手稿、图书资料、代表性实物等，分为珍贵文物和一般文物。全省可移动文物具有分布广泛、种类齐全、地域特色鲜明、多民族文化交融、文化序列完整等特点。全省具有代表性的可移动文物主要包括四川广汉三星堆博物馆收藏的青铜戴冠纵目面具和玉璋，金沙遗址博物馆收藏的太阳神鸟金饰和十节青玉琮，成都博物馆收藏的经穴漆人、说唱陶俑和石犀牛，绵阳市博物馆收藏的摇钱树，甘孜州民族博物馆收藏的嵌铜泡黑陶双耳罐，四川博物院收藏的无量寿佛石造像碑，遂宁市四川宋瓷博物馆收藏的青釉荷叶形盖瓷罐，阿坝州文物考古研究所收藏的格勒得沙中央政府签发的保护证明，彭州市文物保护管理所收藏的象纽莲盖溜肩银执壶及圆口双耳银温碗，泸县博物馆收藏的高浮雕青龙石刻以及珍贵化石和平永川龙等。

（二）非物质文化遗存亚类

1. 总体特征

本次普查共查明非物质类文化遗存亚类景观资源 10 060 处，其中以民间文学数量最多，占该亚类总量的 20.52%；其次为传统技艺、传统音乐和民俗，占比分别为 17.83%、12.52%和 12.31%；传统戏剧和曲艺相对较少。非物质类文化遗存亚类中新发现、新认定资源 1 743 处，其中民间文学数量最多，占该亚类新发现、新认定资源总量的 23.01%；其次为传统技艺，占比为 20.65%。具体各亚类型数量见图 9-2。

四川省非物质文化遗存亚类旅游资源数量分布柱状图见图 9-2。

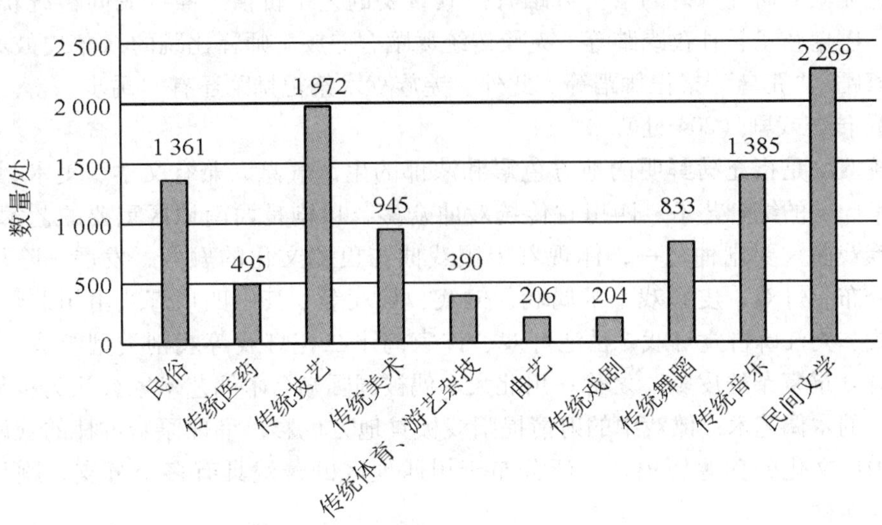

图 9-2　四川省非物质文化遗存亚类旅游资源数量分布柱状图

2. 基本类型特征分析

（1）民间文学（2 269 处）。

民间文学指民间广泛流传的传统文学，主要为口头文学，如神话传说、民间故事、民间曲艺、民间戏曲、歌谣等。四川省民间文学类非物质文化遗存大部分属于少数民族非物质文化遗存。在内容上，少数民族类的民间文学普遍带有神秘色彩，作品多颂扬智慧、勇敢，如藏族中的格萨（斯）尔、羌族中的羌戈大战、彝族中的支格阿龙。四川汉族民间文学如卓文君与司马相如的故事、王幺贡爷系列故事、望娘滩传说等贴近生活，具有明显的现实主义色彩，所传达的思想基本与中国正统文化一致。典型的四川民间文学资源主要有文昌文化、巴渠童谣、格萨尔、蚕丝祖神传说、毕摩经诵、十里坪等。

（2）传统音乐（1 385 处）。

传统音乐指在民间经过口头传唱，具有浓郁的地域、民族色彩的音乐。千百年来，四川人民创造了优秀的传统音乐文化，其中具有浓郁特色的川剧、四川清音、四川扬琴、四川灯戏等非物质文化遗产项目中均包含丰富的传统音乐文化。典型的传统音乐资源主要有成都道教音乐、峨眉山佛教音乐、青城洞经古乐、文昌洞经古乐、川中大乐、四川要锣鼓（渠县要锣鼓、李家要锣鼓、象山花锣鼓、复兴要锣鼓）、唢呐艺术（咪苏唢呐、福宝贯打唢呐、苗族大唢呐、丹棱唢呐）、大竹竹唢呐及制作工艺、多声部民歌、嘉陵江中游船工号子、川西藏族山歌、阿惹妞、康定溜溜调、羌笛演奏及制作技艺、川北薅草锣鼓、川江号子等。

（3）传统舞蹈（833 处）。

传统舞蹈指由人民群众自创自演，表现一个民族或地区的文化传统、生活习俗及人们精神风貌的群众性舞蹈活动。四川地区有“天府之国”的称呼，集山川文化于一身，具有显著的地理特征，同时也形成了丰富多彩、历史悠久的民间舞蹈。四川的传统民间舞蹈种类形态各异，藏族和羌族的舞蹈在传统舞蹈文化中具有非常重要的意义和地位，尤其对研究古老的祭祀舞蹈有极其重要的艺术价值。藏族民间传统舞蹈有嘉绒锅庄、巴塘弦子、甘孜踢踏等。羌族传统舞蹈有羌族巫师释比跳的《羊皮鼓舞》、丧葬祭祀舞蹈、“咒乌”祭祀舞蹈等。此外，羌族巫术祭祀舞蹈还有“禹步”等。

（4）传统戏剧（204 处）。

传统戏剧是指充满鲜明的地方色彩和浓郁的生活气息，兼有文学、美术、舞蹈音乐等艺术门类的综合艺术。四川省传统戏曲众多，川剧是西南地区重要的艺术表现形式，汉族戏曲重要剧种之一，体现着中国戏曲与巴蜀文化的融合、发展。除川剧外，四川还分布有灯戏、皮影戏、木偶戏、傩戏、藏戏等。其中四川灯戏由川北灯戏、峨眉堂灯戏、夹江麻柳堂灯戏、岳池灯戏、许家湾十二花灯戏等戏剧类型组成；四川皮影戏则有“最复杂的皮影”之称；川北大木偶被国际知名木偶艺术家公认为世界罕见、独一无二的木偶艺术；傩戏中的射箭提阳戏极具地方色彩，呈现原始古朴的戏剧形式，传承着中国文化的渊源历史。广泛分布于川西地区的藏戏具有多个分支，剧目丰富，表现形式多样。

（5）曲艺（206 处）。

曲艺指民间口头文学和歌唱艺术结合，用说唱形式反映社会生活的艺术形式。曲艺是以说唱及写意表演叙事、言情的民间传统艺术形式。四川曲艺是巴蜀历史文化传承的重要载体之一，是长期流传于四川地区和相邻地区的民族民间传统艺术形式。它以其特有的方式记载了巴蜀大地的风土人情、历史事件、风云人物等。四川曲艺具有悠久的历史，曲种亦很多，如汉族地区流行的清音、扬琴、金钱板、竹琴、荷叶、相书、评书、盘子、车灯、连厢、花鼓等，少数民族地区流行的格萨尔仲、折嘎、喇嘛玛尼、克哲、月琴弹唱等。四川典型曲艺有飞刀花鼓、百汪说唱、金钱板、四川竹琴、四川清音、四川扬琴等。

（6）传统体育、游艺杂技（390 处）。

传统体育、游艺杂技是指在特定的民族文化背景下逐步发展、成熟起来的竞技体育活动，包括传统武术、竞技、游艺、杂技、杂要等。典型传统体育、游艺杂技主要有青林口高台戏、五通桥龙舟竞技、峨眉武术、高亭、大坝高装、拗棒等。

（7）传统美术（945 处）。

传统美术包括绘画、雕塑、工艺美术、建筑美术等技艺，使用传统手段、传统工具完成。典型传统美术资源有夹江年画、德格藏文书法、宜宾面塑、江安竹簧工艺、石刻工艺（白花石刻、雾山石刻、安岳石刻）、麻柳刺绣、唤马剪纸、藏族格萨尔彩绘石刻、藏族唐卡（勉唐画派、钦泽画派、噶玛嘎孜画派）、绵竹木版年画、蜀绣。

（8）传统技艺（1 972 处）。

传统技艺是指具有地方特色的传统手艺以及生产生活中的传统技法、技能。典型传统技艺资源主要有德格印经院藏族雕版印刷技艺、竹纸制作技艺、自贡井盐深钻汲制技艺、泸州老窖酒酿制技艺、成都漆艺、蜀锦织造技艺。

(9) 传统医药（495 处）。

传统医药指各民族在历史上创造和应用的关于生命认知及医药技能的知识体系、各种形式的民间疗法，包括药物疗法和非药物疗法。传统医药包括中医药及民族医药。四川是中医药大省，素有“中医之乡、中药之库”的美誉，几千年来，中医药文化与四川人民的生活密切相关，也一直为人们所信仰，并世代传承，中医药文化底蕴深厚，孕育出了国家级非物质文化遗产中药炮制技艺（中药炮制技艺），省级非物质文化遗产李仲愚针疗法、成都中医传统制剂方法、德仁堂中医中药文化、合江地道中草药热灸技艺等众多非物质文化遗产资源。民族医药主要包括藏医药、彝医药、羌医药和苗医药，藏医药主要分布在川西北高原地区，以被认定为国家级非物质文化遗产的德格南派藏医药最为著名，有近 2 300 年的历史，目前主要覆盖以康巴为中心的藏族地区；彝医药主要分布在凉山州及周边地区，以西昌彝医药研究所传统彝医药为典型代表；苗医药主要分布在川南苗族聚居地区；羌医药则主要分布在北川、汶川、茂县、理县的羌族聚居地。

(10) 民俗（1 361 处）。

民俗指某一地域或群体的标志性文化事项，在具有核心象征的文化空间中进行以群体传承为主的综合性民间习俗。四川省是一个多民族的省份，其民间民俗文化主要包括物质方面的民俗、社会方面的民俗、精神方面的民俗等。其中物质民俗主要包括服饰民俗（藏族服饰民俗、羌族服饰民俗、彝族服饰民俗）、饮食习俗（川菜、藏族饮食习俗、羌族饮食习俗、彝族饮食习俗）、民间传统特色产品等。社会民俗包括家庭民俗、岁时节令民俗等。精神民俗包括口承语言习俗（四川方言、藏语、彝文、藏族史诗、羌族史诗）、娱乐习俗（川剧、曲艺、茶馆文化、藏戏、锅庄、羌族歌舞、彝族摔跤、彝族芦笙舞）。

第三节　四川历史遗迹类旅游资源的各类典型代表

一、物质类文化遗存亚类

（一）史前人类活动遗址典型代表——罗家坝遗址

罗家坝遗址位于达州市宣汉县普光镇进化村，地处秦、楚、巴、蜀文化交界处，距今有 5 300 年的历史，1999 年首次发掘了涵盖东汉、西汉、周、商、夏、新石器时代晚期的文化堆积非常深厚的巴人文化遗址。2000 年，罗家坝考古发掘被评为“1999 年四川省十大文物工作成果”。2001 年 6 月，罗家坝遗址被国务院核定为第五批全国重点文物保护单位。2021 年 2 月，罗家坝遗址入围“2020 年度全国十大考古新发现”。

罗家坝遗址出土的众多巴人文物、墓葬及在罗家坝首次发现的许多器物，都堪称独一无二的稀世神品。这些文物是人类宝贵的文化遗产，是最具历史科学文化价值和最富观赏性的文物群体之一。罗家坝遗址被公认为是 20 世纪末发现的面积最大的古代巴人中心文化遗址，同广汉三星堆、成都金沙遗址一样，改写了长江上游人类文明史。

（二）伟人故居典型代表——朱德同志故居纪念馆

朱德同志故居纪念馆位于四川省仪陇县马鞍镇，是为纪念伟大的无产阶级革命家和军事家朱德而建立的博物馆。朱德同志故居纪念馆占地面积约 27 亩，建筑面积近 5 600 平方米，展厅面积近 4 600 平方米，分为三大展区展出朱德阅读过的书籍、使用过的手枪，以及朱德生前使用过的个人物品等。朱德同志故居纪念馆先后获得全国爱国主义教育示范基地、全国中小学爱国主义教育基地、全国旅游系统先进集体、全国红色精品线路之一等荣誉。2020 年，朱德同志故居纪念馆入选“第四批国家一级博物馆名单”。

（三）建筑遗迹典型代表——燊海井

燊海井开凿于清道光三年（公元 1823 年），道光十五年（公元 1835 年）凿成，历时 13 年，井深 1 001. 42 米，是世界上第一口超千米的大井。井凿成后，每天喷出万余石（古代计量单位，清代 1 石约为今天 90 千克）的黑卤，日产天然气 8 500 多立方米，烧盐锅 80 多口，到 1940 年每天还可日喷黑卤 10 000 多石，天然气 4 800~8 000 立方米。燊海井从建成到今天已经生产了一个半世纪，由于长时间的缺乏维修，井下设施损坏十分严重，后来经过维修，燊海井仍可日产天然气约 1 500 立方米。

（四）交通遗址典型代表——龙脑桥

龙脑桥位于泸县龙脑桥镇，架设在九曲溪上，明洪武十一年至三十一年（公元 1378—1398 年）建。龙脑桥以石雕精湛著称，石雕艺术又以龙头占主要位置而得名。桥为平梁式石桥，原高 5 米，长 54 米，宽 1. 9 米，有 14 个桥墩，将桥分为 13 孔。石雕为巨大的龙、狮、象和麒麟等兽类分布在中间 8 个桥墩上，形象比例匀称，造型古朴凝重，体态生动自然，昂首于九曲溪上游，尾部均翘峙于溪水下方，桥面则为诸兽身躯。4 条龙口中，各衔一个重数十斤的“石质宝珠”，每条龙的鼻孔都能吹出明亮的响声。其他诸兽有的口衔绶带，有的脚踏绣球，有的脚踩玉圭，无不灵活传神，各具特色。整个造型独具匠心，斧凿精致大方，线条简练流畅，把整个石桥构成了一个玲珑壮丽、生机盎然的艺术整体。1996 年 11 月 20 日，龙脑桥被国务院公布为全国重点文物保护单位。

（五）工程与生产遗迹典型代表——1573 窖池群

1573 窖池群及酿酒作坊位于四川省泸州市，主要分布在泸州市江阳区、龙马潭区，散布于泸州城区的大街小巷，如江阳区三星街营沟头、皂角巷，龙马潭区小市（下大街、什字街、新街子、过江楼）及罗汉街道。1573 窖池群从古至今从未因城市的发展而搬迁、破坏，保存完好，同时因数百年连续传承、使用，形成“活态文物”而弥足珍贵，酒界罕见，是研究中国白酒老作坊群及老窖池群发展不可多得的宝贵遗产。

（六）古城遗址与聚落遗址典型代表——三星堆遗址

三星堆遗址位于中国四川省广汉市西北的鸭子河南岸，南距四川省省会成都 40 千米，东距广汉市区 7 千米，是一座由众多古文化遗存分布点所组成的一个庞大的遗址群，1988 年 1 月被公布为全国重点文物保护单位。考古学家将该遗址群的文化遗存分为四期，其中一期为早期堆积，属于新石器时代晚期文化，二至四期则属于青铜文化。遗址群年代上起新石器时代晚期，下至商末周初，上下延续近 2 000 年。三星堆遗址群规模巨大，范围广阔，古文化遗存大多分布在鸭子河南岸的马牧河南北两岸的高台地上，遗址群平面呈南宽北窄的不规则梯形，沿河一带东西长5~6千米，南北宽2~3千米，总面积约1 200公顷，是四川最大、最重要的一处古文化遗存。三星堆遗址中已确定的古文化遗存分布点达30多个，其中以南部的“三星堆”，中部的“月亮湾”“真武宫”，北部的“西泉坎”，东部的“狮子堰”，西部的“横梁子”，以及向西延续的“仁胜村”“大堰村”等遗址最为重要。三星堆遗址群的年代范围前后延续2 000年，出土的大量陶器、石器、玉器、铜器、金器，具有鲜明的地方文化特征，自成一个文化体系，已被中国考古学者命名为“三星堆文化”。

三星堆遗址是公元前16世纪至公元前14世纪世界青铜文明的重要代表，对研究早期国家的进程及宗教意识的发展有重要价值，在人类文明发展史上占有重要地位。它是中国西南地区一处具有区域中心地位的最大的都城遗址。它的发现，为已消逝的古蜀国提供了独特的物证，把四川地区的文明史向前推进了2 000多年。

（七）可移动文物典型代表——商周太阳神鸟金饰

商周太阳神鸟金饰外径12.5厘米，内径5.29厘米，厚度0.02厘米，重量20克。太阳神鸟呈圆形，器身极薄。太阳神鸟图案采用镂空方式表现，分内外两层，内层为一圆圈，周围等距分布有12条旋转的齿状光芒；外层图案围绕在内层图案周围，由四只相同的逆时针飞行的鸟组成。四只鸟首足前后相接，朝同一方向飞行，与内层漩涡旋转方向相反。整个图案似一幅现代剪纸作品，线条简练流畅，极富韵律，充满强烈的动感，富有极强的象征意义和极大的想象空间，该器生动地再现了远古人类“金乌负日”的神话传说故事，四只神鸟围绕着旋转的太阳飞翔，周而复始，循环往复，生生不息，体现了远古人类对太阳及鸟的强烈崇拜，表达了古人对生命和运动的讴歌。

2005年8月16日，商周太阳神鸟金饰图案从1 600余件候选图案中脱颖而出，成为中国文化遗产标志，同时也是成都城市标志的核心图案。2013年，国家文物局将商周太阳神鸟金饰列入《第三批禁止出国（境）展览文物目录》。太阳神鸟金饰构图凝练，是古蜀人丰富的哲学思想、宗教思想，非凡的艺术创造力与想象力和精湛工艺水平的完美结合，也是古蜀国黄金工艺辉煌成就的代表。

二、非物质类文化遗存亚类

（一）民间文学典型代表——格萨尔史诗

格萨尔史诗也称《格萨尔王传》，是一部一百多万诗行、两千多万字的作品。作品主要讲述了传说中的国王格萨尔的故事。格萨尔史诗主要讲述的是天灾人祸遍及西藏地区，之后天神之子下凡，即君王格萨尔王。格萨尔王为了造福黎民百姓，以惊人的毅力与神奇的力量最后取得胜利的故事。格萨尔史诗由西藏人民集体创作，产生于公元前后至公元五六世纪。它记录了吐蕃王朝时期西藏的变化以及藏族的民间文化。格萨尔史诗在国际学术界被称为“东方的荷马史诗”。格萨尔史诗在不断完善的过程当中，包含了不同时代藏族关于历史、社会等方面的全部知识。它具有很高的学术价值与欣赏价值。格萨尔史诗是世界范围内规模最大、演唱篇幅最长的英雄史诗，代表了古代藏族民间文化与口头叙事的最高成就。

（二）传统音乐代表——《巴山背二歌》

《巴山背二歌》是随着巴山人从事长途背运这种生产劳动方式的产生而产生的，其历史可谓久远。自古以来人们习惯把从事长途背运的人叫“背老二”或“背二哥”，把在背运途中打杵歇气演唱的山歌叫《巴山背二歌》。古老的巴山人在古道上背运粮草或运输武器，他们像马帮、驼帮一样组成庞大的背运队伍，往返于川陕两地。陕西西安长安区兴教寺慈恩塔院内一块石碑上有一副仿宋代工匠原碑图刻的《玄奘取经图》，图中玄奘背经书所用的工具与今天“巴山背二哥”所背“背架”几乎一模一样。由此可推断“巴山背二哥”的历史可以上溯到唐代。

《巴山背二歌》是巴山人精神文化的一种体现，是研究巴人历史的依据，是承载巴山风土人情、生活习俗的载体，具有独特的艺术价值。其歌词多用赋、比、兴手法，生动、形象、传神，所表达的意境往往只可意会不可言传，妙不可言；其旋律清新流畅，唱腔高亢明亮，风格粗犷豪放，极具地域特色。

（三）传统舞蹈典型代表——巴塘弦子舞

巴塘弦子舞藏语称“嘎谐”，又称“谐”“叶”“巴叶”等，意为圆圈舞，属藏族三大舞种之一。它流行于西藏东部及云南、四川、青海藏族聚居区，距今已有一千多年的历史。弦子舞的故乡在四川省甘孜州巴塘县，弦子舞也以巴塘弦子最为有名。巴塘县地处川滇藏三省（区）交界处，这里古代属白狼国地，巴塘弦子的原型可以追溯到远古时期白狼羌人的祭祀舞蹈“歌卓”，巴塘弦子有其遗风。

巴塘弦子舞是巴塘人民智慧的结晶。巴塘弦子舞中积淀着厚重的民族文化，折射出浓郁的民族风情，其学术价值和艺术价值都很高。2000 年 5 月，文化部正式命名巴塘县为“中国民间艺术之乡”。有着几千首曲目的巴塘弦子成为藏族民间音乐的最大宝藏，它是保存最完好的藏族音乐的“活化石”，其音乐和唱词已经渗透到了藏族其他各种文学艺术当中，保护巴塘弦子对于保护藏族歌舞艺术、研究藏族文化都具有十分重大的意义。

（四）传统戏剧典型代表——川剧

川剧由昆腔、高腔、胡琴、弹戏、灯调五种声腔组成。其中，除灯调系源于本土外，其余均由外地传入。这五种声腔和为五种声腔伴奏的锣鼓、唢呐曲牌以及琴、笛曲谱等音乐形式一起组成了川剧音乐。川剧音乐博采众长，兼收并蓄，囊括了全国戏曲各大声腔体系的营养，与四川的地方语言、声韵、音乐融汇结合，演变为形式多样、曲牌丰富、结构严谨、风格迥异的地方戏曲音乐。

（五）传统戏剧典型代表——射箭提阳戏

射箭提阳戏是中国乃至世界上都有影响的傩戏品种，它传承历史悠久，因地处中国唯一女皇帝武则天的故里——广元市元坝区射箭乡而得名，现已进入四川省非物质文化遗产代表名录。相传当年李世民梦游地府时，目睹了人们在阳世作恶而在阴间接受酷刑的惨状，决心创立一种规劝世人积德向善的愿戏，这便是射箭提阳戏的源起。它自清代乾隆四十六年（公元 1781 年）传入射箭乡龙江村的李家嘴，距今已有十二代嫡系传人。

射箭提阳戏由人和木偶同台演出，其演出形式十分独特。有三十二天戏和三十二地戏，行当分生、旦、净、丑，只有击乐，没有弦乐，整个唱腔主要吸收当地的民间小调和山歌，具有典型的地方性特征。其特征独特，内容丰富，被称为“中国傩戏的活化石”。

（六）曲艺典型代表——金钱板

金钱板是四川省的传统曲艺品种。表演者左手执两块竹板，右手执一块竹板击节伴奏说唱故事。金钱板因其中两块竹板上嵌有古铜钱而得名。金钱板曾名“金剑板”“三才板”“金签板”，形成于清初，早期多以跑乡场、扯地圈为主，后进入茶社书场演唱。金钱板由一人表演，唱词多为节字句或十字句，方言土语演唱，唱词通俗易懂。金钱板唱腔以部分川剧曲牌与四川民歌为基础形成。金钱板由楠竹或斑竹制成，共3块，每块长30厘米、宽3.3厘米、厚约0.5厘米，其中两块中嵌有小铜钱或金属片，故名“金钱板”。

（七）传统体育游艺典型代表——峨眉武术

峨眉武术是中国传统武术流派之一，以四川峨眉山为发祥地，是国家级非物质文化遗产之一。峨眉武术是起源于四川峨眉山地区并广泛流传于整个四川乃至西南地区的武术的总称。峨眉武术发祥于峨眉山，门派有八十多个，拳种、拳路成百上千，为中华武术三大流派之一。峨眉武术通过与峨眉山的佛、道、儒文化相互融合，促进了自身的发展。峨眉武术讲究刚柔相济，内外兼修，动作似快而慢，快慢相间，似柔而刚，刚柔相济。2008年6月7日，经国务院批准，峨眉武术被列入第二批国家级非物质文化遗产名录。

（八）传统美术典型代表——青神竹编

青神竹编采用保护区内的竹原料，筒长节稀、质地柔韧。据《蚕丛氏的故乡》记载：“早在5 000多年前的新石器时代，先民们就活动在这里。”那时，青神县的先民便开始用竹编簸箕养蚕，编竹器用于生活。青神竹编以特色人文景观、书法作品、名人画像为编织重点，在特定的环境中纯手工编织，原料均100%采用天然竹材，经过画框、绸缎等装裱方式制作成精美的竹编艺术品。联合国教科文组织专家波拿教授称其为“竹编史上的奇迹，艺术中的艺术”。

（九）传统技艺典型代表——新龙药泥面具

新龙药泥面具选用高原地区海拔4 600米以上未经污染的泥土、水和名贵药材，融入矿物宝石等原材料制成。形象以佛教的护法神为主，又以玛哈噶拉、骑狮护法大将军、吉祥天母为主要代表。面具样式丰富，色彩鲜艳，散发奇异香气，具有参礼拜佛、避邪祈福之意和药香四溢、预防某些病症之用。传统新龙藏式药泥面具制作以木刀、木棍、木槌、木椎、木刷、木碾等木质工具为主，药泥中包含甘露丸、红景天、草果香药、珍珠、玛瑙宝石等，色彩原料由矿物原料研磨制成，整体经过取土、和泥、泥雕、制陶、着色等十多道工序完成，具有浓郁的地域特色。

（十）传统医药典型代表——藏医药浴疗法

藏医药浴疗法是藏族人民在长期与疾病斗争的实践中总结出来的具有良好疗效的藏医外治疗法。其又称“五味甘露浴”，最早记载于著名藏医学家宇妥·云丹贡布编撰的藏医巨著《四部医典》，距今已有1 300余年的历史。藏医药浴主要有水浴、敷浴、汽浴三种方式。药水浴是最普遍、最常用的疗法，是把圆柏叶、黄花杜鹃叶、水柏枝、高山麻黄、“坎巴”五种藏草药作为主药加水熬煮后，供患者浸泡洗浴，起到疏松通络、活血化瘀、祛风除湿的功效，对于治疗风湿、类风湿性关节炎、皮肤病有极佳疗效。

藏医药浴疗法极具地域特色和民族特色，它的组方、浴前诊断、综合施治都是在藏医学理论指导下完成的；它所采用的药材均为雪域高原原生态环境下的地道药材；其药浴工艺、时令选择、病人护理等蕴含着藏民族特有的人文因素；其在施治过程中综合运用藏药学、藏医诊断学、藏医护理学以及最初的传统制剂加工工艺进行内病外治，在世界医学史上是罕见的瑰宝。

（十一）民俗典型代表——保保节

保保节是四川广汉一年一度的传统节日，起源于民间的游百病与拉（拜）保保习俗。正月十六游百病，清代即已成俗，有“正月十六游百病，游了百病不生病”之说，历经三百年。每年正月十六，在广汉的两个公园里，即房湖公园及金雁湖公园举行保保节。用拉“保保”这种方式来乞求小孩能平安成长，是当地很有影响力的一个民俗，每到这天都要万人空巷地出门游玩，为孩子拜干爹，结干亲家，也就是“拉保保”。这天，城乡男女老少多出门一游，到城内的一般要上城墙游览，并在文庙万仞宫墙附近古柏林中折一小枝柏椏，插在头上或帽檐，取柏字的谐音，喻“百事顺遂”“百病不生”“白头偕老”“富贵白头”等以为吉祥。同时，也有携带幼婴于大柏树下拉保保（干爹）的，表达了劳动人民辟邪除灾、迎祥纳福，对美好生活的祈求。

第四节　四川历史遗迹类旅游资源的保护与开发

一、历史遗迹类旅游资源的保护与开发原则

（1）依法保护的原则。历史遗址类旅游资源的利用首先应该是建立在遗址得到充分保护的基础之上的，任何不利于保护和损害遗址的利用措施都是不允许的。在开发过程中，应全面贯彻《中华人民共和国文物保护法》《中华人民共和国文物保护法实施条例》等文物保护法规，实行“保护为主、抢救第一、加强管理、合理利用”的文物保护方针。切实做好遗址的保护工作，完善各项保护措施，保证旅游资源的持续利用。

（2）系统规划、科学开发的原则。历史遗址类旅游资源的利用应该坚持总揽全局，统筹兼顾，适度超前，服从于省、市、区的总体规划，与邻近地区相呼应，兼顾社会效益与民生工程；实行遗址区保护与旅游开发相结合、全面保护与局部开发相结合、遗址开发管理措施与旅游景观建设技术措施相结合、非物质文化旅游开发与生态旅游开发相结合、区域经济结构调整优化组合与遗址区整体经济发展相结合、近期开发与远期开发相结合；重点突出近期实施项目，合理规划中远期项目；搞好重点景区景点的配套，提高综合接待能力，增强市场竞争力和吸引力。实现对历史遗址的系统开发、科学开发和动态连续性开发，促进区域旅游开发建设的滚动发展。

（3）恢复原有人文环境的原则。历史遗迹类旅游资源的利用应该坚持科学性、前瞻性和可操作性原则，将遗址本体保护、历史环境修复、生态环境建设融为一体；在不干涉遗址遗迹本体的前提下，保证原真性及完整性，要尽可能减少对历史遗址类旅游资源本体的干预，保护文物本体的真实性，保护文物及其环境的完整性；营建改善与遗址类旅游资源相协调的良好的生态、环境、景观，保存和恢复遗址原有的历史人

文环境和自然风貌，充分发掘历史遗址的内涵，最大限度地展示历史遗迹类旅游资源所蕴藏着的历史人文价值，为历史遗迹类旅游资源的有效、合理利用创造良好的条件。

（4）区别对待、因地制宜的原则。我国的历史遗迹类旅游资源类型各异，既有居住遗址、工业遗址、军事商贸遗址，又有水利工程及近代革命遗址。从发展来看也很不平衡，有的发展得比较早，有的仍处于起步甚至完全的保护阶段。类型不一样，开发所展示的文化内涵、外在表现就不尽相同；所处的阶段不同，开发的目标和任务也不同。开发过程中，在充分考虑各类遗址及遗迹的分布、保存现状及文化属性的基础上，对于起步阶段的历史遗迹类旅游资源开发的目标和任务是吸引更多的游人来观光消费；对发展较早的历史遗迹类旅游资源开发的目标和任务是提高展示效果，完善形象品牌塑造、宣传及管理措施。

（5）体验旅游开发原则。体验旅游是旅游业的发展方向。在现代社会高度发展、人们学识层次不断提高的背景下，对遗迹类旅游资源的开发不应仅仅停留在建博物馆、导游解说的层次上，而应通过发掘遗址文化内涵，使游客融入遗址，增加游客参与的程度，提高资源的吸引力。如河北冉庄地道战遗址，在新的保护规划方案中，将建成以展示地道战革命历史文化为主题，打造集参观、体验活动、休闲娱乐于一体的国家级爱国主义教育综合活动区。游客们在这里可以看展览，了解地道战的历史，钻地道，参观抗战民居，吃抗战饭，看抗战电影，甚至可以亲自打一场“地道战”，真实体验抗战时期的战斗生活。而在工业遗址或作坊遗址开发中，可以让游客亲自体验产品制作的过程。

二、四川历史遗迹类旅游资源保护与开发现状

（1）顶层设计不断完善。四川省委、省政府出台了《关于大力发展文旅经济加快建设文化强省旅游强省的意见》，提出建设长征主题国家文化公园两大标志性引领性的枢纽项目，实施文化遗产保护利用工程等；制（修）订了《四川省〈中华人民共和国文物保护法〉实施办法》《四川省文物事业发展“十三五”规划》《四川省革命文物保护利用规划纲要》《四川省革命文物保护利用工程实施方案》等顶层性文件，为四川历史遗迹类旅游资源的开发与保护做好了顶层设计。

（2）历史遗迹类旅游资源保护状况显著改善。四川省委、省政府和各地市（州）相继公布了大批历史遗迹为省、市（州）、县（区）文物保护单位，持续增加中央、省级财政资金对文物保护的投入，开展了达维会师桥、亚克夏山红军烈士墓等历史遗迹的本体维修、环境治理、数字化保护及保护规划编制等工作；建立非遗记录体系，打造传承人培育体系，培育提升传播品牌，拓展互联网传播传承渠道，推动非遗深入基层回归民众，打造非遗宣传阐释新场景，振兴传统工艺，深化文化和旅游融合。

（3）历史遗迹类旅游资源利用水平明显提升。①展陈水平不断提升。发挥历史公共服务和社会教育作用，运用现代科技手段，增强历史遗迹类旅游资源陈列展览的互动性体验，打造历史遗迹旅游资源陈列展览精品。②历史遗迹，类旅游产品体系日益完善。科学布局线路产品，持续打造“雪山草地、长征丰碑”“传奇寻踪、伟人故里”“红色传承、川陕苏区”“大爱无疆、奇迹中国”“三线建设、时代魅力”5条四川红色旅游经典线路，推出一批融红色旅游、生态、文化于一体的复合型旅游线路，丰富历

史遗迹类旅游产品线。③旅游品牌形象逐步提升。树立了“三线建设”品牌形象，打造了梓潼县两弹城红色经典景区、攀枝花中国三线建设博物馆等项目。

三、四川历史遗迹类旅游资源保护与开发过程中存在的问题

（1）历史遗迹类旅游资源规划、统筹力度不够。各级各有关部门对历史遗迹类旅游资源重视程度不够，历史遗迹旅游资源缺乏统一规划、统一开发和利用。市（州）、县（区）之间缺乏交流、借鉴、互动，仍处于各自为政、低水平重复的状态。联动机制没有形成，影响历史遗迹类旅游资源的良性开发，如凉山火把节的宣传、营销缺乏统一规划。

（2）历史遗迹类旅游资源保护力度亟须加强。有关部门对历史遗迹类旅游资源保护的重要性认识不够，部分历史遗迹被随意拆除，一些历史遗迹文物保护单位长期没有进行维修保护，破损严重，历史遗迹文物作用没有得到很好地发挥，历史遗迹文物保护领域的立法进程仍然相对落后，保护力度亟须加强。

（3）历史遗迹文化内涵挖掘不深。对四川历史遗迹类旅游资源的挖掘和打造严重不够，没有开发出吸引游客体验的历史遗迹旅游产品、文化活动，留不住游客。过于强调教化功能，缺乏游客喜爱的参与性项目，旅游的休闲性、体验性不足。部分景区甚至虚造历史场景、历史建筑以及历史器物。

四、四川历史遗迹类旅游资源保护与开发对策

历史遗址既是重要的旅游资源，也是重要的文物资源，因此在历史遗址的旅游开发过程中，旅游需求与文物保护的矛盾十分突出。加强对历史遗址的保护，既可满足旅游可持续发展的需要，又适应文物保护的要求，是从根本上解决矛盾的唯一途径。四川历史遗迹类旅游资源的保护与开发应结合其资源特点，着重从以下几个方面入手。

1. 政府角度

（1）要增强对四川历史遗迹旅类游资源保护的顶层设计。保护是一切的前提，由于历史遗迹类旅游资源具有不可再生性和易损性，必须从政府层面加强对四川历史遗迹类旅游资源的保护机制的顶层设计，要从全域旅游的角度加快对四川历史遗迹类旅游资源保护管理机制体制的改革创新设计，要从全省的角度制定历史遗迹类旅游资源开发与保护总体规划，要在保护四川历史遗迹类旅游资源的前提下加大开发力度，要注重保护与开发并重，同时要促进历史遗迹类旅游资源与地文景观资源、建筑与设施类旅游资源等融合开发，要宏观、统筹开发历史遗迹类旅游资源。同时旅游行政部门要提高危机感，把握机遇，全方位提高对历史遗迹类旅游资源保护与开发的重视。具体来说，需要出台四川历史遗迹类旅游资源保护条例、开发条例，将四川历史遗迹类旅游资源开发纳入全域旅游发展规划。

（2）加大财政投入力度，确保四川历史遗迹类旅游资源开发的可持续性。政府和文旅部门应该充分认识到历史遗迹旅类游资源开发的重要性，要持续加大对历史遗迹类旅游资源的投入，特别是在对非物质文化类遗存旅游资源保护上的投入，同时政府应该运用多种财政手段，如在某些项目上对税费进行减免，在文创项目上设立先导资金予以扶持，当然更应该鼓励社会爱心人士进行捐赠，让他们进一步明确历史遗迹类旅游资源的

开发价值，充分调动社会资金，将历史遗迹类旅游资源的资源优势转化为经济优势。

（3）继续加大历史遗迹类旅游资源载体建设。四川历史遗迹类旅游资源虽然十分丰富，但非物质类文化遗存占有较大比重，如民间文学、传统音乐等这些无形的旅游资源虽然十分丰富，但是在旅游项目开发过程中必须要有项目、有载体才能落地、落实，才能让游客有景可观、有物可思。

（4）改变宣传策略和宣传思维，丰富四川历史遗迹类旅游资源宣传渠道。首先要改变传统的宣传手段，进一步挖掘人们感兴趣的民间故事、历史传说、趣闻，具有一定可读性的相关史料，进而整理出版相关读物；其次要深挖四川历史遗迹旅游资源的学术成果，梳理总结研究者的学术观点，形成学术专著，进一步提高四川历史遗迹类旅游资源的知名度和美誉度；最后要创新宣传手法，改变传统的二维传播方式，争取相关的影视项目，将四川历史遗迹类旅游资源通过多种艺术的手法展现出来。

（5）政府要重视对研究历史文化名人的相关人才的培养。要加大对四川历史遗迹旅游资源研究者的重视力度，设立专门的人才项目，对四川历史遗迹学术研究者加以培养，出台相应的激励政策。

（6）进行区域合作，统筹整合四川历史遗迹类旅游资源。历史遗迹类旅游资源所具备的无形性，决定了历史遗迹类旅游资源在开发的过程中，必须整合自然旅游资源和其他人文旅游，单纯的历史文化名人旅游比较单调，且说教意味太浓。如果没有将其与自然旅游、休闲旅游、度假旅游与生态旅游等相结合起来开发，那么旅游产品线路就会很单一、核心游览时间较短，这时就需要统筹开发，在开发的过程中突出四川历史遗迹类旅游资源的文化内涵。

2. 市场角度

（1）成立相关市场主体。旅游企业是旅游市场的主体，是旅游产业发展的根基。根据以往的历史经验，旅游市场主体越多，市场主体越强，旅游产业的发展效果就越好。四川应根基历史旅游遗迹资源禀赋情况，成立由政府参与、市场主导的多元化的历史遗迹旅游资源开发公司，形成“政府主导的大型旅游开发集团为主、中小企业活力充沛、新型业态持续涌现”的良好局面。

（2）合理设计旅游线路，开辟历史遗迹类旅游产品。四川现存历史遗迹类旅游资源相对来说较为丰富，在开发历史遗迹类旅游线路的时候应结合其他旅游资源，根据四川历史遗迹类旅游资源分布情况，主要设计以下几条旅游线路：①古巴蜀文明探秘游，主要景点包括三星堆遗迹、资阳人遗址、罗家坝遗址等；②四川名人寻踪游，主要景点包括邓小平故居、陈毅故居等；③四川特色非物质文化遗存游，主要包括欣赏四川传统音乐、传统舞蹈、传统戏剧等。

（3）创新对外宣传，打造标志性 IP。历史遗迹类旅游资源具有巨大的经济效应和品牌效应，能够有效提升地方文化软实力，四川在对外宣传旅游的时候应该创新宣传机制体制，充分运用现代媒体技术，如 VR、融媒体，借助抖音、微博、微信等多种宣传渠道，全方位、多角度地宣传四川历史遗迹类旅游资源，充分营造良好的社会环境，结合招商引资、项目促进等活动来宣传四川历史遗迹类旅游资源。同时还要不断丰富宣传载体，充分利用节庆活动、纪念活动、学术活动等全方位宣传四川历史遗迹类旅游资源。另外，还要有品牌意识，要加快“巴蜀文化”相关品牌 IP 的注册与申报。

[章节小结]

本章重点学习了历史遗迹类旅游资源的基本概念、特点及分类，分析了历史遗迹类旅游资源的价值；对四川历史遗迹类旅游资源进行了整体的梳理，并对优质、典型人文活动旅游资源进行了详细介绍；从新时代文旅融合背景下，结合四川历史遗迹类旅游资源开发与保护的现状，对四川历史遗迹类旅游资源的开发与保护进行探讨。

[实践项目]

项目名称：四川传统技艺的保护传承与开发

四川省历史遗迹类旅游资源中非物质类文化遗存亚类中传统技艺具有鲜明的四川地域特点与深厚的巴蜀文化底蕴，让学生了解这些四川传统技艺的发展脉络与传承保护过程中面临的难点与痛点，对四川历史遗迹类旅游资源的保护与发展具有深远意义。

一、实践目的

1. 使学生对四川历史旅游资源有更深刻的理解。

2. 使学生对四川历史遗迹资源中的非物质类文化遗存亚类有一个感性认识，特别是对四川传统技艺有更深入的了解。

3. 使学生能根据四川传统技艺的特点，结合专业知识开发相关旅游产品、创作相关文创产品。

4. 使学生掌握一门传统技艺旅游产品的开发，并在过程中复习、巩固、提升旅游产品的开发能力。

二、实验内容

1. 请在四川传统技艺中选择一项具有鲜明特色、浓郁地方文化的传统技艺，并对其形成历史和传承保护过程中面临的难点进行深入的调查。

2. 结合对上述四川传统技艺的调查了解，结合专业知识，针对该门传统技艺在传承保护过程中的难点，形成自己的产品开发策略。

3. 撰写调查报告，内容包括传统技艺介绍、发展现状、开发策略。

三、实验成果

1. 形成四川省“传统技艺的保护与传承——以××技艺为例”报告。

[复习思考]

1. 什么是历史遗迹旅游？历史遗迹类旅游资源的教育价值体现在哪些方面？

2. 物质类文化遗存的保护与开发如何做到和谐统一？

第十章　四川旅游购品类旅游资源

■学习目标

1. 掌握旅游购品类旅游资源的基本概念及价值。
2. 了解四川旅游购品类旅游资源的概况。
3. 熟悉四川旅游购品类旅游资源的类型及各类型典型代表。
4. 了解四川旅游购品类旅游资源的开发与保护。

[导入案例]

四川自贡扎染“李子染”发钗（簪）获全国金奖

2021 年 9 月 3 日，在第八届四川国际旅游交易博览会上，来自自贡的“李子染”系列——扎染发钗（簪）一路过关斩将，从 8 万多件参赛作品中脱颖而出，以其色彩斑驳、意韵素雅征服了所有专家和评委，一举夺得“2021 中国特色旅游商品大赛”最高奖项——金奖，成为自贡市在此次大赛中唯一获奖的作品。

来自全国 29 个省（区、市）和新疆生产建设兵团的参赛作品经过层层筛选，最终决出 100 个金奖，200 个银奖，200 个铜奖。四川代表团本次参赛共获得 8 金 12 银 10 铜的好成绩。此次大赛对参赛作品的地域性、品牌性、实用性、创新性、市场性、工艺性、示范性等要求非常严格。

据悉，已传承 2 000 余年的扎染工艺，是民间工艺美术中的一朵奇葩。这一艺术瑰宝熠熠生辉，于 2008 年 6 月跻身国家级非物质文化遗产目录，是自贡仅有的 4 项国家级“非遗”之一，也是全国仅有的两项扎染类国家级“非遗”之一。

“本次获得金奖的扎染发钗（簪）设计灵感源于古代汉族妇女的首饰，选用天然桑蚕丝面料，采用植物靛蓝染就，或点缀或镶嵌于精工制作的扎染发钗（簪）之上，宛如华丽之中一抹淡雅，层叠之间几分深邃，色彩斑驳，韵味高雅，是传统扎染工艺的又一次创新。”

自贡市天工艺术品公司董事长兼总经理、“自贡扎染技艺”传承人李娟介绍，团队致力于扎染工艺的大胆创新，不仅开发了多种扎染精品，大力倡导植物染，弘扬环保理念，还开发出扎染胸针、笔记本、挂饰、枕套、眼罩、时空龙骑士玩偶等20余种贴近生活、实用性强的文创品。

（资料来源：https：//www.thecover.cn/news/8043682）

案例思考

1.“李子染”发钗（簪）获得全国金奖的原因是什么？

2. 你知道四川还有哪些充满地域特色的旅游商品？

第一节　旅游购品类旅游资源的概念与价值

旅游购物的发展水平是一个国家或地区旅游业发展水平的重要标志之一。全球旅游业发展水平较高的国家或地区都很重视旅游购物的发展，并将旅游商品销售作为旅游收入的重要来源。因此，发展旅游购物是发展旅游经济、增加旅游收入的重要手段。

一、旅游购品类旅游资源的概念

在理解旅游购品概念前，需要了解关于旅游产品、旅游商品、旅游购物品相关概念，并厘清其关系。

（一）旅游产品

产品是企业进行经营活动的基础。简单来说，一般产品是指制造商通过生产过程而生产的有形物品，其用途是满足购买者的需要和欲望，而实际上这个概念是非常复杂的。最初定义的产品多指制造业产品，近年来随着服务业的发展，人们对产品的定义有了新的理解。现在人们普遍意识到服务虽然不是制成品，但也是一种产品，是有形的制成品和无形服务的结合。

旅游产品是指旅游经营者为了满足旅游者在旅游活动中的各种需要，而向旅游市场提供的各种物质产品和服务产品的总和。

（二）旅游商品

任何商品都包括使用价值和价值两个因素，是使用价值和价值的统一体。产品只有销售出去了，才是商品。旅游商品是旅游目的地重要的收入来源，也是旅游六要素的重要一环。广义的旅游商品种类多、范围广，狭义的旅游商品则是一般意义上的旅游纪念品。根据性质和特点，旅游商品的内涵和外延在不断扩大。

旅游商品是指旅游者因旅游活动引起的在旅游准备阶段购买的旅游专用品或在旅途中购买的实物商品（餐饮除外），不包括任何一类游客出于商业目的而进行的购买，即为了转卖而做的购买。

（三）旅游购物品

人们认为传统的旅游购物品仅包括旅游工艺品和旅游纪念品，这种狭隘的理解已与当今突飞猛进发展的旅游业不相适应。在近几年的旅游中，出现了一种新型的旅游方式——购物旅游，即旅游者专门为了前往某地购物而进行的一种旅游，如旅游者为了购买化妆品而前往韩国旅游。

旅游购物品是指由旅游目的地向旅游者提供的商品，是旅游者在旅游活动中所购买的富有民族特色、地方特色和游览地特色的，对旅游者具有强烈吸引力以及具有纪念性、针对性、艺术性和礼品性的物质产品，也就是旅游者所购买的商品。

值得注意的是，旅游购物品本身也是一种吸引物，它包括旅游者在旅游准备阶段和旅游过程中所购买的实物产品。这里的旅游准备阶段，主要是针对旅游者在旅游前，在常住地发生的购物行为。旅游者购买的商品都可视为旅游购物品，它又包括旅游工艺品（景泰蓝、刺绣），旅游纪念品（景点明信片），旅游用品（指南针、旅游包）和其他商品（食品及其他日用品）。

通过对旅游购物品与旅游产品、旅游商品的概念辨析中，我们可以得出：旅游产品是为满足旅游者审美和愉悦需要的物象与劳务的总和，最典型的旅游产品是景区景点；旅游商品是出于交换的目的实现了价值的旅游产品；而旅游购物品则是旅游者在准备旅游和旅游过程中所购买的商品，包括旅游工艺品、旅游纪念品、旅游用品和其他商品。从这些定义中我们可以看出，旅游产品、旅游商品、旅游购物品是三个独立的概念，不存在包含与被包含的关系。

二、旅游购品类旅游资源的价值

旅游购品类旅游资源的价值主要体现在经济价值、纪念价值、文化价值、艺术价值等方面。

（一）经济价值

2015 年国务院办公厅印发了《关于进一步促进旅游和消费投资的若干意见》，进一步提出实施旅游消费促进计划，提升特色旅游商品消费。购物作为关键的旅游活动要素，随着大众旅游时代的到来，许多人常常把购物作为旅游的一个重要部分，甚至在购物过程中所体会到的乐趣也是旅游是否成功的关键组成要素。

购物作为旅游六大要素之一，是各地重点打造的内容，购物也是丰富旅游消费结构的重要一环，通过不断完善旅游商品链条，不断扩大购物消费，提升旅游购物产业竞争力，实现地方经济收益价值。

四川的旅游购物品种类丰富，同时四川作为农业大省，人们日常所用的农副产品，虽然单价不高，但由于销量大，也具有较高的经济价值。比如郫县豆瓣、中江手工挂面、张飞牛肉、汉源花椒、汶川大樱桃等。

（二）纪念价值

纪念价值是旅游购物商品对情感和记忆的承载。人是感情的动物，一个旅游景点的短暂停留能否成为游客的永恒记忆。维持旅游记忆仅靠拍照是不够的，更需要物化，甚至用把玩的物件来替代。由此旅游购品便充当了这一美好载体，用旅游商品来完成纪念的效果。

旅游购物品不是单纯的商品，它浓缩着一个地方的民俗风情，能够表现出文化、艺术和民族特色，且承载着游客的过往旅途经历，能为购买者留下美好的回忆。

旅游购物品在满足旅游者购物需求的同时，还兼具传播旅游地形象的双重价值。一件精美的旅游商品能激发旅游者的美好回忆，显示旅游经历，还可使其乐于赠送亲友，对于接受礼品的亲朋好友来说，也是具有纪念价值的，同时，旅游者愿意购物赠送他人时，也是在向周围社会介绍，从而有助于扩大旅游地的知名度。

（三）文化价值

联合国教科文组织在一份报告中强调：实现旅游发展的动力实际上存在于文化之中，文化是发展的摇篮。旅游商品不同于一般商品，具有浓厚的民族文化精髓。

文化是旅游的灵魂，旅游商品是文化的载体，旅游的文化本质特征必然要求在发展旅游商品的过程中重视文化内涵，用先进文化引领旅游商品发展。旅游商品深层次的内涵是文化，只有将内容丰富的地方特色文化融入其中，才能提高旅游商品的文化特质，从而形成特色，这样才能提高旅游商品的质量和竞争力，形成品牌效应。

一件好的旅游商品，具有突出的地域民俗文化特点，并反映旅游者的主观爱好，符合游客的审美意识，因此游客愿意付出比制作成本高几倍甚至几十倍的价格来购买。可见，旅游商品一旦赋予文化因素支撑之后，其品位和身价也将随之提升。

旅游商品作为文化的载体，每一件都反映着不同的文化渊源。文化是旅游商品生命力之所在，旅游商品的文化特征越鲜明，文化品格越高，它的价值就越高，就越受旅游者的欢迎。旅游商品如果没有丰厚的文化作为底蕴，则难以形成特色，也难以实现可持续发展。

（四）艺术价值

艺术价值是指旅游购物品的整体设计新颖奇特、美观别致，具有艺术欣赏的价值。旅游活动本身就是审美活动，因而为满足旅游活动需要而产生的旅游购物品，同样具有艺术欣赏价值，在创作上同样追求艺术美。

艺术美是通过旅游购物品的外在形态给人以赏心悦目的感受，唤起人们的生活情趣和价值体验，使旅游商品对人具有亲和力。旅游购物品的艺术表现应与地域文化特色相协调，围绕实用和认知功能来展开，并最终通过对其造型语言的锤炼来获得。

因此，地方在进行旅游购物品产品设计的时候，应当充分熟悉材质、工艺和形式所表现出来的特性，同时结合文化习俗、风土人情、神话传说、生活方式等，设计出外在形态符合形式美法则及当代的审美需求，内在故事能给消费者有所回味，从不同角度体现出产品独特的艺术审美价值。

第二节　四川旅游购品类旅游资源概况

一、总体情况

根据普查结果，四川省旅游购品类旅游资源丰富、品类繁多，涵盖了 4 个亚类、18 个基本类型。全省共查明旅游购品类旅游资源 17 004 处，占全省旅游资源总量的 6.92%。从 4 个亚类资源数量来看，农业产品亚类数量最多，占旅游购品类旅游资源总量的 49.69%；其次为传统与特色菜品饮食，占旅游购品类旅游资源总量的 29.07%。

从 18 个基本类型资源数量来看，以农副土特产品数量最多，占旅游购品类旅游资源总量的 37.76%；其次为川菜菜品与饮食，占旅游购品类旅游资源总量的 20.68%。

（一）总体特征描述

总体来看，四川旅游购品（文创产品）类旅游资源具有种类繁多、农业及手工艺产品数量突出、菜品饮食全国领先等特点。

1. 种类繁多

本次普查中，四川省查明的旅游购品类资源高达 17 004 处，涵盖了 4 个亚类，18 个基本类型，种类繁多，且购品类旅游资源随时可能会更新，旅游资源比较丰富，类型比较完整。

2. 数量突出

全省查明的旅游购品类旅游资源中，农业及手工艺产品数量总和为 11 590 处，占全省旅游购品资源数量的 68.16%，一方面，因为四川是农业大省，农业产品资源丰富；另一方面，四川是多民族聚居省份，民族文化丰富，民族手工艺品也非常丰富。

3. 菜品饮食全国领先

川菜作为中国八大菜系之一，在四川旅游购品类旅游资源中占有重要一席，成都作为美食之都，除了川菜文化，其他民族菜品及外域菜品也非常流行。四川具有极强的文化包容性，这也使得四川在饮食菜品上处于全国领先的地位。

（二）总体分类统计

四川省旅游购品类旅游资源分类统计表见表 10-1。

表 10-1　四川省旅游购品类旅游资源分类统计表

资源类型	总量/处	占比/%
农业产品亚类	8 449	49.69
农副土特产品	6 420	37.76
地方地道药材	2 029	11.93
工业产品亚类	471	2.77
日用工业品	267	1.57
旅游装备产品	18	0.11
旅游科技产品	18	0.11
其他旅游工业品	168	0.99
传统与特色菜品饮食亚类	4 943	29.07
川菜菜品与饮食	3 516	20.68
民族菜品与饮食	1 256	7.39
外域菜品与饮食	171	1.01
手工工艺品亚类	3 141	18.47
绣品	327	1.92
织品、染织	351	2.06

表10-1(续)

资源类型	总量/处	占比/%
灯艺	17	0.10
竹、木工艺品	745	4.38
文房用品	55	0.32
特色家具	114	0.67
金石陶器	630	3.71
纸艺、书画作品	331	1.95
其他物品	571	3.36
总数量	17 004	100

二、类型特征分析

（一）农业产品亚类

1. 总体特征描述

根据普查结果，四川共查明农业产品亚类旅游资源 8 449 处，其中农副土特产品数量最多，占亚类总量的 75.99%。农业产品亚类中新发现、新认定资源 2 143 处，同样以农副土特产品为主，占该亚类新发现、新认定资源总量的 75.64%。农业产品亚类景观优质资源名录见表 10-2。

表 10-2　农业产品亚类景观优质资源名录

资源类型	典型资源
农副土特产品	郫县豆瓣、合江晚熟荔枝、什邡长城雪茄、朝天核桃、米仓山茶、苍溪雪梨、苍溪红心猕猴桃、竹叶青、天府龙芽、长宁长裙竹荪、富硒农产品、灯影牛肉、东柳醪糟、旧院黑鸡系列、雅安藏茶、蒙顶系列茶、汉源花椒、石棉黄果柑、通江银耳、盐源苹果、德昌桑葚、会理贡榴、会东松露、龙泉驿水蜜桃、都江堰猕猴桃、蒲江雀舌、中坝附子、北川苔子茶、资中冬尖、南溪豆腐干、渠县黄花、炉霍雪域俄色茶、金阳青花椒、安龙盆景、泸州桂圆、真龙柚、保宁醋、张飞牛肉、幺麻子藤椒油、宜宾芽菜、龙安柚及其制品、岳池米粉、邻水脐橙、“巴山雀舌”富硒茶系列、南江黄羊、汶川大樱桃、茂县花椒、茂汶苹果、会理黑山羊、会东黑山羊、冕宁火腿、中江手工挂面、黄老五花生酥、蒲江猕猴桃、富顺香辣酱、安岳柠檬、雁江蜜柑、青川黑木耳、乡城松茸、新店镇七星椒
地方地道药材	南派藏药、都江堰川芎、金堂明参、南江金银花、峨眉山道地中药材、巴药

2. 各基本类型特征分析

农副土特产品指具有跨地区声望的当地种植业、林业、畜牧业、水产业、养殖业产品及制品，共 6 420 处。

四川是农业大省，具有地方特色的农副土特产品多种多样，丰富多彩。其中种植业以茶叶和各种特产水果为代表；林业以松茸、羊肚菌、鸡枞等野生菌类为代表；畜牧业以川西的牦牛、藏香猪、简阳大耳羊等为代表；养殖业以家禽、猪肉烟熏制品等为代表。四川最畅销的农副产品主要有郫县豆瓣、火锅调料、茶叶、各种肉制品（腊肉、熏肉）、特产水果等。

四川茶的产地主要在川西（雅安、名山、蒲江、邛崃）和川南（峨眉山、泸州、宜宾）一带，以绿茶、花茶为主，绿茶主要有蒙顶甘露、峨眉竹叶青、叙府龙芽等，花茶有碧潭飘雪，黄茶有蒙顶黄芽，黑茶有康砖等，形成了以竹叶青、碧潭飘雪、蒙顶甘露、青城雀舌等品牌为代表的多种系列产品，畅销世界各地。

四川知名的特产水果主要产于四川盆地内成都平原及周边地区以及攀西高原地区，成都平原及周边地区的龙泉驿水蜜桃、都江堰猕猴桃、安岳柠檬、合江荔枝等以及攀西高原地区的盐源苹果、会理石榴、雷波脐橙、米易枇杷、攀枝花芒果等畅销海内外。

此外，四川还有郫县豆瓣、张飞牛肉、汉源花椒等为数众多、全球知名的中国地理保护标志产品。

地方地道药材是指具有跨地区声望的地方药材，包含特医食品、保健品等，共2 029处。

地道药材产生于特定地理环境中，因气候和地质背景的不同，四川药材的分布有复杂的多样性，又有明显的地域性。其中著名地道药材和主产药材30余种，如川芎、麦冬、黄连、川贝、冬虫夏草等不仅是我国出口较早且量大的品种，而且在国内的生产和销售中占有举足轻重的地位。四川地方地道药材中，藏药更是举世闻名，最著名的德格南派藏药，有近2 300年的历史，目前主要覆盖以康巴为中心的藏族地区。

（二）工业产品亚类

1. 总体特征描述

根据普查结果，四川省共查明工业产品亚类旅游资源471处，其中日用工业品数量最多，占工业产品亚类总量的56.69%；其次为其他旅游工业品，占总量的35.67%。旅游装备产品基本类型和旅游科技产品数量较少。工业产品亚类中新发现、新认定资源141处，其中日用工业品数量最多，占该亚类新发现、新认定总量的55.32%；其次为其他旅游工业品，占比为36.88%。工业产品亚类优质资源名录见表10-3。

表10-3　工业产品亚类优质资源名录

资源类型	典型资源
日用工业品	久大盐业系列产品、东源井盐制品、驰宇系列盐品
旅游装备产品	彭州丸美钓具用品、太阳能风扇帽、太阳能商务提包、太阳能手电筒、晶体硅太阳能微照明系统
旅游科技产品	奥迪新元素、羌族特色文化智能互动体验系统
其他旅游工业品	南充六合丝绸系列产品、自贡仿真恐龙

2. 各基本类型特征分析

日用工业品是指具有跨地区声望的当地生产的日用工业品，共267处。

四川的日用工业品以盐类产品最具特色，主要分布在有着2 000余年悠久井盐开采历史的自贡市，典型资源包括久大盐业系列产品、东源井盐制品、驰宇系列盐品等。其中，久大盐业是亚洲最大的井矿盐生产基地，久大系列礼品盐目前已成为千年盐都——自贡的“城市名片”，更成为盐行业首创系列礼品，产品已覆盖国内21个省（市、自治区）和东南亚市场。

旅游装备产品是指具有跨地区有声望的当地生产的户外旅游装备和物品，共

18 处。

四川省此类资源较少，知名度较低，典型资源包括彭州丸美钓具用品、太阳能风扇帽、太阳能商务提包、太阳能手电筒、晶体硅太阳能微照明系统等。

旅游科技产品是指具有跨地区声望的当地生产的新型旅游科技产品，共 18 处。

本次普查中该基本类型资源数量较少，代表性资源如奥迪新元素、羌族特色文化智能互动体验系统等。

其他旅游工业品是指具有跨地区声望的其他旅游工业产品，共 168 处。

该类型资源分布在全省各地，代表性资源包括南充六合丝绸系列产品、米黄大理石、小平文创系列产品、登台 6 度山泉饮用水、12 海天然冰川饮用矿泉水、自贡仿真恐龙等，其中自贡仿真恐龙由自贡恐龙化石衍生，有模型 30 余品种，远销国内外，具有极强的影响力。

（三）传统与特色菜品饮食亚类

1. 总体特征描述

根据普查结果，四川省共查明传统与特色菜品饮食亚类旅游资源 4 943 处，其中川菜菜品与饮食数量最多，占该亚类总量的 71. 13%；其次为民族菜品与饮食，占总数的 25. 41%；外域菜品与饮食数量相对较少。

传统与特色菜品饮食亚类中新发现新认定资源 842 处。其中川菜菜品与饮食数量最多，占该亚类新发现新认定资源总量的 73. 04%；其次为民族菜品与饮食，占总量的 22. 45%；外域菜品与饮食新发现、新认定资源数量较少。传统与特色菜品饮食亚类优质资源名录见表 10-4。

表 10-4　传统与特色菜品饮食亚类优质资源名录

资源类型	典型资源
川菜菜品与饮食	泸州老窖、五粮液、沱牌舍得酒、郎酒、剑南春、古蔺椒麻鸡、富顺豆花、宜宾燃面、全竹宴、双河凉糕、橄榄油、东坡泡菜、简阳羊肉汤、自贡冷吃兔、东坡肘子、李庄白肉、荥经棒棒鸡
民族菜品与饮食	奶饼子、酥油茶、血肠、火盆烧烤、彝家烧烤、坨坨肉、辣子鸡汤、荞麦煮粑、彝族冻肉马槽酒、鱼馍馍、酸菜土豆糍粑、青羌炝锅鱼
外域菜品与饮食	剁椒鱼头、客家传统八大碗、桃片

2. 各基本类型特征分析

川菜菜品与饮食是指具有跨地区声望的川菜菜品与饮食，共 3 516 处。川菜是中国八大菜系之一，也是最有特色的菜系，在民间被冠以“百姓菜”，包括有回锅肉、盐煎肉、东坡肘子、水煮牛肉、麻婆豆腐、鱼香肉丝、火锅等众多知名菜品，还有赖汤圆、龙抄手、钟水饺、韩包子、军屯锅盔、麻酱汤圆、甜水面、清汤面、担担面等上百种地道四川小吃。吃川菜，喝川酒。川酒同样是川菜菜品与饮食的重要组成，川酒包括五粮液、国窖 1573、郎酒、泸州老窖、剑南春、水井坊、沱牌舍得酒等一系列国内国际知名的川酒品牌。

民族菜品与饮食是指具有民族特色的菜品与饮食，共 1 256 处。四川各民族有着不同的饮食习惯，形成了各民族自己的菜品与饮食，其中以藏族、彝族、羌族菜品与饮食最具特色和代表性。藏族菜品与饮食典型资源包括藏餐、奶饼子、酥油茶等，主要分布在川西阿坝州、甘孜州及附近的藏族聚居地；彝族菜品与饮食典型资源包括火盆烧烤、彝家烧烤、坨坨肉、辣子鸡汤、荞麦煮粑、彝族冻肉等，集中分布在凉山州；羌族菜品与饮食包括马槽酒、鱼馍馍、酸菜土豆糍粑和青羌炝锅鱼等，主要分布在绵阳北川，阿坝州汶川、茂县等羌族聚居地。

外域菜品与饮食是指具有跨地区声望的省外菜品与饮食，共 171 处。四川文化具有极强的包容性，这也使得四川在饮食菜品上吸纳了众多的外域菜品，包括剁椒鱼头、客家传统八大碗以及从重庆流入四川的桃片等。

（四）手工工艺品亚类

1. 总体特征描述

根据普查结果，四川省共查明手工工艺品亚类资源 3 141 处，其中以竹木工艺品、金石陶器和其他物品数量相对较多，分别占手工工艺品亚类总量的 23. 72%、20. 06%和 18. 18%；特色家具、文房用品和灯艺数量相对较少。

手工工艺品亚类中新发现、新认定资源共 778 处。其中金石陶器新和竹、木工艺品相对较多，分别占该亚类新发现、新认定总量的 25. 32%和 23. 65%；其次为其他物品和纸艺、书画作品，分别占总量的 16. 20%和 13. 11%；文房用品新发现、新认定数量最少。手工工艺品亚类优质资源名录见表 10-5。

表 10-5　手工工艺品亚类优质资源名录

资源类型	典型资源
绣品	四川蜀绣、北川羌绣
织品、染织	彝族传统服饰、苗族蜡染
竹、木工艺品	刘氏竹编工艺品、立体竹编产品、长宁竹根雕、芦山根雕工艺品
文房用品	苴却砚
金石陶器	荥经砂器、宝兴汉白玉、南红玛瑙
纸艺、书画作品	嘎玛嘎孜唐卡

2. 各基本类型特征分析

绣品是指具有地方和民族特色的刺绣制品，共 327 处。蜀绣又名川绣，与苏绣、湘绣、粤绣齐名，为中国四大名绣之一，其产地主要集中于温江区、郫都区等地。羌绣历史悠久，最早可上溯到三国，与蜀锦并称“蜀中瑰宝”，主要分布在羌族聚居的北川、茂县一带。彝绣技法粗犷、色彩浓烈，集中反映彝族人民图腾崇拜和民俗风情，主要分布在全国唯一的彝族自治州——凉山州。藏绣绣品则主要分布在川西高原阿坝州、甘孜州等藏族聚居地。

织品、染织是指纺织及染色印花织物，共 351 处，包括特色民族服装，地毯、丝绸类产品，围巾等。四川的织品、纺品以民族服饰最具特色，主要包括藏族服饰、彝族服饰、羌族服饰等，这些民族服装多姿多彩，风格独具，形态有近百种，分布在省内各个少数民族聚居区。

藏族服装资源分布在川西北甘孜州、阿坝州的藏族聚居地，大致可分为安多服饰和康巴服饰，安多服饰主要分布在阿坝州北部部分地区；康巴服饰则广泛分布在阿坝州和甘孜州，以宽大粗犷、英武健美、豪气飒爽为特征。彝族传统服饰主要分布于凉山州，攀枝花市和乐山市等彝族居住地区。彝族服饰具有地域差异性，四川境内多属凉山型彝族服饰，昭觉彝族传统服饰是凉山型彝族服饰的重要代表，畅销周边17个县（市、区）。羌族传统服饰主要分布于北川羌族自治县及阿坝州汶川、茂县、理县等地。羌族服饰有着悠久的历史，近代服饰面料仍以皮裘、毛、麻织品为主，总体上较为朴素。

灯艺是指以灯饰材料制成的艺术品，共17处。四川的灯艺购品零散分布于盆地内历史文化相对悠久的成都市、自贡市、绵阳市、南充市及眉山市等地以及川西藏族聚居区，以自贡彩灯、青神竹灯、南充蛴蟆灯以及酥油灯等为代表。

竹、木工艺品基本类型是指以竹、木材料制成的工艺品，共745处。竹、木工艺品在四川省内分布较广，以竹工艺品数量最为繁多，主要集中在川南地区、成都平原地区和川东北地区。依托1 700余万亩的竹林，四川形成了以川南竹产业集群为重点，以成都平原竹文化创意区、大熊猫栖息地竹旅游区为特色，以青衣江竹产业带、龙门山竹产业带、渠江竹产业带为支撑的竹特色产品、手工艺品发展格局，形成了长宁竹根雕、邛竹与邛竹杖、白节竹韵竹工艺品、青神立体竹编产品、道明竹编、渠县刘氏竹编工艺品等一系列竹工艺品资源。

而在木工艺品方面，则以乌木工艺品及根雕工艺品最具代表性，零散分布于全省，但以享有中国乌木根雕艺术之都，拥有根雕产业一条街的雅安芦山最具名气，其代表性资源为根雕工艺品。

文房用品是指文房书斋的主要文具，共55处。四川的文房用品资源数量虽不多，但也不乏精品，笔有乐山永青阁汪毛笔，纸有与安徽宣纸同被誉为“国之二宝”的夹江竹纸，砚有“中国彩砚”苴却砚、蒲砚及江油雾山砚等。

特色家具是指生活、工作或社会实践中供人们坐、卧或支撑与贮存物品的器具，共114处。在四川东部的平原及丘陵地区，特色家具主要以竹编和竹制家具为主，竹家具种类很多，除了竹椅、竹凉席，还有竹地板、竹茶几、藤沙发、餐厅家具等，代表性资源如青神竹制家具等；而在川西北和川西南地区，特色家具资源则具有典型的民族特色，如位于阿坝州、甘孜州等藏族聚居地的藏桌、藏柜和酥油茶桶等藏式家具，位于凉山州的彝族漆器、彝族特色家具等。

金石陶器是指用金属、石料、陶瓷制成的具有观赏价值的器物，共630处。四川金属工艺品制作历史悠久，工艺精湛。从三星堆遗址出土文物的惊艳程度便可以看出，金沙遗址的太阳神鸟更是代表了晚商时期金属工艺的巅峰。而作为旅游购品的现代金属工艺制品则以民族文化为主要特色，本次普查出的金属工艺品资源主要有彝族银饰、格萨尔藏刀、九龙县飞鹰藏刀、都江堰金铜手工艺品等。

四川宝玉石资源丰富、产地较多，已查明的宝石种类五十余种，宝兴产出的白色丝光大理岩，即宝兴“汉白玉”，早已蜚声中外；小金的“雪花白”、旺苍的“旺苍白”亦是优良品种；江油的“龟纹石”（六角群体珊瑚化石）也较为有名。近年来产于凉山州美姑的南红玛瑙也颇为火热。

四川制陶历史悠久，可以追溯至距今3 700~4 500年前的宝墩文化，历史上汉陶和宋三彩是川陶中的佼佼者，现今陶器购品主要源自明清时期，较为知名的有荥经砂器、隆昌土陶、彭州桂花土陶、崇宁陶器、富顺手工土陶、两河吊洞砂锅以及藏族的阿西土陶等。

纸艺、书画作品是指具有一定观赏价值的纸艺、书画作品，共331处。四川剪纸艺术流传较广，以武胜剪纸、自贡剪纸、唤马剪纸、映秀羌族剪纸等为代表，已经形成了特色的旅游商品。书画作品方面，四川书画名家较多，但以其作品开发为旅游购品的目前较少。本次普查书画作品方面以民族民俗类型产品为主，以绵竹年画和唐卡为代表。

其他物品是指具有一定观赏价值的其他手工艺品，共571处。手工艺品种类繁多，上述分类难以全面涵盖，本次普查标准中将其余类型手工艺品设为一个基本类型，从本次普查结果来看，代表性资源有龚扇、道孚藏传药泥面具等。

第三节　四川旅游购品类旅游资源的各类典型代表

根据普查结果，全省共查明旅游购品（文创产品）资源17 004处，占全省旅游资源总量的6.92%，旅游购品（文创产品）分布于4个亚类、18个基本类型。本节将对四川旅游购品旅游资源中的典型代表进行详细介绍。

一、农业产品亚类

（一）农副土特产品典型代表

1. 郫县豆瓣

郫县豆瓣是成都市郫都区（旧称郫县）的特产，也是中国地理标志产品。郫县豆瓣具有辣味重、鲜红油润、辣椒块大、回味香甜的特点，是川味食谱中常用的调味佳品。郫县豆瓣由四川郫县人陈守信始创于清朝康熙年间，产于郫都区的唐昌、郫筒、犀浦等十九个乡镇，因其在川菜中的重要性，有“川菜之魂”的称号，其制作技艺被列入第二批国家级非物质文化遗产名录。

从营养的角度说，郫县豆瓣含有丰富的蛋白质、脂肪、碳水化合物，维生素C和辣椒碱，长期食用可增进食欲，促进人体血液循环，并且起到驱湿却寒的作用。作为川菜必不可少的辅料，郫县豆瓣对一方的文化和一方的餐饮习俗均产生了深远的影响。

2. 张飞牛肉

张飞牛肉产于四川阆中市，是具有浓厚的川菜风味的特产。其表面为墨黑色，切开后肉色粉红，肉质纹丝紧密，不干、不燥、不软、不硬，食之咸淡适口，宴席配餐，伴酒佐餐均宜。因其外观特征为“表面墨黑，内心红亮”，恰好和历史上的猛将张飞其人“面皮墨黑，一颗红心向蜀汉”的特征很像，后世人称张飞牛肉。张飞牛肉干而不硬，润而不软，剖其横格，轻撕切面，如银丝松针，细细咀嚼，其味无穷。

张飞牛肉在清代乾隆年间就远近驰名，已有二百年历史，民国时期在成都“劝业会”上又曾被评为“上等食品”，自此声誉更佳。张飞牛肉曾在20世纪40年代获得成都工业协会优质产品银奖，1998年获中商部优质产品奖，首届中国食品博览会铜奖。

（二）地方地道药材产品典型代表

1. 都江堰川芎

都江堰是川芎的原产地，有上千年的种植历史。都江堰市特有的土壤、气候生态条件和药农丰富精良的栽培技术，生产出的川芎色、香、味独具一格，个大、质优、香气浓郁、切面呈菊花状、油浸色，称为“菊花心”川芎，疗效独特而久负盛名。

川芎是都江堰市的传统地道药材，栽培历史悠久。宋仁宗年间（公元1023年—1063年）即有栽培，有1 000多年的栽培历史。中国最早的一部药学书著《神农本经》中就有关于川芎的记载，许多医药书籍中也有论著。

1980年，中国药材公司在广州进行中国川芎质量评比，都江堰川芎获得中国川芎质量评比第一名。此后的评比中，都江堰市的川芎质量均居中国之冠。2006年原国家质检总局正式批准“都江堰川芎”实施地理标志产品保护。

2. 金堂明参

金堂明参又名沙参、川明参，产于成都市金堂县。金堂县属亚热带季风气候区，气候温和，四季分明，雨量充沛，湿度大，云雾多，日照少，平均风速小，无霜期长，大陆性季风气候显著，具有春来较早、夏长、秋冬短的特点。优越的地理气候条件，广阔的山地资源，是金堂明参生长的理想之地。

明朝洪武年间，云顶山（现金堂县旅游风景区）慈云寺开山祖师云华长老将野生沙参献给皇帝朱元璋，朱元璋食后发现有清心明目、让人精力饱满之功效，便赐名为“明参”，至今已有600年种植历史。2010年原国家质检总局正式批准“金堂明参”实施地理标志产品保护。

二、工业产品亚类

（一）日用工业品典型代表

四川省自贡市历史上以盛产井盐著称，自贡的名字也源于两座古老的盐井“自流井”和“贡井”。自贡市井盐的采卤制盐已有2 000年的历史，可上溯到东汉章帝时期，闻名于唐宋，鼎盛于明清。自贡在清咸丰、同治年间成为四川井盐业中心，其井盐遍销川、滇、黔、湘、鄂等省，供全国1/10的人口食用。井矿盐原料均采自千米深井以下侏罗纪地质年代的天然卤水和岩盐矿床，富含各类天然矿物元素，杂质少且远离污染，更纯净，品质好，其中氯化钠含量高达99%以上。

（二）旅游装备产品典型代表

太阳能帽区别于普通遮阳用的太阳帽，是一种既能遮阳又能为使用者提供小型自动风扇的帽子，俗称太阳能风凉帽，是在遮阳帽中安装一个由太阳能太池板提供动力的微型风扇，风扇从帽子顶部的孔中吸入冷气，然后让冷气从头发中通过，再由帽底排出，冷热空气循环，使头上汗水蒸发，因而十分凉爽。采用优质柔晶硅电池板方便折叠携带，绿色环保，不使用电池。

（三）旅游科技产品典型代表

北川地震体验馆占地约3 550平方米，展区面积为1 560平方米，以汶川地震为核心表现点。整个场馆分为时空隧道、灾难现场、解密地震、穿越断裂带、震前防御、应急与救援六个部分。体验馆充分运用了拟真场景、LED视频、互动投影、白膜投影、

U 形影院和 4D 动感影院等现代科技手段，增强了展览的观赏性、参与性和互动性，让游客身临其境，感同身受。可现场超真实地感受地震、海啸，同步学习防震知识。

（四）其他旅游工业品典型代表

南充丝绸是特色传统丝织工艺品之一，因产于四川省南充市而得名，是中国国家地理标志产品。南充位于四川盆地东北、嘉陵江中游，地形以丘陵为主，气候温和、雨量充沛，适合栽桑养蚕，具有 3 000 多年的蚕桑历史，素有“巴蜀人文胜地，秦汉丝锦名邦”美称，2005 年 4 月被中国丝绸协会授予“中国绸都”称号。南充丝绸具有光泽一致性好，织物表面光洁、色泽均匀、手感柔软、弹性好，平纹织物不易起皱等特点。

三、传统与特色菜品饮食产品亚类

（一）川菜菜品与饮食典型代表

1. 回锅肉

回锅肉是四川传统菜式中家常（味型）菜肴的代表菜肴之一，属于川菜系列。制作原料主要有猪后臀肉（二刀肉）、青椒、蒜苗等，口味独特，色泽红亮，肥而不腻。

回锅肉起源四川农村地区。古代时期称作油爆锅，四川地区大部分家庭都会制作。所谓回锅，就是再次烹调的意思。回锅肉在川菜中的地位是非常重要，一直被认为是川菜之首，川菜之化身，提到川菜必然想到回锅肉。

回锅肉色香味俱全，是下饭菜中大部分人会选的菜。回锅肉配料各有不同，除了蒜苗（青蒜）还可以用彩椒、洋葱、韭菜、锅盔等来制作，“家常”顾名思义，“调料家家常有之意，”故每一家制作出的味道都不相同，这一特性，也赋予了回锅肉这道菜独特的魅力。2018 年 9 月 10 日，“中国菜”正式发布，“四川回锅肉“被评为“中国菜”四川十大经典名菜。

2. 五粮液

五粮液是四川省宜宾市特产，中国国家地理标志产品。以五粮液为代表的中国白酒，有着 4 000 多年的酿造历史，堪称世界最古老、最具神秘特色的食品制造产业之一。五粮液酒产自世界十大烈酒产区之一、中国酒都宜宾，以高粱、大米、糯米、小麦、玉米五种谷物为原料，以古法工艺配方酿造而成，是世界上率先采用五种粮食进行酿造的烈性酒，其多粮固态酿造历史传承逾千年。在五粮液酒的生产过程中，总结提炼出“酿、选、陈、调”四字秘诀，其酿酒古窖池群始于明洪武元年（公元 1368 年），活态酿造延续至今，是全国重点文物保护单位；其传统酿造技艺被认定为国家级非物质文化遗产。五粮液是中国浓香型白酒的典型代表与民族品牌，多次荣获“国家名酒”称号，并首批入选中欧地理标志协定保护名录。

（二）民族菜品与饮食典型代表

1. 酥油茶

酥油茶是以酥油、砖茶、盐为主料制作的茶饮，是藏族群众每日必备的饮品。一千多年前，藏医学家宇妥·云丹贡布在他所著的《四部医典》中就论述了酥油对人体的营养作用，“新鲜酥油凉而能强筋，能生泽力又除赤巴热”，即是说新鲜酥油润泽气血，精力充沛，使皮肤不粗裂，还能治疗发热性疾病。他认为酥油可“益智增热力”

“千般效用延年称上品”“可促进人的体力及延长寿命”“人们日常饮食靠油类，体内供热内脏可洁净。体质即补气力容颜添，五官坚固长寿到百年”。藏医学认为，在高寒缺氧环境下多喝酥油茶能增强体质，还可使津液增多，滋润肠胃，和脾温中，润泽气色，精力充沛。酥油茶能产生很高的热量，喝后能御寒，是很适合高寒地区的一种饮料。

酥油茶里的茶汁很浓，有生津止渴、提神醒脑、防止动脉硬化、抗老防衰、抗癌等作用。茶中的芳香物质，还能溶解脂肪，帮助消化，尤其是生活在西藏高原牧区的人民，缺少新鲜蔬菜和水果，主食牛、羊肉。由于缺氧，高寒地区的人排尿量要比平原地区的人多一倍，因此，他们只有靠饮茶来维持体内水分的平衡和正常的代谢，并且饮茶可以补充缺乏的维生素。牛羊肉属于酸性食物，经人体消化后会产生一定量的氢离子，它会使人体血液偏酸性，出现胃酸过多、便秘、疲劳等症状，大量饮茶后，在人体内可产生一定量的氢氧根离子，这能使人体内的酸碱维持平衡。所以，藏族人民将酥油与茶同饮，为自己提供了一种简便有效的防病保健法。

2. 坨坨肉

坨坨肉是彝族人民的传统肉食。在制作上，不论猪、牛、羊，宰杀后均连骨带肉切成如拳头般大小的块块，用清水煮至八成熟，便捞入簸箕内，撒上盐巴来回簸荡，使盐渗入即可食用。吃时除放盐外，不放任何佐料，也不用碗筷，直接用手取而食之。吃时佐以小凉山土法腌制的一种干酸菜汤（有克油腥的作用），将砣砣肉抓在手上，边啃边嚼，由于这种肉做法特别，又不是很肥，吃起来越嚼越香，越吃越开胃。坨坨肉制作的诀窍是掌握适当的火候，火候不到不熟，过迟肉绵。彝族制作的坨坨肉，既鲜又香，别有风味，特别是选用四五斤重的仔猪肉制成，更是清脆可口，是他们用来待客的佳品。所以，砣砣肉如今已成为小凉山的一道很有名气的风味菜。

（三）传统菜品与饮食典型代表

九斗碗，也被人们习惯称作坝坝宴、流水席、九大碗、九个碗等，是四川地区传统特色菜肴之一，其特色注重的是蒸菜，原意是以蒸菜的九大菜而得名，分别为软炸蒸肉、清蒸排骨、粉蒸牛肉、蒸甲鱼、蒸浑鸡、蒸浑鸭、蒸肘子、夹沙肉、咸烧白。同时，“斗”在四川方言里，意指大的容器，用九斗碗来称此场面，也是赞其菜多量足的意思。另一种说法是，民间视“九”为吉数，有“九九长寿”“九子登科”“天长地久（九）”等说法。重大的宴席，“九大碗”是起码的标准。

四、手工工艺品产品亚类

（一）绣品典型代表

1. 蜀绣

蜀绣又名“川绣”，与苏绣、湘绣、粤绣齐名，为中国四大名绣之一，是在丝绸或其他织物上采用蚕丝线绣出花纹图案的中国传统工艺。作为中国刺绣传承时间最长的绣种之一，蜀绣以其明丽清秀的色彩和精湛细腻的针法形成了自身的独特韵味，丰富程度居四大名绣之首。蜀绣历史悠久，东晋以来与蜀锦并称“蜀中瑰宝”。蜀绣以软缎、彩丝为主要原料，针法包括 12 大类 122 种。蜀绣具有针法严谨、针脚平齐、变化丰富、形象生动、富有立体感等特点。2012 年，原国家质检总局批准对“蜀绣”实施地理标志产品保护。

2. 羌绣

刺绣是在织物上用针穿引各色彩线所绣成的图案花纹，是我国传统性美术工艺，而羌绣则有着本民族自己独具的审美价值、审美造型、纹饰图案及色彩规范，蕴含着深厚的羌族历史文化内涵。早在明清之时，羌绣就已开始盛行，而后逐渐吸收挑花技艺并发展成挑花刺绣。汶川羌绣色彩艳丽明快，绣品用色艳丽大胆，对比强烈，富有羌族文化气息。羌绣构图严谨、整齐匀称、装饰性强，不拘小节，大胆想象创造。羌绣的构图有正花、编花、角花、补点花等，正花为主图案，编花、角花是制品四周的点缀，纹样多为两边连续图案或三角形图案，刺绣时按正花主题，挑缀刺绣，补点花按照正花、角花空间大小挑刺点缀。2011 年，原国家质检总局批准对“汶川羌绣”实施地理标志产品保护。

（二）织品/染织典型代表

1. 蜀锦

蜀锦，汉至三国时蜀郡所产特色锦的通称。蜀锦多用染色的熟丝线织成，用经线起花，运用彩条起彩或彩条添花，用几何图案组织和纹饰相结合的方法织成。蜀锦有两千多年的历史，大多以经线彩色起彩，彩条添花，经纬起花，先彩条后锦群，方形、条形、几何骨架添花，对称纹样，四方连续，色调鲜艳，对比性强，是一种具有汉民族特色和地方风格的多彩织锦。蜀锦与南京的云锦、苏州的宋锦、广西的壮锦一起，并称为中国的四大名锦。

2. 自贡扎染

自贡扎染古称“蜀颉”，其工艺性强，以针代笔，无一雷同，色彩斑斓，款式多样，扎痕耐久。近年研制的棉、麻、丝、缎、皮革、绒等质地的多色套染，永隽雅秀、韵味天成，图案设计富于情趣，特色浓郁。扎染一般以棉白布或棉麻混纺白布为原料，主要染料来自苍山上生长的寥蓝、板蓝根、艾蒿等天然植物的蓝靛溶液，尤其是板蓝根，穿着比较舒适，不会对人体皮肤产生不良刺激。

（三）灯艺典型代表

早在唐宋年间，自贡地区就有了新年赏灯的习俗，至清代有“狮灯场市”“灯竿节”等活动。20 世纪初，自贡渐渐形成了节日的提灯会、闹花灯、放天灯与舞龙灯等活动，逐渐发展成集西南地区民风、民俗之大成的灯会。自贡元宵彩灯主要包括工艺灯、座灯、组灯等几种。自贡彩灯多表现民间传统、古典名著、神话故事等题材内容，具有大型、群体、联动的特点。1964—2020 年，自贡举办了 33 届灯会。自贡彩灯构思巧妙，制作精细，用料独特，瓷器餐具、玻璃瓶、蚕茧、细竹篾、扎染、丝绸等均可用为制作彩灯的原材料。传统制作技艺与现代科学技术相结合，制成的自贡彩灯五光十色。

（四）竹/木工艺品典型代表

1. 渠县竹编

古人用竹材编制劳动工具和生活用具，到唐代，渠县竹编业已经很发达了，人们住竹房、坐竹椅、背竹筐、戴竹笠、持竹扇等，生产生活离不开竹。至清代，渠县竹丝宫扇、细篾凉席等非常有名，成为朝廷贡品。民国初年，渠县竹丝宫扇精美绝伦，成为达官贵人的收藏珍品。渠县竹编用慈竹作材料，制作生产工具，编织生活用具，在此基础上衍生、创造出来的编织工艺，是中国最具特色的传统手工技艺之一。其中渠县刘氏竹编工艺技术精湛、品味浓郁，在四川乃至全国都具有代表性。

2. 长宁竹根雕

根雕是我国一种传统手工艺品。根雕是作者根据树根、竹根的树皮、枝杈、疤节、疙瘩、孔洞以及腐朽的纹迹等天然形状、质地、纹理、色泽等，充分发挥艺术想象力，经过巧妙构思后，稍加雕刻和艺术加工而成。竹根雕艺术起源于唐代，兴盛于明代，晚清后逐渐走向衰落。宜宾市长宁县竹簧、竹雕、竹编等生产始于元、明，取材精良，工艺细腻，样式新颖，描绘传神，具有地方特色和生活情趣，名扬中外。

（五）文房用品典型代表

1. 苴却砚

苴却砚是中国名砚之一，四川省攀枝花市仁和区特产，是中国国家地理标志产品。砚台石材产于中国西南攀西大裂谷金沙江沿岸（四川省攀枝花市仁和区平地镇、大龙潭乡境内）的悬崖峭壁之中，此地古称“苴却”，故谓之苴却砚，以其丰富的膘、眼、线、纹等众多石色称雄于砚界，被誉为“中国彩砚”。其石色紫黑沉凝，石质致密细腻，莹洁滋润，发墨如油，存墨不腐，石晶绚丽丰富。2011 年 7 月 5 日，原国家质检总局批准对“苴却砚”实施地理标志产品保护。

2. 夹江竹纸

自造纸术发明以来，古人就开始以竹造纸，代替竹简。夹江的环境适合竹类生长，在唐代即开始以“竹料手工造纸”。夹江竹纸制作技艺兴于明，盛于清。自唐代以来，夹江即享有“蜀纸之乡”的美称，所产手工纸素以质量佳、品种多、技术精、规模大、历史悠久而载誉巴蜀，名扬海外。清代康熙年间，夹江手工纸成为上贡朝廷的贡纸。乾隆年间，夹江纸更成为上贡朝廷的考场专用文闱卷纸。

（六）特色家具典型代表

崇州市道明镇地处川西平原，竹资源丰富，该镇竹编历史悠久，编制材料、工艺独特，被文化部命名为“中国民间艺术（竹编）之乡”。道明所产竹编造型别致，精巧细腻，经久耐用。道明竹编所使用材料竹节长、慈软柔和、工艺独特，穿插各种技法，具有鲜明的风格，分为平面竹编和立体竹编，图案清晰，色彩丰富，工艺精美，具有较强的实用性和观赏性。2011 年，原国家质检总局批准对“道明竹编”实施地理标志产品保护。

（七）金石陶器典型代表

1. 荥经砂器

荥经砂器有着两千多年的烧制历史，与江苏“宜兴紫砂”齐名，是四川省荥经县特产，中国国家地理标志产品。荥经砂器以“荥经砂锅”闻名，是以本地盛产的一种黏土和煤灰，经过 1 000℃以上的高温烧制而成，被誉为“土与火的艺术”。2008 年，荥经黑砂手工制作技艺被列入国家非物质文化遗产。

荥经砂器古朴、美观、大方，作为生活器具一直沿用至今。荥经砂器的制作材料高岭土（俗称白善泥），无污染，无有毒有害元素，具有生态性，而此黏土仅荥经古城特有，具有唯一性。由于不含重金属，分子结构稳定，故历代中医熬制中药都要求使用茨经砂器。

2. 宝兴汉白玉

汉白玉是一种名贵的建筑材料，它洁白无瑕，质地坚实而又细腻，非常容易雕刻，故宫等重要建筑均大量使用汉白玉装饰。雅安市宝兴县是世界三大白色大理石原产地之一，汉白玉品种多、数量大，资源储量30亿立方米，可开采量17亿立方米，纯度达98%，白度大于94度，主要品种为“宝兴白”和“东方白”，因储量丰富、洁白无瑕、质地细腻、抗折性强、出材率高等特点而与意大利“卡拉拉白”同登榜首，享有“天下第一白”的美誉。

（八）纸艺/书画作品典型代表

噶玛嘎孜画派属于藏族唐卡的三大流派（勉唐画派、钦泽画派、噶玛嘎孜画派）之一，以四川省甘孜德格和西藏昌都为中心，相传在16世纪由南喀扎西活佛创建，因噶玛巴大法会而得名，又译“嘎玛嘎赤画派”，亦简称“噶孜派”。噶孜画派显著的特点是施色浓重，对比强烈，画面富丽堂皇，故在数百年中逐渐形成一套颜料制作与使用的特殊技法。藏族唐卡（噶玛嘎孜画派）是四川省甘孜州传统美术，2006年经中华人民共和国国务院批准列入第一批国家级非物质文化遗产名录。

（九）其他作品典型代表

1. 成都糖画

成都糖画是集民间工艺美术与美食于一体的、独特的传统手工技艺，主要流传于四川省成都市及周边地区。成都糖画在四川民间又称倒糖饼儿、糖粑粑儿、糖灯影儿等，是用融化的糖汁作画，曾广泛流行于四川省成都市及周边的巴蜀大地城市乡村。糖画艺人善于观察和总结生活，将糖画与川剧相结合，创作的《水漫金山》《战马超》《凤仪亭》等戏剧糖画作品，表现了丰富的川剧折子戏情节，人物和故事情景非常逼真生动。2019年，成都糖画列入国家级非物质文化遗产代表性项目保护单位名单。

2. 德阳潮扇

德阳潮扇是四川省德阳市的传统手工艺品，源于广东潮州团扇。清光绪年间任福建仙游县同知的包善诚，罢职回乡带回潮州团扇，并在制作工艺上加以改进，形成了德阳潮扇的独特风格，其工艺水平远胜潮州团扇，故成为德阳一绝。德阳潮扇的制作，以慈竹丝、丝线、鲜纸为原材料，扇面有猪腰形、蝙蝠形等多种，上面配以山水画、诗词等既实用又美观，文化品位极高。其精湛的技艺水平和不朽的艺术价值，充分体现了古代劳动人民的卓越才能和和艺术创造力。德阳潮扇于2006年被评定为“德阳市非物质文化遗产”，2007年被四川省文化厅批准为“四川省非物质文化遗产”。

第四节　四川旅游购品类旅游资源的保护与开发

一、四川旅游购品类旅游资源的保护与开发现状

四川是我国著名的旅游大省，历史文化悠久，旅游资源丰富，民族特色浓郁，无论是旅游资源总量还是游客流量均排在全国前列。从四川省统计局发布的2015—2019

年四川省旅游发展情况可以看出，四川旅游收入从2015年的人均花费6 210.50亿元增加到2019年的11 594.32亿元，四年时间里增加了86.70%，实现了旅游收入的较快稳定增长。

四川旅游资源得天独厚，然而旅游发展质量并不高，其中一个重要原因是旅游购物品销售额占旅游总收入的比重偏低，相比杭州西湖景区、美国黄石国家公园、法国卢浮宫等国内外旅游观光地，其大量的收入靠旅游商品、纪念品销售、文化娱乐消费。反观四川，大多数景区还局限于门票收入，不仅缺少与市场需求相适应的消费产品供给，而且在旅游收入中最为重要的旅游商品仍以郫县豆瓣、张飞牛肉等传统食品、土特产为主，具有高价值的特色旅游商品还非常缺乏，这在一定程度上制约了四川旅游更深层次的发展。整体而言，四川省旅游消费市场结构有待进一步提升。

（1）旅游购品类资源品类丰富，但商品结构有待调整优化。

四川省旅游购品类旅游资源共有17 004处，涵盖了4个亚类，其中尤其以农业产品亚类数量最多，占旅游购品类总量的49.69%，几乎占到了一半。另外，农业产品大多数存在单价较低的问题，具有高价值的特色旅游商品还非常缺乏，因而四川的旅游购品类旅游资源需要调整商品结构。

（2）旅游购品同质化特征明显，亟须品牌支撑。

在四川省各大旅游景区销售的旅游购物品，绝大多数没有品牌，导致商品无法在游客心中建立品牌认知。甚至多个旅游商品来自同一产地，且产地并不在四川，而在东南沿海一带。这种脱离了地域文化特色，对旅游纪念品进行简单的批量化生产，是造成旅游商品同质化的主要原因，商品的同质化问题是缺乏特色和创新的重要体现。四川很多旅游纪念品属于小作坊式生产，生产规模小，缺乏品牌化管理和设计制作的意识，这在很大程度上影响了这类旅游商品的销售。

（3）旅游购品地域特色及文化内涵融合度不高，缺乏创新。

四川有丰富的地方特色资源可以进行旅游购品开发，而目前四川旅游商品设计缺乏创新力，其原因就在于旅游业与文化创意产业融合度较差，创新含量和附加价值也不高，缺乏创新，难以满足“大旅游”时代、经济新常态的市场要求。

（4）制作工艺简单，产品形式单一，缺乏系列化开发。

四川有非常优秀的手工艺传统，比如刺绣、染织、雕刻、叶脉画以及蝴蝶花等，但旅游购物品市场上制作精美的产品却很少。一方面，在商品利益的驱动下，制作者忽视了对质的追求；另一方面，制作方法和工艺缺乏创新，尤其是缺乏针对游客的消费观念和实际需求进行的创新。其结果就是形式单一、工艺老套的商品堆砌，自然无法打动消费者，也不利于销售。如今的游客消费需求趋于多元化、个性化，他们的整体文化层次有了很大的提升。为了适应这样的消费需求变化，设计研发群体需要在产品的造型、色彩、材料、制作工艺等方面进行尝试与创新，开发系列化的旅游购物品，以满足不同游客的个性化需求。

二、四川旅游购品类旅游资源的开发建议

四川省是我国旅游资源大省，但旅游商品研发仍亟待提升和转型。探索文化的多元产业整合对接，促进旅游商品的文化体验构建，这对于西部旅游乃至全国旅游业来

讲也具有广泛影响的示范意义。根据四川省的旅游资源普查情况，可以从以下几个方面来加强对四川旅游购品类旅游资源的开发。

（一）打造具有四川特色的文化 IP 旅游商品

大熊猫频频被作为“国礼”赠送给友好邻邦，堪称“国宝”，也深受世界各国人民的喜爱。众所周知，熊猫主要分布在我国四川省，四川大熊猫栖息地由 7 处自然保护区和 9 处风景名胜区组成，如此大规模的分布面积使熊猫也成为四川的一张“名片”，因此我们在进行旅游购品设计时，就需要用好这张“名片”，充分挖掘“熊猫文化”，打造以“熊猫文化”为主题的四川特色 IP 文创商品。

熊猫文化 IP 的塑造，有利于更好地体现成都的地域文化，以更鲜活和生动的方式，呈现出成都的地方文化，让人能迅速眼前一亮，并记忆深刻。IP 的特质也让熊猫文化能与游客进行更好的沟通和互动，吸引游客的追捧和喜爱，将熊猫文化 IP 运用到旅游商品上，可以更好地发挥熊猫文化的 IP 价值，通过吸引人们对 IP 的关注，进而转化为对成都旅游商品的关注，通过 IP 的故事、人格、形象、精神等，将成都旅游文创商品赋予灵魂，成为独特而不可被他人复制的旅游文创商品，提升旅游文创商品的附加值，将 IP 赋予旅游商品中，旅游商品不再是简单的旅游商品，不再是一个简单的形象的设计，这样才能更好地满足消费者的需求，带动旅游商品的销量。

（二）丰富旅游购物品类，提升商品价值

四川省旅游购品类旅游资源以农业产品及工艺品为主，随着社会的发展，电子产品类旅游商品已被游客认可并广泛接受。常见的信息电子产品有 U 盘、移动电源等，家电电子产品则有迷你振动音箱、灯具产品、暖手宝等。这些新型旅游商品的开发，一是丰富了旅游商品的产品类别；二是与时俱进，符合当代人都市生活之所需；三是发展迅猛，游客高度接受。例如，在中国旅游商品大赛“复仿青铜器及其衍生艺术品系列”获得金奖的作品，将青铜器文化的酒器尊和斝的形制创意为台灯、LED 声控蜡烛灯等，受到了广大游客的广泛关注。因此，通过丰富电子产品类旅游商品资源，就可以提高旅游商品价值。

（三）注重功能与用途的结合，实现产品“双轨制”

早前的旅游纪念品重工艺轻功能、重观赏轻用途，诸如摆件和挂件类的旅游工艺品是数量最多的产品形式。随着产品研发观念的转变，现在的旅游商品实用用品类产品数量明显增多，并呈现出一种“双轨制”的产品大类，即艺术工艺品与功能实用产品并行。结合获奖产品和参展商品来看，愈发注重旅游商品尤其是旅游纪念品的实际使用功能成为产品研发成功的重要因素，而非单一的纪念收藏与欣赏价值。系列化和多重功能兼备的旅游商品是最近几年随着规范和深化旅游市场改革而对旅游消费带来的显著影响，注重旅游商品的功能与用途是更“接地气”，也更符合游客日常生活常态非冲动性消费的设计取向。

（四）立足地域特色，挖掘代表性旅游购品

旅游购物品的开发，实际上是对文化的开发。地方特色和民族特色是旅游资源开发的灵魂，传统的旅游商品往往是与特定的文化传统和习俗联系在一起的，因此它与人们的日常生活习惯比较接近，又暗含人文价值，容易被人们接受。但是传统的旅游商品在设计和制作上通常比较陈旧和落后，具有封闭性和保守性。在任何商品生产中，社会需求决定了产品的设计和生产的需要。社会的需求具有多样性和发展性，把握这些需求，就要把社会的、经济的和文化的进步有机地结合起来，凝结在物质形态的产品之中。

因此，旅游商品尤其要把握各种文化的独特性与时代性，文化是在适应环境的条件下产生的，不同的民族和地区会形成不同特色的文化，不同国度有不同类型的文化。每一种文化类型都有特定的构成方式及其稳定的特征。旅游纪念品若想充分吸引消费者，在设计时凸显特定地区的独特文化内涵是必不可少的。对游客而言，文化差异就是吸引力，旅游商品的市场前景很大程度上取决于这种文化的差异，游客们都喜欢地方特色浓郁的旅游纪念品。它是一个地区、一个民族文化的展现。进一步而言，要使各类旅游纪念品成为真正有效的消费选择对象，文化融合就是必然的。

（五）改进销售方式，改善购物环境

重视市场营销，提高产品知名度，健全旅游商品流通渠道。对质量优良、做工精细、富有特色的旅游商品，加大宣传力度，拓宽流通领域，使游客有更多的渠道接触产品，更好地认识产品、认可产品，以扩大产品销售。设立旅游纪念品展示交流交易中心和研发基地，为设计者、游客、景点、生产商、销售商提供交流交易平台，促进产供销各个方面的最大融合。

1. 改进销售方式

对于品牌旅游纪念品，最好是由专营商店销售。景区只卖自己独有的东西，那些最能体现本景区特征的旅游纪念品，尽量限制流出旅游区外销售，更不允许仿制品、复制品在旅游区内销售。可以在旅游景区设立一些集设计、制造、生产和销售于一体的旅游纪念品中心，将旅游纪念品制成半成品，留下容易完成的工序由游客参与制作，有意识地让游客留下自己的制作印迹后再出售。这种销售方式既可以使游客享受亲自动手参与创造的乐趣，又能使其所购旅游纪念品的纪念意义更为突出。

2. 改善购物环境

国内旅游景区主体周围诸多曲折迂回的购物长廊、绵延不绝的各式叫卖声，这种地摊式的销售环境只会给游客留下商品档次较低的印象，所以要营造良好的购物环境。销售服务与硬件同样重要，在销售时，既不能对购买者爱理不理，也不能热情过度将游客吓跑。可以在游客欣赏旅游购品时，同游客谈谈该购物品的艺术性以及纪念价值在什么地方，使游客感受到一种良好的购物氛围。

[章节小结]

本章重点学习了旅游购品类旅游资源的基本概念、特点及分类，分析了旅游购品类旅游资源的价值；对四川旅游购品类旅游资源进行了整体梳理，并对优质、典型旅游购品类旅游资源进行了详细介绍；在现当代旅游购物现状的分析背景下，对如何进行旅游购品类旅游资源的开发与保护进行了探讨。

[实践项目]

项目名称：四川省旅游商品创意设计

一、实践目的

1. 使学生对四川旅游购品类资源有更深刻的理解，熟悉四川旅游购品类旅游资源的类型。

2. 集合学生智慧，设计出能代表四川精神、文化和特色，体现四川文化和特点的作品。

3. 使学生通过对四川旅游商品的创意设计，提升自身的创意能力，并在使用软件进行设计时，掌握商品设计的技能。

4. 使学生熟练PPT制作，并在讲解中不断提升语言表达能力和自信心。

二、实验内容

1. 请根据四川的文化特色，挖掘某一文化内涵，形成主题，并设计出相关商品元素。

2. 将设计的商品的元素，应用到想要设计的旅游商品上，并制作PPT，条件允许者可重点选择其中一款设计为实物商品。

三、实验成果

1. 形成四川省旅游商品创意设计图案或实物。

[复习思考]

1. 什么是旅游购品类旅游资源？旅游购品类旅游资源的价值体现在哪些方面？

2. 四川省旅游购品类旅游资源主要包括哪些亚类型？

3. 2021中国特色旅游商品大赛的获奖作品众多，请查阅资料选择一项你最喜欢的旅游商品，并说明你喜欢的原因。

第十一章 四川人文活动类旅游资源

■**学习目标**

1. 掌握人文活动类旅游资源的基本概念、特点及类型。
2. 理解人文活动类旅游资源的价值。
3. 熟悉四川人文活动类旅游资源的类型及各类型典型代表。
4. 了解人文活动类旅游资源的开发与保护。

[导入案例]

2020，想去丁真的家乡

2020年11月，四川甘孜州理塘县一牧民小伙丁真因为一脸纯真朴素的笑容意外走红网络，成为“新晋顶流”。从最开始凭借一个短视频爆红抖音，到网友担心这个“素人明星”可能会重蹈“网红”“昙花一现”的覆辙，再到当地国企闪电出手将其签为家乡理塘的旅游形象大使，并引发各省文旅部门的“抢人”大战，甚至引起央媒、外交部等的注意……这个在网友眼中的“田野男孩”引发了一场传播量超50亿次、10余个省（区、市）的媒体、文旅官博参与互动的网络传播事件。

热度很快转化为人们到丁真家乡——四川甘孜州理塘县观光旅游的强烈意愿。携程数据显示，理塘热度从11月20日起大涨，到11月最后一周，“理塘”搜索量猛增620%。随着丁真引发的“抢人大战”，叠加甘孜州推出的A级景区全部免门票优惠政策，甘孜的旅游热度也水涨船高。截至2020年11月25日，甘孜酒店预订量较去年同期增长89%；从11月16日起，以康定机场、稻城亚丁机场为目的地的机票订单也较去年同期增长近2成。

案例思考

1. 丁真为什么会爆红？

2. 丁真的家乡四川有哪些充满民族特色的人文活动类旅游资源？

第一节　人文活动类旅游资源的概念与价值

一、人文活动类旅游资源的概念

人文活动类旅游资源是指那些以社会风情为主体，反映社会风貌、人文意识、人文教育、以及人文文化等内容，可以被旅游业开发利用的活动性、过程性旅游资源。作为古今人类所创造的，能激发人们旅游动机的物质财富和精神财富，人文活动类旅游资源主要强调在人类文化的影响下，人类文化行为的过程性和传承性，包括人格化的自然环境及人在自然环境下的文化行为。

人文活动类旅游资源具有明显的地域差异性、民族文化性和展示体验性。

首先，人文活动类旅游资源分布在不同的地域范围，存在地域差异，带有浓厚的地方色彩。由于地域的纬度、气候、地貌、水文等自然环境呈现明显的地域分异，人文活动类旅游资源又与自然环境有紧密的联系性，这种联系性在农业社会及其以前的历史时期，甚至表现为强烈的依赖性，自然环境的地域性也导致了人文活动类旅游资源的地域差异。其次，无论是历史事件，还是社会风情，都归属于特定的民族，展示着特定的民族文化内涵，即社会性同民族性水乳交融。缺乏民族文化性就不足以体现其社会性，如不同民族具有风格迥异的人文活动、风俗习惯、民俗节庆等。四川省是多民族聚居区，民族文化多元，造就了丰富的民俗文化和节庆旅游资源，如自贡灯会、康巴艺术节、赛马文化艺术节、马尔康嘉绒锅庄文化旅游节、丹巴嘉绒藏族风情节等。最后，人文活动类旅游资源可以通过实物展示，更重要的是依托一定的文化活动过程，向游客展示生动、独特、神秘、有趣的文化内涵。人文活动类旅游资源开发的关键也在于活动过程的组织，在于提供给游客活动过程的设计，在于提升可参与性及体验性。

按照《旅游资源分类、调查与评价》（GB/T18972—2017）的分类，人文活动旅游资源包含两个亚类，分别是人事活动记录和岁时节令。四川省于 2019 年 1 月启动了全省文化和旅游资源普查工作，历时两年，本次普查工作中，在国标的基础上，结合四川实际编制了《四川省旅游资源分类、调查与评价（试行）》作为本次普查的技术标准。本教材以《四川省旅游资源分类、调查与评价（试行）》为准，将人文活动类旅游资源划分为 3 个亚类、10 个基本类型，分别是：人事活动记录（地方人物、地方事件）；岁时节令（宗教活动与庙会、农事节日）；现代节事活动（现代节庆、会议论坛、展览、赛事、演艺、特色主题活动）。

二、人文活动类旅游资源的价值

人文活动类旅游资源的价值主要体现在历史文化价值、研学教育价值、商贸经济价值、休闲娱乐价值、美学欣赏价值等方面。

（一）历史文化价值

人文活动类旅游资源具有比较深厚的历史文化内涵，这为人文活动旅游资源的深度开发提供了条件。在社会文明高度发达的今天，旅游者出行已不单单只追求“观光欣赏”，更多的是为了满足自身的精神文化需要。人文活动类旅游资源的历史文化价值不仅体现在丰富的旅游文化内涵上，更在于为旅游者打造和提供的真实文化旅游体验上。李白的吟咏、杜甫的绝句，无一不为没有感情的自然风光增色；“原生态”的农事活动经过艺术加工、包装改造以及市场定位后，以现代节庆、大型实景演出等形式再现，让本土文化和历史走进旅游者的视野。人文活动类旅游资源带来的体验感、参与感、沧桑感、沉重感、自豪感等常常成为旅游者难忘的旅游情感体验，使旅游者徜徉在历史的长河中，经受文化的洗礼。

四川历史悠久、民族文化资源异常丰富。凉山州的昭觉彝族服饰、会理彝族蹓脚舞、布拖朵洛荷歌舞、雷波彝族民歌等五项民间艺术获首批国家级“民间艺术”荣誉称号。甘孜州是康巴文化的发祥地和中心，孕育了享誉世界的康定情歌、格萨尔文化、锅庄文化等特色鲜明的康巴文化和民俗风情，在国内外具有极强的影响力和吸引力，具有很高的历史文化价值。

（二）研学教育价值

人文活动类旅游资源是实现教育功能和陶冶功能的完美结合，可以激发旅游者的爱国情怀和民族自豪感，具有很强的教育价值。人文活动类旅游资源承担了传承文明、提升文明素质和历史教育的功能。我国自古就有“读万卷书，行万里路”的说法，研学教育旅游正是进行历史教育的生动手段。在旅游大众化的今天，将人文活动类旅游资源的内容与研学旅行教育的形式紧密结合，更能彰显和实现其教育功能。研学教育旅游通过合理的规划和产品开发，发挥旅游的教育功能，提高人们的人文素养和闲暇生活质量。地方人物、地方事件、农事节日等人文活动类旅游资源是开展研学教育旅游的丰富素材，研学教育旅游主办方应该对人文活动类旅游资源进行深入研究，设计精品路线，使地方人物、地方事件、农事节日等走出书本，走向广阔的天地，发挥人文活动类旅游资源的教育价值。

四川是红色文化基因传承脉络最清晰、链条最完整的省份之一，既有体现爱国主义伟大民族精神的川军抗战文化，家喻户晓、深入人心的长征文化；也有体现中华民族自强不息的“两弹一星”精神文化，义无反顾、舍家为国的三线建设精神文化；还有体现民族团结的抗震救灾精神文化，弘扬解放思想、改革开放的时代精神文化。巧渡金沙江、彝海结盟、强渡大渡河、飞夺泸定桥、爬雪山过草地等许多经典战例和长征历史事件都发生在四川。四川是伟人将帅故里、英雄烈士之乡，既有朱德、邓小平、陈毅、罗瑞卿、张爱萍等一批老一辈无产阶级革命家，也有张思德、赵一曼、黄继光等一批革命先烈。四川是川陕革命根据地的中心地区，川陕苏维埃政府和红四方面军总指挥部就设在四川。四川是三线建设的主要省份，19 个市（州）都分布有三线建设项目。所有这些珍贵的人文活动旅游资源，都有很强的吸引力、感染力和震撼力。四川是全国红色旅游资源的精品地区，是感受爱国主义情怀、接受爱国主义教育的红色教育基地，具有很高的研学教育价值。

（三）休闲娱乐价值

当休闲成为人们的需要，人们需要休闲娱乐的方式使生活和工作变得愉快，休闲方式的选择便自然成为一个话题，人文活动类旅游资源的休闲娱乐价值便不可能被忽略。具备休闲娱乐功能的旅游资源主要集中在人文类旅游资源上，其中，人文活动类旅游资源比较突出，尤其是现代节庆、赛事、演艺及特色主题活动的休闲娱乐价值较高。

体育赛事的休闲娱乐价值是体育综合功能的重要构成元素。赛事活动具有很强的娱乐观赏性，比如，2020 东京奥运会上充满激情的羽毛球比赛，赏心悦目的配合协作，都能使观赏的人感到身心愉悦。沉浸在体育运动中的人，会忘记烦恼，忘记不愉快。运动员的优美的动作，舒展的线条，能让观者愉悦身心，放松和愉快地度过闲暇时光。借助体育运动，不仅人们的身体机能能够呈现出良性发展态势，并且也可以强健人们的体格。体育项目还能够促进人的精神方面的调节，可以使人精神愉悦，从而在实际操作过程中表现出明显的娱乐性，促使进行体育活动的人在精神上保持充实、保持愉悦，获得精神层面的满足。

四川的节庆、赛事、演艺及特色主题活动丰富多样。四川依托传统节日形成了众多节事活动，成都、雅安、自贡等地每年会举办隆重的灯会活动，清明节有崇州元通清明台会、都江堰清明放水节等，七夕节有邛崃的“成都七夕国际情歌节暨文君文化节”，重阳节有达州凤凰山元九登高节等。四川拥有丰富的民俗文化和节庆旅游资源，其中以自贡灯会（国际恐龙灯光节）、李白文化节、海峡两岸嫘祖文化交流活动暨华夏母亲嫘祖故里祭祀大典、广元女儿节等为主要代表。四川的少数民族现代节庆以马尔康嘉绒锅庄文化旅游节、丹巴嘉绒藏族风情节等为主要代表。四川近年来举办了多项专业性和综合性赛事，国际影响力逐年上升。国际剑联女子重剑世界杯赛（成都站）、东坡国际半程马拉松赛，中国・甘孜环贡嘎山百公里国际山地户外运动挑战赛、环泸沽湖国际自行车公开赛等赛事，在国际上小有名气。成都自 2018 年全面启动打造世界赛事名城步伐以来，积极争取国际赛事承办权。目前，成都累计举办国际体育赛事达 67 个，其中洲际锦标赛以上级别赛事达 50%，具有自主品牌和成都文化特色的赛事达 40%，举办了中国成都龙门山国际户外生态三项赛、铁人三项世界杯、成都双遗马拉松等一系列赛事，品牌赛事培育初具规模。四川重视发展国际化、高标准的演艺活动，少数民族歌舞演艺、民歌会、曲艺展、戏剧节等演艺活动种类繁多，典型代表有红原大草原夏季雅克音乐季、乌蒙沐歌大型山水实景剧、峨眉戏剧幻城、成都金沙太阳节演绎活动、九寨千古情大剧院表演等。成都在加快推进三城三都城市品牌建设，打造国际音乐之都进程中，打造了“蓉城之秋”成都国际音乐季、成都国际友城青年音乐周、成都街头音乐表演等城市音乐品牌活动，近年来还打造了草莓音乐节、仙人掌音乐节、金芙蓉音乐赛，天府国际戏剧节、成都金沙太阳节演艺等高品质的文化节目。同时，四川各地依托地方传统文化亮点、民族风情、科普教育，开展了多种特色主题活动，典型代表有子昂故里射洪万人诗歌朗诵会、颛顼文化主题活动、映秀 5・12 清明公祭等。上述人文活动旅游资源均具有较高的休闲娱乐价值。

（四）商贸经济价值

人文活动类旅游资源中的会议论坛、展览具有比较高的商贸经济价值。会议会展旅游是借助举办会议、研讨、论坛等会务活动以及各种展览而展开的旅游，是一种商务旅游形式。会议会展可以分为三种层级的产品：依托中心城市和资源禀赋形成的大型综合性会展；依托当地特色资源开展的会展活动；依托块状特色资源发展的专业化博览会。具备会议会展功能和商贸经济价值的旅游资源主要集中在人文活动类旅游资源上。会议会展旅游由于其兼容性强，辐射面广，具有消费档次和文化含量高等特征，正在成为一种新兴的旅游形态，并迅速兴起。

四川的大型综合性会展主要分布在成都平原城市，代表资源有中国西部国际博览会、全国糖酒商品交易会、中国国际酒业博览会、四川艺术节等；特色资源型会展主要分布在四川省副中心城市，代表资源有乐山的四川省国际旅游交易博览会、宜宾的中国国际名酒文化节、泸州的中国国际酒业博览会、绵阳的海峡两岸嫘祖文化交流活动暨华夏母亲嫘祖故里祭祀大典等；专业化博览会分布区域主要为省内其他城市，代表资源有国际竹产业交易博览会、四川国际航空航天展览会、秦巴商品交易会、世界柠檬产业发展大会等。以上会展活动都具有比较高的商贸经济价值。

（五）美学欣赏价值

旅游是一种脱离日常生活在异时异地从事的非功利性的文化活动，追求的是脱离凡尘的清静与“出世”的愉悦。人文活动类旅游资源可以成为满足旅游者期待和心理需求的审美对象，具有一定的美学欣赏价值。一方面，岁时节令、民俗节事造就了本土文化的生活之美，使旅游者受到异地文化的熏陶和体验。人文活动类旅游资源是“藏着”的时间和特定空间的“再现”，有着很强的“原真性”和“可读性”，是不可多得的旅游吸引物。西昌火把节上，熊熊燃烧的焰火照亮了夜晚，带来一场不眠的东方狂欢夜。村村寨寨打牛宰羊杀猪，以酒肉迎接火神。颂火那天，男女老少都穿上节日盛装，参与各种传统节日活动。成千上万的人聚集在一起，组织赛马、摔跤、唱歌、射击、斗牛都活动。傍晚时分，成千上万的火把形成一条条巨型火龙，从四面八方涌向同一的地方，形成无数篝火，烧红天空……每一位到场的游客都可以手持火把，融入其中，感受彝家儿女的热情，领略彝族火把节的美。另一方面，地方人物与地方事件的内涵之美常常使旅游者流连忘返。旅游目的地常因发生过重大历史变革、孕育过重要历史人物而“具有永恒的吸引力”，这些客观存在的人文活动类旅游资源反映着特定历史时代的思想观念、精神风貌和社会现实。无论是金戈铁马的战争场面，还是充满人间烟火气的岁时节令；无论是推动时代进步的重大历史事件，还是才华横溢的文人墨客，都随着时间的脚步消逝，但与之相关的记忆却深深烙印在旅游者脑海中。

第二节　四川人文活动类旅游资源概况

一、总体情况

根据普查结果，四川省人文活动类旅游资源品种齐全、类型丰富，涵盖了 3 个亚类、10 个基本类型。全省共查明人文活动旅游资源 8 993 处，占四川省旅游资源总量的 3.66%。从 3 个亚类资源数量来看，人事活动记录亚类数量最多，占人文活动类旅游资源总量的 56.01%；其次为现代节事活动，占人文活动类旅游资源总量的 30.65%；岁时节令最少。从 10 个基本类型资源数量来看，地方人物基本类型的数量最多，占该大类资源总量的 45.95%；其次为现代节庆、地方事件和宗教活动与庙会 3 个基本类型，占比分别为 12.84%、10.06%和 9.55%。

（一）总体特征描述

总体来看，四川省人文活动类旅游资源具有种类多样丰富、空间分布广泛、品质分布不均衡、单体数量分布不均等特点。

1. 种类多样丰富

本次普查中，四川全省查明 8 993 处人文活动类旅游资源单体，涵盖了《四川省旅游资源分类、调查与评价（试行）》标准中人文活动类旅游资源主类中的 3 个亚类，10 个基本类型，旅游资源比较丰富，类型比较完整。

2. 空间分布广泛

全省查明的 8 993 处人文活动类旅游资源单体的分布范围基本涵盖了四川省所有的地市，这不仅与四川境内人文活动的广泛性有关，也与四川省悠久的历史有关。

3. 品质分布不均衡

从总体上看，四川省各地市的人文活动类旅游资源单体品质分布不均衡。比较来看，成都平原的单体资源品质相对要高于其他地区，究其原因，主要取决于省会成都人文活动的频繁程度与深度。成都是四川省省会、副省级城市、超大城市、成渝地区双城经济圈核心城市。同时，成都是全国十大古都和首批国家历史文化名城，古蜀文明的发祥地，历史上和现在的人文活动都很集中，所以体现出成都平原的单体含金量相对要高于其他区域。

4. 单体数量分布不均

在四川人文活动类旅游资源 10 个基本类型中，单体数量分布极为不均，其中人物单体最多，为 4 132 个，占单体总数的 45.95%，而会议论坛、展览单体的比重分别为 1.56%、0.95%，占比很低。

（二）总体分类统计

四川省人文活动类旅游资源分类统计见表 11-1。

表 11-1　四川省人文活动类旅游资源分类统计

资源类型	总量/处	占比/%
人事活动记录亚类	5 037	56.01
地方人物	4 132	45.95
地方事件	905	10.06
岁时节令亚类	1 200	13.34
宗教活动与庙会	859	9.55
农时节日	341	3.79
现代节事活动亚类	2 756	30.65
现代节庆	1 155	12.84
会议论坛	85	0.95
展览	140	1.56
赛事	372	4.14
演艺	418	4.65
特色主题活动	586	6.52
总数量	8 993	100

二、类型特征分析

（一）人事活动记录亚类

1. 总体特征描述

根据普查结果，四川省共查明人事活动记录亚类旅游资源 5 037 处，其中地方人物数量最多，占全部人事活动记录亚类总量的 82.03%。地方事件 905 处，占全部人事活动记录亚类总量的 17.97%。人事活动记录亚类中新发现、新认定资源 847 处，其中地方人物数量最多，占该亚类新发现、新认定资源总量的 80.40%。人事活动记录亚类优质资源名录见表 11-2。

表 11-2　人事活动记录亚类优质资源名录

资源类型	典型资源
地方人物	李冰、文翁、司马相如、卓文君、落下闳、扬雄、陈寿、李白、陈子昂、武则天、薛涛、杜甫、苏轼、苏洵、苏辙、陆游、秦九韶、文同、李调元、吴玉章、巴金、郭沫若、张大千、朱德、邓小平、陈毅、罗瑞卿、王良佐、常璩、魏了翁、杨慎、江竹筠、黄继光、张栻、张澜、赵一曼、张爱萍、王褒、余泽鸿、晏阳初、大邑刘氏家族
地方事件	土司文化（天全）、保路运动、乐西公路艰辛修路事迹、川陕苏区建设、红军四渡赤水战役、彝海结盟、飞夺泸定桥、甘孜会师、苏维埃博巴政府成立、强渡嘉陵江战役、红军爬雪山、红军过草地、川藏公路艰辛修路事迹、铁道兵修建成昆线、“闪光一号”事件、攀枝花三线建设事迹、“5·12”特大地震及抗震救灾活动、“4·20”地震及灾后重建活动

2. 各基本类型特征分析

地方人物是指当地历史和现代名人，共 4 132 处。

四川历史文化沉淀深厚，名人巨匠灿若星辰，涌现出一大批杰出的政治家、思想家、科学家、艺术家等。科技方面杰出代表人物有西汉天文学家落下闳，唐代天文仪器制造家梁令瓒，西汉水利学家王延世，隋代制造发明家何稠，清代农学家张宗法等。政治、军事人才代表人物有三国名将甘宁，蜀国大将王平；西晋流民起义领袖李特，大成政权创建人李雄；北宋农民起义领袖王小波、李顺；南宋爱国名将张浚，爱国军事家、政治家虞允文；明代政治改革家杨廷和；清初名臣张彭翮；爱国名将岳钟琪等。其中虞允文、张彭翮等故居均成为旅游纪念地。史学家和大学者代表人物有西汉的司马相如、严君平、扬雄；东汉杨终；北宋眉山“三苏”（苏洵、苏轼、苏辙），成都范祖禹（《资治通鉴》副总编）；南宋丹棱李焘（《续资治通鉴长编》作者），蒲江魏了翁；明代杨慎；清代李调元等。四川女中豪杰代表人物有西汉才女卓文君、唐代“一身出能定三军”的浣花夫人、女诗人薛涛、前蜀女诗人黄崇嘏、后蜀才女花蕊夫人、元末明初的四川“花木兰”韩娥、明代才女黄娥等。

地方事件指当地发生过的历史和现代事件，共 905 处。

从古蜀文明开始，几千年来，随着王朝更替，四川发生了众多政治、军事、文化、经济的地方事件，其中极具代表性的有秦并巴蜀、李冰治水、刘备称帝、文翁首创郡学、朱温篡唐、王建称帝、首创交子、余玠治蜀、湖广填四川等重大事件。近现代四川地方事件与反帝反封建革命运动进程密切相关，从张联芳等 71 名四川举人参加变法维新的“公车上书”，到 1900 年的反洋教斗争，从资中起义到四川保路运动爆发，从共产党成都独立小组到刘伯承泸州、顺庆起义，四川革命运动汇入历史的滚滚洪流。红军长征中在各地不仅建立了相应的红色政权，例如发生在广元苍溪县的强渡嘉陵江战役、黄猫垭战斗，发生在凉山州的彝海结盟，发生在甘孜州的翻越夹金山和飞夺泸定桥，发生在阿坝州小金县的懋功会师。四川是中国三线建设的重要省份，三线建设历时十五年之久，攀枝花等多个新兴工业城市拔地而起。在川藏公路、成昆铁路、青藏铁路、攀枝花钢铁集团、酒泉卫星发射中心、西昌卫星城等重大工程建设中，涌现出无数英雄事迹。由于所处的独特的地理位置及大地构造位置，使得四川成为地震、滑坡泥石流多发地区。世界级的地震如汶川“5·12”特大地震、芦山“4·20”地震，九寨沟“8·8”地震等，这些自然灾害中涌现的抗震救灾重要事迹，对研究社会历史、科学科普等都具有重要意义。

（二）岁时节令亚类

1. 总体特征描述

根据普查结果，四川省共查明岁时节令亚类旅游资源 1 200 处，其中宗教活动与庙会数量较多，占该亚类总量的 71.58%；农事节日 341 处，占全部岁时节令亚类总量的 28.42%。岁时节令亚类中新发现、新认定资源 165 处，其中宗教活动与庙会数量最多，占该亚类新发现、新认定资源总量的 66.67%。岁时节令亚类优质资源名录见表 11-3。

表 11-3　岁时节令亚类优质资源名录

资源类型	典型资源
宗教活动与庙会	莫郎节

表11-3(续)

资源类型	典型资源
农事节日	都江堰清明放水节、凉山彝族火把节（普格）、凉山彝族火把节（昭觉）、羌历年（理县）、康定转山会、凉山彝族年、成都大庙会

2. 各基本类型特征分析

宗教活动与庙会类旅游资源指的是宗教信徒举办的礼仪活动，以及节日或规定日子里在寺庙附近或指地点举行的聚会，共859处。

四川宗教活动以佛教活动最为兴盛，四川有佛教四大名山之一的峨眉山，有历史悠久、香火旺盛的文殊院、大慈寺等，形成了以成都大庙会（成都灯会）、峨眉山大庙会、玉蟾观音会、城隍庙会（郪江）、万盏明灯供普贤法会、宝鼎庙会、真佛山庙会等为代表的宗教活动和庙会资源。四川有众多道教文化的遗迹或者传说。道教活动及宫宇主要分布在成都（青城山、青羊宫、老君庙、鹤鸣山、老君山）、遂宁高峰山、川东北阆中、广元地区（云台观、真庆宫）、宜宾真武山等。道教法会主要集中在农历三月初三，其中具有代表性的有老君庙会、玄天上帝庙会、三月三朝山会等。

农时节日类旅游资源指当地与农业生产息息相关的传统节日，共341处。

四川依托传统节日形成了众多节事活动，春节及元宵有成都、雅安、米易、自贡、峨眉、甘孜等地的灯会活动，清明节有崇州元通清明台会、都江堰清明放水节、清明祭祖活动和各地油菜花节等，端午节有泸州焦滩大端阳节、仙海端午文化旅游节，七夕节有邛崃的“成都七夕国际情歌节暨文君文化节”，重阳节有达州凤凰山元九登高节。四川藏族节日与宗教活动深度融合，有藏历年、林卡节、雪顿节、望果节、燃灯节、驱鬼节、仙女节、朝山节、吉祥天母节等兼具民族特色和宗教色彩的节日。彝族有彝族年、火把节、跳公节、补年节、赛装节、庆年节、密枝节等传统节日，其中以彝族年和火把节最具影响力。

（三）现代节事活动亚类

1. 总体特征描述

根据普查结果，四川省共查明现代节事活动亚类资源2 756处，其中以现代节庆数量最多，占该亚类总量的41.91%；其次为特色主题活动，占该亚类总量的21.26%；演艺418处，占该亚类总量的15.17%；赛事372处，占该亚类总量的13.50%；展览140处，占该亚类总量的5.08%；会议论坛85处，占该亚类总量的3.08%。现代节事活动亚类中新发现、新认定资源559处，其中以现代节庆居多，占该亚类新发现、新认定资源总量的46.15%；其次为特色主题活动、赛事、演艺，占比分别为20.57%、13.77%和13.06%；展览、会议论坛的新发现、新认定资源数量较少。现代节事活动亚类优质资源名录见表11-4。

表 11-4 现代节事活动亚类优质资源名录

资源类型	典型资源
现代节庆	国际恐龙灯光节、海峡两岸嫘祖文化交流活动暨华夏母亲嫘祖故里祭祀大典、广元女儿节、蒙顶山国际茶文化节、马尔康嘉绒锅庄文化旅游节、丹巴嘉绒藏族风情节、凉山彝族火把节（西昌）、四川艺术节
会议论坛	四川省国际旅游交易博览会
展览	中国国际酒业博览会、全国糖酒商品交易会、中国西部国际博览会
赛事	成都双遗马拉松、八一赛马节、亚丁天空跑（龙腾亚丁飙山越野赛）、邛海湿地国际马拉松、环泸沽湖国际自行车公开赛
演艺	红原大草原夏季雅克音乐季
特色主题活动	两弹一星”精神纪念活动

2. 各基本类型特征分析

现代节庆指当地定期或不定期举办的，具有一定地区影响力的现代节庆活动，共1 155处。

四川文化深厚、人口众多、文化多元，造就了四川丰富的民俗文化和节庆旅游资源，其中以自贡灯会（国际恐龙灯光节）、李白文化节、海峡两岸嫘祖文化交流活动暨华夏母亲嫘祖故里祭祀大典、广元女儿节等为主要代表。少数民族的现代节庆以康巴艺术节、赛马文化艺术节、马尔康嘉绒锅庄文化旅游节、丹巴嘉绒藏族风情节等为主要代表。同时，各地依托川茶、川酒、特色农业等特色产业，结合地方优质的自然资源、民俗文化等资源，打造了合江生态文化旅游节（荔枝节）、海螺沟冰川温泉节、蒙顶山茶文化旅游节、米仓山红叶节、屏山炒青文化节、苍溪梨花节、三元油菜花节、升钟湖钓鱼节、岳池农家文化旅游节、锦屏梨花节、中国·乐至国际烧烤美食文化旅游节等一系列节庆活动。

会议论坛指当地定期或不定期举办，具有一定区域影响力的会议、论坛，共85处。

四川产业文化论坛和历史文化相关论坛近年来发展较为突出，比较有代表性的活动有依托于四川旅游的四川省旅游交易博览会、依托于五粮液集团的中国国际名酒文化节、依托于泸州老窖的泸州老窖封藏大典、依托于泸州现代产业园的江之阳蔬菜品赏会、依托于安岳柠檬产业的世界柠檬产业发展大会、依托于大禹文化的“海峡两岸大禹文化交流会”“禹羌文化论坛”等。

展览指当地定期或不定期举办的，具有一定地区影响力的展会活动，共140处。

四川依托丰富的历史文化资源，依托川酒、川茶、川菜、果蔬等特色产业，打造出了在全国乃至全世界富有影响力的展览活动，其中代表有国际旅游交易博览会、四川国际航空航天展览会、三星堆古城古国古蜀文化陈列、中国国际酒业博览会、国际竹产业交易博览会、达州秦巴地区商品交易会、达州新农村文化艺术展演等。而省会成都加速打造“国际会展之都”，建成了成都西部国际会议展览中心和成都世纪城新国际会展中心两个展览中心，打造了全国糖酒商品交易会（糖酒会）、成都国际汽车展览会（成都车展）、成都婚博会、成都国际家具展览会（家博）等一系列品牌展博会。

赛事指当地定期或不定期举办的，具有一定地区影响力的赛事活动，共372处。

四川近年来举办了多项专业性和综合性赛事，国际影响力逐年上升。国际剑联女子重剑世界杯赛（成都站）、东坡国际半程马拉松赛，中国·甘孜环贡嘎山百公里国际山地户外运动挑战赛、环泸沽湖国际自行车公开赛、全国徒步大会（安州站）、亚丁天空跑等赛事，在国际上小有名气。乐山国际半程马拉松、甘孜州理塘县八一赛马节、凉山州邛海湿地国际马拉松、成都双遗马拉松赛等赛事在全国也有较高的知名度。省会成都自2018年全面启动打造世界赛事名城步伐以来，积极争取国际赛事承办权。成都累计举办国际体育赛事达67个，其中洲际锦标赛以上级别赛事达50%，具有自主品牌和成都文化特色的赛事达40%。举办了中国成都龙门山国际户外生态三项赛、铁人三项世界杯、成都双遗马拉松等一系列赛事，品牌赛事培育初具规模。

演艺指当地定期或不定期举办的，具有一定区域影响力的表演活动，共418处。

四川重视发展国际化、高标准的演艺活动，少数民族歌舞演艺、民歌赛、民歌会、曲艺展、戏剧节等演艺活动种类繁多，典型代表有红原大草原夏季雅克音乐季、乌蒙沐歌大型山水实景剧、峨眉戏剧幻城、成都金沙太阳节演绎活动、大梁山巴蜀盘歌会、宝兴硗碛锅庄、九寨千古情大剧院表演、九寨沟藏谜表演、九寨藏宴舞表演、印象九寨·高原红、阿惹妞、苗歌会等。省会成都在加快推进三城三都城市品牌建设，打造国际音乐之都进程中，打造了“蓉城之秋”成都国际音乐季、成都国际友城青年音乐周、成都街头音乐表演等城市音乐品牌活动，以及草莓音乐节、仙人掌音乐节、金芙蓉音乐赛，天府国际戏剧节、成都金沙太阳节演艺等高品质的文化节目。

特色主题活动指当地定期或不定期举办的，具有一定区域影响力的主题教育活动，共586处。

四川各地依托地方传统文化亮点、民族风情、科普教育，开展了多种特色主题活动，典型资源有子昂故里射洪万人诗歌朗诵会、颛顼文化主题活动、映秀5·12清明公祭、西南民主联军川东纵队红色主题教育活动、新时代红色研学活动、旺苍红色旅游文化节等。

第三节　四川人文活动类旅游资源的各类典型代表

一、人事活动记录亚类

（一）地方人物典型代表

1. 李冰

李冰（约公元前302年—公元前235年），战国时代秦国著名的水利工程专家，公元前256年—公前251年被秦昭襄王任命为蜀郡（今成都一带）太守。其间，李冰治水，创建了奇功，其治水的指导思想就是道家“道法自然”“天人合一”的思想。他征发民工在岷江流域兴办许多水利工程，其中以他和儿子一同主持修建的都江堰水利工程最为著名。几千年来，该工程为成都平原成为天府之国奠定了坚实的基础。后世为纪念李冰父子，在都江堰修有二王庙，都江堰也成为著名的风景名胜。

2. 杜甫

杜甫（公元712年—770年），字子美，自号少陵野老。杜甫是唐代伟大的现实主义诗人，在中国古典诗歌中的影响非常深远，被后人称为“诗圣”，他的诗被称为“诗史”。在首批四川历史名人名单中，杜甫赫然在列。虽然他并非出生在四川，但长期旅居蜀地。据统计，杜甫一生写了 1 400 余首诗，仅在成都就作了约 475 首，占总作品数的三分之一。如今，在成都杜甫草堂博物馆、绵阳三台杜甫纪念馆、南充阆中锦屏杜陵祠，都留下了杜甫的纪念遗存。杜甫创作的千古名篇《茅屋为秋风所破歌》是他在成都草堂时所写下的，一句“何时眼前突兀见此屋，吾庐独破受冻死亦足!”足以体现诗人忧国忧民的崇高思想境界。时隔千年，杜诗依然是一座思想宝藏，更是一座艺术宝库，为后世文学创作提供了源源不断的灵感。

（二）地方事件典型代表

1. 红军四渡赤水战役

四渡赤水战役，是遵义会议之后，中央红军在长征途中，处于国民党几十万重兵围追堵截的艰险条件下，进行的一次决定性运动战战役。在毛泽东主席、周恩来副主席、朱德等指挥下，中央红军采取高度机动的运动战方针，纵横驰骋于川黔滇的广大地区，积极寻找战机，有效地调动和歼灭敌人，彻底粉碎了蒋介石等反动派企图围歼红军于川黔滇边境的狂妄计划，红军取得了战略转移中具有决定意义的胜利。毛泽东指挥中央红军在三个月的时间六次穿越三条河流，转战川贵滇三省，巧妙地穿插于国民党军重兵集团围剿之间，不断创造战机，在运动中大量歼灭敌人，牢牢地掌握战场的主动权，取得了红军长征史上以少胜多，变被动为主动的光辉战例。而美国作家哈里森·索尔兹伯里写道：长征是无与伦比的。而四渡赤水又是“长征史上最光彩神奇的篇章”。

2. 川藏公路艰辛修路事迹

川藏公路是新中国修建的第一条震惊世界的公路，是中国海拔最高的公路，最险的公路，最难修建的公路，3 000 多名官兵和民工为修路献出了宝贵的生命。川藏公路修路从徒手敲石头开始，10 多万军民在平均海拔 4 000 米的高原上，要克服高原反应，粮食短缺，用铁锤、钢钎、铁锹和镐头这些最原始的工具劈开悬崖峭壁，降服险川大河。在 4 年多的时间里，川藏公路穿越整个横断山脉的二郎山、折多山、雀儿山、色季拉山等 14 座大山；横跨岷江、大渡河、金沙江、怒江、拉萨河等众多江河；横穿龙门山、青尼洞、澜沧江、通麦等 8 条大断裂带。建筑工程共作业土方、石方约 2 900 万立方米；铺筑路面 377 万平方米；架设桥梁 430 座；修筑涵洞 3 781 道；护墙 8 万立方米。中国邮政在《川藏青藏公路建成通车六十五周年》纪念票册发行时，有位公路专家感慨地说：“修筑川藏路军民创造中国筑路史上的最高、最险、最长、工程量最大、修建速度最快”的“五大奇迹”。

二、岁时节令亚类

（一）宗教活动与庙会典型代表

莫郎节是四川阿坝县规模最大的宗教节日，也是当地人的新年，在每年藏历正月初三至十七举行，节日活动由僧人集中念大经和大型户外宗教庆典祈祷仪式两个部分组成。藏历正月初三至十二，郎依寺、格尔登寺和各莫寺等寺庙相继开展户外跳神、展佛、转强巴佛等大型佛事活动。节日期间，县城街头随处可见身穿盛装，喜气洋洋的人们。一大清早，各大寺庙门口旌旗招展，来自附近各村寨和邻省地区的藏族同胞近三万余人，身着华丽的民族服装，佩戴贵重的饰品来参加巡游。人们轮流出场，手握彩旗，身背猎枪，摆出各种特色造型，向人们展示着力与美。牧民们的传统装束淋漓尽致地再现了藏族同胞特有的豁达、开朗、大方和彪悍。

（二）农时节日典型代表

1. 都江堰清明放水节

清明放水节是四川省都江堰地区的传统节日。每年清明时节，都江堰市便迎来了从公元978年开始的一年一度的清明放水节大型旅游活动，以纪念率众修建都江堰水利工程、造福成都平原的李冰父子。古时，每到冬季，人们便用杩槎筑成临时围堰，使岷江水或入内江，或入外江，然后淘修河床，加固河堤，这就是岁修。到了清明时节，举行既隆重又热烈的仪式，祭祀李冰父子，祈求五谷丰登、国泰民安，然后拆除杩槎，滚滚岷江水直入内江，灌溉成都平原千里阔野。表达了勤劳勇敢的劳动人民对生活的热爱、向往和追求。2019年11月，《国家级非物质文化遗产代表性项目保护单位名单》公布，都江堰市文化馆获得“都江堰放水节”项目保护单位资格。

2. 成都大庙会

在成都，庙会有着悠久的历史。相传每年农历二月十五是道教始祖太上老君的生日，唐代以来，每年在成都青羊宫举办一年一度的庙会活动，后来由于各种原因，青羊宫庙会中断了。2004年，在成都市委、市政府大力支持下，成都市文化局恢复了中断45年的大庙会。除第一届成都大庙会在成都青羊宫旁文化公园举办外，自2005年开始，成都大庙会结合成都由来已久的“游喜神方”民俗，转移到成都武侯祠博物馆举办。成都大庙会成为成都市春节期间最大的节日文化活动，在保持浓郁的地域文化特色的同时，突出武侯祠的三国文化主题，不断吸纳各种新鲜元素，形成自己的品牌。

三、现代节事活动亚类

（一）现代节庆典型代表

1. 国际恐龙灯光节

中国彩灯，饮誉古今；自贡灯会，久负盛名。勤劳智慧的自贡人民，不仅将无与伦比的井盐技术奉献给了世界，而且将美轮美奂的彩灯工艺贡献给了人类。自贡灯会以气势壮观、规模宏大著称；以构思巧妙、制作精巧取胜；以灯景交融、层次迷离称奇。2018年首届国际恐龙灯光节在自贡成功举办，截至2021年8月已成功举办3届。国际恐龙灯光节是自贡市加快建设独具特色的国际文化旅游目的地的重大举措之一，突出“恐龙”“彩灯”核心，整合“盐龙灯食”四张旅游名片整体推广自贡。2020年10月21日晚，第三届自贡国际恐龙灯光节在自贡釜溪文创公园盛大开启，灯光节以“自贡灯 耀世界”为主题，融合了“文化”“夜游”“光影”“国潮”几大元素，让游客尽享光影盛宴！“自贡彩灯点亮世界，是自贡彩灯永远的抱负”。近年来，自贡灯会走向全国，点亮了国内500多个城市，进而又走出国门，点亮了全球80多个国家和地区，观灯游客累计达5亿人次，获“天下第一灯”的美誉。

2. 马尔康嘉绒锅庄文化旅游节

马尔康，藏语意为“火苗旺盛的地方”，地处四川西北部、青藏高原东南缘，享有“嘉绒圣地、锅庄故乡、北上驿站、避暑天堂、康养之城”的美誉。作为嘉绒文化的核心区域，马尔康拥有历史悠久的土司文化、宗教文化、锅庄文化、唐卡文化等。据史料查证，嘉绒锅庄几千年悠久的历史，蕴藏着浓厚的民族文化底蕴，在马尔康生生不息、代代相传。马尔康也被众多舞蹈专家、学者称为“嘉绒锅庄的故乡”，马尔康嘉绒锅庄也被誉为“中国圈舞的活化石”。截至2021年8月底，马尔康嘉绒锅庄文化旅游节已成功举办8届。节日期间，来自全州13个县（市）的各族群众身着节日的盛装舞动锅庄的吉祥，用独特的歌喉唱出华彩的交响，共同汇聚了一场锅庄文化的盛宴。马尔康嘉绒锅庄文化旅游节旨在保护、传承、弘扬嘉绒锅庄文化和嘉绒民族文化，坚持文旅融合，更好地塑造马尔康“嘉绒锅庄故乡”的品牌形象。

（二）会议论坛典型代表

四川省国际旅游交易博览会是由文化和旅游部、四川省人民政府主办，乐山市人民政府、四川省文化和旅游厅、四川省人民政府外事办公室、四川省商务厅承办的博览会。自2014年首届举办以来，截至2021年8月已成功举办七届。四川省国际旅游交易博览会是目前中国西部地区最具规模和行业影响力的文化旅游产业交易博览会，是国际文化旅游行业展示旅游形象，推动旅游合作的重要平台。新冠疫情期间，2020年第七届四川国际文化和旅游博览会如期举办，参会参展国家和地区50个以上，参展商1 000家以上，布展面积3.5万平方米以上，现场交易金额2亿元以上，落地文化和旅游项目签约500亿元以上。四川省国际旅游交易博览会在打造国内外文化旅游交易、惠民便民服务、贸易洽商和行业分享方面起到非常重要的平台作用，进一步推动了四川加快建设旅游强省、文化强省和世界重要旅游目的地的进程。

（三）展览典型代表

1. 全国糖酒商品交易会

全国糖酒商品交易会（简称“全国糖酒会”）是由中国糖业酒类集团公司主办的大型全国性商品交易会，于每年春、秋两季举办两次。自1955年举办首届交易会以来，全国糖酒会已经走过了50多年的历史。糖酒会因其规模大、效果显著被业界誉为“天下第一大会”。全国糖酒会参会企业达数千家，参展商品达数万种，参会代表突破十万人，展场面积突破6万平方米，成交额自1992年以后一般在100亿元人民币左右。全国糖酒会富集信息、促进沟通的作用十分明显，短短几天会议，对于了解行情、认识市场、把握方向有十分显著的成效。全国糖酒会伴随近代中国快消品经济的发展而一路发展至今，以其旺盛的生命和带动力为中国数亿万计的企业和经销商带来了更多交易和展示的机会。

2. 中国西部国际博览会

中国西部国际博览会（以下简称“西博会”）创办于2000年5月，是由国家发改委、商务部、外交部等部委联合主办，由四川省人民政府承办的国家级、国际性综合博览会。2015年3月，西博会被纳入国家“一带一路”倡议，成为推动“一带一路”建设的全国十大重点展会之一。2018年9月，第十七届西博会在四川成都开幕，国家主席习近平致贺信。习近平指出，西博会是中国对外开放的重要窗口，为中国西部地区参与共建“一带一路”，深化同世界各国交流合作搭建了重要平台。作为西博会永久会址的四川省成都市，通过西博会的载体和窗口作用，不断推动中国西部地区与泛亚地区的经贸交流与投资合作，让四川这个中国西部的重要省份再一次成为海内外投资的热点，极大地推动了四川省的经济发展。

（四）赛事典型代表

1. 成都双遗马拉松

成都双遗马拉松是由成都市体育局、都江堰市政府和成都双遗马拉松赛事有限公司联合主办的，拥有首个连接世界文化遗产和世界自然遗产的马拉松赛道，包括都江堰和青城山的世界文化遗产和包含都江堰赵公山在内的四川大熊猫栖息地的世界自然遗产。2015 年 4 月 18 日，成都双遗马拉松在都江堰彩虹大道按时开赛，成都双遗马拉松作为成都地区最具有代表性的唯一一个全程马拉松赛事吸引了来自全国乃至世界各地的众多参赛者参加，首届比赛即有近四千人参赛，有 3 700 余人完赛，完赛率高达 97%。赛事定位打造马拉松运动与都江堰千年文化传承及青城山休闲养生旅游完美结合的精品赛事，赛道设置既有现代建筑又有历史遗迹，为参赛者打造“跑步回到公元前”的马拉松之旅。

2. 环泸沽湖国际自行车公开赛

环泸沽湖国际自行车公开赛由中国新闻社、凉山彝族自治州人民政府共同主办，中国新闻社四川分社、凉山彝族自治州体育局、盐源县人民政府、凉山州摩梭家园暨泸沽湖景区管理局等单位联合承办。2017 年 10 月 15 日上午，首届中国四川环泸沽湖国际自行车公开赛在四川省凉山彝族自治州盐源县的泸沽湖畔鸣枪开赛，吸引了来自美国、加拿大、英国等国家以及全国各地近 200 名自行车运动员及爱好者参赛。赛道环泸沽湖一周，平均海拔 2 700 米以上，共 52 千米，包含山地公路、省道及乡村道路，沿途有陡坡、急弯、长下坡等路段。环泸沽湖国际自行车公开赛会借助泸沽湖地区高海拔、长距离、多爬坡等先天地理优势和沿线民族文化、秀美山水等独特人文风光，逐步将环泸沽湖国际自行车公开赛打造成为亚洲顶级自行车公开赛。同时，环泸沽湖国际自行车公开赛将打造具备独立知识产权的 IP，助力泸沽湖创 5A 级景区的同时，将泸沽湖打造成中国自行车运动旅游最佳目的地。

（五）演艺典型代表

红原大草原夏季雅克音乐季是四川省音乐产业领导小组重点工程项目——四川省“春夏秋冬”四季音乐季夏季站的音乐节品牌，国内“音乐+旅游”城市全民文化互动新标杆。音乐季深挖红原民族文化，结合世界音乐元素，从策划、运营到执行，均由四川本土团队一手操办。2016 年 7 月 30—8 月 1 日，第一届红原大草原夏季雅克音乐季在阿坝州红原县举行，将世界音乐与民族文化完美融合，36 组乐队与歌手，共 160 余位表演嘉宾，带来连续 3 日数万观众的草原狂欢。红原大草原夏季雅克音乐季举办期间，红原共接待游客 52 484 人次，实现旅游收入 5 026 万元，同比增长 42%。截至 2021 年 9 月，红原大草原夏季雅克音乐季已成功举办 5 届。民族音乐季的模式也正从单一音乐季转变为民族音乐内容输出、自主研发文创产品输出，以及品牌周边跨界合作、音乐艺人培育、旅游价值绑定的全产业链体系。草原音乐+旅游的文旅品牌，又非常具有独特性，在广大青年人群中产生高度共鸣，成为青年人瞩目的音乐节，对拉动文旅经济具有突出的正面效应。

（六）特色主题活动典型代表

陈子昂是我国唐代文学家、诗人，初唐诗文革新人物之一。他开创了唐代诗文从封闭走向开放的先河，在唐代文学史上具有重要地位，他对唐诗产生的历史影响意义深远。陈子昂的故乡在四川遂宁射洪县。作为全国文化先进县，并享有“中国民间诗画艺术之乡”之称的射洪，在深度挖掘子昂文化的进程中，于2017年首次举办子昂故里万人诗歌朗诵会，截至2021年已成功举办3届。“诗歌中国·诗意遂宁”子昂故里射洪万人诗歌朗诵会节目表演精彩纷呈，现场观众、嘉宾近万人，参与面广，社会反响热烈。朗诵会结束后，来自国内外的100多名诗人到射洪县金华山陈子昂读书台进行了采风、创作活动。射洪县万人诗歌朗诵会已经成为射洪新的文化名片。

第四节　四川人文活动类旅游资源的保护与开发

一、四川人文活动类旅游资源的保护与开发现状

人文活动类旅游资源从某种意义上来说是由社会环境、人民生活、历史文物、文化艺术、民族风情和物质生产构成为人文景观，由于其各具传统特色而成为旅游者游览观赏的对象。它们是人类历史文化的结晶，是民族风貌的集中反映，既含有人类历史长河中遗留的精神与物质财富，也包括当今人类社会的各个侧面。与自然类旅游资源不同，人文活动类旅游资源可被人们有意识地创造出来，人们可以组织文化节、戏剧节、电影节、音乐节和各种民间喜庆活动等别具特色的文化活动来丰富旅游内容，招徕远方游客，形成充满现代气息的人文活动类旅游资源。

总体而言，人文活动类旅游资源单体在四川省不占重要地位。普查结果显示，全省共有自然旅游资源73 600处，人文旅游资源172 148处，二者共占资源总量的70. 05%。人文旅游资源的4个主类中，建筑与设施主类共计106 966处，占人文旅游资源总量的61. 13%，之后依次为历史遗迹39 185处，旅游购品（文创产品）17 004处，人文活动8 993处。这个结果和四川深厚的历史文化底蕴、多元的民族文化有着很大的关系，也符合四川的资源特点，人文旅游资源整体相对自然旅游资源更丰富，但人文活动类旅游资源单体数量占比较低，且没有特别突出的资源单体。

四川省人文活动类旅游资源的保护开发主要存在以下问题。

（1）缺少知名的精品项目。四川省的自然旅游资源数量虽然远没有人文旅游资源多，但高品级的自然旅游资源丰富，所谓“天下山水之观在蜀”。四川省是国内唯一拥有世界文化遗产、世界自然遗产、世界文化与自然双遗产的省份，其中，世界自然遗产3处，居全国第一。四川是全球高山、极高山分布最密集的区域之一，也是全球山地旅游资源最丰富的区域，高山极高山旅游资源世界罕见；四川地表钙华景观分布最广泛，类型最多样，景观最奇特；四川拥有濒危旗舰物种大熊猫1 300余只，种群数量全国第一；四川拥有川金丝猴2万余只、梅花鹿1 000余只，数量居全国之最……相比而言，本来占比较低的人文活动类旅游资源并没有特别突出的知名精品项目。

（2）对人文活动类旅游资源开发利用的观念转变较慢。这一点尤其表现在没有处理好对人文活动的道具设施、文脉传承等的保护和利用以及传统和创新两个方面的关系，过分强调原物原貌地保存和展示，而较少考虑互联网时代消费者的审美情趣和快节奏生活习惯，如今的消费者已经很难接受单一静态的博物馆式的展示形式和“俗套”的民俗表演。另外，变化快、参与性强、科技含量高的文化娱乐表现形式也亟须更多地呈现。

（3）对文化旅游市场开发重视有待提升。人文活动类旅游资源具有不可移动性的特征，需要在外地促销，吸引游客来本地消费，决定了人文旅游市场开发对旅游业发展的重要性。很多人文活动类旅游资源集中在传统文化保存较好的乡村，而目前多地旅游业发展越来越多地依靠“政府主导”，以综合实力参与市场竞争。面对旅游市场营销国际化、在线化、智能化，面对日趋激烈的市场竞争的压力，加强文化旅游市场的拓展已成为四川人文旅游持续发展的关键。

（4）人文活动旅游景区的讲解水平可进一步提升。以历史文化为主题的旅游景点，有大量的历史典故和文化亮点，需要依靠讲解员的解说才能帮助游人领略这些文化景点的真谛。尤其是历史事件、历史人物等人文活动旅游资源，其无形的特点，必须借助讲解员、云讲解、VR 等多种形式呈现，这对景区讲解员提出了更高的要求。

二、四川人文活动类旅游资源的开发建议

旅游新时代来临，度假、体验、参与性、数字化、文旅融合的发展趋势下，结合千禧一代、Z 世代人群的旅游需求变化，人文活动类旅游资源在旅游资源中的比重可能呈现上升趋势。四川因地处中华民族东西交融、南北过渡的走廊，既有利于糅合吸收东西民族之长，又因是南北文化交流要冲，造就了博大奇绝的巴蜀文化。四川还是道教的发祥地，佛教的重要传播地，拥有悠久的历史和灿烂的文化，以其显著而独特的内涵和特点闻名于世。根据四川省的旅游资源普查情况，我们可以从以下几个方面来加强对全省人文活动旅游资源的开发。

（1）加速传统产品迭代升级。

四川悠久的历史使得传统的人文活动产品具有较大的资源优势和吸引力，但部分人文活动已经过时或在流传过程中逐渐消失，若不及时进行资源的优化配置和更新，就难以在激烈的市场竞争中生存。因此，要重点抓好地方人物、地方事件、农事民俗等资源的保存再现。人物、事件、民俗、传统节日等不能停留在简单的保护宣传上，要充分利用高科技手段，巧妙设计参与性强、生动活泼的项目，寓教于乐，迭代升级。

（2）整合人文活动类旅游资源与其他类型旅游资源，共同开发。

四川省的人文旅游资源与自然旅游资源都比较丰富，自然旅游资源更多满足观光的旅游需求，这就需要我们正确认识人文旅游资源的价值，将自然旅游资源和人文旅游资源共同开发，强化人文活动旅游资源的开发，增加自然旅游资源的文化内涵。当今的旅游消费者不仅希望饱览异域他乡的山川名胜，还表现出对他乡历史文化、风土人情、服饰、饮食文化、表演艺术的欣赏和探求。如川西北大草原生态旅游资源区，主要包括若尔盖县、红原县等区域，该区域的草原旅游资源丰富，该区域旅游资源保护与开发利用方向就可以：①依托丰富的草原湿地旅游资源，大力发展草原观光、草原休闲、草原体验等旅游产品体系；②以民族村寨、宗教寺庙、草原牧场等为载体，

重点发展特色观光、风情体验等旅游产品体系。

（3）发挥红色文化旅游资源优势，重点开发研学教育市场。

四川是全国红色文化旅游资源较为富集的区域，是红色文化基因传承脉络最清晰、链条最完整的省份之一，既有体现爱国主义伟大民族精神的川军抗战文化，家喻户晓的长征文化；也有体现中华民族自强不息的“两弹一星”精神文化，舍家为国的三线建设精神文化；还有体现民族团结的抗震救灾精神文化，弘扬解放思想、改革开放的时代精神文化。如此丰富的红色文化旅游资源使四川成为国内重要的爱国主义教育基地，可重点向研学教育市场拓展。红色研学型主要依托红色教育基地、大学校园、国防教育基地、军营等资源，如邓小平故里旅游区、红军长征四渡赤水战役太平镇遗址、映秀爱国主义教育基地、中国工农红军强渡大渡河纪念馆等。

（4）立足民族特色，动态开发民俗文化旅游产品。

地方特色和民族特色是旅游资源开发的灵魂。要立足少数民族文化鲜明这一优势，动态开发民俗文化旅游产品。比如：康北格萨尔文化旅游资源区，包括甘孜县、色达县、德格县等区域，代表旅游资源有格萨尔文化、藏传佛教文化、康巴文化。该区域旅游资源保护与开发利用方向可依托甘孜格萨尔王城及周边旅游资源，打造格萨尔文化探秘、格萨尔文化遗迹遗址研学、格萨尔藏戏欣赏等动态、体验产品。再比如，凉山州有着深厚独特的彝族文化积淀。彝族文化以毕摩文化、火把文化、歌舞文化等为代表资源。该区域旅游资源保护与开发利用方向有以下几点：①深入挖掘区域内原生态的饮食、建筑、餐饮、歌舞、宗教、习俗等文化旅游资源，发展文博展示、文化演艺、文创购物等业态；②开发一批具有民族特色的手工艺品和文创旅游商品。

（5）做强做大品牌会展、现代节庆、赛事等活动。

会展、节庆、赛事活动作为一种重要的活动形式，在我国城市的飞速发展中扮演着越来越重要的角色。中国西部国际博览会、全国糖酒商品交易会、中国国际名酒文化节、中国国际酒业博览会、海峡两岸嫘祖文化交流活动暨华夏母亲嫘祖故里祭祀大典等活动的品牌知名度持续走高，未来四川需进一步做强作大类似活动，在国内国际均形成品牌效应，形成拳头产品。

[章节小结]

本章重点学习了人文活动类旅游资源的基本概念、特点及分类，分析了人文活动类旅游资源的价值；对四川人文活动旅游资源进行了整体的梳理，并将优质、典型人文活动类旅游资源进行详细介绍；最后对文旅融合背景下，如何进行人文活动类旅游资源的开发与保护进行探讨。

[实践项目]

项目名称：了解一个人，爱上一座城

四川省人文活动类旅游资源的10个基本类型中，单体数量分布极为不均匀，其中地方人物单体最多，有4 132个，占全部人文活动类旅游资源总量的45.95%。这4 132个地方人物背后是无数个或感动、或温情、或荡气回肠的故事，这些人和故事在城市的历史长河中熠熠生辉。

一、实践目的

1. 使学生对四川人文活动类旅游资源有更深刻的理解，熟悉四川人文活动类旅游资源的类型。

2. 使学生对四川某一位地方人物有深刻认知，并能在海量网络信息中搜索、梳理有价值的信息，能将信息进行提炼并深度分析。

3. 使学生能根据地方人物的特点制作相应主题PPT及短视频，并通过抖音、微信视频号、B站等渠道进行传播。

4. 使学生熟练PPT制作，并在视频讲解中不断提升语言表达能力和自信心。

二、实验内容

1. 请你在四川4132个地方人物中选定一人，对该地方人物以及人物背后的故事、所在城市进行详细了解，形成主题，制作成精美的PPT。

2. 运用腾讯会议、EV录屏等软件，结合已完成的PPT，制作3~5分钟的人物讲解视频，并通过自己的抖音、快手、B站、微信视频号进行宣传。

三、实验成果

1. 形成四川省“了解一个人，爱上一座城”地方人物志系列微视频。

[复习思考]

1. 什么是人文活动类旅游资源？人文活动类旅游资源的价值体现在哪些方面？

2. 四川人文活动类旅游资源具有哪些特征？

3. 2018年3月，文化部、国家旅游局被批准整合为文化和旅游部。文旅融合发展成为关系到国民社会经济发展的重要命题。“十四五”时期，文旅融合的实践将进入实质阶段。如何在文旅融合的大背景下，结合新旅游需求，对四川人文活动类旅游资源进行开发？请举例说明。

参考文献

[1] 陈进忠，陈红涛. 四川旅游资源学［M］. 成都：西南交通大学出版社. 2010.

[2]《四川黄金旅游线丛书》编委会. 四川旅游览胜［M］. 成都：四川科学技术出版社，2007.

[3] 章夫. 造山运动造出一个天府之国［M］. 成都：成都时代出版社，2009.

[4] 张宏. 四川地理［M］. 北京：北京师范大学出版社，2016.

[5] 郝鹏翔. 地理核心素养视域下中学地理研学设计与实施［J］. 地理教学，2019（2）：45-47.

[6] 四川省统计局，国家统计局四川调查总队. 四川统计年鉴 2020［M］. 北京：中国统计出版社，2020.

[7] 刘威. 盆地形成机制与演化过程——以四川盆地为例［J］. 中国石油石化，2016（21）：17-18.

[8] 王映思，肖天贵. 东亚和南亚季风协同作用对西南地区夏季降水的影响［J］. 气象学报，2021，79（4）：541-557.

[9] 李智武，宋天慧，王自剑. 川西—龙门山盆山系统走向差异演化的变形、隆升和沉积记录及关键构造变革期讨论［J］. 成都理工大学学报（自然科学版），2021，48（3）：257-282.

[10] 赵友年，陈斌. 四川省地质构造演化简述［J］. 四川地质学报，2009，29（2）：95-98.

[11] 郭正吾，邓康龄，韩永辉. 四川盆地形成与演化［M］. 北京：地质出版社，1996.

[12] 四川省地方志编撰委员会. 四川省志地理志［M］. 成都：成都地图出版社，1996.

[13] 林向. 巴蜀考古论集［M］. 成都：四川人民出版社，2004.

[14] 王清海. 四川盆地为何多夜雨［J］. 地理教育，1996（5）：17.

[15] 贾大全. 四川通史［M］. 2 版. 成都：四川人民出版社，2018.

[16] 袁庭栋. 巴蜀文化志［M］. 成都：巴蜀书社，2009.

［17］陈世松. 四川简史［M］. 成都：四川省社会科学院出版社，1986.
［18］《巴蜀历代文化名人辞典》编委会. 巴蜀历代文化名人辞典（古代卷）［M］. 成都：四川人民出版社，2018.
［19］何一民，王毅. 成都简史［M］. 成都：四川人民出版社，2018.
［20］段渝. 巴蜀文化史［M］. 成都：四川人民出版社，2012.
［21］吴显奎. 四川文化简史［M］. 成都：四川人民出版社，2020.
［22］四川省地方志编纂委员会. 四川省志：民族志［M］. 成都：四川民族出版社，2000.
［23］向玉成. 巴蜀旅游史资料选编［M］. 成都：电子科技大学出版社，2006.
［24］丰家骅. 中国思想家评传丛书：杨慎评传［M］. 南京：南京大学出版社，2009.
［25］匡亚明，余明侠. 中国思想家评传丛书：诸葛亮评传［M］. 南京：南京大学出版社，2011.
［26］匡亚明，周勋初. 中国思想家评传丛书：李白评传［M］. 南京：南京大学出版社，2011.
［27］陈贻焮. 杜甫评传（上中下）［M］. 北京：北京大学出版社，2003.
［28］舒大刚."蜀学"的包容与儒道互摄的价值体系［J］. 四川大学学报（哲学社会科学版），2018（3）：190-192.
［29］舒大刚，胡游杭."蜀学"的特征与贡献［J］. 中国哲学史，2017（4）：101-107.
［30］舒大刚. 蜀学的流变及其基本特征［J］. 江苏科技大学学报（社会科学版），2017，17（3）：1-13.
［31］王相力. 传承文化 保护国宝——四川传统戏剧的生存现状与发展前景［J］. 艺术评论，2017（9）：3.
［32］陶小军. 传统与现代：张大千绘画观的嬗变［J］. 学术研究，2020（7）：43-49.
［33］潘殊闲. 天府文化综论［J］. 地方文化研究辑刊，2020（1）：17-26.
［34］张辉辉，王小红. 历史名人公众关注度差异性对区域文化产业发展的启发——以首批四川十大历史名人为例［J］. 中华文化论坛，2020，160（2）：137-147，162.
［35］张辉辉. 薛涛：文采风流，独步士女［J］. 四川画报，2020，11：52-59.
［36］吴忱. 地貌面、地文期与地貌演化——从华北地貌演化研究看地貌学的一些基本理论［J］. 地理与地理信息科学，2008（3）：79-82.
［37］韦跃龙，杨更，覃建雄. 四川广元地质景观类型及其形成条件与综合评价［J］. 中国岩溶，2007，26（1）：8.
［38］李忠东，卢志明. 地质遗迹与地质景观在亚丁旅游开发中的地位及其潜力评价［J］. 四川地质学报，2002，22（2）：5.
［39］赵汀，赵逊，彭华，等. 典型地质景观研究与地质公园建设——以丹霞地貌为例［J］. 地质学报，2013（3）：18-21.
［40］胡小猛. 神奇的地质公园：地质景观赏析［M］. 上海：上海科学普及出版社，2014.

［41］张建成．地质：奇特地质景观［M］．汕头：汕头大学出版社，2015.

［42］曹俊，彭东．四川华蓥山构造岩溶地质公园地质景观与成因探讨［J］．四川地质学报，2004，24（2）：121-125.

［43］单莉莉，覃建雄，张瑞英．九寨黄龙景区地质景观成景及可持续发展策略探讨［J］．国土资源科技管理，2006，23（6）：4.

［44］单莉莉，覃建雄，殷继成．四川威远穹窿地质景观生态旅游开发研究［J］．黑龙江农业科学，2010（8）：89-92.

［45］赵友年．试论四川地质景观资源与地质演化的关系［J］．四川地质学报，2009，29（0z1）：294-298.

［46］郝淑波，谢小平．国家地质公园地质景观特征与旅游开发探讨——以四川射洪硅化木国家地质公园为例［J］．鲁东大学学报（自然科学版），2009（4）：4.

［47］张敏婕．四川宣汉百里峡地区褶皱构造特征及地质景观研究［D］．成都：成都理工大学，2007.

［48］陈进忠，陈红涛．四川旅游资源学［M］．2版．成都：西南交通大学出版社，2014.

［49］杨阿莉．旅游资源学［M］．北京：北京大学出版社，2016.

［50］陈福义，范保宁．中国旅游资源学［M］．2版．北京：中国旅游出版社，2017.

［51］张林．四川区域旅游资源［M］．成都：西南交通大学出版社，2016.

［52］张洪明，王玲．四川省生物旅游资源开发利用方向初探［J］．云南林业调查规划设计，1996（3）：37-39.

［53］郑霖．四川旅游资源的分析［J］．大自然探索，1983（2）：18-25.

［54］包玉华，麻秋燃．我国生态旅游与生物多样性保护问题的法律建议［J］．经济师，2020（3）：75-77.

［55］刘林英，蒋明，王小平，等．剑阁柏木种子育苗试验初报［J］．农业科技与信息，2008（22）：48-48.

［56］张娟飞．探析陕西特种旅游之——天象与气候景观旅游资源的开发策略［J］．陕西教育（高教），2017（7）：13-15.

［57］向宝惠．龙胜县旅游气候舒适度评价与开发利用［J］．西南师范大学学报（自然科学版），2015，40（9）：36-39.

［58］雷芳，胡希军，李梦婷，等．“自然天象”的造景形式探析［J］．北方园艺，2015（3）：18-21.

［59］章览．天象与气候旅游资源的范围记分类体系构建［J］．浙江学科，2013（1）：21-27.

［60］邵琪伟．中国旅游大辞典［M］．上海：上海辞书出版社，2012.

［61］马耀峰，甘枝茂．旅游资源开发与管理［M］．3版．天津：南开大学出版社，2013.

［62］旅游资源分类调查与评价：GB/T 18972-2017［S］．北京：中国标准出版社，2017.

［63］范丽. 旅游开发与既有建筑再利用研究［D］. 郑州：郑州大学，2013.

［64］颜林. 丹山梯田美如画——四川省 100 个最美观景拍摄点之一“丹山梯田”［J］. 资源与人居环境，2019（6）：64-69.

［65］张慧娟，李志文，李文，等. 挖掘旅游地学文化开辟研学旅行德育新路径［J］. 中国地质教育，2021，30（2）：111-114.

［66］李邵旭，李安领. 旅游资源开发与空间布局存在的问题与应对措施［J］. 当代旅游，2020，18（34）：71-72.

［67］庄松炜. 历史文化遗迹在城市中的保护与开发——以泉州小山丛竹为例［J］. 美与时代（城市版），2020（11）：96-97.

［68］霍晓丽. 全域旅游视阈下历史文化资源的保护开发——以晋北广武地区为例［J］. 山西大同大学学报（社会科学版），2020，34（5）：112-116，121.

［69］况红玲. 从传统庙会谈当代发展庙会民俗文化旅游——以四川庙会民俗旅游资源开发为例［J］. 中华文化论坛，2012，4（4）：128-132.

［70］许虹. 四川历史文化名城保护与旅游产业发展［J］. 成都大学学报（社会科学版），2006（2）：100-103.

［71］张珍华，张军. 关于培育具有四川历史文化特色旅游品牌的思考［J］. 西华大学学报（哲学社会科学版），2004（2）：27-28.

［72］陈进忠. 旅游资源学［M］. 2 版. 成都：西南交通大学出版社，2014.

［73］周睿. 四川旅游商品设计开发的文化体验构建策略研究［J］. 包装工程，2016（1）：138-159.

［74］李青华. 浅论旅游商品文化因素的价值——以靖西绣球为例［J］. 科协论坛，2013（1）：139-140

［75］胡增颖. 以“熊猫文化”为核心的成都旅游文创商品品牌管理策略研究［D］. 成都：西华大学，2018.

［76］马世新. 四川旅游资源和旅游纪念品设计现状分析［J］. 城市旅游规划，2018（2）：95-96

［77］王泓砚. 关于旅游产品、商品、购物品的概念及关系的探讨［J］. 辽宁工业大学学报（社会科学版），2009（12）：52-54

［78］黄丽. 旅游景区服务与管理［M］. 2 版. 桂林：广西师范大学出版社，2018.

［79］周承君. 文创产品设计［M］. 北京：化学工业出版社，2019.

［80］吴朋波. 旅游纪念品设计［M］. 北京：人民邮电出版社，2014.

［81］潘长宏. 景区服务与管理［M］. 2 版. 长沙：湖南师范大学出版社，2019.

［82］张文建. 让历史教育走向广阔天地——兼论旅游的历史教育功能［J］. 探索与争鸣，2004（4）：33-34.

［83］谢春山. 旅游文化学［M］. 北京：高等教育出版社，2017.

［84］丁伟，张德军. 现代运动休闲中的健康与娱乐价值取向研究［J］. 广州体育学院学报，2018（1）：60-67.